中华内丹学典籍丛书

口诀直指

盛克琦 编校

华龄出版社
HUALING PRESS

图书在版编目（CIP）数据

口诀直指 / 盛克琦编校 . -- 北京 : 华龄出版社，2025. 3. -- ISBN 978-7-5169-2939-1

Ⅰ. B95

中国国家版本馆 CIP 数据核字第 2025MQ9645 号

策划编辑	南川一滴	**责任印制**	李未圻
责任编辑	梅　剑	**装帧设计**	世纪锐腾

书　名	口诀直指	作　者	盛克琦
出　版 发　行	华龄出版社 HUALING PRESS		
社　址	北京市东城区安定门外大街甲 57 号	邮　编	100011
发　行	（010）58122255	传　真	（010）84049572
承　印	文畅阁印刷有限公司		
版　次	2025 年 3 月第 1 版	印　次	2025 年 3 月第 1 次印刷
规　格	710mm × 1000mm	开　本	1/16
印　张	30	字　数	450 千字
书　号	ISBN 978-7-5169-2939-1		
定　价	120.00 元		

整理说明

一、内丹学的理论构架，在于东汉魏伯阳的《周易参同契》和北宋张紫阳的《悟真篇》。《周易参同契》讲："天地至精，可以口诀，难以书传。""窃为贤者谈，曷敢轻为书！若遂结舌瘖，绝道获罪诛；写情著竹帛，又恐泄天符。犹豫增叹息，俛仰辄思虑。陶冶有法度，未忍悉陈敷。略述其纲纪，枝叶见扶疏。"体现了一种既难以将全部内丹口诀著书传世，又恐怕会失传天道的矛盾心理，因此采取了"故为乱辞，孔窍其门"的写作手法，多用隐喻的形式，后世丹经道书的著述也继承了这种写作风格，为研修丹道制造了诸多的困难。

二、经者，径也。丹经是研究丹道之学的最佳路径，不能离开丹经道书的研读和参悟。然而，内丹学古籍文献的撰著，作者惯用的譬喻隐语的写作风格，文辞深奥难懂，造成读者望而生畏，普遍反映在阅读丹经时"眼前见得了了如此，但无下手处"（宋·朱熹语）。窃思上古丹经十隐八九，中古丹书十隐五六，近代丹书则十隐二三矣。故编者选择明清以来，至1949年以前较为通俗易懂的丹经文献为主体，搜集整理，精心点校，编纂为《口诀直指》一书，作为普通读者学习内丹学的入门读物。

三、本书所选资料有《丹道概论》、《大成捷要》、《修身正印》、《地仙玄门秘诀》、《觅玄子语录》、《觅玄语录》、《金丹妙诀》、《玄机口诀》、《葛仙翁太极冲玄至道心传》、《仙学真诠》、《丹经指南》、《补天髓》、《先天气功筑基要诀》，共计13种。这些资料的特点都是比较通俗易懂，或讲解原理清晰，或解释术语明了，或叙述丹法详细，完全可以作为内丹学研究者的入门读物。其中《丹道概论》《觅玄语录》《修身正印》《玄机口诀》《补天髓》等资料，都是首次整理出版，弥足珍贵。

四、本书所选的丹道文献，具有通俗易懂、平实简易的特点，读者可以通过认真研读这些珍贵文献，内丹学可以思过半矣，对于实修口诀也不难参悟到；但要注意，这些资料出自不同的作者，所讲解的口诀也各有侧重、各有不同。在阅读和参悟的过程中，要注意这些文献资料所反映的不同点，在口诀的不同中找相同点，从类似处寻出差异来，互相比较，圆融互补，或许对读者寻找丹道实修口诀有所裨益。

五、丹道实践如人饮水，冷暖自知，读者需要用自己的智慧去参悟和验证。最后，勉之以《周易参同契》所云："思之务令熟兮，反复视上下；千周灿彬彬兮，万遍将可睹；神明或告人兮，心灵乍自悟；探端索其绪兮，必得其门户。"

盛克琦

2023年9月25日于寓所

目　录

第一编　丹道概论

平江张良士　著

〔提要〕《丹道概论》，平江张良士（乾乾子）撰著。原刊载于1948年《苏州日报》，由《内功与丹道》（2月21日—3月8日）和《再谈丹道》（4月18日–6月8日）两篇构成。后应读者的要求将这两部分合刊，名为《丹道概论》，8月20日苏州日报社出版印行。张良士，道号乾乾子，是西派海印子徐颂尧的学生，在书内称西派丹诀为"'从法身归摄色身'内丹法，又名'真空炼形法'与'超等天元丹法'"，赞誉之情，溢于言表。《丹道概论》所论，涉及颇广，对很多问题进行了介绍，同时对阴阳内丹法、女子内丹法、天元丹法、地元丹法等都有述及，确为丹道概论之作，然而所论阴阳内丹法，却是西派汪东亭与徐海印所批评的。汪东亭在《三教一贯》卷七中指出："诸般皆可，惟独女鼎，非但无益于身心，而且大伤天和，最损阴德，确乎子孙有碍，切宜慎之。凡谈女鼎者，必先以静工入门。……必曰：'破体者，务要开关。若不开关，不能复还童体。如若开关，必用女鼎。若用女鼎，可先打造橐籥。'盖富贵之人，最怕是死，得闻此言，则无不乐从愿为。总之，是一美人局，万世不能破也。……又谓：疾往通都大邑，依有力者为之，则是骤贵骤富者可以多置女鼎。总是损人利己，自家亲女必不肯也。呜呼！圣贤仙佛，果如是乎？"若以学术眼光而论，《丹道概论》很有阅读的价值，尤其是初学丹道的读者，可以通过阅读该书，对丹道有一个比较全方面的了解。

《丹道概论》序

内功为我国固有国技之一种，丹道又为内功中登峰造极之功，惟以修炼非易，学者往往中辍，训至近代，将有失传之虞。平江张良士君，饱学士也，未冠即耽此道，潜心研习，无间寒暑，至今不止，鉴于丹道之行将湮没，怒于忧之，爰乃出其余绪，成《丹道概论》一书，包括内功与丹道二稿。

平江张良士君，别署乾乾子，今之振奇人，居恒恒沉静寡言，性耽释道之学，潜心研究，历十余年，近复更进一层，探求内功之运用，并及丹道之修炼，平频年以还，颇多心得。前曾膺本刊之约，撰文发表，洋洋洒洒，都十余万言，将内功及丹道之真理，分晰详明，旁采有关举证，发扬奥秘，一时研究此道者，纷纷通函讨论。咸认为张君此文，为阐述真理之秘笈，实属不可多得之作，若仅载之报纸，未免易于散帙，不如印成专册，便于技藏。张君亦以为然，乃将各稿重加订正，题曰“丹道概论”，付诸梨枣，公之于世，各界人士，喜研摹此道者，幸勿失去此珍贵之秘笈。

《丹道概论》现已出版，该书自经征求预约后，订书者纷至沓来，但以印数不多，除预约者外，存余无几，欲得秘籍者，幸即从速。

江左　刘郎

内功与丹道

一、写本文的动机

战前，我曾读到过一部商务出版的《中国炼丹术考》译本。此书为美国约翰生所著，内容相当丰富。虽然书中所写的都是些考据材料，而一个外国人能对中国神秘的炼丹术，有如此认识，已非易事了。

去年，我在《铁报》上，又见到一则《美国人炼仙丹》的记载道：“美国人近因原子弹的成功，联想到吾国古代道家的炼丹术，认为含有重要的意义。兹有该国某学者向蒋‘主席’陈说意见，愿与吾国学者合作研究。当蒙‘主席’非常嘉许，并委托马一浮等会同该学者，先从王阳明至金圣叹一个时期中的儒道参合学说，加以整理，订一参考书目录，以便公开研究”云。

最近，我在本报（《苏州日报》）上又读到刘锄强先生所作《藏经论》《漫谈内功效用》《述我习炼内功的前后》三文，文中参以科学、注重实验，学理与事实并重，读之了无疑义，足证作者经过实践，非信口空谈者可比。

笔者研习内功与丹道的目的，也和刘先生一般地为了却病。因为我的身体，非但先天不足，抑且后天失调，故自7岁起，即患咯血肺疾。肺病是著名的顽固重症，所以虽遍尝百药，依然毫无效验。后于18岁时，因读《天仙正理》《仙佛合宗》等书，才知吾国有此超等养生术，于是博览丹经，从事研究。

二十七年（1938年）冬，因受避难颠波与环境恶劣的两大影响，以致血症大发，一病四年有余，不能出外一步。后来偶照书中调息法门，实地试习，不意引效见验，居然病势锐减，仅习四五个月，便能出外治生了。继遇吾师海印子于本邑（苏州），承授西派“真空炼形”最上一乘丹诀。惜以频年生计困人，故未能入圜下功为憾！

我从得诀以后，很想广为阐扬，以便一辈患慢性病者，能藉以却病。然以学疏功浅，人微言轻，深恐非但不足以动人听闻，且将招致“提倡迷信”“妖言惑众”等不白之谤。因此，欲言又止，搁笔者再。现因看到了美国人研究炼丹术的消息和刘先生畅谈内功的文章，才敢不揣固陋，不避诽谤，撰述本文，将吾国唯一的国粹——内功与丹道，作一个概论，使吾国人知道，吾国尚有这样一种精妙学术，为外国万能的科学家们所不知，以后不要再一味崇拜科学，而长他人志气，藐视国粹，而灭自己威风了。惟内功与丹道的种类和派别很多，笔者的知见有限，文中遗误之处，在所难免。务希同道先进，匡所不逮。如愿相互切磋，交换意见者，则或通函，或面谈，均所欢迎！

二、内功与丹道的区别和源流

丹道，是吾国道家中的“内圣”学术。内功，是内丹法中的一种功夫。

道家学术，发源于中国历史以前。传道故事，以黄帝问道于广成子为最古。道家学说，“内圣”与“外王”并讲，故用以经世，可以安邦定国；用以出世，可以跨鹤骑龙。与儒之偏重经世，释之专讲渡世者不同。所以吕望、张良等道家人物，都能出则为帝王师，退则为神仙伯，达到“达则兼善天下，穷则独善其身”之目的。

丹道之中，有内丹与外丹二种。内丹之中，有清静与阴阳二法。清静法门，简便易行，而成功较迟。阴阳法门，复杂难修，而成功较速。二者互有短长，难分优劣，可视学者之环境内缘，而分别取舍之。

外丹法中，有地元与天元两种。地元丹法，为外丹之初阶。天元丹法，为外丹之极品。二者炼法甚繁，非个人所能问津。至于黄白术，则功在点化，不能服食，不得称为丹法。

道家派别，计有隐仙与少阳两系。少阳系中，又有南北东西四派。隐仙系开宗于尹喜，少阳系创始于王少阳。南北东西四派，俱出吕祖门下。南派始祖为张紫阳，北派始祖为王重阳，东派始宗为陆潜虚，西派始祖为李涵虚。至于正一、茅山等派，那是道教中的派系，都带宗教色彩，与道家各派之专重学术者不同，不能列入道家宗派之中。

三、道家与道教之畛域

道家学说，不知创自何人，虽然群推黄、老为道家二祖，实则他们二人亦不过集道学之大成者罢了，并非真正的道家鼻祖。至于道教，则创自汉之张道陵。虽道教中亦奉老子为祖，然其教义，显与老学不符。因为道家是一个专讲学术的学派，道教是一个兼带迷信的宗教，二者内容，根本不同。惟自道教中奉老子为师后，道家与道教二者，便开始混淆了。历来道学之被人斥为迷信，便是受了道教鱼目混珠的影响。因此，现在我们如要阐扬道家学术，就非将道家与道教的畛域先分清不可。

四、道家与神仙家之关系

在儒家未创，道家用世之时，本无神仙家之名。迨儒家用世以后，道家人物遂弃经世而专务出世。修出世之法的结果是成仙，于是便成立了一个神仙家的学派。道家是入世与出世并讲的。神仙家则专讲出世，不讲入世。这是二者不同之处。道家的代表作是《阴符》《道德》二经，神仙家的代表作是《参同》《悟真》二书。从两家的代表作中，便可看到二者宗旨之分野了。不过，神仙家之出于道家，丹法之为道家中的“内圣”学术，那是毫无疑义的。

五、道与丹之真义和不同

道是什么？道是宇宙之本体，万物之单位。它是一件独立绝对的东西，无形无象，无声无色，非但肉眼不能见，便是显微镜与道眼也看它不出。若用科学名词来说，那么，它就是电子的前阶级物，被称为微子或以太的东西。

丹是什么？丹是日月合璧、阴阳混成的东西。它是由相对，炼成绝对的化学工业品。在科学方面，找不出一个适当的名词来称呼它，因为科学里面，根本没有和它同样的东西呀！

若问“道”与“丹”究竟有什么不同，那么这里有个譬喻：道譬喻一杯生水，丹譬喻一杯熟水。它们虽同样是水，而有生熟之别。道的一杯生水，未经煮过，里面未免有微生物等；丹的一杯熟水，已经煮过，里面是没有微生物等了。“道”与“丹”之不同，便在于此。

六、修道与炼丹之目的和分界

修道之目的，在使学者的肉体和灵性与宇宙本体的“道”合而为一，所谓“与道合真”，便是修道之最高目标。

炼丹之目的，在使学者的肉体与灵性炼成一个永久不坏，神化莫测，和宇宙本体的“道”有同等权威的法身，而与造化分庭抗礼。

总之，修道是返本还原，效法自然的学术；炼丹是盗夺造化，征服自然的功夫。修道近乎哲学，炼丹近乎科学。仁者宜于修道，智者宜于炼丹。这是修道与炼丹不同的地方。

七、修道与炼丹的条件

修道与炼丹之目的和方法，虽有差别，而二者实习时应具之条件，大致相仿。不过修道的条件，可以宽些，而炼丹的条件，比较严厉罢了！

修道与炼丹的条件，就是“法、财、侣、地”四项。四者缺一，便难实行。

所谓“法”者，便是修炼的方法。其他学术的实行方法，书上都有记载。独有修道与炼丹的实行方法，书上记载，即使偶有吐露，亦不过一鳞半爪，绝不完整。故学者必先寻师求法，方可实行。可是明师既不挂传道招牌，又不登招生广告，更不一定在深山穷谷，故如着意去寻，那又未必能遇，须随时随地，加以留意。一方面再广种善因，多行方便，一旦善果成熟，因缘凑合，自能得遇明师，指授方法，所谓:“踏破铁鞋无觅处，得来全不费功夫。”

所谓“财”者，便是钱财。因为学者修炼之初，犹是凡躯，一切饮食起居，均如常人，而又因修炼关系，无暇治生，所以必须预筹一笔款子，作为修炼时的用途。且除学者个人生活费外，还有道侣的生活费和丹房器皿等一切费用，都要预先筹足，才能入室下功，否则有“法”无“财”，难以实验。所以闻“法”以后，便要解决“财”的问题了。不过，修道和习内丹法中的清静功夫，所需之财，较可省些。余如修炼外丹和内丹法中的阴阳功夫，那就非有巨款不可了。

所谓“侣”者，便是修炼时的伴侣。关于伴侣一点，非但修道与炼丹有别，便是炼丹方面，亦各有不同。大概修道与炼内丹中之清静法门者，只要有二三人为侣便可。但如炼地元、天元等外丹和内丹中之阴阳法门，均非寥寥数人可办。

所谓“地”者，便是修炼的地方。修炼的地方，非但要宜于卫生，而且要合乎风水，否则不仅难望修成，且有着魔成病等危险。其中尤以炼天元外丹为最甚。

学者须具备了以上四个条件，方能正式修炼。而修炼之时，又须具备“诚、勤、恒”三个条件。假使行而不“诚”，诚而不“勤”，勤而无“恒”，都难成功。

修道与炼丹，是天下最上一乘的事业，所以决非泛泛者流可以担当。世界上的所以“学道者如牛毛，成道者如麟角”，就是为了它的难学、难行、难成之故。不过，“有志者，事竟成”，我们又不能为了它的难行，便畏缩不学，必须要用“只知耕耘，不问收获”的精神，去克服困难，达到目的。

八、先天炁是什么

先天炁在丹道之中，扮演主要的角色，无论内、外丹法，假使没有了它，便不能成功。故如炼丹而不明先天炁，那真是在暗中摸索了。

先天炁既然这样的重要，那么它究竟是什么呢？原来它就是老子所说的“道生一”之“一”，亦就是周子所说的“无极生太极”之“太极”。至于现在科学家所说的“以太”与“微子”，也就是它。那么，它与“道”究有什么分别呢？我可以干脆地说一声，“道就是先天炁，先天炁就是道”。如硬要把它加以分别的话，那么只能说：“道是真空，先天炁是妙有。道是体，先天炁是用。”不过真空就是妙有，妙有就是真空。体之与用，亦是一而二、二而一，分无可分的。

“炁”从“旡”从“灬”，“旡”，就是“无”字；“灬”，就是“火”字。于此，可见“炁”就是无形的火。因此，当学者将先天炁感召到身上时，会发生温暖的感觉。厉害时，竟如发烧。而造字者的寓意，亦可见一斑了。至于那个“气”字，是后天气，与“炁”字不同。

天下万物，都是从“道”中生出来的，亦都是从先天炁中产出来的，故不问动、植、矿物之中，都含有先天炁，所谓“草木皆有佛性”“万物各有一太极”。不过，各物所含先天炁，有多寡纯杂之分，故有动静智愚之别。人之所以为物之灵，就是因为所含的先天，比较其他物类来得纯粹与多的缘故。

人于结胎成形之后，先天一炁与后天气血，即混而为一，譬如乳之入水，合而难分。故人身中所含是先天炁，已是后天中之先天，非本来面目了。且吾人身中所含先天炁之多寡，已定于得胎之初，及成形出生之后，那所含之先天炁，便只会减少，不会增多。因自出生之后，所呼吸和饮食的东西，俱属后天之故。一旦身中所含先天炁耗尽，便立即死亡，所以我们如欲避免衰老病死的定律，就非保留和增加先天炁不可。可是世间万物，都是先后天的混合物，而非纯粹的先天炁。且各物所含的先天炁，大多还不如人类所含的为纯粹而多，吃了它们的最高效力，亦不过疗饥解渴，补益后天，绝不能却老免死，增益先天的。所以，我们要想长生不老，绝不能仰赖于后天物质，必须以取得吾人生命之源的纯粹先天炁为原则，才有效力，否则都是隔靴搔痒，劳而无功的。

那么，先天炁究竟在什么地方呢？哈哈！它近在眼前，就在身外的虚空中，但不是空气，请勿误会。惟在我们呼吸空气之时，先天炁亦大量入肺，惜至肺而止，即行吐出，不能深入身内，以致获益甚微，不过得此一些间接的功用，其效力已大于食物了。你瞧，我们能一两天不吃东西不死，而不能片刻不呼吸。故如能使先天炁吸而不呼，深入身内，其补益之大，可以想象了。

九、炼内丹的真相

现在，先天炁在什么地方的一个问题，已经说明了，而究竟要用什么方法，才能使它深入我们的身中，而达到长生不老的目标呢？关于这个问题，目下称为万能的科学家，却还没办法可以解决它。而吾国被认为迷信的炼丹术，早于几千年前，便能使先天炁乖乖地深入人身，改造生理了。所有吸收先天炁的办法，待我在下面几章中慢慢讲来。

内丹法中，有清静与阴阳两种。现在我把这两种法门，分述如下。

（一）清静内丹法

清静内丹法中，有“从色身透出法身”与“从法身归摄色身”两种。行功之时，又有勉强与自然二法。所谓“色身”，便是我们这个肉体。所调“法身”，便是身外的太虚。所谓“从色身透出法身”，便是在肉体上行功，至丹熟脱胎，阳神出壳，此之谓“从色身透出法身”。

至于“从法身归摄色身”一法，那是在身外太虚中行功的，及至外面功毕，色身亦超凡入圣了。这好像演傀儡戏那样地，虽然在外面牵线，而傀儡自能听命行动，亦如运瓮者然，身立瓮外，乃能运瓮。

1. 现在先讲“从色身透出法身”的炼法。学者须知，炼内丹之法，不外乎“心息相依”四个字。至于所谓“逐节火候”，那不过是行功时的过程罢了。“从色身透出法身”的炼法，就是在色身上做“心息相依”的功夫。

天下事物都是相对的，譬如男女、水火、上下、左右等，而炼丹的唯一目标，就是要使相对返成绝对，二合成一。现在我们有心有息，便是相对。那么炼丹既要使相对返成绝对，就非令心息合一不可。上面所说的“心息相依”，便是使心息合一的办法。

“心”就是心灵，“息”就是鼻息。吾人的心与息，向来是各自为政，不相照顾的。而炼丹之法，却要使心息相依，神气合一了。不过，心有妄心与真心之别，息有凡息与真息之分。那杂念纷乘的心，便是妄心；那一尘不染的心，便是真心。那鼻息便是凡息，那胎息便是真息。什么叫作“胎息”？这是婴儿处胎时，鼻息未通，由任督二脉，一升一降，流过血脉。此任督升降，即名胎息。

炼丹是去妄存真，返老还童的方法。故开头第一步功夫，便是使妄心返成真心，凡息变为胎息。那“心息相依”的功夫，便是使妄心成真心，凡息为胎息的办法。

我们肺呼吸一出一入的时候，不是腹部亦会一起一伏吗？此一起一伏，便是腹呼吸的作用。在脐后约一寸三分之处，名为下丹田，那里就是胎息的发源地。炼丹的人在色身上做“心息相依”的功夫，虽有几种方法，然以在下丹田下手，最为稳妥而有效。行功时，以心光下照丹田，使腹内一阖一辟的内呼吸动作微微知觉，但须顺其自然，不宜过于执着，所谓“不即不离”“勿忘勿助”，方为合度。何谓“不即不离”？那就是既不捉紧，又不放松之谓。何谓“勿忘勿助”？那就是一呼一吸，一阖一辟之内外呼吸，使我心微微知觉叫作“勿忘”。而此一呼一吸，一阖一辟之内外呼吸，又须顺其自然，不可着意指挥，此名“勿助”。学者倘能确照此八字诀去做“心息相依”的功夫，必能有利无弊，引效见验。

以上所讲的方法，是一种自然功夫，照它去做，见效虽或较缓，而稳妥无弊，不致发生什么毛病。此外尚有一种勉强法门，其行功之初，虽然也在下丹田内心息相依，而俟心息稍和后，便用意引气自海底、尾闾，渡夹脊双关，经督脉上升泥丸，再由泥丸过上鹊桥，循任脉下降至下丹田，这样地空转法轮，虚行周天。

何谓“空转法轮，虚行周天”？任督二脉，衔接成环，此名法轮。气在二脉中运行，此名转法轮，行周天。而初学之人，关窍未开，任督未通，所谓“用意引气”，不过虚拟而已，并非真有气在二脉中运行，因此叫作“空转虚行”。惟“志为气帅”，用意勤加导引，自能达到关启脉通，气行任督之目的。行此“用意引气”的勉强功夫，虽然见效较速，而流弊亦多，譬如岔气升火等病，很易发生。弄得不好，便犯了“水火煮空铛”之诫。不如做自然功夫，能收气足脉通，水到渠成，有利无弊之功。所以我不主张，人行此勉强功夫。

2.“从色身透出法身”的内丹炼法，已如上述。现在要讲“从法身归摄色身”的炼法了。此流炼法，由在身外虚空中“心息相依”炼起。其法有二：

一是用耳在鼻外径寸之地，静听呼吸出入之声，此名“反闻自息”。行时亦须“不即不离”“勿忘勿助”，既不可过于捉紧，又不能过于放松，这样顺其自然地做去，自能达到“神气合一”，息住阳生的地步。

二是用心在鼻外径寸之地，微微照顾出入之息，使一呼一吸，微微知觉。这样以心依息，亦能使神气合一，发生效验。

以上两种在身外“心息相依”的方法，看似容易，而初学之人，未必便能得心应手，往往要像初学织布者那样地手忙脚乱，应接不暇。惟勤而行之，自能心息相恋，应付裕如了。

“从法身归摄色身”的内丹法，虽在身外虚空中行功，而所有效验，却都在色身上见。因为法身譬如演傀儡戏的提线人，息譬如线，色身譬如傀儡，只要演傀儡戏的提线人将线牵动，那个傀儡自能听其指挥了。[①]

炼“从色身透出法身”的内丹步骤是：“炼精化气，炼气化神，炼神还虚，炼虚合道。”

炼“从法身归摄色身”的内丹步骤是：“忘形以养气，忘气以养神，忘神

---

① 元·李道纯《中和集·玄关一窍》：“夫玄关一窍者，至玄至要之机关也。非印堂、非囟门、非肚脐、非膀胱、非两肾、非肾前脐后、非两肾中间。上至顶门，下至脚跟，四大一身，才着一处，便不是也。亦不可离了此身向外寻之，所以圣人只以一‘中’字示人，只此‘中’字便是也。我设一喻，令尔易知。且如傀儡，手足举动，百样趋跄，非傀儡能动，是丝线牵动。虽是线上关捩，却是弄傀儡底人牵动。咦！还识这个弄傀儡底人么？休更疑惑，我直说与汝等。傀儡比此一身，丝线比玄关，弄傀儡底人比主人公。一身手足举动，非手足动，是玄关使动。虽是玄关动，却是主人公使教玄关动。若认得这个动底关捩，又奚患不成仙乎？”

以养虚，忘虚以合道。”

二者最后目的，虽然都是成道，可是稍有优劣。我以为二者，虽都是将生水煮成了熟水，而“从色身透出法身”的熟水，是普通的开水，里面的微生物虽已杀灭，而未免尚有杂质。试观一杯普通的开水，不是杯底多少总有些沉淀吗？而“从法身归摄色身”的熟水，是蒸馏水，里面非但没有微生物，且又没有杂质了。二者高下，就在于此。可是炼丹家中，知道“从色身透出法身”的丹诀者为多。懂得“从法身归摄色身”的丹诀者，实不多觏。笔者偶然遇之，可谓万幸。无如生计困人，知而难行，譬如饥者虽知饭之煮法，而不得购米之资，不是依旧无用的吗？古之“抱道终身”者，大多为此。所以说：“欲修天上宝，须借世间财。”炼清静内丹法尚且如此，何况其他了！

炼丹之法，向来是严守秘密，不准公开的。我现在将一个下手功夫公开于上，已属破例。至于以后逐节功法，这里暂不公开。好在清静内丹法的全部要诀，不过此“心息相依”一着，譬如火车有了龙头，便能行驶了。所谓逐节火候，不过如在 X 站须停几分钟，X 站可以不停等问题罢了。

历来学者所感到苦闷的，便是读了许多丹书，找不出一个下手的方法。我有鉴于此，特将下手法门，说明如上。凡不得下手法者，不妨照我所述，试做功夫。做后情形，如认为有商榷必要者，可与笔者讨论，或向同道先进请教。

（二）阴阳内丹法

阴阳内丹法的初步功夫，与清静内丹法无异，但从做到任督脉通之后，便与清静法分道扬镳了。

清静内丹法，在做到任督通后，依然自耕自食，不靠他力。而阴阳内丹呢？因觉得自力有限，乃借助于人，于是广求同类阴阳，作为道侣，以收集腋成裘、众擎易举之功。在众力耕耘之下，其见效之速、收获之丰，自非独力种作者可比。不过，有利必有弊，如修阴阳内丹法时，不能在尘出尘，必然欲得反失，甚或银河倒泻，顷刻殒命，非常危险！故在六根未净，定力未深者，不宜学习此阴阳内丹法。

欲知清静与阴阳两种内丹法之差别、优劣和利弊，我这里有个譬喻：清静内丹法，譬如直流电；阴阳内丹法，譬如交流电。这是二者差别之处。直流电的效力，虽然不如交流电大，而其流弊却较交流电少，这是二者优劣与利弊的不同。

阴阳内丹法之所以较清静法门愈为严守秘密者，就因为它的流弊甚大，且易为不明真相者所惊疑之故。

阴阳内丹法是以“一阴一阳之谓道，孤阴寡阳之谓疾”“顺则凡，逆则仙，只在中间颠倒颠”的原理为根据的，不过实行起来，有“君子得之固躬，小人得之倾命”的分别，所谓“正人行邪道，邪道亦成正；邪人行正道，正道悉归邪”。惟人自欲中而来，故孔子有“食色，性也”之语。[①]能真正恪遵师训，对景忘情者，能有几人？故阴阳法之效验虽速，而依之修成者，反较清静派为少。

炼阴阳内丹法之条件，除须有巨额之钱财、适当之伴侣等，又要有在尘出尘、见色不色之定力，否则有败无成，甚或人财两失。且在此生活艰难，世事蜩螗的时代中，这种丹法，尤非宜行。故我劝有志炼丹者，对于阴阳内丹功诀，尽可研求，而于实行一点，则必先自问环境，是否适宜？自问力量，是否足够了？自问定力，有无把握？自问道侣，是否可靠？须此四点，件件圆满后，再行入室下手，方可无虞，而有成功的希望。

对于阴阳内丹法的概况，已在上面说了一个明白。至于它的实行方法，因与清静丹法有别，非一言半句可了。且惊世骇俗，流弊甚多，素来不准公开，故只能守戒暂略。此非我的学“说书先生卖关子”，实有不得已的苦衷。

阴阳内丹法中，有上、中、下三等。上等的，可以人己双利；中等的，有利于已，而无损于人；下等的，有利于已，有损于人。下等的，有损德行，不宜学习；中等的，宜于学习，而不易得诀；上等的，虽大可学习，而不书竹帛，难以研求。学者如有志于此，不妨将《参同契》《悟真篇》等中等法门的书籍仔细研究。俟学理稍明后，再立德访师，以求实行的诀法。

凡能悟得“男不宽衣，女不解带，龙虎并用，三家相见结婴儿”之理者，方能与谈上乘阴阳内丹法；如懂得“见之不可用，用之不可见”，皆“自然之所为兮，非有邪伪道”等学理者，可与谈中乘的阴阳丹法；能明了“道者，盗也”“追他气血过我来”等法理者，可与谈下等的阴阳丹法。至于

① “食色，性也”，非孔子之语。《孟子·告子上》：“食、色，性也。”

三峰采战，吞污服秽等邪术，乃是两败俱伤、短寿促命的自杀而又害人的地狱勾当，非惟为国法所不容，抑且为天道所难恕。若听信邪说而妄行之，必得惨报无疑！

所有内丹法中，清静与阴阳两种功夫的真相，已在上面讲了一个大概。关于此种学术，吾国是向守秘密的，故丹法之中，满纸的龙虎、铅汞、五行、八卦等术语寓言，没有一句实话。读者看了，很少不头昏脑胀、废卷三叹的。像我这样地明白直言的丹法著述，实在很少，就是有，也不过是谈一种法门的狭义书籍。而我现在所以这样的直言谈相者，绝对不是要炫奇显长，更不是有意破坏严守秘密的古人苦心，实在因为时至今日，我认为已到了将一部分有利无弊的丹法加以公开的时期。你瞧，目下不是已到了物少人多，不敷支配的时期了吗？而丹法可使学者从减少物质的需要，而至解脱物质的需求，此非一剂时代病的对症良药吗？所以，我愿意追随于刘锄强先生等之后，共同提倡此中国唯一国粹的炼丹术。至于成败毁誉，在所不计！

十、炼外丹的真相

外丹法中，有地元与天元两种，现在把它分述如下。

（一）地元外丹法

地元外丹法，是一种包含化学与冶金的方法。在烧炼之时，须得一清静隐僻而又合乎风水的地方，又要依式打造一个炉鼎和备齐各种应用之药材，如铅、矿砂、白银、汞氧化合物、水金、硫黄、砒石等。其主要材料，就黑铅，当其熔化至相当程度时，铅中即发出一种吸力，以收摄空中之先天炁。此先天炁，又能从铅中传到银，再由银传到朱砂、水银上面。这样传接下去，直到水银成粉，此粉名叫“死汞”。其效力能将贱金属，如铁、铜等在熔化时变为真银。再用手术，将此“死汞”提炼，到后产生另一物质，其名叫作“圣丹”，此丹能点化贱金属变为黄金。① 再将圣丹提炼，制成一种金

① 胡孚琛《丹道法诀十二讲》（社会科学文献出版社 2018 年 1 月版）：“陈撄宁先生讲他费十年之功炼外丹，证明‘红铜确能变成白银，但不免于亏本’的话，……果如是，则是利用化学反应转变化学元素的所谓‘冷聚变’，足以获得诺贝尔化学奖，何‘亏本’之有？”

色透明之粉，名为“灵丹”。此“灵丹”能点化瓦砾或任何金属成为黄金，又能服之延寿。地元外丹法，炼至“灵丹”地步，功程已登极顶，不能再有进步了。在炼地元外丹时，学者须忍受极大之艰苦，如守丹炉、看火候，昼夜不停，且须立定某一地点，注视池中变化之景象，经过一年至两年之久，方能有所成就。

古代好道帝王，往往因服丹而死者，就因为他们不懂丹法，误服了未到“灵丹”地步的外丹之故。

（二）天元外丹法

天元外丹之炼法，手术虽简，而条件极难，譬如丹台坐落之位置须合风水，且须建一适用之房屋，将各种应用的器具陈列悬挂。其中最贵重的，就是精密制造的一个“神室”。这个“神室”，须用地元外丹点成之黄金制造。世上普通的黄金不适用，因其易于熔化，难有结果。“神室”的形状大小，宛如鸡卵，全体分为两半，半为阴而半为阳，用时合在一处。天元外丹，全用真水、真火二者炼成。所谓“真水”，就是用“方诸”（即凹形大蚌壳），于中秋月夜，从前半夜九点钟起，置于月光之下，至后半夜一点钟止（每年只此一夜可用，此夜如阴雨者，则须用其他变通办法）。

“方诸”之内，经此数小时月光之照射，自能感应生水。此水乃真阴所成，与凡水不同，故名“真水”。所谓“真火”，就是用“阳燧”（即凸面透光水晶）置于“神室”之上，每在晴天，从上午十一点到下午一点，由太阳中收聚热力，连续不断行之，历九年至十年之久，“神室”之中，便会产生一种光华灿烂之朱粉。此朱粉，便是天元外丹，名叫“神丹”。无论何人，甚至禽兽，只要服此“神丹”少许，立能改变体质，肉身化气，而达到“与道合真”的目的。从前许旌阳之拔宅飞升，就是服了“神丹”所致。

外丹中的地元与天元二法之真相，已在上面讲了一个大概。惟炼外丹，更较炼内丹为难，非有一个集团的力量，难以实验。现因统论丹法，故把它略述一下，聊备一格。

十一、炼内丹的效验

炼外丹的效验，已在上章中附带述及，而炼内丹的效验，尚未讲到。现在将其逐步效验详述如下。

炼丹等于科学，它是虚不虚，要讲当场试验的。这种当场试验的效验，果然是它的长处，而亦是它的短处。因为动讲实验，果然货真价实，合乎科学脑筋的实验主义者的口味。可是万一不灵，便没有转圈余地，而要受到人家的严厉指责了，不比宗教家们所说的效验，是死后往生与死后升天。究竟往生与否？升天不升天？横竖只有死人肚里得知，活人是无从知晓的。因此，宗教家言，虽不合于现实主义者的胃口，而他们是不会受到人家的责问的。

炼内丹的效验，虽然随着学者的体质、实习的勤惰与所修方法之种类而有差别，然大概情形，无甚出入。现在将逐步效验的概况详述如下。

学者依照“心息相依”的方法下功后，最初的效验，便是心静息调，觉得心田之中，非常清静，不像平常那样的杂念纷纭了。呼吸方面，亦渐渐细长和缓，不像平时那样地粗短急促了。由此进步，便能念头忽止，呼吸乍住，入于恍惚杳冥之境。修士能常得恍惚杳冥之景，效验之门，可谓已开，此后便能得到周身酥软、恍然阳生之验。此时之阳生，是为后天中之先天。自后日日阳生，气满丹田，于是便有冲关通脉之景。任督一通，功效渐著，所有耳闻风声、目见电光、鼻闻香气等种种现象，不一而足。俟小周天火候功纯，便接行七日过关功夫。是时丹已成形，一粒火珠从丹田，渡下鹊桥（即尾闾），穿夹脊，经督脉，上升泥丸时，呼呼有声，背脊发热，形势之烈，远胜小周天时。继由泥丸，渡上鹊桥（舌舐上腭，名上鹊桥），经任脉，下降丹田。是时诸景顿息，神入大定，较之以前之乍定小定不同。

从此以后，境界顿殊，渐能自见脏腑，遍体生光。（此种景象，名为“玄影”，只能自见，外人不能见到。这是一种色阴变化，不足为奇，切不可惊异执着，致入魔境为要。）

及至十月胎足，便能阳神出壳，身外有身。修炼至此，须发白者，可以还黑；牙齿落者，可以重生。所出之神，可以渐离肉体，出外游行了。待三年乳哺功成，元神便可与色身宣告离异，惟亦可与肉体再行合作，而达到“肉身化气，形神俱妙”的炼丹最高目的。在乳哺功成之时，色身内的赤血，已成白血。圆形的瞳孔，亦会变成了方形。凡修到乳哺功满，即弃壳而去者，是谓“神妙而形不妙”，可称中成。必须修到肉身化气地步，才能称为

"形神俱妙"，而为大成了。

以上所举逐步效验的景象，不过是个大概情形，且为学者体质各异，所习方法亦各有不同。甲所得之景象如此，乙所得者，又未必这样了。仅大概情形，没有多大差别罢了。

炼丹如行路，效验如路中景物，行一段路，景物变换一番，这是当然之事，不足为奇的。故修士对于效验，不宜亟求，尤不宜执着惊奇。须如路中景物，过眼即忘为是，否则贪恋景物，便有误程迷途的危险。

十二、结论

炼丹一事，本来很科学化，而可以公开研习的，惜以人性善少恶多，善人得了丹诀，果能守戒慎行，不致越轨；而恶人得了，未免如虎添翼，愈将横暴了。古人有鉴于此，所以不肯公开。

丹法既不公开，外界自无从知其真相，于是种种妄测，不一而足。虽然外界毁誉，与丹法本身无所增损，但于阐扬方面，未免有所阻碍。因此，我现在谈论丹法，便不得不将其与其他学术不同之处和其庐山面目先行讲个明白，使读者看了，知道它究竟是怎么一回事。它的真相一明，外界的猜疑诽谤，自可无形消灭了。

一般研究学术的人，大多犯一个通病，那个通病，就是以先入为主，而是己非人。哲学家瞧不起科学家，科学家又指斥哲学家。甚至一家之内，又有派系之别。譬如佛门中的禅、净互讦，神仙家中的南北交攻等，都是兄弟阋墙、骨肉吴越的例子。其实这种都是知见浅近、胸襟窄狭的幼稚表现。庄子以"夏蝉不可与语冰，井蛙不可与谈海"，批评那些"只知其一，不知其二"的人，可谓再切合也没有了。此外还有一种人，就是他根本没有研究过这种学术，而偏要以不知为知，去硬加批评，那真自欺欺人，更为可笑而又愚蠢了。所以我劝学者，切不宜先入为主，是己非人，而犯固步自封，知见难广之病。尤不可不知而辟，盲目批评，而贻"未饮水，而嫌寒"之讥！

世人对于一种学术或一件事情大加宣扬，往往其中含有一种不良的副作用。而我现在的阐扬丹道，除为兴趣与学术之外，可谓毫无半点其他副作用。因为若说为名的话，那么谈此多数人认为迷信的炼丹术，只有被人斥为妖言惑众，而有损声名，将与为名的本旨相违。若说为利呢？那么，请问读者诸君，你们看了我这篇东西，能送给我几条金条吗？于此可见我的阐扬丹道，与一般的宣扬事情不同，请勿有所误会！不过在这个年头中，往往越是说没有什么副作用的，越是有副作用的嫌疑。因为卖糖人总说自己的糖甜的，惟事实胜于雄辩，真金不怕火烧。究竟如何，是有事实可证，不必多费笔墨、自我辩白的！

笔者研习内功与丹道以来，迄已十有五年，对于丹道学理，业已窥其大概，惟于实行方法，所知尚极有限，功夫经验，亦很浅薄，目下正在积极求诀与俟机实验中。如有同道先进，肯不吝指教者，则无任企祷之至！

内功与丹道，重于实践，不尚空谈，故老子说：“多言数穷，不如守中。”笔者有鉴于此，所以研习多年，从未笔述口谈，徒托空论。今之所以忽然违反古训，有背初衷，而撰文公诸报端者，有三个原因：

一、因为现代最严重的问题，是物资恐慌。而实习丹道的效果，小则可以强身却病，节省医药费用；大则可以免除饮食，解决物质威胁。它是一剂时代病的对症良药。

二、鉴于吾国国粹，日益衰微，尤以丹道等向被人误以为迷信之学术，更为衰落，几至失传地步，若再不加提倡，势必将成为绝学。

三、晚近科学，日益倡明，已能分裂原子，而与吾国丹道，渐渐接近。所以，近有美国科学家来吾国研究丹法，而吾国学者反多朦然不知。若再不将此功能改造生理，改变物质，优于科学之固有国粹，自行提倡与研究，恐怕又将被外国人窃去，而炫为独得之秘，甚或夸为他们发明了。

为了以上三大原因，所以不辞饶舌，将丹道的源流与真相，公开介绍，以期矫正国人对于丹道之误会，并引起国人研究丹道的兴趣。

自《内功与丹道》在本报刊出后，函问与面询者，纷至沓来，并有人要求刊印单行本者。于此可见丹道一向被人诽谤的原因，是在乏人提倡之故。假使有人能将丹道真理加以阐扬的话，必能使此绝学重行倡明的。

笔者虽有志提倡丹道，然学疏功浅，人微言轻，绝对不足以胜此重任。故深望海内同志，共起阐扬，庶几“众擎易举”，可使此式微的丹道，复兴起来。

提倡的方法与程序，我以为先将丹道的学理与可以公开的实行方法，用浅明的白话文撰登报端。俟研究的人渐渐多了，再组织一个研究社，发行简明的丹道书籍，并将丹法原理公开演讲，与用无线电广播，以广宣传。同志之中，如有环境许可的人，更须如法实习，身体自行，将实验的成绩，启人信心。

所有来函询问与驾社面谈诸君，我虽尽我所知，分别函复接谈，然以知见浅陋，俗物纷纭，故脱略与简傲之处，在所难免，尚希原谅是幸！

读者诸君，如有高见疑问，均请赐函本社，以便共同讨论。

再谈丹道

一、弁言

日前，笔者写了一篇《内功与丹道》的论文，在本刊（《苏州日报》，1948 年）刊载了十几天，这篇东西曾引起了许多读者研究的兴趣。不过，在那篇论文中，仅将吾国丹道作了一个概论，其间细目，未加详论，且未将各种丹道类似的法门，分别异同，以致有不少读者都来质询，这使我非常抱歉。

现在为使读者对于丹道内容更为明了，并使丹道与其他类似法门的界线划分清楚起见，特不辞饶舌，再谈丹道。惟于外丹法门，因繁复难行，故暂不论。尚希读者原谅！

丹道是一种进化学，内丹法能使生理进化，外丹法能使物质进化，因此，炼丹成功者叫作“僊（仙）”。“僊”字，从“人”从“䙴”者。“人”者，人也；“䙴”者，迁也。意谓从凡人升迁为超人，就叫作“僊（仙）”。可见在“僊（仙）”字之中，就寓着进化的意义。

“僊”字，亦可写作“仙”。“仙”字的寓意有二：（一）因为炼丹修仙的人，往往遁迹山林，故“仙”字之中，藏着“山人”二字；（二）山为静物，谷象中虚，炼丹的主要功夫，不外乎“致虚守静”。“仙”字之所以从“人”

从“山”者，就是教人学仙，须如山谷之虚静。

“丹”字之形，“月”中含“日”，这是寓着“一阴一阳之谓道”“日月合璧而成丹”的意义。

古人造字，都有深意。如能将以上“仙”“丹”二字之寓意参透，则修仙炼丹之法，可以知其概要了。因此，我在详论丹法之前，先将“仙”“丹”二字之含意，解释如上，以为纲要。

丹道是一种实用的学术，故凡学者，如环境许可，便应依法实行，不可因循自误。须知人生有限，过一日就少一日，若知而不行，何异束手待毙?

一般丹经，都是满纸术语，学者看了，无不莫明其妙。惟著书之意，本想宣扬丹道，而照这样写法，未免大失原意。因此，我以为除外丹与阴阳内丹等两种法门，因有流弊，而不宜公开外，余如清静内丹法，就没有严守秘密之必要，故笔者谈论丹法，除绝对不能公开者外，余均直言无隐，以除积习。

内丹法与生理解剖、医药卫生等学，外丹法与矿物、理化、堪舆、星卜等学，都有连带关系，故凡研究内丹法者，应兼治医药等学。研究外丹法者，应兼治理化等学。学者如能这样地与各种有关学术同时研究，其进步必能比单独研究丹道一种学说者快得多，其了解程度，亦必高明精确。

古人说:“君子谋道不谋食。”又说:“风月襟怀，可与学道；铁石心肠，可与学道。”的确，学习丹道的人，倘无“谋道不谋食”的精神，则绝不能绝俗办道；如无“风月襟怀”，则绝不能调鼎采药；若无“铁石心肠”，则绝不能对景忘情。这几句古语，真是学道的箴言、先哲的经验谈。

“法、财、侣、地”，是炼丹的四大条件;“信、解、行、证”，是学习的四大程序;“诚、勤、恒”，是行功的三大要着。假使学者对于以上三项，不能完全办到的话，那么就没有成功的希望。

道家与道教、理学与道学、炼剑与修道、丹法与静坐法等，向来纠缠不清，混为一谈。笔者以为，如欲提倡丹道，则非将丹道与那些类似法门的界限先划清不可。除道家与道教的区别，已在《内功与丹道》文中加以说明外，其余几种，现在再于下面数章中逐一分辨，以便学者看了可以不再认紫作朱、以皂为白了。

二、理学与道学的畛域

去年上海《铁报》上所载的那篇《美国人炼仙丹》文中说："美国学者向蒋'主席'陈说，愿与吾国学者合作研究炼丹术之意见后，'主席'已委托马一浮等，先从王阳明至金圣叹一个时期中的儒道参合学说，加以整理"云。从这一段文字中，我们可以看出理学与道学之相混，已历史悠久，而深入人心了。

考吾国学术源流，是理学出于儒家，道学出于道家。儒家的鼻祖是孔子，道家的代表是黄老。孔子虽曾问礼于老子，然并非老子的正式弟子，未得道学的薪传，所以孔所讲的学说，与老子所讲的根本不同。至于理学，乃系宋儒所讲，非但与道学迥殊，即与孔氏之学，亦未必尽符。那么，这理与道学两种绝然不同的学说，怎会被人混为一谈的呢？只因一辈理学大家，如朱熹、王阳明等，都是明讲性理，暗习道学，甚至儒、道、释三家同参，弄成了儒冠、道巾、佛袈裟的四不像，遂使理学与道学并讲，儒书与佛经互证，造成了"红莲白藕青荷叶，三教原来共一家"的传统思想。

理学与道学的源流不同，已如上述，至于它的实际学说呢？也判然二致，因为性理是一种专讲性功的学说；而道学是性命并重的，用功方面，也有自然与勉强之别。理学家的结果，至多不过做到坐脱立亡、尸解的程度，如明朝高攀龙之水解，便是一个例子。而道家的结果，则身外有身，犹为中成，须肉身化气，拔宅飞升，方称大成。二者结果的优劣，亦大有高下，岂可指张为魏、强异为同哉？

理学书中，往往掺杂道家思想，而道书之中，很少引证理学。且只有理学家诠注道书，如朱子注释《参同契》，很少道学家注解性理书的。理学与道学的谁借重谁，于此可见分晓。惟世人资禀各异，有宜于学道的，有宜于习理学的。宜于学道者，未必宜于研究性理；宜于习理学者，又未必宜于学道。故只能各视所宜，而分别取舍，不必强同其异，而贻"指鹿为马"之讥。

三、炼剑与修道的区别

炼剑是武术中的一种高深功夫，它有炼形与炼气两派。炼形派是将有形之剑，炼得能刚能柔，运施自如。炼气派是将无形之气，炼得化柔为刚，可以杀人。二派炼法，虽各不同，而其目的，大概都不外乎自卫与除暴两点。

修道是一种性命双修的内圣功夫，其法为将后天神气，返到先天性命；再将先天性命，返到虚无自然，其目的在于返璞还淳，与道合真。

炼剑与修道两件事，非但方法不同，抑且目的各异。若以炼剑为修道，那真是认鱼目为珍珠了。不过，这两件绝然不同的事，之所以会被人混为一谈者，其中亦有个缘故，因为上流的剑客，往往兼修道要；而修道的人，亦每兼习剑术，以致外界的人，便误会炼剑就是修道，修道就是炼剑了。

四、丹法与静坐法之出入

丹法出于神仙家，静坐法出于儒家。取坎坎离，此为炼丹之道；主敬止念，此为静坐之法。二者之源流既异，方法亦殊，其所以会被人视为一事者，因为内丹法中之初步功夫，亦从静坐入手，以致局外人便认为丹法与静坐法，是同出异名了。

内丹法的功夫，是无为之后，继以有为；有为之后，复归无为。其间逐节功夫，都有细微火候。至于静坐法呢？则彻始彻终，一味无为，其间火候，不甚讲究。故静坐法门，不能算是一种完善的修养功夫，与精密的炼丹术，大相悬殊。

海上名流丁福保所著《静坐法精义》中讲的静坐法，是儒、道、释三家合参的。蒋维乔所著《因是子静坐法》中讲的静坐法，是中外合璧的。他们所讲的静坐法，已非纯粹的儒家静坐法，照其修习的结果，与习儒家静坐法者不同。至于乩笔所传的静坐法，则又形形色色，不胜枚举，惟多怪诞悖谬，不宜学习。

所有丹道与静坐法之出入，以及静坐法之种类，大率如上，学者看了，可以知其梗概了。

五、丹诀不肯轻授的原因

凡是研究丹道者，大概没有一个人不感到得诀之难吧？一般学者，往往随师一二十年，尚得不到全部功诀，至于导师所以不肯轻授丹诀之原因，大概有下列八种。

一、炼外丹的功效可以点金换骨，炼内丹的功效可以易形通神。这种功效奇伟的内外丹法，倘被善人得了，果能利己利人，替天行道。而被恶人得了，未免要借此损人，贻害社会了。故于传授之时，不得不慎重将事，而抱“宁失传，毋害人”的主意了。

二、清静内丹法，非常平淡简易，毫无神奇之处，所以老子说：“道之出口，淡乎其无味。”这种平易的丹诀，在没有经验的初学者听了，无不轻视失望的。因为一般人对于丹道，莫不存神奇之心理，岂知所闻之诀，却这样的平淡无味，你想他们怎能信受奉行，而不大失所望呢？因此，老子说：“下士闻道，大笑而去。”岂知清静丹诀，乍闻之下，虽似不淡，而实行起来，却有奇效，所谓“至奇生于至常”。可是没有经验的人，怎能相信呢？因此，有道明师不肯将此看似平淡的清静丹诀轻易授人，以免被人藐视。

三、阴阳内丹法，乃是一种在俗道之中，行仙道的功夫，不明真相的人，既将目为邪道；定力不深的人，又易发生危险。因此，不遇上根利器，谨言慎行的人，绝不轻授，以免误人招谤，而蹈张紫阳“三授匪人，三受其累”之覆辙。[①]

---

① 张紫阳《悟真篇》后序：“仆于己酉岁，成都遇师授以丹法。自后三传匪人，三遭天谴。忆师戒云：‘异日有为汝解缰脱锁者，当直授之，余皆不许。’盖大丹之法，至简至易，虽愚昧小人得之，立超圣地。是以天意秘惜，不许轻传匪人。所授者，必其忠孝仁慈、刚方正直之士。而仆不遵师语，浪泄天机，故屡膺谴责，天之示诫如此之神且速也，敢不恐惧克责。自今以往，当钳口结舌，虽鼎镬在前，刀剑加项，亦不敢轻言矣。又念此道，终不可秘，故复撰此《悟真篇》。”《石薛二真人纪略》石泰曰：“平叔先生，旧名伯端，始于成都遇异人，授以丹诀，故名用成。后因妄传获天谴，触凤州太守怒，按以事，坐黥窜。经由邠境，会天大雪，与护送者俱饮酒村市。吾适村肆中，遂邀同席会饮。问其故，具以告。吾曰：‘邠守，故人也，乐善忘势，不远百里。’平叔恳为先容，护送者亦许之。遂相与诣邠，一见获免。平叔德之曰：‘此恩不报，岂人也哉？且吾师授记，有解缰脱锁者，方堪授道之谶，真其人矣。今将丹法传子，子可依之修炼以成道。’吾遂再拜，受付嘱焉。”（引自《悟真篇阐幽》）

四、天元外丹法，功能换骨飞升，效验神速。如误传匪人，为害匪浅，故向不轻授，以昭郑重。

五、地元外丹法，功能点金，君子得之，果能济贫助道，上接天元。而小人得之，势必贪得无厌，因财作恶，故亦向不轻传，以杜流弊。

六、访求丹法，往往不辞千里，而得闻全诀，又须苦求多年，有道高人，自己得来不易，对于弟子，自亦不肯轻授。

七、凡事得之难，则必视之贵，而行之谨；凡事得之易，则必视之轻，而行之忽，这是人之常情，事势所必者。故明师不肯轻易授人，以免遭人轻忽。

八、炼丹之人，如“法、财、侣、地”未备，而即轻率下功；行功之时，又不能对“诚、勤、恒”三点恪遵无违，则虽然行功，亦难见效。既不见效，则对所得之诀，未免生疑，甚或以为明师欺人，而妄生诽谤。古人唯恐误传此种轻率之人，而受不白之谤起见，故于传授之前，必先详察其性情，细视其行为，且所授之诀，又多今日半句，明日一段，不肯一气授全，以昭郑重，而免误传。

所有历代仙师，不肯将丹诀轻易授人的原因，大概不外上列几点。这种谨慎的态度，实出万不得已，并非故秘其诀，以难学者。因为轻授丹诀的结果，每使师弟双方，两蒙其害之故。不过，时至今日，世事大变，学者既眩于新说，人民又困于衣食，研究丹道的人，已如凤毫麟角，若再拘于旧例，严守秘密，则炼丹妙术，真将成为绝学了。因此，笔者以为，在这个时代中，对于丹诀，除一部分流弊较多，不宜公开者外，余者传授起来，可以略加变通，稍微宽些，以广流传，而挽颓势。

六、阅读丹书的方法

读书穷理，是研究任何学术的第一步工作。丹道是各种学术中的一种，当然在研究之初，亦首须读书穷理。但丹书与其他书籍不同，里面全是些寓言术语，假使无人指教，真是“饶君聪慧过颜闵，不遇真师莫强猜”。所以，初学者阅读丹书，没有不目眩心迷、废卷三叹的。

古人说：“得诀归来好看书。”这个“得诀”的“诀”字，有两种意义：一是行功之诀，一是读书之诀。能知读书之诀者，则丹经就不难读了。现在笔者将读丹书之诀，略举数则如下，以飨读者。

一、丹法有两种，即内丹法与外丹法。内丹法中，有清静与阴阳二派；外丹法中，有地元与天元二类。学者在读书之前，先要知道这部书，是讲哪一种丹法的，然后阅读起来，不致有“指鹿为马”之误。

二、内外丹书中，虽都有“鼎器”之名，而所指各有不同。地元外丹书中所说的鼎器，是以金属打造用以烧炼的。清静内丹书中所说的鼎器，有内外两种：内鼎器系指身中丹田，外鼎器系是指身外太虚。阴阳内丹书中所说的鼎器，亦有内外两种：内鼎器指身中丹田，外鼎器指同类异性。学者读书之时，须以书籍的门类，定“鼎器”的解释。

三、神气是内丹法中的材料，铅汞是外丹法中的材料。惟不问神气、性命、铅汞、水火，都是相对之物，故凡丹书中的相对名称，如龙虎、乌兔、日月、金木、坎离、婴姹等，在内丹书中就是指“神气”二者，在外丹书中就是指“铅汞”二物。学者如能明此，则可不为许多奇怪的代名词所迷惑了。

四、丹书中先后天的界限，分得相当严。凡在一个名词上面冠以“真”“元”等字样者，都是指先天之物；如不冠以“真”“元”“先天”等字样的名词，大多是指后天之物。

五、著丹书者，每喜作离合隐语，如《参同契》中“委时去害，依托丘山，循游寥廓，与鬼为邻；沦绝无声，化形而仙，百世一下，遨游人间；敷陈羽翮，东西南倾，汤遭厄际，水旱隔并；柯叶萎黄，失其华荣，各相乘负，安稳长生”等十六句内，隐寓“魏伯阳歌”四字。此种隐语，在丹书中常可见到，读者应当随时注意。

六、丹书中的重要语句，往往透露于平淡之处，故越在书中平淡之处，越要密切注意，断不可因其平淡而轻易放过，这是读丹经的一个要诀。

七、提纲钩玄，去芜存菁，亦是阅读丹书的要法。学者要用拨云见日的手段、毛中求疵的目光去读丹经，才能于沙中得金、石中获玉。

八、丹书真意，都在言外，倘然以言为实，便是执指为月了。故凡阅读丹书，必预悟弦外之音，切不可按图索骥。所有种种旁门，大多从象言中来，譬如采取日月精华，吞服男女秽物等法，都是以寓言为实事所致。

九、丹书深奥，断非走马看花者所能了解。凡读丹经，必须三番四复，熟思细味，才能领会。所谓：“思之务令熟兮，反复视上下；千周灿彬彬兮，万遍将可睹；神明或告人兮，心灵忽自悟；探端索其绪兮，必得其门户。”若贪多务速，囫囵吞枣，则虽读遍丹书，亦难会意。

十、外丹书中，以《石函记》《龙虎经》《琴火重光》等数书为佳；清静内丹书中，以《张三丰全集》中之《道言浅说》，《规中指南》《毅一子》《天乐集》等数书为佳；阴阳内丹书中，以《参同契句解》《参同契集注》《悟真篇集注》等数书为佳；女子内丹书中，以《灵源大道歌》《孙不二女丹诗注》等数书为佳；丹道刊物中，《扬善半月刊》《仙道月报》等为佳。学者如能将上列诸书刊熟读细味，则于内外丹法之学理与初步实修法，可以窥其中梗概了。至于乱传丹书，则伪多真少，不宜阅读。

按：丹书所以难读之故，在于书中都是代名词与术语，而名词术语之中，不外乎鼎器、药物、火候三者。现在我将各种丹法中之鼎器、药物等名词的真义解释如上，又将阅读丹书的各种重要方法，略举数例，学者看了，以后读起丹书来，或可比较便利些了。

七、应付环境的办法

历代丹书中，都是只讲炼丹学理，不谈学者环境的。可是参究学理，固为重要，而应付环境，尤为吃紧。因为假使只明学理，而无法解决环境问题，那就永远难以实行。不能实行，则徒明学理，有何用处呢？故笔者以为，对于学者的环境问题，实有检讨之必要，今将管见所及，略述数点如下。

日来国事蜩螗，物质缺乏，一般人民，莫不愁衣愁食，困于生计。所有研究丹道者，亦为人民中之一部分，且贫多富少，大多生活环境，非常艰困，而正式炼丹，须摒绝俗冗，专务其事，乃能成功。故现代之研习丹道者，都有困于环境，不能实行之叹。但我以为，一般困于衣食，不能绝俗者，不妨忙里偷闲，在朝晚业余的时间中，抽出一二小时的工夫来，实习简易的丹法初功，以调补精神，虽或得不偿失，然总胜于不行。

吸纸烟，浮大白，打罗宋，叉马将，差不多成了现代人物的普遍嗜好。实则此种嗜好，耗财伤身，有弊无利。学习丹道者，如有以上嗜好，应断然戒除，并以花在这种嗜好上的钱储蓄起来，以备将来实地炼丹时之用。现在烟酒价格贵，赌博输赢大，而存款的利息亦很高，倘能将嗜好上所省下来的钱，去放拆息，或购物资，那么只要盘上二三年，其本利总数必很可观了。将此积存的款子，去炼清静内丹法，大概已足够应付了。

研究丹道的人，也有一部分是环境优裕，可以实行的，可是他们大多养尊处优，不耐勤苦，嗜欲强盛，难守戒律，家庭复杂，诸多阻碍，以致亦往往蹉跎光阴，抱道终身。这种自暴自弃的行为，实在令人可叹。我以为，凡是既知丹诀，又有财力的人，就应速斩尘缘，急访侣地，毅然决然入圜实行，以免因循终身，依然老死。

关于婚嫁问题与夫妇生活，对研习丹道者，很有关系，但有人主张避免婚嫁的，有人主张婚嫁无妨的；有人以为夫妇生活不利于炼丹的，有人以为夫妇生活无碍于炼丹的，真是众说纷纭，莫衷一是。不过，就管见所及，以为凡是环境清贫，身体懦病，而尚未结婚者，则不宜婚嫁；如环境优裕，身体强健，单丁独子，而尚未婚嫁的学者，则不妨婚嫁，先尽人事。至于已婚学者的夫妇生活，则年老者宜由节而绝；年轻者宜由密而疏，由疏而绝，应取渐进政策，以免双方之感情与生理，发生巨变。

学习丹道的人，对其家属，亦应时常讲些仙真逸事、造化原理，以及善恶果报等与他们听，庶使家庭中人能渐被感化，而成同志。此种教化办法，对于学者的环境，很有改善的效力。

以上几点，虽不足以说已尽应付学者环境之能事，然照此办理，至少可以解决环境中的一部分困难。读者如再有其他解决环境问题的办法，希望赐教，以补缺漏，而便遵循！

八、提倡丹道之我见

按佛学发源于印度，丹道产生于吾国，何以外来的佛学，现在倒盛于固有的丹道？岂真优于学丹道、丹道不如佛学，所以盛衰悬殊吗？不！那是佛教徒的偏见，并非第三者的公论，不足凭信的。

那么，佛学与丹道盛衰的真正原因，究竟何在呢？此在佛家门户严紧，不杂他学，且历来都有大善知识，加以阐扬，故能日益光大，盛行吾国。至于丹道，则非但被许多旁门小术与类似的学说混肴不清，且又素守秘密，向不提倡，以致弄得真相日晦，乏人问津，衰微得几成绝学了。

因此，我们如欲提倡丹道，则必先将混在丹书里面的许多旁门小术、类似学说，以及含有迷信色彩的东西，淘汰净尽。然后，再将纯粹的丹道，用显明的文笔，有系统的编辑法，撰文著书，公开阐扬。一方面再组织一个研究社，以便联络同志，接引后学。并可假座无线电广播电台，播送丹道常识与有趣味之神仙轶事，以引起大众之研究兴趣。

笔者对于各种修养学术，差不多涉猎殆遍，然欲求其能合于科学原理，具有显著效验，而又注重现实，不讲将来的，则除丹道之外，实找不出第二种。因此，不辞多事，乐为提倡，惟“单丝不线，众木成林”，尚希海内同志，共起阐扬，庶几“众擎易举”，克牧卓效！

今有刘锄强先生组织“中华健康学社”，传授运气内功。按运气之术，即为内丹法初步功夫。学者如欲实习丹道者，可至本邑天赐庄叶家弄十号该社报名入社。入社手续非常简便，入社费仅收数万元。且刘先生兼通清静与阴阳两种丹法，实为丹道之良好导师。凡爱好丹道诸君，幸勿失此良机！

九、研求丹道的态度

丹道是一种最玄妙而又深奥的学术，但其门类不一，宗派众多，莫说门外汉莫测高深，就是局中人也难以尽晓。譬如学阴阳丹法者，常讥清静丹法为“磨砖作镜”；习清静丹法者，又每斥阴阳丹法为“披麻救火”。其实清静、阴阳，各有真理；南宗、北派，殊途同归。那些互相攻讦者，都是些管窥蠡测、井蛙夏蝉之流罢了。

研求丹道者，应知学无止境，切不可拘于一家之说，而固步自封。务须“虚怀若谷”，广求博访，学善财之五十三参，孔圣之学无常师，方能集思广益，知见日新。若偶闻一二，便以为尽在于此，那就满者招损，难有进步了。

丹道的微妙，非言语可以形容，必须心领神会，乃能贯彻，所谓“时之子妙在心传”。故研究丹法，非但要心思细密，见地超卓，胸襟宽广，并且要会心言外，得意象先，方能登堂入室，默契妙谛，否则虽承师传，亦不过粗知皮毛而已。

总之，研究丹道，须有不耻下问的精神，不可自大自满，固步自封。要有超尘绝俗的见解，不可少见多怪，动生疑虑。又须精研善悟，身体力行，才有入门的可能，成就的希望。

丹道是一种非常的学说，必须有非常的见地，乃能学之。如泥于常道，拘于俗见，而去研习丹道，那必扞格不入，疑虑纷起，难有成就。

十、清静内丹法

（内丹法理）

清静内丹法，为一己独修之道，方法简单，较易实行。惟其修法，计有两种：一为从色身透出法身，一为从法身归摄色身。从色身透出法身一派，他们修炼起来，在自身上用功，一旦功行圆满，法身自能透出色身，而入法界。这种修法，为北派所尚，王、邱、伍、柳等，都是做此类功夫。从法身归摄色身一派，他们修炼起来，在法身上行功，一旦功行圆满，色身自能与道合真，而超法界。这种修法，知者很少，仅西派别传吴天秩、汪东亭，以及吾师海印子等宗之。现在我把以上两种清静内丹法，分述如次，以便读者之采择。

（一）“从色身透出法身”内丹法

1. 名词直解

（1）鼎器

“从色身透出法身”内丹法中，鼎器有四：在初关炼精化气时，以气海下丹田为鼎器；在中关炼气化神时，以绛宫丹田为鼎器；在上关炼神还虚时，以泥丸上丹田为鼎器；在最后炼虚合道时，以身外太虚为鼎器。中丹田狭于下丹田，上丹田狭于中丹田。人之精气神愈炼愈精，愈炼愈清虚，故虽愈移愈狭，亦无妨碍。至于末后以太虚为鼎器者，因欲炼我之神，使其与道合真，周遍法界之故，所以炼精化气、炼气化神、炼神还虚、炼虚合道，以阶段言，固可分之为四。而以功夫言，则一刻之内，具此四法，不可界空划水，硬分层次。

（2）药物

“从色身透出法身”内丹法中，药物有内外之分、大小之别。静极而动，色身所生阳气，是为内药；感而遂通，法身所与之真炁，是为外药。天人合发，内药与外药齐生，所谓“内通外亦须通”。在筑基炼己时所采之药，是为小药；在还丹时所采之药，是为大药。大小药物，虽不外乎先天与后天二气，然小静则小动，所产之气，力薄而微，故名小药。大静则大动，所产之气，力强而大，故名大药。大小之分，根据于此。至于黍米玄珠，悬于太虚，须于出神之后，乃能饵服。

（3）玄关

“从色身透出法身”内丹法中，玄关有死、活之分，体、用之别。丹田，是死的玄关；神气冥合，一念不生，是为活的玄关。寂然不动，神气大定，是为玄关之体；感而遂通，阳生药产，是为玄关之用。学者于玄关一窍，须从死的里面求活的，由体而至于用，才能知其先后，得其玄妙了。

“从色身透出法身”内丹法中之重要名词，不外乎上列三者。至于真种之喻药物、橐籥之喻二息，坎离、龙虎、铅汞等之喻神气，皆易于解悟，不必赘言了。

2. 行功法程

（1）初关功法

学者下手行功，应先静定片刻，俟杂念稍清，鼻息稍和后，乃垂帘内观，在脐后腰前、心下肾上之虚无窍内，停神安息。惟以不即不离，有意无意，顺其自然为合度。因为用心太严则火炎，务必顺其自然，乃为文火温养；用心太散则火冷，必守其自然，乃称武火烹炼。如此文烹武炼，勿忘勿助，入于杳冥之中。久之，静极而动，一阳来复，薰心欲醉，四体酥软。此时，仍须安心窍内，不为摇动，方能气归丹田，而不散失。自此日积月累，自然气足关开，而督升任降，河车路通。凡阳生而运转一次，即为行一小周天。至于书上所谓“三十六与二十四”或“一百四十四与二百一十六”等，都是象言虚理，不可执泥。

（2）中关功法

初关功夫，自无阳生而行至有阳生，再自有阳生而行至无阳生，便为完功。在气足之时，有两个证验：一、外肾缩如童子，而成马阴藏相；二、眉心印堂之间，金光三现。学者在证得以上两种景象之后，便当接做大药过关，而行大周天功夫。在大药过关之前，须用两目注视中丹田，勾引大药。俟一粒火珠大药现象时，即微微用意导之自尾闾，经夹脊，过玉枕，入泥丸。在泥丸稍停片晌，然后自上鹊桥，经任脉，下降中宫，于是守中温养。直至六出纷飞，再上迁泥丸，调神出壳，接行炼神还虚，上关面壁功夫。

（3）上关功法

上关功夫，包括乳哺还虚，以及炼虚合道等法。阳神初出，不宜速离，须自近至远，在定多而出定少，及阳神老后，乃能远游。惟丹法不以出神为极致，须至粉碎虚空，与道合真，乃为形神俱妙之最上一乘功果。法在阳神老后，虽能弃壳而不弃，再饵服玄珠，做抱一守中，还虚无为之功。直至肉身化气，色空不二地步，乃为功德圆满。惟此着功夫，需时甚久，故一般修士，于阳神无亏后，即弃壳而去。然神妙而形不妙，总非大成，必须形神俱妙，方为全真。

（二）“从法身归摄色身”内丹法

“从法身归摄色身”内丹法，又名“真空炼形法”与“超等天元丹法”。因此种丹法，全在身外太虚中做功夫，故有“真空炼形”与“超等天元”名称。谈这种丹法的书籍，实在很少。除在《性命圭旨》中“真空炼形”一章内略谈此法外，其余只有笔者的太夫子汪东亭先生所著的《三教一贯》《性命要旨》[①] 和《道统大成》[②] 等书，以及吾师海印子所著的《天乐集》[③] 中，专讲此法。其法虽至简至易，而效果却超于一切。功夫虽都在身外做，而效验却都在色身上见。或问：功夫在身外太虚中做，何以效验能在色身上见？这因为吾人色身与法身，虽然隔阂，而其间有一息相通，故虽在法身中行功，而色身上能见效验，譬为演傀儡戏者。虽在傀儡身外牵线，而傀儡自能行动。那演傀儡戏的提线，就与吾人鼻息的作用一般，所以“真空炼形法”功夫，便在那息上着手。现在我将这种功夫中重要名词的意义和实行的方法分如下。

①《三教一贯》《性命要旨》，见《汪东亭集》，华龄出版社 2023 年 8 月版。

②《道统大成》，华夏出版社有限公司 2024 年 1 月版。

③《天乐集》，见《徐海印集》，华龄出版社 2023 年 8 月版。

（一）行功法程[①]

“从法身归摄色身”内丹法的实行功夫，只有“心息相依”一法，开始这样做，最后也是这样做，和繁复的阴阳内丹法比较起来，真有霄壤之分。所有逐节火候变化，不过是一种自然的过程。只要在外的“心息相依”功夫做得不差，就没有关系。按其他各种内丹法的“心息相依”功夫，大多在色身上做。独有真空炼形法的“心息相依”功夫，却在外面法身上做。可是虽说在法身上做，而与色身上亦不完全脱离关系。故如说得切实一些，可以说在法身与色身的交界点上做。

色身与法身的交界点在什么地方呢？它在吾人鼻外径寸之地，出入息交换之处。我们如将精神稍加镇静，用心在此鼻外径寸之地、出入息交换之处，微微注意，即能觉得在这地方，有个自己会动的关棙。这个关棙，就是天人合发、生死交关的机括，古人名为玄关。

所谓“玄关”者，便是说那是一个不可思议的玄妙机关。其实这个机关，就是造化操纵吾人生命的把柄，所谓“人命在吸呼之间”。此“之间”的“间”，便是“玄关”所在。我们如欲做到“吾命不由天”的地步，就非要能把握这个机关不可。所以“真空炼形法”开始下功，便在这个机关上着手，可谓一针见血、直捣黄龙了。

其“心息相依”实行方法，前在《内功与丹道》一文中，虽已讲过，然尚略而未详，现在再把它详述于下。

真空炼形法“心息相依”功夫，有直接与间接两种，兹分论如下。

（1）直接心息相依法

真空炼形法，以身外太虚为鼎器，故其心息相依功夫在鼻外径寸之虚空中做。所谓“直接心息相依”者，便是以心直接放在鼻外径寸之虚空中，与息相依。相依之法，以微微知息出入为度。此微微知息，便是所谓“勿忘”。但息之出入，须顺其自然，丝毫不可用意摆布，这就是“勿助”。勿忘勿助，以默以柔，久久相依，自能心平气和，渐趋于定。学者行功，能至定境，则种种效验，不求其至而自至。惟于见效之时，既不可惊喜，又不可贪着。务

① 底本此节，仅有《行功法程》，缺少《名词直解》的内容，疑有缺漏。推测缺漏的内容，也是对鼎器、药物和玄关等术语的解释。

须见如不见，仍在鼻外虚空中做“心息相依”功夫。这样做去，才能不着魔境，而步步上进。

（2）间接心息相依法

《庄子》上说：“无声之中，独闻和也。”“无声闻和”，便是真空炼形、间接心息相依之法。其法以耳在鼻外径寸之地静听出入之息，有声则听，无声则守。不即不离，如“疏雨滴梧桐”；有意无意，如“微云淡河汉”。这样地寄心于耳，寄耳于息，间接相依，自能做至心息俱忘，入于大定之境。及至静极而动，恍然阳生，则薰薰如醉，而效验渐见了。

以上两种“心息相依”方法，若有若无，即色即空，最为微妙，可谓一超直入之调息顿法。若行之合度，见效即速，证位又高，断非在色身上调息者可与比拟。

惜浮躁者，行此法门，每每不易合度。因为在身外虚空中心息相依，较为玄虚而难以着力之故。惟有一补救办法，即在调息之前，先做静功。法在桌上置一白手帕，用双目注视之。注视之时，亦须不即不离，方为合法。每日行功二三次，每次半个小时至一个小时。这样地连做一月静功，心神自能渐渐和平，然后再做“心息相依”功夫，就容易入门了。做调息功夫时，须有息则在鼻外虚空中依，无息则在鼻外虚空中定。或依或定，都在身外虚空中，所以名为“真空炼形法”。至于效验，虽都在色身上见，而务须听其自然，不可因而着身，至要至要！

十一、阴阳内丹法

（内丹法理）

（一）名词直解

1. 鼎器

阴阳内丹法中，鼎器有内外之分、正副之别，现在把它分辨为下。

（1）内外鼎器

我之下丹田，为内鼎器；彼之产药处，为外鼎器。内鼎器为受药之所，外鼎器为产药之所。

（2）正副鼎器

正鼎器中，计有三种：一药鼎，筑基炼己时用之；二丹鼎，还丹时用之；三火鼎，还丹后行火时用之。至于副鼎器者，以供铸剑与制造蟠桃酒之用。惟正鼎器，不可用以铸剑，副鼎器不可用以采药、还丹与行火。此外，更有先天未及一丈之鼎器，此乃用以呵气开关者。

2. 药物

阴阳内丹法中，药物有内外、大小之分。药产之时，又有癸前、癸后之别。现在把它分论于下：

（1）内外药物

在开关展窍，一己内炼之时，以心液为内药，肾气为外药。在临炉采药，双修外炼之时，以我家之汞为内药，彼家之铅为外药。

（2）大小药物

在筑基炼己时，所采药鼎中之铅，是为小药。在还丹时，所采丹鼎中之铅，是为大药。

（3）药产之时

药鼎中之小药，产于癸前，所谓“铅遇癸生须急采，金逢望远不堪尝”。丹鼎中之大药，产于癸后，所谓“只论铅生于癸后，不言阳生于癸先”。

3. 火候

阴阳内丹法中，火候有二：

（1）内火候，用以采炼和合。

（2）外火候，即彼家三日月出庚，五日一候之时信。内外二火，缺一不可。外不知，则药生茫然；内不晓，则采炼无法。

4. 雌雄二剑

雌雄二剑，实仅一柄，因有刚柔之殊，遂有雌雄之名。乾动而直，则剑刚而名雄；乾静而专，则剑柔而名雌。临炉采药，当用雄剑；藏器待时，当用雌剑。学者应于造化炉中，先行铸剑，应使剑能刚柔随心，取舍为意后，方可入室采铅，所谓“工欲善其事，必先利其器”。

又雌雄二剑，两家各具一柄。吾家之阳剑，主刚柔，定浮沉；彼家之阴剑，主生杀，施刑德。阴阳二剑，缺一不可。至于葫芦之名雄剑者，与此处所说之雄剑不同，请勿误会。

5. 内外橐籥

阴阳内丹法中，橐籥有内外两种。内橐籥，是内外二息；外橐籥，是雌雄二剑。

6. 琴床

阴阳内丹法中，有琴床一种，以木为之，因其状若琴，上有孔窍，故名“琴床”。在龙虎相见，外景现前之时，因恐两家流于猖狂，故以琴床隔之。

7. 玄关

阴阳内丹法中，玄关有内外之分、死活之别。我身下丹田，是为死的内玄关；吾心喜怒哀乐之未发，神气冥合之时，此为活的内玄关。寂然不动，是为玄关之体；恍然阳生，是为玄关之用。至于外玄关者，系指乾坤合、坎离交、口对口、窍对窍时而言，所谓“此窍非凡窍，乾坤共合成，名为神气穴，内有坎离精”。

丹书名词，都有寓意，譬如鼎器之名，是取其中空之意，因为器虚方能受物，实则不能中用，所谓“器用者空”。吾身丹田，本为一窍，既名为窍，当然是虚能容物的，故称之为“内鼎器”。至于彼家之产药处，在药未产生之时，亦是空的，故名之为“外鼎器”。药物之名，是取能治先后天两种疾病之意。吾人之内伤外感，是谓后天疾病；饥寒老死，是谓先天疾病。小药能治后天疾病，大药能治先天疾病。既能愈疾，自可名为药物了。按“药物”之名，始于唐·崔希范所著《入药镜》中。剑之命名，意在驱魔护身，斩断情丝，因为人自借剑得药之后，自能情魔渐除，脱离欲界。橐籥、琴床，乃借物为喻，意在象形。玄关之名，在于会意。因玄关一窍，机括玄妙，不可思议，实一玄妙之机关。总之，丹书中异名虽多，然皆各有其意。现在将其重要者，逐一解释如上，余者可以类推了。

（二）功程真理

阴阳内丹法之实行功程，向来口口相传，不著竹帛。其不准公开的原因，无非为防流弊，这是古人谨慎之处，笔者亦表同情。但其实行之方法，固不宜公开，而其功程之学理，实毋庸讳言。因为事如太晦，反易引人猜疑。何况此事，本极光明高超，又何不可告人之有？故此笔者将其功程真理，阐述如下，以告读者，并释群疑。

按阴阳内丹法，有顿渐之分、上中下之别。上乘顿法，不许笔述；下乘渐法，有损于人，皆不宜谈。现在折两用中，将中乘功程，略述其理。

中乘阴阳内丹法之功程，计分十段：一开关，二筑基，三采药，四结丹，五炼己，六还丹，七温养，八脱胎，九玄珠，十面壁。现将各段功夫之学理，逐一分论于下。

1. 开关

开关之法有二：一为自力更生，一为仰仗他力。凡壮年与中年之人，可用自力更生之法，因为年当富强，神气未衰，积累尚易，故只须用清静内丹法之凝神调息功夫，一己独修，即能气足开关，河车路通。至于老年之人，气血已衰，如欲清修开关，未免事倍功半，故须置备一先天及一丈之鼎器，借他先天中后天之气，呵气开关。此呵气开关之法，名为“吹笛”。

2. 筑基

筑基功夫，是追他气血，入我丹田，名为“取坎填离”。在追取之时，须用橐籥。追取之法，必由师授。彼之气血，又须辨老嫩，防寒燥，不可差错。如行功合法，约经百日，即可离实成乾，而返为童体了。

3. 采药

筑基虽成，为阴精难固，必须再采药鼎中所产之先天小药，以制伏之。此味小药，产于癸前，所谓“铅遇癸生须急采”“三元八卦岂离壬”。因以癸为阴中之阴，不堪为用。壬为阴中之阳，乃可取用。然欲采此小药，必须黄婆探测，又须用剑追取。得药之时，精神如醉，所谓“先天炁，后天气，得之者，常如醉”。

4. 结丹

结丹是聚我真炁，结而成丹，但此非还丹结胎之谓。结丹之位，在于下丹田中。结丹之功，除子进阳火、午退阴符之外，余时须调息绵绵，凝神默默，如鸡抱卵，如龙养珠，乃无走漏之患。及火候功足，自然血化为精，精化为汞，结成一颗内丹，宛如朱橘，此为养性立命之功。

5. 炼己

炼己一着，是烹汞成砂之功，须采弦前弦后之铅，勤行周天火候，方能使活汞成死汞，赤血化为白血。

6. 还丹

在炼己功纯，内汞坚凝之后，即应求彼八两先天真铅，配我半斤后天乾汞，所谓“金来复性初，乃得称还丹”。其采炼功法，大率与前相仿，惟炉鼎药物，大小不同。大药产时，在于癸后而已。

7. 温养

温者，是说养胎之火，须不寒不燥。因为火寒则丹不凝，火燥则丹易烁，俱非所宜。养者，是说养胎之法，须从容涵育，如天之泽物，晴雨以时；母之孕子，寝食有节，然后乃能生成。温养时间，须历十月，所谓“采药只一时，合汞须十月”。

8. 脱胎

温养十月，道胎圆成，一旦瓜熟蒂落，自然脱胎。脱胎之前，有六出纷飞之景。脱胎之时，顶门透出阳神。初出神时，不可远游，必须才出数步，即便收回，方无迷失之患。及至三年调神功毕，神已老成，乃可任意遨游。

9. 玄珠

玄珠者，乃五千四八先天鼎中所产之白虎首经，饵而服之，可成天仙。饵服玄珠，须在阳神老后，所谓“神仙再做神仙”。

10. 面壁

饵服玄珠以后，即应行面壁九年，炼神还虚之功。惟面壁者，非面墙枯坐，而系目中如万仞当前，一尘不到之谓。九年者，非历时九年，而系九转功深，化身亿万，周遍法界之谓。俟面壁功完，则修真事毕，那时升遐度世，可以悉听其便了

以上所谈阴阳内丹法理，在门外汉看了，或犹嫌其未显。而局中人看了，恐怕已将斥我太露了。惟或嫌或斥，笔者只能置之不顾了。

十二、女子内丹法

（内丹法理）

笔者对于丹法，已谈得不少了，可是都是男子丹法，关于女子丹法，尚未提及，一辈女读者们看了，未免要误会我重男轻女了。其实倒并不是什么重男轻女，因为女子丹法，除初步功夫与男子不同外，余者即无甚差别。如

能懂得男子丹法，就等于懂了大部分的女子丹法了。

女子丹法，亦有清静与阴阳两种，其初步功夫，除“真空炼形”一派与男子修法无异外，余者略有出入。现在将其分论于下。

（一）“从色身透出法身”之清静女丹法

女子内阴而外阳，生理上以血为主，故每逢一月，行经一次。于下手之时，须从无经（此指年老经净者言，并非指年幼未行经者）而做至有经，再从有经而做至无经。无经以后的功夫，便与男子相同了。其入手修炼之法，是用神在两乳中间的一穴之中，微微观照。观照之时，务须不即不离，勿忘勿助。因为过于着意，则火燥；过于散乱，则火寒，都不合法度，必要有意无意，方合自然之道。年轻者依法行持，约于旬日之间，即能于行功时，觉有暖气一缕，自下而上升至两乳中间，此即血化为气之景。久久行之，自能收无经者经重来、有经者经渐净之效。惟以上功法，于经期之间，应暂停行功为要。女子于赤龙斩绝之后，便可接做凝神下丹田，与男子同样的功夫了。女子炼丹，虽较男子多此一层斩赤龙的功夫，而因其生理上与性情上之特殊优点，故见效之易、成功之速，往往反胜于男子。所以女界学者，可不必为多此一层斩赤龙功夫而忧虑。

（二）女子阴阳内丹法

男女阴阳内丹法，亦只初关功夫不同。因为男子阴阳内丹法，在初关之中，即须仰仗他力。而女子阴阳内丹法，在初关之中，只须自力更生，直至还丹之时，方借他山之助。女子双修，不明真相者闻之，未免要惊疑兴谤。其实只要看一看观音图中的法象，便能恍然大悟了。况神仙妙术，迥异尘俗，断非常道邪行，可与比拟。

阴阳内丹法，以两仪图阴中怀阳、阳中怀阴为根据。因为男子外阳而内阴，女子外阴而内阳，一如两仪图中阴阳互藏之象。阴阳互藏，则偏而不全，不合于“一阴一阳之为道”的原理，遂有取坎填离、七返九还之说，所谓“只缘彼此怀真土，遂使金丹有返还”。但金丹大道，乃先天之学，绝非着相的常道、用质之邪术，读者诸君，不可不辨！

对于阴阳丹法，非但一般人闻之生疑，便是一辈研究清静丹法的人，也都不信。其实只要三覆《参同契》“自然之所为兮，非有邪伪道”，与《悟真篇》“见之不可用，用之不可见”之语，便可释然了。不过此种丹法，必须上根利器，方能承当，否则每易逾淮成枳①、变正为邪，古人之不肯明言轻授，就在于此。

十三、辨邪防骗

世上事物，都是相对的，故既有正道，即有旁门。丹道中的种种旁门，大多是从误解丹书中的象言而来。譬如丹经以日月喻阴阳，旁门便因而造出了一种采取日月精华的方法。仙家借阴阳而双修，邪道便误会是御女采战之术。再如古人以卦象明丹道，不知者却在色身上定八卦方位而盲修。丹法从凡息返胎息，不明者却以吐纳为要道，甚至采生割折，不顾人道，吞污服秽，妄希长生。种种胡为，不胜枚举。总之，先天丹法，决不在后天形质上着想；虚无大道，怎会在矫揉中妄作？何况“苟无至德，至道不凝”，岂有为非作恶者，可以成仙证道哉？

晚近世风日下，人心不古，旁门邪术，到处皆是，什么教，什么会，大多是纠众敛财的机关。望好道诸君，对于此种组织，切勿轻易加入，以免受欺被骗，后悔莫及。

凡以正道授人者，决不重于财势，故如以重价为传道条件者，便非正道。学者不拘从师入教，倘遇以金钱为先决问题者，便不可深信。如遇以种种利益引诱者，更不可盲从。因为在此离乱时代，社会中黑幕重重，每有利用邪说，诱集群众，图谋不轨者。好道诸君，不可不察！

十四、作者自白

读者先后看了我两篇丹道的论文，除与笔者素识者外，恐怕有不少的人要疑我是个羽扇纶巾、仙风道骨，善知过去未来，惯能呼风唤雨的当代神仙了。即其最低限度，亦认为我总带些仙气，与众不同吧？岂知笔者的实际情

①《周礼·考工记》：“橘逾淮而北为枳。”

形，非但与读者理想的不符，抑且病骨支离，弱不禁风，是个十足的“人比黄花瘦”的东亚病夫。读者听了我几句自白，未免要惊诧不信吧？现将笔者体格情形与行功经过，略述于后，以告读者。

笔者早失怙恃，乏人育养，致自 7 岁时起，即咯血病肺。自后时发时愈，忽轻忽重，缠绵不愈。于二十七年（1938 年）冬，因战后环境恶劣，心绪不宁，以致血症大发，一病四年有余。病中虽曾遍尝中西各药，历试各种健身却病之术，然终效验毫无，难以康复。

但以笔者自 18 岁起，即喜究丹道，故丹经道书，堆积盈架。虽素知“诀须师授，书无实言”，然因病已至此，无药可救，遂以“死马权当活马医”的态度，照书中所述“凝神调息”之法理，姑妄“按图索骥”。依之试行，不意实习一周，即觉神气冥合，如入另一境界，继即火发下田，阳气上冲，毛窍齐开，遍体微汗，旋又热退凉生，神静如山。从此一静即阳生，渐渐气满丹田，关启脉通，所有法轮常转，耳后风生，脑中鹫鸣，目耀金光，鼻闻香气，海底涌日，火珠过关，洞见脏腑，白雪纷飞，以及神行周天等形形色色，种种景象，不一而足。同时庭前植物，亦有春花秋放之异。多年宿疾，一旦霍然，精神形容，大胜于前。行功至五月余时，忽有一表亲来访，见我神充形丰，大加庆贺，并立为介绍一笔耕职业。其时，我虽继续行功，而重以此君之熟忱，鉴于环境之需要，又以嗣母之意，亦欲我出外治生，以补家计。于是就在出世、入世不能兼顾之下，出外工作了。这种功废半途的厄遇，大概是因为“苟无至德，至道不凝”的关系吧？

自出外工作后，虽忙里偷闲，在朝晚业余之时，依旧继续行功。惟以一日劳攘之余，精神颇难静定，遂致功夫日退，驯至神气日衰，关窍渐塞，疾病复生，慢慢地又回到了带病延年的旧状。

目下虽仍朝晚行功，然得不偿失，获益有限，不过聊胜于无罢了。

或问：“行功至以上程度，何以犹会倒退为此？”那因炼丹的人，非至“一得永得”的地步，他的功夫是依旧要“不进则退”的。我当年见效虽速，而尚未到“一得永得”程度。因此功夫一怠，便渐渐地退步了。但我现在如能摆脱一切，重行专修，则进步之速，必能胜于常人，因为“驾轻就熟”，自较易于为功之故。

笔者前在病中行功之时，尚未得诀，而以能专心勤行之故，竟能见效神速，沉疴立起。现在虽已得诀，而因不能勤行，故反懦病。于此可见丹道一事，知而不行，是无用的，所谓“谈尽口诀难免死”。惟欲实习丹法，非先解决生活问题，具备各项条件不可。而生活之解决，条件之具备，又有时节因缘，难以强求。笔者此刻，正“居易俟命”，静候机缘中。

古之“病能养性魔无术，贫到忘愁鬼失权”一联，确为战胜贫病、征服环境的妙法。笔者特为拈出，冀与同病者，共勉之！

按长生久视之道，固不外乎三元丹法，而却病延年之方，则其术甚众。笔者性好务博，不喜拘于一家之见，故于大道小术，莫不涉猎。惟以年事尚稚，阅历不广，故见闻之微，仍为井蛙。倘荷海内高明，同道先进，能不弃驽钝，赐以教诲者，则无论是道是法，为术为数，均当虔诚领教，洗耳恭听！

第二编　西派真空丹诀

平江　张定阳　著

〔提要〕《西派真空丹诀》抄本，计 13 页，在某旧书平台售价三千余元，又被某平台炒成五千多元，见者多呼“价高太贵”。标价虽高，但笔者还是毅然购入，因不愿“西派丹诀”蒙尘，流浪浊世也。该本翻阅之下，发现文字虽然不多，但是字字珠玑，将西派丹诀剥皮见肉，真丹家泄漏骨髓之作。先师陈毓照先生（1926–2012）曾讲：“西派丹诀，至简至易，全诀如果用文字写出，只说骨髓，不言废话，区区数页纸就可以了。如果稀释详细讲解，恐怕几百万文字也可以写得出。”所以，真诀不在文字多少，而在是否骨髓心语，诚如古语“真传一句话，假传万卷书”。《西派真空丹诀》，书首署名“平江张定阳著”，书尾落款“平江乾乾子张定阳道初录”。由“平江乾乾子”几字可以知道，“张定阳”就是撰写《丹道概论》的“张良士”。落款中“道初”二字，由此可以知道，张定阳、张良士，还有一个名字是“张道初”。经核查资料，张道初与陈撄宁（1880–1969）、银道源都有联系。张道初向银道源问道的信函，收入《明道语录》。张道初向陈撄宁问道的信函，曾刊载在 1940 年前后的《仙道月报》。阅读信函，可以看出张道初非常客气谦逊，以事师的礼节去函问道。阅《丹道概论》和《西派真空丹诀》可以知道，张道初正式拜师，是海印子徐颂尧先生。《访道语录》[1] 记载：“西派传授之渊源：上海著名工程师李仲强，一日坠楼未死，顿悟生死事大，人世无常，乃发愿修道。而修道必须拜师，知友皆欣然为之建议：‘欲求博通，宜拜圆

①《访道语录》，李乐俅编著，台湾真善美出版社印行，1965 年。

顿先生（陈撄宁）；欲求实功，宜拜海印子，请自择之。’李遂决拜海印子。海印子者，姓徐，江苏苏州人也。徐乃汪东亭之弟子，而汪之师为吴天秩，吴则得西派真传于真人李涵虚也。”阅读《西派真空丹诀》，需要一同阅读《西派文献集成》中的《汪东亭集》《徐海印集》，更能方便吃透本篇中的真精神。

一、西派别传源流

西派始祖涵虚真人李西月，尝遇纯阳吕祖、三丰张祖于四川某禅院中，密付本音，因知西派乃出于少阳、隐仙二派者也。吴祖天秩翁，遇李祖化身于西安东岳庙中，授以最上一乘之真空丹诀，以开西派别传。后吴祖传柯太师伯怀经，及汪太师东亭二人。汪太师晚年，隐居沪上，弟子甚多。惟得闻全诀者，仅一王姓师伯，与吾师海印子徐颂尧二人而已。此为西派别传之源流也。

盛按：别传，就是“教外别传”的简称，源于佛教禅宗。《五灯会元》卷一载：“世尊在灵山会上，拈花示众。是时众皆默然，唯迦叶尊者破颜微笑。世尊曰：‘吾有正法眼藏，涅槃妙心，实相无相，微妙法门，不立文字，教外别传，付嘱摩诃迦叶。’”后世谓“教外别传，不立文字，直指人心，见性成佛”。“正法眼藏”的“微妙法门”，是指禅宗本义。“不立文字，教外别传”，指禅宗教理不依靠文字流传，是在传统经典之外传承的教义。禅宗提出这种主张，是认为“诸佛妙理，非关文字”，不认识文字，也可以深入佛理。“教外别传”，实际上作为“高妙”的“微妙法门”，是“正法眼藏，涅槃妙心”，是快速“直指人心，见性成佛”的“高级”方法。汪东亭为自己的著作题名《教外别传》，又名《教外心法》，说明其所传丹诀堪比佛陀传给迦叶的“正法眼藏，涅槃妙心，实相无相，微妙法门，不立文字，教外别传”的“直指人心，见性成佛”的“高妙”法门。读者切莫一见“别传”二字，就与“嫡传”相对应，以致分门别户，搞派系争斗，不利于团结。

二、真空丹诀宗旨

按一般丹法，均在色身上行功，独有真空丹法，却在法身上行功。法身者，即身外太虚是也。盖太虚，为万法发源之地，故名“法身”，亦名“法界”。真空丹诀，“以法身归摄色身”为宗旨，与其他丹法之“从色身透出法身”者，不同也。

三、真空丹诀优点

身外太虚，为万有发生之源；吾人色身，为父母所生之体。一为先天，一为后天。《易》曰：“先天而天弗违，后天而奉天时。”在法身上行功，乃从伏羲先天八卦入手，而为“先天而天弗违”。在色身上行功，乃从后天入手，而为“后天而奉天时”。其间高下，不言而喻。

且在色身上行功，因着相之故，稍一不慎，即易致疾。而在法身上行功，因离相之故，安全稳妥，毫无流弊，此即真空丹诀之优点也。

四、真空丹诀要着

在色身上行功之丹法，其要在一“炼”字，故曰“炼精以化气，炼气以化神，炼神以还虚，炼虚以合道”。而在法身上行功之真空丹诀，其要在一“忘”字，故曰“忘形以养气，忘气以养神，忘神以养虚，忘虚以合道”。

按：“炼”属有为法，有为则有不为。“忘”属无为法，无为则无不为。其优劣，不辩自明。

真空丹诀，最初之“致虚调息”，即“忘形以养气”也；其次“息住入定”，即“忘气以养神”也；其次“舍定还虚”，即“忘神以养虚”也；最后“粉碎虚空”，即“忘虚以合道”也。至于“离色身而在法身上行功”者，即老氏“外其身而身存，后其身而身先”之旨。此“外身”一点，实真空丹诀之要着也。

五、真空丹诀法程

真空丹诀，至简至易，功夫虽分初、中、上三关，而方法惟“心息相依”一着，所谓“吾道不繁，一以贯之”是也。惟“心息相依”者，“经”也。其间尚有“致虚守静”“采药调药”“起火止火”等逐节法度，以为“纬”。今将法程，分述如下。

（一）致虚守静

吾人自有生以来，即心为身囚，神为形役。今遽欲使其心超身外，形不役神，讵可得乎？故必先假“致虚守静”之功，以为过度也。“致虚守静”之法，乃用一白色手帕，置于案上，将两目注视之。注视之时，勿努目而使神劳，勿旁顾而使心散，务须不即不离，勿忘勿助，方为合度。行持时间，每一刻钟，至半小时。每日二至三次，约经一二月后，即能心空神静，神超形外矣。盖以神寓于目，目之所至，神亦至也。兹将两目注视于身外一物之上，则神自超于形外，心自超趋于静定矣。《阴符经》云“机在目”，询不诬也。

盛按：西派丹法的特点，就是“神定虚空”，在身外凝神调息，大多习西派丹法者，难以如此而行。究其原因，因系旧习之功法多是“意守丹田”之法，久久成为习惯，难以一时移神到“身外虚空”中来，造成“心息相依，神定虚空”之诀难以实行。从未修炼过任何丹法者，反而容易做到“凝神虚空”之功。汪东亭《体真山人丹诀语录》云：“我昔遇吴师，先命我一月静功，然后命用耳听息。”徐颂尧云：“玄宗之静乃虚静，谓静而不著色身也。其法每于静坐时一切放下，过去未来概不追思顾虑。然后用目注视面前一物（如茶杯、手帕等小物件，随取一物，置于目前咫尺之地），不即不离，要不费目力，如能睡著最妙，能自然速睡更妙。睡醒后精神异常舒适。盖目之所至，心亦至焉，心之所至，气亦至焉。此法能使心神离开色身，静定在外面，神气两静在外，空其色身，即老子‘外其身而身存，后其身而身先’之秘诀也。一著色身，即生弊病；离开色身，步步得益。是名虚静。每日有两枝香静定，行之一月，即生效验，三月即大得其益矣。然此乃道之前行，尚非正行。汪师承吴太师之传，每教人先做一月静功，然后传调息正行工夫也。若老年喜躺睡者，即仰卧藤榻上，从屋顶悬一绳，绳之一端下垂，离行人鼻孔数寸之处，须不高不下。卧时即用两眼注视绳头，亦须不即不离，不费目力。若睡著即任其睡著，更为舒适而持久，宜于老人。此法昔柯师伯法治愈其婶母之气喘病。最近予弟子陈君，在沪上行医，遇一少年得奇病，百方治之而不效，乃命其每日到寓所，教其安坐沙发上，面前放一凳子，凳上放一茶杯，教其静坐三四小时，注视茶杯。少年一如其教，一月而病少瘥，三月而病全失。春间陈君来苏，亲为予言之如此。”（《徐海印集》，223 页，华龄出版社 2023 年 8 月版。）

（二）凝神调息

“凝神调息”，即心息相依。何则？因“凝”者，合也；“调”者，和也。和合神息，是非心息相依乎？夫吾人处胎之时，心息本来合一。乃自出胎以后，心息方判为二。丹道重在返还，故在下功之始，即从“凝神调息”，合二为一入手。

真空丹诀，心息相依之法，即有两种：一为直接相依法，一为间接相依法。直接相依法，乃用心在□□□□[①]之虚空中，照顾出入之息，使呼吸往来，微微知觉。间接相依法，乃用耳在□□□□之虚空中，谛听出入之息，使呼吸之声，微微觉察，惟在顾听之际，务须有意无意，如“微云澹河汉”；不即不离，如“疏雨滴梧桐”，方合孟子“勿忘勿助”养气之诀。何谓“勿忘”？即微微顾听，不落于空亡也。何谓“勿助”？即顺其自然，不揠苗助长也。如是行持，必能神气融合，心息调和矣。

① 此处删减四字，凡得西派丹诀者，自然知悉，以防别有用心者窃法也。下同。可以参考《徐海印集》32~33 页，华龄出版社 2023 年 8 月版。

修炼丹道，必先明“两重天地，四个阴阳”之理。何谓“两重天地”？先天一重法身，乾坤是也；后天一重色身，坎离是也。何谓“四个阴阳”？先天两个，乾坤是也；后天两个，坎离是也。“两重天地，四个阴阳”之理既明，则乾坤坎离交姤之道，又不可不知也。盖以阴阳不交，则不能成其造化耳。夫心息相依之法，即乾坤坎离交姤之道也。因神气一合，即入混沌之境；一入混沌，则乾坤坎离，自然交姤矣。

按：坎☵卦，内阳而外阴，内阳属先天，外阴属后天。离☲卦，内阴而外阳，内阴属先天，外阳属后天。人之心火，即离之后天外阳；人之肾水，即坎之后天外阴。常人坎离不交，故心火上炎，肾水下漏，而成未济（䷿）之象。修士心息相依，故心光下照，肾水上升，而成既济（䷾）之象。后天心肾一交，则坎卦惟剩中间之先天一阳，离卦惟剩中间之先天一阴。再虚再静，则坎中先天一阳，即能上升，离中之先天一阴，亦随而下降，于是坎离交而小还之功成矣。惟坎中之阳，离中之阴，犹属后天中之先天，非先天中之先天也。若问坎阳离阴，何以能上升下降？是因坎中之阳，原是乾家旧物；离中之阴，本为坤宫原物，故坎离一交，自能上升下降，即《易》所谓：“本乎天者亲上，本乎地者亲下也。”但如后天心肾之假阴阳不交，则先天坎离之真阴阳，被后天所阻，亦不能相交耳。

（三）采药调药

云何为药？药，即坎离中之真阴、真阳也。因其能救残补缺，祛疾治病，故崔公《入药镜》名之为“药”。惟药有大小、内外之分，先天、后天之别。坎离中真阴阳，犹为后天中先天之“小药”，因其产在自身中，故又名“内药”。必乾坤中之真阴阳，始为先天中先天之“大药”，因其来自身外，故又名“外药”。

按：药产有时，药生有象，采药有诀，兹分论于下。

当吾人心息相依，至息调心静，周身苏软之际，此乃后天心肾交姤时也。学者应当不稍着身，依旧在外心息相依，直至口鼻，呼吸忽住，一阳从下上升，外肾微动，毫窍尽开之象，杳冥冲醒，混沌辟破，方为药产之时、药生之象。是时，应不稍震惊贪着，速即向鼻外依息，方能动而复静，药归丹田，而无散失走漏之患，此即“采药”之功也。

药物之中，含真阴、真阳二者，阴胜则病湿，阳胜则病燥，必须阴阳平均，方无偏胜之弊。使阴阳平均，二八相当之法，即所谓“调药”是也。调药之法，凡在罢功之后，觉口津泛滥，即阴胜之征，乃“药产”之时。离身过迟而觉重，真阴太多所致，应于下次药产之时，离身稍速而觉轻些。凡在罢功之后，觉口苦舌干者，乃药生之时，离身过速而轻觉，真阴太少所致，应于下次药生之时，离身稍迟而觉重些。如是调药，庶使阴阳无偏，而丹成可冀矣。所谓“觉”者，即时至神知，阳生心觉是也。药生之觉重、觉轻，如有偏胜，则真阴、真阳，即不平衡。盖以药生属阳，神知属阴，时至神知，必须二八相当耳。但觉轻、觉重，必在行功之前，预存一觉轻、觉重之心，届时自能合度。若临时安排，则落后天矣。

（四）调内玄关

内玄关，亦名色身真种，乃后天阴阳交媾而成。凡有病之人，及阳生时，贪恋着身者，每生此物。当其在脐下跳动时，应略一照顾。初时微动，应用目上望，照顾一下。及其跳动剧烈时，应用目下望，照顾一下。彼动我觉，须有两相知之微意。当一觉之际，即有一点真阴下降乳哺之。两目上望者，觉轻之际；下望者，觉重之意。俟其流动猛烈，制止不住时，则听其自然，一心在外依息可也。此色身真种，至小周天数足后，自然化去矣。

（五）起火止火

真空丹法，起火、止火之诀，计有五则：

一、以凝神调息，心息相依，为起火；神息两忘，浑然入定，为止火。

二、以阳生药产，为起火；向外依息，为止火。

三、以子进阳火，气缘督升，为起火；午退阴符，气循任降，为止火。

四、以药产为起火，封固为止火。

五、以自无阳生，至有阳生，为起火；有阳生，至无阳生，为止火。

功夫自心息相依，而阳生药产，而进火退符，而采药封固，直至气足龟缩，阳关紧闭，则初关法程，告一段落矣。

止火诀中，以离身向外相依一着，为最重要。因如不明于此，则初关有漏精之患，中关有泄气之危，上关有滞神之弊，必致动辄得咎，满盘皆错矣。

六、真空丹诀证验

真空丹诀，色法兼摄，故其证验，可分为两端：一为色身上之证验，二为法身上之证验。

色身上之证验，如阳生药产，酥软麻木，法轮常转，督升任降，以及身心康泰、外感不侵、皮肤光泽、马阴藏相等。

法身上之证验，如由静而定，由定生慧，心如太虚，性同朗月等。

此色、法两验，凡得初关功诀，而勤修不辍者，即能次第证得也。

七、后记

真空丹诀，虽至简至易，至平至常，而简单之中，而有逐节法度；平常之中，有神奇效果，诚如萤之生于腐草，蝉之出于粪丸，腐臭之中，能化神奇也。且法虽简易平常，而终不能自悟其间火候细微，尤非口授不可。

余参徐师七载，蒙将功诀逐节授全。当时惟求自悟，故未笔录。转思世之好道者甚多，得真诀者极少，乃作是篇。文虽寥寥无几，而功法口诀已泄于此，冀有缘同志，得遇是篇，勿以文字之简、法味之淡而轻之。

古云："精诚所至，金石为开。"孔子曰："人而无恒，不可以为巫医。"因知"诚恒"二字，实成功之要素也。修道炼丹，乃了生脱死、超凡入圣之大事业，尤非一般技艺世务可比。倘行之不诚，诚而无恒，讵能成就哉？自来修道者如牛毛，成道者如麟角，皆以不诚无恒故也。余以为闻道非难，诚恒为难耳。学者苟欲成道，则非"诚恒"不可矣，同志勉之。

平江乾乾子张定阳道初录

民国三十七年（1948 年）十月　日

第三编　大成捷要

静觉子　心印口诀
阳明子　原注顶批
兰馨子　参订圈点①

〔提要〕陈圆普撰《大成捷要缘起》称：有道士王乾一云游至河南登封县中岳嵩山崇福宫，见到马宇秀炼师所藏的《大成捷要》一书，抄录携到辽宁太清宫。出示静一炼师，称其节次功夫，咸臻玄妙，而拟义立论，尤见精工，诚玄门之秘典。因此付诸石印，才流传开来。本书内有“已未年（1919）誊录”字样，或许就是王乾一抄录《大成捷要》的时间。1929年，辽宁太清丛林道士姚至果撰有《大成捷要叙》，当系首次石印的时间。崂山道人朱文彬，入崂山，至太清宫，逢赵检院泰昌赠《大成捷要》；又至白云洞，遇王全启道长赠《道乡集》，认为二书“皆仙师所传秘诀”“修道之津梁，渡世之慈航也”，故将之合刊，名为《大成道乡修真全集》。刊印时间为1933年，所据底本当是1929年的石印本。《中国气功大成》称《大成捷要》作者为赵泰昌②，当是误读“逢赵检院泰昌，赠丹经《大成捷要》”所致。或有称“此书原为柳华阳的修道练功笔记”，也当系讹传。

《大成捷要》所载丹道法诀，可以归入北宗龙门派伍柳丹法一系。书中承前人遗绪，将丹道厘为“三元丹法”，称：“天元曰大丹，地元曰神丹，人元曰金丹。……在天元尽性了命，地元擒砂制汞，人元移花接木。……盖此

① 署名，原在第二册《大成捷要性命双修心印口诀天机秘文》之下，校者移于此。
② 方春阳主编．中国气功大成．长春：吉林科学技术出版社，1991：198.

三元丹道，理同法异，作用原自悬殊。……人元金丹，乃接命之术。地元神丹，乃服食之道。而天元大丹，乃性命双修之全体大用也。”本书讲解天元丹法口诀详细，划分为二十四层，适合普通初学读者研学。近人王沐先生对本书评价很高，撰有《大成捷要丹功讲解》[①]，可以参考。

本次以“各宫观流通”本影印的《大成捷要》为底本整理，书心署有“永盛印书馆”，书签题有“己巳”字样，故此本即是1929年的石印本。以1933年朱文彬《大成道乡修真全集》本为校本，该本末署有“山东印书馆”字样。

《大成捷要》缘起

有录师王乾一者，云游时至河南登封县中岳嵩山崇福宫常住，会马宇秀炼师，见其所藏《大成捷要》一书，言修性炼命真功，甚为详确，抄录一通，携之来辽。一日，出示静一炼师，炼师见而悦之，谓其节次功夫[②]，咸臻玄妙，而拟义立论，尤见精工，诚玄门之秘典也。因相与公诸同志，付诸石印，以广流传。是书旨义，扫除繁芜，务撮标本；致虚守静，翕合先天，至于拨邪返正，真中流一壶也。诸公之用心，志欲世界修人，皆以《大成》入手，免堕歧途旁门，漏习退彻三舍矣！

京都白云观戒秉珪子陈圆普谨序

《大成捷要》叙

上天下地，而人生乎其间。然天长地久，惟人不能与天地同其长久，亦人之一大缺憾也。人愿与天地同其长久，惟炼道者其庶几乎？緊考炼道之

① 王沐．内丹养生功法指要．北京：东方出版社，2008：237.

② 夫，底本作“天”，从朱本改。

书，汗牛充栋，人不能逐一浏览，以致炼道者，每辍于半途。今观《大成捷要》一书，实与炼道者大有裨益。是书精采各种丹经扼要之语，编为三卷，名曰《大成捷要》。俾读是书者，开卷明瞭，从斯炼道得所持循，不至惑于歧路，使知性命双修，涵养日久，发白复黑，齿落重生，自能返老还童也。寿与天地同其长久，当亦无难，是真天机秘文也。爰付剞劂，公诸同好，即此功德，亦与天地同不朽也。是为叙。

民国十八年十二月勿矜子姚至果撰于辽宁太清丛林[①]

劝刊《大成捷要》五言古

奉天传至道，遵命调名贤。
九十六亿众，何日能收圆。
金公开普渡，木母掌法船。
千真归三宝，万祖会一源。
说破密中密，打开天外天。
普告我佛子，云城会群仙。
衣钵今有主，授受非等闲。
玄关心心印，火候[②]口口传。
行须周八百，功要满三千。
捐资成人美，舍财结大缘。
大小周天法，内外金液丹。
一切玄妙诀，尽皆著斯篇。
百日筑基固，十月胎养全。
三年乳哺毕，九载面壁完。
永作蓬莱客，逍遥不计年。
这个天仙理，托出一活盘。
刊板垂竹帛，大地尽瑶天。

① 民国十八年，己巳，1929 年。
② 候，底本、朱本均作“喉”，校者改。

猛回头大海茫茫登彼岸，
急下手虚空漠漠见青天。

时天运己未年乙亥月丁亥日庚戌时上浣誊录[①]

咏修身丹道二首

其一

借假修真赖此身，此身自具一乾坤。
有人参透个中理，管许寿延万万春。

其二

取坎填离有妙方，自身自配自阴阳。
愈生愈化愈强壮，返老还童是药王。

《大成、道乡修真全集》李炳章序[②]

晚近世风不古，人欲横流。耳所闻者皆淫声，目所睹者皆邪色。芸芸众生，非汲汲于声色，即眈眈于货利。求一蔑视富贵利达，而能超凡越俗，卓然有以自立者，盖亦鲜矣。

吾友朱君文彬，善根早具，夙慧前因。幼即慕道，数梦崂峰。既壮，经商青市[③]，遇王君卓泉，为授《周易》一经，颇有所获。复归同善社，治身心性命之学。门径既窥，渐摩益力。身心交泰，性命双修，令人望而知为有道之士。突飞猛进，尤觉歉然。年事虽高，道心弥笃。果也至诚感召，巧遇机缘。偶入崂峰，邂逅赵检院泰昌、王道长全启，慨赠丹经《大成捷要》一部、丹经《道乡集》一部。书中所载，皆仙师秘诀，不二法门。朱君由

① 该己未年，或是 1919 年，即民国八年。
② 此篇序文，系从朱文彬刊印本增补。下同，不赘。
③ 青市，即今山东省青岛市。

是简练揣摩，道复大进。虎伏龙降，坎离既济。精神焕发，身健颜童，复乎尚矣。

癸酉冬，朱君出全集示余，且嘱付梓，以广流传。余循诵一过，其中奥义秘诀，玄窍天机，无不详尽，不啻诸仙师面命耳提，金针暗度。噫！兹编一出，岂独有裨世道人心？行见朝天阙免轮回者，莫不以是为津梁也。

余愧谫陋无文，聊赘数语，以志朱君乐道之诚心，济世之善念。并望读是书者，尤当奉为箧中之鸿宝云耳。

中华民国二十二年癸酉冬月上浣东武星若氏李炳章拜手叙

《大成道乡修真全集》朱文彬序

人性皆善，为物欲所蔽，虚灵不昧之气，渐归澌灭，堕入轮回。欲求一肖然常存，与天地相永久，盖亦难矣！

一阴一阳之谓道。太极者，阴阳之始也。无极者，又太极之始也。昔香岩禅师，参沩山。沩山曰："父母未生时，试道一句看？"后禅师大悟，着法衣礼拜曰："和尚大慈悲。"此言人受生之初，即太极也。降生之始，各具善质，即虚灵不昧之气也。渐习渐长，七情内夺，渐生妄想，即物欲也。父母未生时，即无极时也。无极之时，无物欲也。人当原始反终，由太极归无极，以有欲化无欲，自能明心见性，以复其本然之善，即可与天地相参。括而言之，儒家之精一，释家之三昧，道家之真一，要皆不外乎是。

余少年慕道，常梦游崂山。第以奉侍庭帏，未得远离。及长就商，投资青岛。密迩崂山，又遇墨邑卓泉王君，道学人也。余师事之，为余讲释《周易》，若有所悟。复归同善社彭回龙师尊门下，道心益切。职务之暇，遂入崂山。至太清宫，逢赵检院泰昌，赠丹经《大成捷要》一书；又至白云洞，有王道长全启，赠丹经《道乡集》一册，皆仙师所传秘诀。余揣读日久，却烦恼，达轮回，息妄想，精神焕发。泥丸直阙于玄关，先后天之机，生生不息，以成既济之象。

是二经者，真能令人化欲澄心，归真返本，拔诸苦海，登极净土，与日月并明，与天地齐年，实修道之津梁，度世之慈航也。余不敢独擅其美，亟辑其残缺，重加校阅，以付诸剞劂。俾广传于世，以公诸同志，则毓神养气，炼性修真，作圣作贤，成仙成佛，未始不由此二经，为发轫之一助也。持之，勉之。

民国二十二年十月崂山道人玄中子朱文彬识

大成捷要性命双修天机口诀

集古丹经目录弁言

道本一理，法分三元。天元、地元、人元是也。[①] 在初成百日筑基，中成十月养胎，上成三年哺乳。而要天元大丹之旨，不外彼铅我汞，取盗互藏之天宝，其实皆是一阴一阳，配合混炼而成造化者也。

盖此三元丹道，理同法异，作用原自悬殊，而世之修真语道者，大都

① 三元丹法就是天元、地元、人元三种丹法，可以参考陆西星《方壶外史・玄肤论・三元论》之相关论述，此不具引，仅将通行说法略作介绍。天元谓之“神丹”，其法“以阳燧取日精，方诸取月华，摄集日精月华，以丹士之元神使之无质生质，而成大丹。此术匪夷所思，不能以现代化学理论解释，是一种以心灵转化物质的实验”。获得“一种凝聚态的‘道’，服之立即可以与道合真，连衣服、用具也同人体一起气化，化形为仙”，并且可以助多人成道化仙。另有一种“天元丹法”之说，代指“清净丹法”或“清净派”，谓“先天一气，自虚无中来”是其特征，有谓之为“天元大丹”。陈撄宁先生有云：“古之所谓天元丹法，乃指神丹而论，由‘地元’而上接‘天元’者，可以点化服食，可以拔宅飞升。至普通所谓天元丹法者，即清净派也。”又云：“天元之道有二，一为天元神丹，乃地元再进一步之作用；一为‘先天一气，从虚无中来’之天元，乃清净独修真凭实据之工夫。”地元谓之“灵丹”（地元金丹），纯属物质化学，也分为两种：一是黄白术，或名“地元炉火”，是变换贱金属为贵金属的冶金化学，后经阿拉伯国家传入欧洲，成为现代化学的前身。烧炼所得的“药金”“药银”，除可作为修道之资斧，同时可用以铸造“神室”，上接“天元神丹”。二是丹药，以铅汞、五金八石为主化合炼制而成的药丹，达到长生不死或延缓机体衰老的目的，后来发展为“丹医派”，为推动“制药学”作出了不可磨灭的贡献。人元谓之“金丹”（人元大丹），通常指男女二人“阴阳双修”丹法，主张栽接，故《大成捷要》称之为“移花接木”。“天元神丹”和“地元灵丹”是身外物质化学作用，被学术界统称为“外丹”或“外丹学”。“天元大丹”之“清净孤修”丹法和“人元金丹”之“阴阳双修”丹法是身内神气化学作用，被学术界统称为“内丹”或“内丹学”。

知其一，不知其二者多矣。[①]究之能列开门户，真知一端者，亦万中无一也。吾曾见有得闻天元大丹，而从天元了道者，则只知天元之尊贵，而不知复有地元、人元之玄妙。有得闻地元神丹，而从地元服食登仙者，则只知地元之尊贵，而不知复有天元、人元之奥妙。有得闻人元金丹，而从人元金丹了道者，则只知人元之尊贵，而不知复有天元、地元之旨归。更有崇向人元而尊为金液，藐视天元而为玉液，是不知人元为接命之初乘，天元为了性之上乘，地元为服食之中乘。悲夫！试观古有得闻地元神丹，而兼闻天元大丹者，许旌阳真君是也。有得闻地元神丹，而兼闻人元金丹者，葛稚川真人是也。有得闻人元，而兼闻天元、地元者，吕纯阳、张三丰是也。至于南五祖，皆以人元金丹了道。北七真，皆以天元大丹登仙，而地元神丹无闻焉。他如崇释者，只知念佛诵经；奉圣者，只知敦伦守常。究之能专一，即能致精微，能至诚，即能格天心。只要能圆聚得，一点真性灵光在，而皆不至于磨灭，所以一心念佛者，能超生净土；诚心敦伦者，能流芳百代，都是历代仙师道祖，传经演法，立说垂训，各心得妙谛，必不能同归一辄。是在善学者，暗炼揣摩，会其旨归耳。

有专一元而立言者，有兼三元而立言者。有兼三元以立言者，而侧重人元者。有兼三元以立言，而侧重地元者，不得一概而论之也。如《金丹心法》《性命圭[②]旨》《天仙正理》《仙佛合宗》《金仙证论》《慧命经》等书，是专指天元大丹，清静修炼而言者也。如《金丹真传》《醒道雅言》《玄要篇》《敲爻歌》等书，是专指人元金丹，阴阳修炼而言也。如《黄帝九鼎》《太清丹经》《地元真诀》《承志录》《渔庄录》等书，是专指地元神丹，铅砂修炼而言也。若《道德经》《阴符经》，是兼三元而言也。若《悟真篇》《参同契》，亦兼三元以立言，而侧重人元者也。若《龙虎经》《石函记》，亦兼三

---

① 傅金铨《道书十七种・证道一贯真机易简录》："铅银砂汞，本炉火之名。阴阳不别立名，即以炉火之名名之。炉火阴阳，原属一贯，其事异，其理同，故知内事者，未有不知外事。阴阳、炉火，各有三元。阴阳之三元，初关炼精化气，筑基之事，地元也；中关炼气成神，脱胎换鼎，人元也；上关炼神还虚，面壁归元，天元也。……初关人仙之果，中关神仙之果，上关天仙之果。炉火之三元，初为地元，点化之事也。中为人元，服食之事也。末为天元，拔宅之事也。……地元炉火，专在造土养砂，功成可为人元阴阳之助。以地元之黄白铸为神室，招摄天魂、地魄，取日月之真水、真火，空中结成，谓之天元神丹。黄帝之鼎湖龙髯，淮南之鸡犬皆升，旌阳之全家拔宅，以此。"

② 圭，底本作"主"，从朱本改。

元以立言，而侧重地元者也。后世未来圣真，心乎至道者，得见此论。知道分三元，理本一贯，庶不至望洋而兴靡涯之叹也。要知丹经道书，虽曰汗牛充栋，除此三元一理、先天大道以外，其余尽属九十六种外道，三千六百旁门，任他一切皆幻，总于大道不通。世尊曰："惟此一事实，余二即非真。"所谓一事实者，即吾人之乾元面目，固有真我，不着色相，不落空亡之虚灵圆明性体是也。释氏曰："真空正觉。"道家曰："不神之神。"故人之所以断生死轮回者，全凭性宗了当。至于人元金丹，乃接命之术。地元神丹，乃服食之道。而天元大丹，乃性命双修之全体大用也。

吾今怜悯后学，指明经义，将历代[①]仙佛祖师所传三元大道、丹经，分晰开列于下，愿天下仁人君子，有志[②]斯道，得遇师传者，好援古证今，前后印考，必须上下吻合，方不坠入旁门。而且斯集一出，使学者披古览今之下，一见即知作者之本意，归宗某家之著述，则泾渭立分，真伪立辨，而趋向可定，遵行无差，永不为异端、邪说所惑矣。是为序。

天元大丹汇纂诸家经典节取至理名言丹经目录

《太上道德经》《太清中黄经》《太上胎息经》《吕祖宗正全书》《瀛洲仙籍》《金丹大要》《道言内外》、六祖《坛经》《上天梯》《三一九宫法》、王少阳《黄庭内外景经》《文昌帝君胜典》《关尹子文始经》、李莹蟾《心法九章》《三丰秘旨》《仙佛真传》、黄石公《素书》《理学宗传》《道藏集要》《三元真一经诀》《张三丰全集》、少阳《中和集》《奇经八脉》《家宝全集》《道书全集》《如幻集》《性理大全》《钟吕传道集》《入道秘书》《八景飞经》《重阳韬光集》、邱祖《蟠溪集》《龙门秘旨》、王玉阳《清真集》、郝祖《太古集》《精微集》、李莹蟾《中和集》《玄学正宗》《玄奥集》《太极崇宗》《娑婆界》、王重阳《全真集》《重阳云中集》《云光集》、马祖《圆成集》、赵缘督《仙佛同[③]源》、刘樵阳《玉真语录》《玄门宗旨》《重阳脉望灵文》《三素云法》《遵生八笺》、张紫阳《金笥宝箓》《二十四神行事诀》《鸣道集》《吕祖百字碑》

① 代，底本、朱本无，校者补。
② 志，底本作"忘"，从朱本改。
③ 同，底本作"洞"，从朱本改。

《洞玄金玉集》《渐悟集》《打化集》《刘祖太虚集》《樵阳经》《玄机[①]直讲》《规中指南》《云笈七籤》《关尹子定观经》《清微三品真经》《人生必读》《致富奇书》《生神玉经》《孙祖五明经》《孔子家语》。

以上所引经书，举其所知，共七十部，采取其中至理名言，秘密奥语，以为天元大丹，注释详解，其开示来学，以破千古之疑团也，可谓至矣！

地元神丹节取至理名言丹经目录

《太清观天经》《九转流珠》《大洞真宝经》《九还金丹秘诀》《太上明镜匣》《太清金液神丹经》《神仙九品丹经》《修伏灵砂秘诀》《龙虎上经》《上帝九品神丹秘录》《黄帝九鼎神丹》《抱朴子神仙金沟经》《大洞炼真宝经》《雷宸丹经》《太上金谷歌》《太古上兑经》《三元秘范》《南岳上仙炼丹秘诀》《天台咫尺》《丹房须知》《彭真人观华经》《太上灵砂涌泉匮》《三十六水法》《金粟园》《庚辛玉册》《浮黎鼻祖金药秘诀》《谌母元君铜符铁券》《许真君石函记》《陶植[②]还金术》《火莲经》《太上圣祖金丹秘诀》《灵砂九转大丹法》《圣祖长生涌泉匮》《渔庄录》《大丹秘旨》《八草灵芝[③]篇》《金丹秘诀》《地元真诀》《黄帝[④]神水经》《洞天秘奥》《火龙经》《轩辕黄帝述宝藏论》《白体圣胎灵砂秘诀》《五金粉图》《承志录》《秋日中天》《葛洪抱朴子内篇》《崔昉外丹本草》《淮南王鸿宝秘书》《黄白鉴形》《金匮藏书》《黄芽大丹秘旨》《金火直指》《黄白镜》《竹泉集》《七十二龙芽》《黄白直指》《黄白破愚》《太微帝君长生保命丹》。

以上等书，举其所知，共五十九部，皆宗地元神丹至理名言，秘密奥语，注释详解之旨归者也。

① 机，底本、朱本均作“中”，校者改。
② 植，底本、朱本均作“填”，校者改。
③ 芝，底本、朱本均作“交”，校者改。
④ 帝，底本、朱本均作“地”，校者改。

人元金丹节取至理名言丹经目录

《黄帝阴符经》《张紫阳悟[1]真篇》《敲爻歌》《无根树》《金丹真传》《金丹五百字》《石杏林还元篇》《孙教鸾葫芦歌》《修仙程途》《度人梯》《周易悟真篇》《真金歌》《醒道雅言》《金液还丹》《薛紫贤复命篇》《吕祖鼎器歌》《一贯真机》《同尘集》《昌道真传》[2]《魏伯阳鼎器歌》《九皇丹经》《易筋经释义》《陈泥丸妙悟集》《周易实事》《沁园春》《试金石》《百句章》《魏伯阳参同契》《黄鹤赋》《玄机直讲》《度真人》《崔希范入药镜》《吕祖指玄篇》《张三丰玄要篇》《九层炼心篇》《真金歌》。

以上等书，举其所知，三十六部，皆宗人元金丹之旨，至理名言。合前天、地二元，共曰三元，皆古圣佛祖仙师所著，以及历代真人、隐士所传，昭昭可考，处处堪觅，有特识得真传者，可一见而即知也。

天元大丹逐节秘旨口诀宗古圣仙佛丹经目录

五事之旨：第一事，明先天三宝；第二事，明炼己还虚；第三事，明凝神气穴；第四事，明机动调药；第五事，明药产采炼。

两个六候之说，皆宗《天仙正理》《仙佛合宗》《唱道真言》《金仙证论》《慧命经》等书，皆指明天机口诀。

炼心之旨，宗《唱道真言》。

止念之旨，宗《青华秘文》。

主敬存诚之旨，宗丹书“十六字心传”，及“慎独”之功。

主静立极之旨，宗周子《太极图说》。

无极太极之旨，宗吾师之心传。

调药文武采炼之旨，宗《金仙证论》《慧命经》。

玄关一窍、产出真种之旨，宗[3]《修真辩难》与《唱道真言》，亦宗

---

① 悟，底本作“培”，从朱本改。

②《昌道真传》，疑作《唱道真言》，校者注。

③ 宗，底本、朱本均作“及”，校者改。

前经。

阳火阴符、小周天之旨，宗《天仙正理》《金仙证论》《慧命经》。

火足止火之旨，亦宗前书。

七日采大药之旨，宗《仙佛合宗语录》。

六根震动之旨，宗《天仙正理》。

五龙捧圣之旨，宗《仙佛合宗语录》，及《八祖金丹心法》。

过关以后，服食得丹、大蛰七日之旨，宗《修真辩难》。

收内药，用卯酉周天口诀，宗《性命圭旨》。

守中抱一之旨，宗《仙佛合宗》，及“精一执中”之说。

太阳炼形之说，宗《性命圭旨》。

日月合璧[①]之旨，宗《慧命经》，及《心印经》。

珠落黄庭之旨，宗《性命圭旨》，及吾师之心传。

灵光护法、雷神守坛、赤蛇透关、王王来临，及中炁一贯三田之旨，皆得之心传。

三花[②]聚顶、五炁朝元之旨，宗《灵宝毕法》。

纯阳祖炁、来助胎圆之旨，宗《慧命经》。

胎圆止大周天火之旨，宗《金丹心法》。

入定开慧、通神达化之旨，宗《五福因缘》《性命圭旨》《太清中黄经》。

调神出壳之旨，宗《灵宝毕法》。

收摄金光、敛神入壳之旨，宗《慧命经》，及吾师之心传。

三年哺乳、千变万化之旨，宗《金丹心法》。

九年面壁、炼虚合道之旨，宗《性命圭旨》《慧命经》。

五层活子时[③]

百日筑基内，有五层“活子时”，皆得之心传。

---

① 璧，底本作“壁”，从朱本改。

② 花，底本、朱本均作“华”，校者改。

③ 标题底本无，校者所加。

调外药时，有机动活子时。

产小药时，先有息住活子时。

后有玉管双吹、痒生毛窍之活子时。

运小周天，有起火之活子时。

产大药，有火珠呈现之活子时。

盖调外药之活子时，无数；产小药与运周天之活子时，不过三百之数；至于产大药之活子时，只一个。此皆百日筑基内之事也。

七次混沌开基①

百日、十月关中，有七次“混沌开基”之旨，皆得吾师心传。

第一次混沌开基，是玄关窍开，产出真种。

第二次混沌开基，是阳光三现，产出大药。

第三次混沌开基，是结道胎，一阳初生。

第四次混沌开基，是璇玑停轮，日月合璧，亦曰二阳生。

第五次混沌开基，是心灭尽，大定以后，三花聚顶，五炁朝元。

第六次混沌开基，是深入涅槃，神具②六通。

第七次混沌开基，是高登彼岸，金光如轮。

此以上口诀天机，秘密奥语，尽在以上诸品丹经，印印可考，心心相授，宗吾师之心传。若不明等等活子时、七次大混沌，后世未来圣真，任你讲得天花乱坠、地涌金莲，纵有刚志修持，难超脱三界③之外而登大罗。古云：“只为丹经无口诀，教君④何处结灵胎。”此《捷要》一册，下卷详释口诀天机，尽泄无余，兹不复赘。

① 标题底本无，校者所加。
② 具，底本作“俱”，校改。
③ 界，底本脱漏，校者补。
④ 君，底本作“居”，误，据《悟真篇》改。

开荒下种亦多年，我佛灯光尚未传。
无缝塔前难了命，双林树下怎超凡？
有谁踏破窍中窍，惟我揭开天外天。
欲识玄关端的处，无中生有是真诠。

大成捷要性命双修纲领条目心印口诀秘旨灵文

务成子曰：儒教有三希真修，曰士希贤、贤希圣、圣希天。释教有三皈大戒，曰皈依僧、皈依法、皈依佛。道教有三炼实功，曰精炼气、气炼神、神炼虚。夫道之初节，炼精化气功夫，名曰“小成筑基”。欲出疾病，却衰老，延寿考，返童颜，当行百日筑基之功。明五事，则入首有准。辨六候，而运行无差。调元精以炼外药，须凭风火文武之妙。采真种以炼小药，要假周天火符之玄机。火足药灵，龟头缩，而丹放毫光。意采眸取，六根震，而五龙捧圣。透三关，过九窍，永成金刚不坏之体。升乾鼎，降坤炉，定做长生不老之人。此百日筑基之功，已返到本体未破，乾坤交泰之地，名曰人仙者是也。

郁华子曰：次节炼气化神功夫，名曰中成养胎。欲知往测来，趋吉避凶，立功扬名，光宗耀祖，而行十月养胎之功。按七禅以皈寂灭，随六机以证圆通。守中抱一，乃养胎之主脑。不分昼夜而并进，动应静蓄，是炼丹之神机。无论始终而皆然，时时刻刻，勿[1]忘勿助而养；绵绵密密，常定常照而温。将见真炁上运，甘露下降，行卯酉之周天，以收内药。分左右之升降，以固胎元。或太阳当空，催逼久而玄珠下降炉中；或丹光如莲，开放极而金花上飘鼎外；或真火炼形，或赤蛇透关，或龙虎交战，或婴姹团[2]圆，或龟蛇盘结，或仙佛来参，或中炁周匝而生芒，或电神施威而监坛，或现天堂美景以诱我，到处是琼宫阆苑；或见地狱恶形以惊人，随神头鬼脸，愈出愈奇，要皆金丹之变化；或真或幻，总宜心死于见闻。直至铅尽汞干二气住，则璇玑停轮，阳长阴消，六脉回而日月合璧，自然饥渴永绝，而气化纯阳，身能耐寒却暑，昏睡全无，而丹光常明。心必达圣通灵，由是灭尽定

① 勿，底本作“忽”，从朱本改。
② 团，底本作“圆”，从朱本改。

极，心空性现，神俱六通，炁充两仪，金莲匝地涌，白云满天飞。聚三昧真火，功[①]百会乾鼎，雷声震震，轰开紫府内院。电光闪闪，调出入定阳神。产仙婴于凡躯之外，聚金光于法身之中，方谓渡过苦海，正是高登彼岸。此十月养胎之功，已返到乾元面目，固有真我之位，名曰地仙者是也。

太乙元君曰：三节炼神还虚，名曰上成乳哺。欲超凡入圣，成仙作佛，经纬天地，辅助造化，而行三年乳哺之功。是必炼神以还虚，及能出有入无，要完六六乳哺之功，须明七七存养之道。依阳光之收放，准调神之出入。然阳神之出也，主乎动。动则宜暂不宜久，宜迩不宜遐。而阳神之入也，主乎静。静则贵久不贵暂，贵遐不贵迩。其功必由暂而至久，其效必因迩以及遐。盖愈静定，斯愈笃实，而阳神愈坚，慧光愈明。亦愈调演，斯愈纯熟，而阳神愈灵，变化愈妙。直至三年功成，性体老炼，觉得调神出壳之际，而阳神直以太虚为宅舍，极大地山河，尽是我之家庭田园，游赏栖迟之所也。及收回入定之时，而阳神又以色身为寝室，合内院中宫，尽是我之床枕几席，偃仰宴息之处也。将见举足千里，遍游万国，真空妙有，隐现莫测，通天达地，步日玩月，入水不溺，入火不焚，入金石无碍，殆无入而不自得焉。阴阳不能陶铸，而反[②]能陶铸阴阳；五行不能变迁，而反能变迁五行。阎罗不能制其死，帝释不能宰其生。纵横自在，出入自由，欲少留在世，则护国而佑民，建功而立业。欲超凡入圣，则凌霄而霞举，飞升而拔宅。无论在尘、出尘，皆能济世利物，辅正除邪，救旱救涝，消灾消劫。或说妙演经，日赋万言以阐道；或立法垂训，度尽众生而传灯。任其所为，无不神通灵应，变化而莫测，即十百千万亿兆浩劫，永远住世，亦不生不灭；即分形散影，百千万亿化身，遍满三千大千恒河沙界，亦无穷无极，此大丈夫得意之秋，功成名遂之日也。人生至此，宁不快哉！此三年乳哺之功，已返到性体坚刚，神化无方之位，名曰神仙者是也。

尹大真人曰：予观汉、唐、宋、元，历代诸仙，多从此处超脱，尸解而去。然神虽妙，而形不妙，不能浑于无极。虽曰名登仙籍，逍遥洞天，而少却末后一着炼虚合道功夫。要知有些欠稳处，不得未之无究竟。吾今演出千

① 功，底本、朱本同，宜当作“攻”。

② 反，底本作“及”，从朱本改。

佛秘藏、万祖心印，末后一着，最上大成，此九年面壁之功，已返到无余涅槃，大觉金仙之位。其见趣可谓度尽群仙矣。此下卷解详，兹不复赘。

众真曰：世人不知顺此机，而应事接物。贪尘缘以丧精神，劳筋骨而致衰老，卒至病死，坠入轮回。人尽是沉沦[①]苦海，而大失[②]觉路。由是迎此机而风吹火炼，调元精以育真种，运周天而产大药，养成气母，永镇下田，撑法船而高唤迷津。此存理养气之功，乃古圣先贤，佛祖仙师，所心心相印，口口相传，而不许轻意妄泄于非人也。今则尽泄于此书矣。孔子云："知我者，其惟《春秋》乎！罪我者，其惟《春秋》乎！"而汇纂是书，亦然也。

大成捷要性命双修心印口诀天机提纲

返还证验说[③]

太上曰：七返九还之法，下手兴功，先将上窍离中真阴（元神是也），送入内金鼎炁穴之中，与下窍坎宫真阳（元炁是也）配合，以神合炁，以炁育神，使神炁混一，绵绵密密，存无（元神）守有（元炁），渐入化机，久久坐忘，结成胎息。胎息定则呼吸住，而真种产矣。每日如外夫妇交情媾精，苏绵美快，切不可着他。水火自然既济，龟蛇自然蟠结，发运四肢，贯通百骸，真炁熏蒸，如火之生，焰焰相似。此真阳祖炁，透三关、过九窍时也。只要水火均，不可太过不及。火过则伤丹，不及丹不成，此是小周天火候。调和协宜，喉息自然倒回元海，外阳自然缩入腹里，真火自然上冲，浑身苏绵美快无穷，腹内如活龙动转。真炁升降，一日有数十样变化，婴儿姹女自然交欢配合，此是采阴补阳一节。修炼我身内玉液还丹，乃筑基炼己，积我固有之法财，终日逍遥，昼夜常明，而为长生久视之初阶也，不过是炁满、精盈、神全而已。

---

① 沦，底本、朱本无，校者补。

② 失，底本作"共"，从朱本改。

③ 此篇系《张三丰全集·玄机直讲》之《返还证验说》删改而成，可以参考。

奉劝学道志士，诚心参访宗师，恳求心印口诀，抉破一身内外两层真天机[①]。内天机，产在坤炉；外天机，发于乾鼎。[②]明白下手速修，炼己待时，候一阳生。筑基时，一阳生于九地之下；结丹后，一阳生于九天之上。

择地入室，人迹罕到之处，鸡犬不闻之所，炼此龙虎大丹。外边又要知音道友护持，不许一个闲杂来往，恐怕惊散元神。古人谓："接命之处，正是伤命之时也。"先言和光同尘，今言僻居静处者，何也？炼己于尘俗，使对景忘情；养炁于山林，是炼虚合道。要知超凡入圣，乃尘世希有大事，必须一尘不染，万虑皆空，丝毫不挂，一刀两断，永作世[③]外之客，不起寰中之想，终无退悔之心，忘形无我，持空炼神，浑身脏腑、骨肉、血脉，都化成青炁，透金贯石[④]而无碍也。当此之际，七窍生光，昼夜常明，心如止水，身若太虚，这才是炁满神全、法财广大也。方可炼此龙虎大丹，去夺身外天机。下手擒拿，采吾身外真铅。先以龙伏虎，次驱虎就龙。若会攒簇，不失时节，湛然摄起海底之金，使其透尾闾，贯夹脊，上泥丸，化为金液，降下重楼，直入水晶宫中，与我身内木汞配合。不过半刻时辰，攒簇已定，真火冲入四肢，浑身骨肉火烧刀割相似，最难禁受，就是十分好汉，到此无一分主张。虽如此说，总要咬定牙根，拿稳主意，忍人所不能忍，为人所不能为，舍死忘生，忍一时刻之苦，享亿万年之福。防危虑险，沐浴身心，铅汞投而水火交，顷刻之间，浑身骨节关窍，如炒豆子一般，一齐爆开。周身

---

① 吕祖《指玄篇》："两重天地谁能配，四个阴阳我会排。"李道纯《中和集》："踏破两重消息子，超凡入圣则如闲。"

② 徐颂尧《天乐集·内外炉鼎》："炉鼎所以盛药。云内外者，内药、外药所分也。炉，虚空也。鼎，亦虚空也。唯空能受，唯空能容。是故，炉鼎之妙，贵乎虚空。丹书中言偃月炉、硃砂鼎，或乾鼎坤炉、金鼎玉炉，以及威光鼎、悬胎鼎者，所在皆是。而能剖示内外二个鼎炉，明白了当者，尚未见其人也。今予不辞葛藤，亦为抉破曰：外炉鼎，即在心息相依到如此〇之象境界。以此产生外药，而成九还之功。内炉鼎，须工夫到大定境界，色身之内，亦成真空〇，得内玄关，则内炉鼎亦成立矣。是故，内炉鼎乃七返边事，坎离龙虎交所用之炉鼎，乃性理，无作无为之自然。"《天乐集·自他不二》："初下手时，必须体会身外虚空一着，将我心息安放在身外相依。依之既久，自然融化，与虚空合一。神气能两定于虚空，色身亦自然成空。内外两空，此感彼应，自然先天一炁来至我身，涉入交参矣。此即吕祖所谓'口对口，窍对窍'之妙。先天元阳，抱我法身，养我色身。色法兼养，性命双修。此一刻工夫，真能夺一年之造化，故真空丹法，迥与旁门不同也。"

③ 世，底本、朱本均作"四"，校者改。

④ 石，底本作"名"，从朱本改。

炁[1]血，都会说话，就在身上闹[2]成一堆。舌根下有两穴，左为丹井，右为石泉，此正是廉泉穴，随骨脉一齐爆开。心火下降，肾水上涌，功夫到此，舌下灵液，如外水泉一般，昼夜咽纳不完，滋味甚异，经糖蜜更强十分。又有至妙者，临炉下手之初，地将产其金莲，天先垂乎宝露，忽然一点真汞下降，透心如冰之凉，即运一点神火随之，攒簇于交感宫内，浑然一团，湛然常明，如千千战鼓之鸣、万万迅[3]雷之吼。此是自己一身百脉气血变化，切莫惊怕，只要咬钉嚼铁，死心不动。定静至极，于虚空中，或见龙虎交会、天地交泰、日月交宫，或见众仙诸佛来贺丹成。功夫至此，一切苦乐景象，尽皆发现，切不可认他，恐着外邪，坏我功修。莫问是真是幻，我自见如未见，闻如未闻，一味死心不动，守定真性[4]阳光，阴魔自然消散，铅汞自然和合，三日才生大药。三日内，最难过，遍世界都是魔境，四面神哭鬼号，八方杀气狼烟，直闹得天昏地暗，此正是大开关功夫。到此，十个、九个都吓杀了。切记：此皆三尸作祟，阴灵幻化，切莫理他，不惊不怕才是道器。盖已汞虽化成神，却是阴神。阴神最灵，能千变万化，现出诸般境象，害我[5]功修。纵有坚志恒心，他岂肯善善降伏。前人说得好，你会六通神，才能脱生死，不然休想成道。此是金液还丹。

混混两日半，炁炁相通，窍窍光明，炁满神全[6]至极，忽然活泼泼地，逆出太阳流珠，脱壳入口，百万龙神，尽皆失惊，此是七返九还金液大丹。入口，始知"我命由我不由天"也。仙经云"这回大死[7]今方活"。又云"一战而定太平"，即是此等地位。真死之药，脱入口中，顷刻周天火发，骨胎化作一堆肉泥，阳神脱体撤手无碍。专心致志，持空养虚，以虚养神，神化为虚，虚化为神，千变万化，名曰"全真"。厌居尘世，逍遥洞天，自有三千玉女来侍，终日蟠桃会上，饮仙酒，戴仙花，四大醺醺，浑身上下，彻底玲珑。天地交泰，日月交光，风云际会，龟蛇蟠结，千灵听命，万神受

---

① 炁，底本、朱本均作"无"，校者改。
② 闹，底本作"开"，从朱本改。
③ 迅，底本作"退"，从朱本改。
④ 性，底本作"惟"，从朱本改。
⑤ 我，底本作"哉"，从朱本改。
⑥ 全，底本作"金"，从朱本改。
⑦ 死，底本、朱本均作"始"，校者改。

使，紫光腾腾，瑞气蔼蔼，此是五龙大蛰法也。

如此守中抱一，炼之百日。此百日，乃十月养胎。前三月之百日也，玄关自开。此玄关，乃太阳真火，烧开顶门之玄关也。婴儿现相，金光罩体，现出天地日月，龟蛇龙虎，皆是铅汞余气，结成护法神将。到此地位，口中才干得外汞。又能使干汞，化为紫赤金，而为住世之宝。再炼之六个月，体是银膏，血化白浆，浑身香气袭人，口中出气成云。此是炼丹成熟，一块干汞，人服之永不死矣，亦能治死人复活。

炼至十月胎圆，阳神脱壳，一身能化千万身。养至十二月，夺尽天地全数，能化出八万四千阳神，个个通灵达圣，隐显莫测，变化无穷，步日月无影，入金石无碍，水火不[1]能焚溺，刀兵不能损伤，鬼神不能窥其奥妙，帝释不能宰其生死，此大丈夫功成名遂之时也。浑身炁机，无不是大药，鸡餐成凤，犬饵成龙，凡人服之皆得长生，此理鬼神也难明。仙云："内丹成，外丹就。"言修内，即兼乎[2]外也。何须更劳炉火哉？盖积精累气，养得炁满神全，金光发现，昼夜常明，则内丹就，而身外之丹，亦呈象矣。此内真外应，必然之理也。待默朝上帝，授以天爵，万神朝礼，能拆天补地，摘星换月，驱雷转斗，呼风唤雨。举心动念，天神地祇，无不听命。这福德，胜是三辈天子，智慧赛过七世状元。

凡俗愚夫，福薄缘浅，皆以先入者为主，自以为已得真传，其实坠入旁门而不知，迷入歧途而不醒，反自高自是，满假傲慢而不堪亲。一见其声音颜色，拒人于千里之外，高人贤士，犹望望然去之，而况仙圣乎？吾勉[3]学者，未遇明师时，当虚心下气，积功累德，诸恶莫作，众善奉行，自然感动真仙，得遇至人，高明贤士，笃志恳求，必能抉破一身内外两层真消息、三个大天机，指日可与仙佛并驾齐驱矣。

道身证验说

九灵老人曰：静中忽闻异香满室，舌涌甘泉，心火下降，肾水上升，黑

① 不，底本作"玄"，从朱本改。
② 乎，底本、朱本均作"呼"，校者改。
③ 勉，底本作"免"，从朱本改。

夜隔壁见针，上达天堂，下通地府，顶上红霞旋绕，眼中电光闪灼。或一炁偶冲于心，耳闻狂风飚烈，雨声淋漓，仙音天乐，声韵嘹亮，真炁后升，甘露下降，循环不已。青天朗月，雪拥晴空，龙虎际会，日月交光。内观脏腑，朗如烛照，通体上下，如水晶宝塔。金光罩体，寒泉沥沥，温气绵绵，皆非幻化，尽是真功，做出实验，一一皆须认之。降下咽入丹穴，不可吐损，是乃金丹之根。或肾中真炁发泄，上透泥丸，下至涌泉。耳闻千千战鼓、万万雷鸣，狂风揭地，电光掣天，周天火发，上下通红，穿筋透骨，四肢八脉，处处流通。或迷醉三五日，恍惚之间，忽闻天语，觉得心花大开，地理山河，了如指掌。过去未来，天上地下，一切事情，无不周知。有时毫光发现，冲出丹房。忽然一性，跳出身外，便嫌四大秽污，此乃阳神出壳之兆，须急收回。照依前诀，演之三年，自然能千万亿化身也。以后百日不食不饥，一日百餐不饱。当十月温养，金液还丹之际，觉得尾闾有物，直冲夹脊双关，历历有声。逆上泥丸，如有物触脑状①。自上腭颗颗降入口中，状如雀卵，味似阳酥，香甜酥美②，徐徐咽归丹田。一连九日，咽纳不绝。自此以后，五脏清虚，闭目内观，脏腑历历如烛照，渐次有金光万道，灿烂透出身外。其丹光如火轮云霞，上下盘旋缭绕，笼罩禅座，渐渐引阳神入于大定，而为超凡入圣之实验，非比喻也，乃真景象也。仙师亲证此异，不敢语人，盖非常人所能见闻之事也。有仙缘道骨，而得遇是书者，则宝之秘之可也。

关窍秘诀

夫人身后有三关，尾闾、夹脊、玉枕是也。尾闾在夹脊尽头之处，其关通内肾之窍。上行乃是一条髓路，名曰“漕溪”，又曰“黄河”，此阳炁上升之路。直上至第七节，与内肾两相对处，谓之夹脊关。又上至脑后，谓之玉枕关。此身后三关也。人身前有三田，泥丸、土釜、华池也。泥丸为上丹田，方圆一寸二分，虚间一穴，乃藏神之所。其穴在眉心，入内一寸为明堂宫，再入内一寸为洞房宫，再入内一寸为泥丸宫，即上丹田。眉心之下，而

---

① 状，底本作“伏”，校者改。

② 酥美，底本作“软姜”，朱本作“软美”，校者改。

口中有二窍，即口内上腭，谓之“鼻梁金桥”，又曰“上鹊[1]桥”。舌下亦有两窍，下通气管喉咙。盖颔下硬骨为喉，乃内外气出入之处也。颔下软骨为咽，乃进饮食，通肠胃之所也。其气管有十二节，名曰“重楼”。直下接肺窍，以至于心。心下有一窍，名曰“绛宫”，乃龙虎交会之处也。直下三寸六分，名曰“土釜”、黄庭宫，为中丹田。左明堂，右洞房，亦是空间一穴，方圆一寸二分，乃藏炁之所，炼丹之鼎。外与脐门相对，约有三寸六分，故曰：天上三十六，地下三十六，至天至地，八万四千里。自心至肾，八寸四分。天心三寸六分，地肾三寸六分。中丹田一寸二分，总计八寸四分，合天地之全数，人身一天地也。脐门内，号生门，中有七窍，下通外肾。外肾乃精气走漏[2]之处。脐之后，肾之前，中间一穴，名曰“偃月炉”，又曰“炁海”。稍下一寸二分，名曰“华池”，乃下丹田藏精之所，采药之处。左明堂，右洞房，亦是虚间一穴，方圆一寸二分。此处有二窍，向上一窍，通内肾；直下一窍，通尾闾。中间强名曰“玄关”，乃[3]无中生有之处。炼精炼到精满炁足，自然产出真一之炁，玄关自开。又云：人身中，有修炼金丹三窍，不可不知也。上窍离宫心位，外阳而内阴，中藏元神，为性、汞、龙，灵山是也；下窍是坎宫肾位，外阴而内阳，中藏元炁，为命、铅、虎、炁穴是也。以及命宫、坤炉、生门、密户，皆此一处。人能凭真意、元神，下凝命宫，自然超生了死。此上二窍中间，又有养胎一窍，是空洞之所，虚无之窟，乃人身之正中，在心下脐上，黄庭之处，中丹田是也。此乃人一身之关窍也。

大成捷要天元大丹二十四节口诀天机目录

第一，还虚天机，蛰藏炁穴。

第二，调药天机，风火妙用。

第三，产药天机，玄窍真种。

第四，炼药天机，周天火符。

第五，止火天机，马阴藏相。

---

① 鹊，底本、朱本均作“雀”，校者改。

② 漏，底本、朱本无，校者补。

③ 乃，底本、朱本无，校者补入。

第六，采大药天机，斩断六根。

第七，过关天机，五龙捧圣。

第八，收大药天机，卯酉周天。

第九，结胎天机，大蛰七日。

第十,七返天机，玉液还丹。

第十一,九还天机，金液还丹。

第十二，太阳当空天机，日月合璧。

第十三，得大丹天机，珠落黄庭。

第十四，除热天机，火焚禅位。

第十五、璇玑停轮天机，丹光常明。

第十六，超凡入圣天机，食绝睡无。

第十七，胎圆止火天机，神俱六通。

第十八，脱胎天机，超神内院。

第十九，入定上田天机，轰开顶门。

第二十，出神天机，天花乱坠。

第二十一，调神出壳天机，打破色身。

第二十二，收摄金光天机，形神俱妙。

第二十三，身外有身天机，三年乳哺。

第二十四，炼虚合道天机，九年面壁。

仙真曰：百日筑基，十月养胎，三年乳哺，九年面壁，廿四节心印口诀，三十六层危险。此册下卷详释，兹不复赘。

道教源流谱

粤自鸿蒙初辟，五老治世。道祖则统理乾坤，而无世不出；儒宗则维持纲常，而代有传人；佛祖则逍遥西天，亦历劫显化。惟道祖金光玄玄，主宰昆仑，阐扬玄风，治世五行，培养两仪之正气，裁成一元之仙真。

自混沌开辟，不能一概而论之。初黄帝访道崆峒，广成子授之以至道①，而②得跨龙飞升③。至周末，太上老君转劫降世，度儒化释，传道尹喜，而为三教之宗、万真之主也。故时至东汉，金母将伏羲所演太极八卦、先天之灵文，及老君所传，复性立命大丹之秘旨，默授于青州王玄甫。及道成以后，金④母赐号为“东华帝君”。帝君誓愿宏⑤深，欲广开法门，永垂道脉。因于本朝桓帝，永寿丁酉年⑥，传道于正阳祖师钟离权。至唐朝武后天授二年⑦，正阳祖师传道于纯阳祖师吕洞宾，时吕祖六十四岁，事师七年之久，始闻道。至咸通十三年⑧，道始成。

后至五代，梁太祖乾化辛未年⑨，正阳祖师又度燕国宰相刘操，号海蟾子。时操亦六十四岁矣，事师五年，至六十九岁，始闻道。七十余岁，道始

---

①《庄子·在宥》：黄帝立为天子十九年，令行天下，闻广成子在于空同之上，故往见之，曰：“我闻吾子达于至道，敢问至道之精。吾欲取天地之精，以佐五谷，以养民人。吾又欲官阴阳以遂群生，为之奈何？”广成子曰：“而所欲问者，物之质也；而所欲官者，物之残也。自而治天下，云气不待族而雨，草木不待黄而落，日月之光益以荒矣，而佞人之心翦翦者，又奚足以语至道！”黄帝退，捐天下，筑特室，席白茅，闲居三月，复往邀之。广成子南首而卧，黄帝顺下风膝行而进，再拜稽首而问曰：“闻吾子达于至道，敢问：治身奈何而可以长久？”广成子蹶然而起，曰：“善哉问乎！来，吾语汝至道：至道之精，窈窈冥冥；至道之极，昏昏默默。无视无听，抱神以静，形将自正。必静必清，无劳汝形，无摇汝精，乃可以长生。目无所见，耳无所闻，心无所知，汝神将守形，形乃长生。慎汝内，闭汝外，多知为败。我为汝遂于大明之上矣，至彼至阳之原也；为汝入于窈冥之门矣，至彼至阴之原也。天地有官，阴阳有藏，慎守汝身，物将自壮。我守其一，以处其和，故我修身千二百岁矣，吾形未常衰。”黄帝再拜稽首曰：“广成子之谓天矣！”广成子曰：“来！余语汝：彼其物无穷，而人皆以为有终；彼其物无测，而人皆以为有极。得吾道者，上为皇而下为王；失吾道者，上见光而下为土。今夫百昌，皆生于土而反于土，故余将去汝，入无穷之门，以游无极之野。吾与日月参光，吾与天地为常。当我缗乎，远我昏乎！人其尽死，而我独存乎！”海印子徐颂尧《天乐集·道源》评曰：“此道家养生之要素，长生久视之玄枢也。篇中最綮肯处，乃‘守一处和’四字，即心息相依之工夫也。金丹之学，即滥觞于此。……此篇妙文，语虽短，而药物、火候、真土、采取、温养之功，长生久视之理，罔不兼赅。明·陆西星著《南华副墨》谓：‘看宏千卷丹书，不如读《在宥》一段。’洵属知音。”

②而，底本作“丙”，从朱本改。

③《史记·封禅书》：“黄帝且战且学仙，……百余岁然后得与神通。”

④金，底本作“含”，从朱本改。

⑤宏，底本、朱本均作“洪”，校者改。

⑥东汉桓帝永寿丁酉年，157 年。

⑦唐朝武后天授二年，691 年。

⑧咸通十三年，872 年。

⑨梁太祖乾化辛未年，911 年。

成。随溷迹于青城，又自号青城丈人。后度八十三岁张伯端[①]，道号紫阳。因开南宗一派，故有“南五祖”之称。石杏林、薛紫贤、陈泥丸、白玉蟾、彭鹤林，皆其最著者也。至宋太宗时，吕祖同海蟾、麻衣游华山，遇陈抟习蛰龙法，因传出神玄机，遂端坐羽化而去。

至于北七真，乃钟、吕二祖师，于南宋高宗三十三年己卯岁[②]，同到终南之甘河镇，度重阳祖师王中孚。及授先天大道已毕，举首忽见东方，现出七朵金莲，开花结子，因问其故。祖师笑曰：“岂止七朵金莲而已，将来必有万朵玉莲房也。”俟后重阳祖师于孝宗乾道年间[③]，传道于马丹阳、孙不二、邱处机、王处一、刘处玄、谭处端、郝大通，以为七朵金莲之兆。

此七真之中，惟邱祖大开普度之门，后携无数弟子归天，上帝封为天仙状元。而马祖亦阐真一之化，故于光宗绍熙庚戌年[④]，传道于宋披云、李大成、赵蓬莱、韩清甫。此四人道成以后，惟宋披云能永其心传，自号黄房公。于元朝成宗时，西游至蜀，传道于李太虚。太虚授之张紫琼，紫琼授之赵缘督。缘督子于元时明帝天历己巳年[⑤]，度庐陵之陈致虚，字观吾，号上阳子。其闻道以后，欲炼无资，遍觅有缘。游至西南粤地，獠人强求其道而不得，将观吾以酒灌醉，置之鼓中，投之大洋。惊动天妃，命海神呵[⑥]护，送至南滨，遇田侯[⑦]奉命来祀天妃，于水中救出，问明被难之由，带[⑧]回京师，助以资财，遂[⑨]得了道成真。自念予不死于水鼓之中，致有今日，是天将假予以传道也。于是遍访有缘，大开道门，所传弟子，超凡入圣者二十余人。至元末顺帝至正癸未年[⑩]，声闻于上，顺帝使命征聘，真人知其国运将终，预先示化，遁入灵墟而去。以上叙马祖丹阳一脉所传授，其道遂止而弗传。

---

① 端，底本作“瑞”，从朱本改。
② 南宋高宗三十三年己卯岁，1159 年。
③ 孝宗乾道年间，1165—1174 年。
④ 光宗绍熙庚戌年，1190 年。
⑤ 明帝天历己巳年，1329 年。
⑥ 呵，底本、朱本均作“阿”，校者改。
⑦ 侯，底本作“候”，校者据《金丹大要》改。
⑧ 带，底本、朱本均作“代”，校者改。
⑨ 遂，底本、朱本均作“随”，校者改。
⑩ 顺帝至正癸未年，1343 年。

初元朝延祐元年[①]，有张三丰，访道参玄，几三十年，均无所遇，徒劳勤苦，性命惶惶，不得一遇至人，以了生平之愿。乃西之秦陇，挹太华之气，纳太白之奇，走褒斜，渡陈仓，见宝鸡山泽，幽邃清秀，乃就金台观而居焉。慨至道之难闻，遂日夜焚香以告天，求天助道也。时六十七岁矣，因感陈抟老祖弟子火龙先生，传授至道，及炉火外丹，因得超凡而入圣矣。

待至明朝嘉靖年间，又有虎皮座张静虚真人，访道于西蜀之碧阳洞，得遇符阳祖师邱长春，传授至道，随止洞中修炼成真。祖师命静虚真人下山，复开普度之门。真人访遍天涯，寻觅有缘，至万历己卯年[②]，仅度李虚庵一人而已。虚庵真人又于万历丁亥年[③]，度曹还阳兄弟二人。还阳真人于万历甲午年[④]，度伍冲虚，冲虚真人为龙门邱祖第四传弟子[⑤]。道成以后，著《天仙正理》《仙佛合宗》等书，而斯道随大明于世。至我皇清雍正年间，有寂无禅师出世，上接邱祖真传，扬玄风于释门。至乾隆年间，又有华阳禅师，遇合从冲虚二祖师，随得宗其道，而永其传。著有《金仙证论》《慧命经》以行世，蔓延至今，传遍华夷，赖此超凡入圣者，不可胜数，是将应“万朵玉莲房”之兆也。

已况晋时许旌阳真君，亦有明谶，言一千四百年后，当出三千天仙、八百地仙。但看豫章江中，有一道仙佛地脉，流沙现出，此其时也。（此谶语，出自《龙沙宝谶》。兰公堂石碑，其八百地仙，已出于前名，而刘樵阳乃八百之首也。）童谣云：“沙雍豫江口，神仙满街走。”而时至今日，适逢其会。此时豫章江中，现一沙滩，名曰新洲也。

盖普渡群迷，虽云万劫奇遇，犹恐玉石之不分，而收原结果，故属一元佳期，不无龙蛇之混杂，将见邪与正，各立门户，著书立说以行世。真与

① 元朝延祐元年，1314年。

② 万历己卯年，1579年。

③ 万历丁亥年，1587年。

④ 万历甲午年，底本作“万历甲子年”，查伍冲虚《天仙正理·直论起由》，有“甲午年夏五月度伍子”云云，故据以改之。万历甲午年，1594年。

⑤ 伍冲虚在《天仙正理直论·火候经第四》记云：“豫章三教逸民邱长春真人门下第八派分符领节受道弟子冲虚子伍守阳。”故此处所谓“冲虚真人为龙门邱祖第四传弟子”云云，当是误记。

伪，互相传道，开坛演教以度人。有守山根而为玄关者，是不知玄关为无中生有之妙喻，不炼真阳，必终归空亡。有贪采战，而求女鼎者，是不知女鼎为借花献佛之玄机，无得于人，而先失于己。以及渔利狂徒，借炉火而入骗局。疗病小术，学导引而勤吐纳。尽属外道，难以悉举，类皆旁门，不能殚述。怎比先天尽命之学，大背吾党，存理养气之功。有志真修实悟者，可不详审明辨，而定其趋向乎？

吾于太上所传无极大道，得自静觉祖师心印口诀，先天之灵文。苦无资财伴侣，不能静修密炼。又有父母，衣食累身，不能坐进此道。恐大道失其真传，上辜师父一片乳哺之恩，钦将至理口诀，著于竹帛，下表弟子半生饥渴之苦。使今世文人学士，借此书以成圣。后代佛子仙种，赖吾言以登真也，则吾亦有余荣矣。是为之著书，并留谱云：

劝君莫虑无知音，自有同心合德人。
只管中流作砥柱，何愁孤树不成林。
时来自有风云会，运转岂无龙虎吟。
好个霾消天气朗，一轮红日照乾坤。

大成捷要性命双修心印口诀天机秘文

静觉子　心印口诀
阳明子　原注顶批
兰馨子　参订圈点

百日筑基

初节炼精化气功夫，名曰小成筑基。

尹喜真人曰：夫筑基之功，调药补精，炼精化气，收心以还虚，即收神、固精、养气之诀也。夫身内精气充实，骨髓坚强，方可入室下功，而求返还之道也。养气固精，及止念主敬，观心存诚之功。从晨至暮，涤虑洗心，退藏于密，回风混合，心目内观，主静立极[①]，不使有一毫之累，留于方寸。涵养于不有不无之中，外无所着，内无所思，空空洞洞，虚虚灵灵，心不得随缘而放驰也。

“昔日逢师传口诀，只教凝神入炁穴”，正谓此也。炁穴，即命门，正在脊骨[②]第七节之下，脐后肾前，前七分，后三分，两肾中间，左属水，右属火，其中空悬一穴，上通泥丸，下贯涌泉，为先天大道之祖，逐日生炁之根，产铅之地，而千变万化之道，神妙莫测之机，尽从此出。故曰：“此窍非凡窍，乾坤共合成。名为神炁穴，内有坎离精。”道家曰炁穴，医家曰命门。命门旺，十二经皆旺；命门衰，十二经皆衰。命门生，则人生；命门绝，则人死矣。

最初还虚蛰藏炁穴

守阳真人曰：入室下功，而求返还之道，必须静室端坐，返观内照，凝神入于命门之地。知而不守，先存后亡，虚心凝神，不着色相，不落空亡。虚灵不昧，存养寂照，以三炷香为度。但觉呼吸和缓[③]，空洞畅快，即是真正存神达化之功。行不过七七日，水火交而真阳产矣。凝照三月，方可近内，渐凝渐住而结丹。凝照百日，方能透关过窍。心止于脐下，曰凝神。气蛰[④]脐下，曰胎息。心息俱伏藏于脐下，守其清静自然，曰勿忘。其顺其清静自然，曰勿助。总以虚空为藏心之所，以昏默为息神之乡，三番两次，澄之又澄，沉之又沉，渐渐心息相依，神炁融合，不觉恍然阳生，而人如醉矣。

绝食腥荤香辣

上阳子曰：入手下静，先绝食腥荤香辣之物。盖腥荤之物，味主沉浊，

① 立，底本作“主”，从朱本改。
② 骨，底本作“肾”，从朱本改。
③ 缓，底本作“暖”，从朱本改。
④ 蛰，底本作“哲”，从朱本改。

食之，必致后天之气粗而难伏。香辣之物，性主轻浮，食之，必致先天之炁散而不聚。要知存乎理者，禁食腥荤香辣，专持清斋素食淡饭，以除原味。不食过饱，过饱则伤神；不食过饥，过饥则伤气。饮食要调和得中，饥则加餐，食可则止。此节即饮食之道，后世修真，不可不知也。

收心炼己口诀

正阳祖师曰：入手修真，总以炼心为主。专看念头起时，坚持正觉，使杂念扫除，而皈于一念。主静立极，还虚入定，扫除三心，灭尽四相，直待心地静后，性天清凉，凝神入定于炁穴。一心默守阖辟之机、出入之数，一呼气机辟开，一吸气机阖住。神存炁穴，存想呼吸之气，由督脉，如红日上升乾顶，似皓月由任脉下降坤炉。一数记十数，十数记百数，千万之数无差。摄心在数，务令念不散，意不乱，心息相依而同行，此是心猿牢拴，意马高拴。

古人云："真意往来无间断，知而不守是功夫。"着意头头错，无为又落空。从有心化为无心，使心体空空洞洞、虚虚灵灵，则无生灭。欲除妄念，先持正觉，有觉自然无念，无念积习纯熟，可致无梦。无梦则心死神活，现在之大事也。盖心不炼则神不定，性光必摇；意不炼则情不死，而命根不固。必须灭尽心头之火，消尽无穷之欲，时时一真内守，处处万缘皆空，而性天清凉，方不为欣喜所迷，此炼己之功耳。故曰"未炼还丹先炼己"，炼己纯熟而后还丹。收回来须放下，久久行持，焉有不存者乎！

回光返照天机

白玉蟾云："内炼之道，至简至易，惟欲降心火，入于丹田耳。"盖丹田乃坎宫，属水；心乃离宫，属火。火入水中，则水火交，而真阳产矣。古人谓之心肾，非坎离也。正阳真人曰："降心火，是南辰移入北辰位。"石杏林云："以神皈炁内，丹道自然成。"刘海蟾曰："我悟长生理，太阳伏太阴。"许旌阳云："与君说破我家风，太阳移在明月中。"王重阳祖师曰：初筑基之时，先将上窍之神，沉潜在下窍炁穴之中。心息相依，使真意常觉，一呼一吸，往来造化炉中。久久纯熟，自然火从脐下发，虎向水中生，不归中而自皈中。初守脐下一窍，回光返照，原是一团黑球，如月之阴魄，纯阴之地。日月被此离火凝照，巽风吹嘘，自然黑中生白，水里火发，温暖之炁，旋绕气穴，而为真阳初动，无中生有。

又曰：纯阴之下，须用风火锻炼，方得阳炁发生。此皆发明存养一点虚无元神，下藏于炁穴之内，谓之“送皈土釜牢封固”是也。先天元神，虚灵性光，安于其中，如龟之藏，如蛇之蛰，勿忘勿助，若存若亡，久而呼吸相含，神炁相抱，自然玄关窍开，而真种产矣。

文武风火妙用

邱祖云：入手功夫，每当半夜子时以后，虚极静笃，天然醒觉，一阳来复，外肾兴起之时，元精吐露，外药发生之际，即当行调药之功，运动风吹火炼之玄机。

夫风者，呼吸之气。火者，虚灵之神。文者，无为之风火。武者，有为之风火。盖无为之文风、文火，用在调外药前后两头。而有为之武风、武火，用在调外药元精正旺之时。

盖真炁动时，最易下流顺出，必用真意眸光，凝入命宫炁穴之中，主照统摄，真炁即下行，而化为元精。非呼吸之息，以风助火，以火销金，而元精必不能复化为元炁，归宿坤炉本宫之中矣。然用呼吸之息，在丹田之中一出一入，必须提起精神，目光窥定，一意不散，万缘皆空，鼓动巽风，扇开炉焰，使息息皈根，方合猛烹急炼之神功。而炉中之意，切莫著于呼吸，只专意于元炁，不过借呼吸之机，以为采取烹炼之旨也。

神蛰炁海

吕祖曰：当行神住下田之功，将虚无元神，轻轻送入真人呼吸之处，蛰藏于坤炉之中。主静立极，沉之又沉，静之又静，不有不无，先存后亡，直将身心沉静到无何有之乡。此时一点真意，虚灵性光，潜藏于深渊九泉之下，伏而不动，化为无有，如龟藏蛇蛰，神气相抱，永镇下田，谓之“己土一到，即入杳冥”者，此也。后天息住，先天炁接，玄关窍开，而真种产矣。

动静无偏

赵蓬莱云：清静无为之功，动静失宜，则有阴阳偏盛之患。盖动极当静，不静则阳盛而伤神。静极当动，不动则阴盛而伤炁。总在戊己二土，交合成圭，动静循环，而不临于一偏，则得之矣。

古云：世有性功足，而命功亏，纵能养至丹田如朗月，必不能炼至龟缩不举；世有命功足，而性功亏，纵能炼至龟缩不举，必不能养至丹田朗月生辉。惟双修无偏，性命功均，功到时至，则无阴阳偏盛之患，自然马阴藏相，而丹光生辉，丹田如皓月之印者乎！

武火妙用

郝祖太古真人曰：当武火烹炼之际，鼓动巽风，扇开炉焰，心力提起，目光射定，一意不散，万虑皆空，存相丹田炁穴之中，火焰腾腾，光耀烈烈，如分金炉中一般，抽动风匣，炭燃焰生，以为采取烹炼之具，将向外发生之慧命金精，摄皈本位，直至机回炁转，外肾消缩净尽。然后再烹再炼，元精尽化为元炁，自有一阵天朗气清之景，况即当止住，武[1]火之真候也。

文火妙用

华阳禅师曰：此调外药，中间用武火锻炼，元炁皈宿本宫，即当止住有为之风火。再用无为之神火，时刻温养，以真意轻轻主照，若存若亡，勿令间断。安神于炁穴之内，知而不守，使自然之吹嘘，绵绵不绝，念兹在兹，先存后亡，而入于混沌杳冥者也。吹嘘之气，乃后天之呼吸，引动先天之炁机。神不离于炁穴，自然往来不穷。行住坐卧，不离方寸之地。盖文火温

① 武，底本作“或”，从朱本改。

养，是处常也；武火锻炼，是达变也。

又曰：武火烹炼，文火沐浴，炼精化气，俱是文武二火用事者也。

种采炼养调外药天机

重阳祖师曰：入手调药补精，名曰勒阳关，有“种、采、炼、养”四字口诀。

夫种者，凝神入炁穴，使心力目光，返观内照，凝聚下田，静之又静，沉之又沉，直沉静到无何有之乡，深入寂灭场，入于混沌，忘人无我，谓之“虚极静笃”是也。只待混沌开基，元炁发动，化为元精，冲动阳关，胀满难禁，令人恣[①]情纵欲，此时归坚持正觉，速行采炼之法。若有迟误，外药走脱，精败炁耗，而静功难行，岂不悲哉！又云：凡修真之士，必须先虚心实腹，方可却病延年，长生住世，仙道岂有不成乎？

采药天机口诀

马祖丹阳问曰：所谓采者，何也？

祖师答曰：直待混沌开基，一阳来复，外肾兴起，活子时到，此即回光返照，神住炁穴。一呼一[②]吸之巽风，逆吹命宫之离火，扇开炉焰，而炉中之意，切莫著于呼吸，专意于元炁。诀曰：要知采时之呼吸，而吸则有心，呼出无意，心力提起，目光射定，一丝不挂，万缘皆空，是用吸不用呼，而呼出乃后随之而已。或十息，或数十息，以外肾消缩净尽为止。阳物绝无动机，谓之采药皈炉，元精归还本位是也。

又曰：时至神知，始举即采，则易伏。倘睡浓觉迟，阳壮性烈，不能强采久战，以伤其炁。只凝神照定阴跻一脉，将身心放下，忘形无我，使息息归根，自吹自嘘，待旺际将衰，欲回未消之际，不过吸提三五息之顷，即将元炁收回净尽，药即皈炉，即当止住采取之武火，接行半文半武之火，锻炼之法也。

① 恣，底本、朱本均作“姿”，校者改。

② 一，底本、朱本无，校者增补。

炼药天机口诀

刘祖问曰：所谓炼者，何也？

答曰：药即皈炉，速行锻炼之法。炼药真诀，是呼吸并用。神存炁穴，停其自然之息，以烹以炼。升则有心，降则无意；吸谓采取，呼谓烹炼。总要悠扬条畅，切忌猛烈短促。以三十六息为度，或七十二息亦可。将丹田炁机扇开，炼得丹田自吹自嘘为止。从有心，以至于无心，由有为之呼吸，以至于无为之吹嘘，元精尽化为元炁。皈宿于命宫，谓之炼也。此时炼药以后之文火，要多坐百十息之久，方可宴息而卧，归入混沌。若罢功太早，而真精不能尽化成炁，终有走失之患者也。

文火温养口诀

王祖玉阳问曰：所谓养者，何也？

答曰：止住有为之呼吸，用自然之吹嘘，熏蒸温养，始而有觉有照，而无为也。虚心安神于炁穴，时时以真意守之，缓缓以呼吸嘘之，似炉中火种，绵绵不绝，悠悠常存，心息相依，神炁相注，不存而自守，不息而自嘘，神炁皆皈静定，不知不觉，入于混沌杳冥中矣，此谓之温养。又谓之沐浴，文火是也。如此夜夜勤行，日日寂照，少年不过月余，中年不过百日，衰老不过期年，自然而然，不知不觉，无中生有，天机发动，方到呼吸顿然倒回炁海，玄关窍开，真种产出之时，接行周天火符，炼成大药，超凡而入圣矣。

清浊用火口诀

果老张祖曰：此一节，有清虚中来者，用“吸、舐、撮、闭”之功。采药皈炉，方可行周天火符，以清道路。有从梦寐中来者，气清而神昏，用半文半武火以采之。有淫欲中而来者，此神气昏浊，纯是后天，纯用武火采炼。此清浊之妙用也。总而言之，心力目光提足，用真意吹嘘为武，有觉而无念为文。若不然，阴精锻炼不化，必然在内作怪，人生疾患，静功难行矣。

煅炼阴精以分先后天口诀

悟明子曰：盖先天元精之子时，身已向晦宴息，而寂静无为也。来自虚无杳冥之中，无天地人物，空空洞洞，虚虚灵灵，而冲动阳关，乃是元始祖炁，纯是先天之英华，而无渣滓，可为真药物，即当采取皈炉，接行周天火符，以烹以炼，结成金丹，方能超凡而入圣矣。盖后天媾精之子时，心犹牵缠根尘，来自梦魂颠倒之中，有天地人物，而冲动外肾，为精欲交感所变之阴精，不堪为药物。必须用风火采皈，猛烹急炼，运动武火之神功，扇开炉焰，务使化而为炁，方不为害。其烹炼之法，以呼吸之凡火，引动命宫之真火，再以性中之神火主之，使三火腾光，发焰于炉中。而丹田内，一呼一吸，息息往来，归入乾顶，神存炁穴，目无转睛，阴精顽金，焉有不化者乎？此调药、炼药之真天机，而为炼精化气之真口诀也。

文武采取烹炼妙用

宁玄子云：文火温养，绵密不绝，而无始终；武火锻炼，战守以时，而有起止。至于巽风，又专候一阳来复之际，而有文、有武之妙用。其采取，用吸不用呼；乃烹炼，则呼吸并用。但离火温养，必无太过之弊，妙在若存若亡之间，而橐籥亦无不足之患。切忌猛烈短粗，总要悠扬条畅，常觉其炁，息息达于命蒂，方保无患也矣。

文火沐浴口诀

张三丰祖师云：天元大丹一段静功，火候之次第，文武之妙用，必须真师口授，方能自用无疑。如元阳未生之时，存之以神，嘘之以息，常教绵绵不断，息息归根，乃得文火沐浴之功，谓之炉中火种，又谓之回风混合。及其阳生，以武火采之于外，复以武火炼之于内，谓之勒阳关、调外药是也。药既皈炉，化而为炁，神息仍然相守相注。凝神入定于炁穴之中，依灭尽定，而寂灭之。直至混沌之极，自然有来复之机。机动即调，调过再入混沌。久久行持，无论昼夜下手行功，精满炁足，自有玄关窍开，真种产出，皆当文火种之、武火炼之耳。

武火轻重采药之危

广成子曰：采药皈炉，失于武火轻重不均，必倾危也。盖武火太轻，则呼吸浮而不能皈根，以致阴精累积腹中，停蓄不化，终有走失之患。若武火太重，则呼吸粗而不能调畅，以致外吸冷气入内，停蓄腹中，难免肚腹疼痛，大便溏泻之患。要知武火，不是着意于口鼻，并不是呼吸猛烈，只是将心力提足，眸光窥定，一团真意，盘结凝聚，而不知有他，存心结想丹田之内，如[①]分金炉火一般。鼓动巽风，即是抽动风箱；扇开橐籥，不过借后天之气机。一呼一吸，息息归根，激动先天之炁机，使二气鼓荡于丹田之内，盘旋于气穴之中，自然阖辟相应，悠然橐籥自鼓，如同冲出炉焰。以烹以炼，总要以神合气，以炁会神。只觉丹田内，炼得如金汁银浪，晃晃滚滚，似皓月之印，阴精复何有哉！

武火锻炼

轩辕皇帝曰：药既皈炉，仍用武火锻炼。盖采药之阖辟，重在吸，是用吸不用呼，曰呼短吸长。是吸则有心，呼出无意，其中有升中降、降中升。而炼药之阖辟，是呼吸并用，往来均停，而呼吸皆出于有心，此[②]乃升中降、降中升，半文半武炼药是也。要知武火烹炼，全在一南一北，上下交入，而和合四象。文火沐浴，全在不即不离。中宫温养，而攒簇五行，此调外药天机，尽泄无余矣。

---

① 如，底本作“知”，从朱本改。

② 此，底本作“北”，从朱本改。

文火寂照

韩祖湘子曰：文火温养，是自然之吹嘘。只用凝神炁穴，绵绵不绝，念兹在兹，行住坐卧，不离这个，而吹嘘自不离于丹田，此谓之文火温养。吹嘘之气，乃后天之呼吸，引动先天之炁机，神不离乎炁穴，自然往来不穷。一呼一吸，是两个往来为阖辟，是凡夫后天之气机。阖辟者，神气往来举动之意也。

梦寐走丹

举火龙先生云：或有沉寐之时，外阳不举，意自走泄，是何故也？此炼精时，用风火不足，熏蒸不到之故耳。此乃火候有不到之处，是断而不续，而无绵密之功。或神昏贪睡，知采而不知炼，是阳精收摄不尽；知炼而不知养，是阳精熔化不完，不能尽返成炁，则火寒丹冷，梦寐中多阴魔来扰，使有走失之患。或巽风太过，而离火不足，或意住口鼻，外吸冷气入内，以致肚腹疼痛，大便溏泻，皆火候不精之故也。锻炼之际，要[①]神住于内，心忘于外，而真意总不离乎丹田炁穴之内。盖劳心，则神驰而无主；劳力，则炁散而精耗。若心力劳碌，睡坐不安，则神气不交，而真精欲脱之患。心火既上炎，肾水必下流。总要先放下身心，大休歇一回，定静一时。

古云：欲静其心，必先安其身，然后虚心凝神于下田，当速以武火锻炼三十六息，然后凝神炁穴，入于混沌杳冥之中，不然真精必外泄而不固矣。又云：虚其心，使心不动，以养其神；惜其力，使力不疲，以养其气。神得所养则凝，炁得所养则聚，既神炁不散，而大丹焉有不结者乎！

玄关窍开

崔希范云：玄关透露，真种将产，贵乎知时。无中生有，真种产出，即

① 要，底本作“安”，从朱本改。

其时也。然又不可太早，急以采之，太早则药嫩炁微而不灵。亦不可太迟，太迟则药老炁散而不聚。必须不老不嫩，方是采取真时。

何谓老？玉洞双吹已过，阳物兴起已衰是也。

何谓嫩？一吼气住，呼吸倒回元海之际是也。

又云：当收心炼已，炼精化炁，真种产出，即回光返照，精炁于下田。然不可着相，于处而用照，亦不可着内而用照。盖着内、着相，皆落空亡。惟知而不守，神潜太虚，方能默符化机。一念不起，万缘皆空，一灵真性，寂然不动，巍然独存，谓之收回来，须放下是也。

产真种不老不嫩天机

邱祖真人曰：先天真种，本来无相。因神气交感，混合已极。不知不觉，忽然丹田融融洽洽，周身苏绵快乐，痒生毫窍，身心无主。丹田温暖，炁机渐渐流动，阳物勃然兴起，顶门有冷风吹入。而气穴之中，忽然一吼，呼吸顿断，离于口鼻，倒回元海。只觉得下田之中，凿凿有声，惊战移时，忽又停住不动，只觉得气息浮起，或透出鼻息，或未透出鼻息，或至喉而返。忽又吼的一声，呼吸顿然倒回炁穴，不出不入，凿凿有声，惊战移时。一连三次、五次，或六七次而后已。丹田空洞无际，上无覆，下无基，中含一物，此乃是药苗。炁机将嫩之时，切不可动念采取，当还虚以待之。其心息如磁石之相翕，神气如虫蛰之相含[①]，如在母腹未生之前，恍恍惚惚，我自不肯舍彼，彼自不肯离我，相亲相恋，纽结一团，不知不觉入于混沌。其中景象，似施似翕，而实未见其施翕；似泄似漏，而实未至于泄漏。其妙真有，不可言语形容。此时四肢百骸，皆不能动转，无非耳能听人之语。护道之侣，谨谨看守，千万莫惊入定之士。接命之时，便是伤命之处。少焉，痒生毫窍，肢体如绵，恍惚之间，心性复灵。上则呼吸复起，下则阳物复兴。丹田之炁，自下往后，而行肾管之根、毛际之间，其痒生快乐，所谓炁满任督自开。琼钟一扣，玉洞双吹，鼻息复出。时至气化，药产神知，这才是玄关窍开，真种产出，正是不老不嫩。身中自然之化机，顺行之际，正是逆运

① 含，底本作“舍”，从朱本改。

之时，千万不可错过，速用“吸、舐、撮、闭”四字真口诀，凝神入炁穴，采药归炉，封固严密，运动周天火符之玄机，转大法轮之妙用，以烹以炼，结成金丹大药。三百周天数足，而为超凡入圣之基，此精满而返到乾体未破之时也。

又云：呼吸倒回元海，蛰藏八九十息，或一二百息，方有气息冲出，此是真正火候。行到妙处，若不得火符之玄机，调药之口诀，万万不能也。

产真种次第天机

李太虚云：玄关窍开，快乐之景，有一连开二三十次而后止，有一连开一二十日而后止，久暂原自不同。人之神气，皆日主动，夜主静。气至神知，运一周天，真气愈炼愈旺，而动机愈勤，日夜并进，时刻不懈。一日行过三五周天，以至十余周天，则功将彻昼夜而无休歇。渐渐觉得精尽化成炁，其动机日日减少。昼夜之间，又渐渐退至三五周天，觉得炁机随动随消，不能冲满玉茎，阳兴即衰，随消随采，运行周天。万不可神离下田，走泄神气，三宝分离而无用矣。

谨慎行持，功勤效速，而炼精化气，做出真景实验也。玄窍开一次，行周天火符一次，谓之颠倒阴阳。三百六十息，久久马阴藏相，火足药灵，龟头缩回，周天数足，而阳光三现，接行七日采大药之功矣。

采真种天机口诀

刘海蟾祖师曰：此时采真种，小药以皈炉，有“吸、舐、撮、闭”之妙焉。

吸者，鼻中吸气，以接先天也；

舐者，舌舐上腭，以迎甘露也；

撮者，紧撮谷道，内中上提也；

闭者，塞兑垂廉，回光返照，紧闭六门。下不闭住，则火不聚，而金不升；上不闭住三关，则神外驰，而药不凝。

除去撮字，余皆并行。而撮字，用在炁机将回之时，神返身中，除却杂念，炁自回矣。

封固口诀天机

伍冲虚真人曰：药既皈炉，须用真意封固、停息。从伏神炁，即是运周天子时之头。故曰：子时有沐浴之候，即此也。

封固者，闭塞耳、目、口三关，有凝神聚炁、温养之义也。

停息者，非闭息也，是不行采药鼓嘘之法，将神气随呼入，俱伏于炁穴，略停一息之倾，盘旋于丹田之上。

待息起，随呼出，接吸之际，以神取气，由督脉后升并行，用真意帅领元炁，自坤腹逆上乾鼎，则小周天进阳火，为采取，即是周天子时之第一息。用在六阳时，周天火符，自此而运起。以呼入为浴沐，文火者是也。六阳时数足，午退阴符。然而首中先天炁机，用真意帅领元炁，从昆仑呼入，由任脉降下坤炉，为烹炼，用在六阴时。正是乾鼎之元气，随真意由上腭，下重楼，降于炁穴之内。吸出为沐浴，文火者是也。

卯酉沐浴天机真诀

莹蟾子曰：安排鼎灶炼玄根，进退须明卯酉门。旦暮寅申知火候，沐浴分胎卯酉门。

沐浴者，乃是炼丹之正功。

卯酉门者，是沐浴之位也，夹脊、黄庭是也。

盖沐浴，是成仙作佛最紧要、最玄妙之功；沐浴，是还虚入定、休息无为之功也。

沐浴之中，而有进退之理，可不用升降之功。璇玑一时停轮，盖金丹未结以前，非沐浴不能凝珠呈象。而仙胎既结以后，非沐浴不能出神达化，沐浴为炼丹之总括妙用。

沐浴者，何也？进阳火后升之沐浴，神住夹脊为卯时，默记吸数三十六，谓卯时足矣。退阴符前降之沐浴，神住黄庭为酉时，默记呼数二十四，谓酉时过矣。

沐浴，皆是有觉而无念也，寂然不动而无为也。古云：谓大休歇一场，文火温养之义也。虽无为而不昏沉，虽有数而不勉强。沐浴以毕，神意帅领元炁，如此进阳火、退阴符，必然行满周天数足。源头清楚，元炁方保无有走脱之患。进火退符，卯酉沐浴，周天恍惚，金丹终有走失之患。修真之士，须要小心谨慎，方免[1]危险之弊。沐浴潜藏总是空，此沐浴真空之实景也。

又云：周天火符三百六十息，息息皆有沐浴。后升之时，呼出为沐浴；前降之时，吸入为沐浴。乃是凡夫后天之呼吸，皆是自然之理，何必勉强哉！沐浴天机，泄无尽余矣。

阳火阴符口诀天机

寂无禅师曰：药即封固，即当速运周天法轮。子时，进阳火，后升，至巳时止；午时，退阴符，前降，至亥时止。进阳火中间，有卯时沐浴；退阴符中间，有酉时沐浴。

所谓有妙用者，何也？盖自子至巳，用在神住下田，呼文而吸武；自午至亥，用在神住上田，呼武而吸文。卯时沐浴之妙用，在神住夹脊，呼吸无心，默记三十六吸。酉时之沐浴，在神住黄庭，呼吸无意，默记呼数二十四。是卯酉二时，息运无为之文火，而心定有觉有照，而无为也。此阳火、阴符沐浴之位也。

筑基之功，非此火符，别无漏尽之术，而马阴不能藏相者也。

采小药天机口诀

圆通禅师曰：前言炼精化炁之实验，玄关窍开，而真种产出。上则呼吸复起，下则冲动阳关。玉洞双吹，时至神知，即用“吸、舐、撮、闭”口诀。采小药真种以皈坤炉，详未发明透彻。今言先天真一之炁已[2]动，切不可出静，速凝神炁穴，目光照定，心力提足，一意不散，万虑俱宁。用

① 免，底本作“勉”，从朱本改。

② 已，底本、朱本均作“以”，校者改。

"吸"字往上提，用"舐"字舌舐上腭，用"撮"字紧撮谷道，用"闭"字闭住三关，耳、目、口是也。神返身中，目光窥定炁穴玄关一窍，用吸不用呼，呼乃后随之而已。吸吸归入乾顶，采小药以归坤炉。只可后升，不可前降，此乃采真种之真口诀。直待外肾消缩净尽，须用真意，封固严密，接行周天火符之玄机。

进阳火、退阴符，以烹以炼，结成大药，服食过关，超凡而入圣矣。

元神领元炁升降口诀

张虚静云：子进阳火，用真意封固已毕，元神领元炁，存想一轮红日，由督脉而后升。自坤腹移上乾首，当升之时，千万不可降，只等二百一十六吸数足。午退降符，元神领元炁，存想一轮皓月，由任脉自乾顶降下坤炉。当降之时，万不可升，只待一百四十四呼数足。古曰：颠倒阴阳三百六十息，小周天火候满足，复入混沌，文火温养，寂照下田不动，依灭尽定，而寂灭之，只等玄窍开，真种产，而复行周天法轮。真炁发动，全凭真意之主宰，呼吸之催逼，方能结丹而超凡矣。

真意散乱危险详说

抱朴子曰：火符之义而利弊，不可不知也。

一在"念不可起"，念起则火炎；

一在"意不可散"，意散则火冷；

一在"目不可外视"，外视则神驰而伤魂；

一在"耳不可外听"，外听则精散而伤魄；

一在"呼吸不可骤"，骤则散漫无归；

一在"呼吸不可停"，停则断续无力。

忽断忽续，或燥或寒，种种弊端为害。若不小心谨防危险，万无一成。

然念起，不必是外驰，就起阳火中，稍有妄想，便为念起；

意散，不必是神昏，就起火时，稍不经心，便为意散；

外视，非邪视也，而时闭时睁，便伤其魂；

外听，非乱听也，而知风知雨，便伤其魄；

骤，非躁暴之骤，心欲速成，便是揠苗助长；

停，非留住之停，意欲坐获，便是待兔守株。

欲除此数弊，法在运炼周天时，振其精神，奋其志气，一念不起，一意不散，内不知有我，外不知有物，主敬存诚，一志凝神，使一灵性光，率领元炁，循行任督，无勤无惰，毋忘毋助。进阳火，如赤日之后升；退降符，似皓月之前降。随息上升下降，历历如见，不粘不脱，不即不离，不缓不急，不有不无，安安闲闲，绵绵密密，空空洞洞，悠悠荡荡，速无躐等之弊，缓无停滞之患，刚柔得中，神气合一，上下一贯，前后同轨，我只一念皈乎中道而行，自然恰好，至当无过不及，而无泛滥流窜，停留濡滞之弊也。

炼药气荡炁滞之危险

觉真子曰：炼药时，不失于气荡，即失于气滞。盖气荡之失，或因心生懈怠，或因神运太速，以致真炁泛滥无羁，而不能由中道以升降，难免流窜经络之患。抑气滞之失，皆因用心过执，元神迟钝，真气停留，既不能运行自如，怎得冲和调畅，故不免壅塞濡滞之患。周天度数，失于太过不及，必倾危也。太过则有迫炉而出之患，不及难免龟身不缩之疚。法在参明内外三事，次第并至。

第一事，火符无差，除无火无候外，要恰恰运满三百周天之数；

第二事，马阴藏相，龟身缩入腹里，绝无举动，再无生精之理，而真炁只觉在阴跻脉中，有时一动二动，但萌于内，而不能达于外；

第三事，阳光二现，掣电于两眉之间，此正是止火之候，不然休想成道。

修真之士，谨慎小心，参明透彻三事口诀，方能超凡入圣而虑险哉！

周天文武之妙用

李虚庵云：小周天法轮，有文武之妙未言。当六阳后升之时，呼出为文。当六阴前降之时，吸入为文。子午卯酉，四正时之沐浴亦为文。言真意寂照于下田、上田、夹脊、黄庭之间，安心养性，还虚休息而无为也。所谓武者，当阳火后升之时，吸进为武。当阴符前降之时，呼退为武。一志凝神，一念不起，一意不散，元神领元炁，运行于前任、后督之间，而有作有为也。虽曰有作而火不燥，有为而息无象，方合天道自然之玄机。

古云“人心若与天心合，坎中真铅出世来”，正谓此也。

小周天度数天机口诀

钟离祖师曰：进阳火，退阳符，是后天之呼吸，引动先天之炁机。封固以毕，第一吸进阳火。

子升三十六吸，为一时。丑、寅二时，再行七十二吸。一时三十六，共三时，一连行一百零八吸。到卯时沐浴，神住夹脊，默记吸数三十六，有觉有照而无为也，谓之大休息一回。数足三十六，再行辰巳二时，七十二吸，共五阳时，一百八十吸，卯时不算，沐浴若在其数，六阳时，共二百一十六吸。古曰：乾用九,四策四揲之数，皆是呼吸之体也。总曰四九三十六吸，积得阳爻二百一十六吸，曰后弦长。进阳火神住下田，退阴符神住上田。

午降二十四呼，为一时。未申二时，再行四十八呼，一连行三时，共七十二呼。到酉时沐浴，神住黄庭，默记呼数二十四，亦谓之休歇一场。亦是有觉有照，而无念也。默记数足二十四呼，再行戌亥二时，四十八呼。五阴时，得一百二十呼，沐浴不在其数。酉时算上，六阴时，共一百四十四呼。古曰：坤用六，亦四揲四策之数，亦是呼吸之用也。总曰四六二十四呼，合得阴爻一百四十四呼，曰前弦短。

周天合度三百六十数，乃乾九坤六，斡旋无差误者，仙道乃成。差之毫发，失之千里。沐浴谨防危险，我自一丝不挂，万缘皆空，有何难哉！万古不泄之天机，吾今演出周天之度数、炼药之秘诀，度尽众生，以满心愿。若后士学人，知之不可轻而言也，张紫阳祖师何以三遭天谴乎？

又云：非此火符，别无结丹之理，而火珠不能现形，再无入圣之天机。修真之士，阅尽丹经千万篇，自古火候无人传。所以火符至尊至贵，为口口相传，心心相印，万古不敢轻泄之秘密天机，知之者，可不慎哉！

真阳发生天机

达摩祖师曰：玄关窍开，真种产出，封固沐浴，进火退符，三百六十周天数足，不使进退之间，必有太过、不及之患。吕祖还丹，三次未成。邱祖还丹，四次皆败。火候细微，若有运炼不到之处，丹必出炉走失，而前功尽废矣。以至马阴藏相，阳关一闭，火足药灵，龟头缩回，丹放毫光，言小周天火足丹熟，当知止火之候，要知大有危险在焉。

盖火未足而止火，则大药不生。火已过而止火，则真炁不聚，必倾危也。龟头缩入腹里，不得认为火足。纵有外光发现，必非大药之苗也，多属妄想而发，火候未足。若真能马阴藏相，龟头缩回，丹放毫光，如云中掣电，虚室生白之状。初发现于眉前，久则自下田，上达于目，光明闪灼，即阳光一现之景到也。掣电于两眉之间，阳光一现，火候未足，淫根未缩，凡遇阳生，即当采炼一周。以至采炼多番，周而复周，静而复静，务期圆满三百周天之限数而后已。直炼至龟缩不举，阳光二现，静定之中，忽觉坤田之内，丹光上涌，外达于目而生辉，直将二目催开，光耀闪灼，一连二三次而后已。或丹光涌出，明如金钱，赤如火珠，从大眼角流出，累累成珠，一连二三颗，滚滚下滴，落在身上，似觉有声。到此阳光二现之时，只要龟缩不举，纵有生机，亦不外驰于肾管，而生机只内动于气根，故气机在内萌动。或一动、或二动亦所时有，万不可复行周天之火，速宜入定，含光静养，凝神默守，只等阳光三现。景到时至，接行七日采大药之功。方能登仙级而上大罗也。

阳光三现天机

华阳禅师曰：火足止火，虽不行周天升降之火，时刻不可须臾离火。常常温养，刻刻凝照，以待阳光三现。或隔一日，或在对时，而丹光仍同前呈现，自丹田涌出，上丽于目，掣电于两眉之间，一连二三次而后已，谓之大药产生之时，正是“西南路上月华明”。阳光三现，即速止火。若不知止火，阳光四现，则大药走失，而前功废矣，真可悲哉！修真之士，须要小心谨慎。到此三现，即当上火，速行采大药之功，方保无失矣。

神气皈根口诀

力默子曰：要知采大药之际，神不皈入大定，则丹不结；息不蛰藏于元海炁穴，则珠不现。心息俱要蛰藏于丹田之内，纵息有时出，而心则无时离，一连七日，不分昼夜，心力眸光，守定气穴，直守至后天呼吸之气，蛰藏元海，隐伏不动，则先天真一之炁，自然凝结成丹，状如火珠，大如弹子，产于坤炉之中矣。盖采药之旨，总要二目阳光窥定玄关一窍，瞬息不离，一连七日，直使神皈大定，而真炁自凝，金丹自结矣。

止火口诀

乾阳子曰：不知止火之候，亦不知采大药之景，故曰“万无一成”。吾今怜悯后学，传出止火之候，正在龟缩不举，阳光二现之时。传出采大药之诀，正在月华明净，阳光三现之际，不误景初至，而即止火，以失之速；亦不待景四至，而后止火，以失之迟。不速不迟之间，二现止火，三现采药，断无有不得龙虎大丹者也。

此万古不泄之天机，有缘得遇者，可不珍之秘之哉！

采大药天机真诀

尹喜真人曰：行采大药之功，初采以真意眸光，凝聚丹田，玄关窍开之处。轻轻寂照，绵绵看守，过三日方可加意采取。心力要提足，目光要窥定。其呼吸之气，任呼吸自运，不可着意于呼吸。单候呼吸一住，而大药即产。呼吸不住，则大药不生。除一日、二日、三日之前，守之速而不能得丹。于五六日之间，守之迟，亦不能得丹。前三日，不有不无，若存若亡，轻轻寂照。后三四日，瞬息不离，如猫捕鼠，如鳖瞩卵，一念不起，一意不散，而六根震动之景，而呈现也。所谓六根者，耳、目、鼻、舌、身、意是也。必须先将六根斩断，然后方得震动之景。真意眸光，专视谨守下田炁穴之上。必须紧闭六根，使六根不漏，以聚大药之生机也。

六根不漏天机口诀

太乙真人曰：所谓紧闭六根者，何也？

下用木座抵住谷道，所以身根不漏。上用鼻夹牢封鼻窍，所以鼻根不漏。凝耳韵，切莫外听，所以耳根不漏。唇齿相合，舌舐上腭，所以舌根不漏。塞兑垂簾，回光返照，寂然不动，目不外视，所以眼根不漏。一念不生，一意不散，六欲不起，六尘不染，所以意根不漏。

既能紧闭六根，大药焉能有不生之理？神气不漏，命根必然固矣。

六根震动天机

冲虚真人曰：六根不漏，自然有六根震动之景，次第呈现。将见以神主乎气，以气育乎神，直养至神炁皈真大定，混为一体，结成金丹大药。自然丹田如火热，两肾如汤煎，眼内吐金光，耳后若风生，脑中鹫鸣，以及身涌、肢战、鼻搐之类，皆是震动之景呈现。以后真意以定，而真息即住，大药即产。

盖此以上七段功夫，入圣天机，教外别传，吾今演出千佛秘藏口诀，后士而不敢妄泄于非人也。

大药产生天机真诀

太上曰：盖大药发生之时，而炁穴之内，有惊战旋动情状，或一日、二日不等。忽然觉得丹田炁穴之内，有一动、二动之机，微带疼痛之意，直待动过数次以后，渐渐觉得丹田之中，现出一物，游行旋转于脐间，大如弹子，热如火珠。再寂再照，再静再定，直静至空定衡极，神藏炁蛰之余，自抖然呈现，滚滚转转，上冲心位。而心位不贮，下趋阳关，阳关闭而不开，滚转谷道，谷道有木座抵住，即隐藏于炁穴，伏而不动。若用意勾引，便入导引之旁门；若不用意勾引，又违相随之相缄，此两失之矣。不前不后，毋忘毋助，若存若亡，只等大药动而后引，不可引而后动。以待动过三次，真意大药相依而同行，方能透三关，过九窍，入泥丸落于黄庭，故曰服食，此五龙捧圣之天机也。

走丹歧路天机

汉张良曰：大药呈现于炁穴，须知气穴之下，尾闾地界，有四通歧路。上通心位，下通谷道，前通阳关，后通尾闾。其尾闾一关，天生七窍。正中间，有上、中、下三窍，是黄道督脉正路。左右四窍，是赤道督脉歧路，皆髓实呼吸不通。谷道一窍，虚而且通，乃是气液通行之熟①路。尾闾与谷道，一实一虚，名曰下鹊桥。尾闾关、夹脊关、玉枕关，与夫鼻上印堂，皆髓实填塞，而呼吸不通。鼻下二窍，虚而且通，乃呼吸往来之常路。印堂与鼻窍，一实一虚，名曰上鹊桥。盖上下鹊桥，皆能走泄真炁，须要小心谨防危险之道。故曰：下用木座，上用鼻夹②，一意不散，万缘皆空，有何难哉！

危险详说口诀

紫阳真人曰：要知百日采炼，七日过关，正多危险。药产有时，玄关窍开，即其时也。不知其时，当面错过，是失时之危险。采药有候，玉洞双吹，即其候也。不知其候，则不得真种，是候过之危险。后升前降，分赤、黄二道，督脉正中，即是黄道，两旁即赤道。倘茫然恍惚，不见其循由，是周天升降之危险；进火不知坤炉，坤炉为起火之处，乾顶为止火之地，是进火之危险；退符不知从上田起，至下由止，是退符之危险。关窍开通不真，真炁已聚而复散，升降不由黄道，上下流窜于周身，是过关之危险。三关已过，而危险在上鹊桥渡矣。而服食以后，归入黄庭，接行七日大蛰之功。若不小心谨守，妄自出静，神驰于外，大丹即泄于此。步步向前，俱有许③多危险在焉。以至乳哺三年以后，方能免失危险矣。

---

①熟，底本、朱本均作"热"，校者改。

②徐海印《天乐集》：汪师（汪东亭）辑《仙佛合宗语录》"大药过关服食"节内，用木座抵住穀道，及"用木夹牢封鼻窍"等语，系后人搀入。师尝语予，以仓卒付印，未及删去为憾。又"阳光三现"之说，师亦谓并无其事。吴太师与孙元博亲历返童工夫，皆无三现之征，可知非确，然或为各人经历效验不同。揆其意，原为防危而说，犹有可取。若木座与木夹，则殊背真空之旨矣。

③许，底本、朱本均作"须"，校者改。

大药过关天机妙诀

纯阳吕祖曰：当大药过关之际，金丹在炁穴，复动三次，当用真意引圣胎，自尾闾穴上升，如蛆行，似火熏。又似热气盘旋，自腰而起，拥上夹脊。此时要想夹脊，有红黑二气，分拥丹走，自然火龙护右，水龙护左。慎勿开关，竖起脊骨，默守圣胎，直待热甚气壮，渐次开夹脊，放气过关[1]。一意想就，水龙护左，火龙护右，青龙、白龙、黄龙拥丹上行。以意引过，直抵玉枕，乃仰面脑后，掩闭玉枕上关。默守玄珠，慎勿开关，待热极气壮，忽然开关，以意引入脑宫，以补泥丸髓海，以意守之，名曰三花聚顶。略停一息之倾，只觉口中甘露下降，状如雀卵，颗颗降下，似糖蜜累累下滴。鼻窍关，须要谨慎，随觉随咽。过重楼，一意送入黄庭。待大药降完，接行卯酉周天一遍。然后行七日蛰藏之功，死而复生。自此以后，不行采炼小周天之法轮，亦不行进火、退符。七日采大药之玄机，当行玉液、金液还丹，卯酉周天，左升右降，十月养胎之功矣。

七日混沌天机

薛道光祖师云：大药过关，服食以后，谓之大河车，又曰五龙捧圣。服丹以后，必须先行卯酉周天一遍，团聚大药。然后主静立极，行七日大蛰之功。深入寂灭，大休歇一回。混沌七日，轻轻寂照，绵绵若存，不即不离，文火沐浴，忘形无我。外不知有身，内不知有心，时刻不可有一毫之杂念，守中抱一，直至死而复生，如睡醒初觉，换过后天卦爻，露出先天根苗，此时非用侣伴调水火，安能保其全哉！

过关不真危险天机

李虚白云：过关不真，服食模糊，则有真炁散漫、元神无依之患。盖真

① 关，底本作“期”，从朱本改。

正过关服食真切，而中宫必有胎息，异常闻见。静定之中，而任督二脉，必有化景。或督脉化为天梯，或任脉化为宝塔，或中宫化为丹炉，或中下二田，化为虚空大界，别有天地，非同人间。即一日之间，有数十种变幻，奇见奇闻，等等不一，此乃真过关服食之真景实验也。若过关杳茫，服食恍惚，而中宫必无胎息真觉；任督二脉，必无化景；中下二田，必无天地虚空大界之景象。势必寂然无所闻，茫然无所见，是真炁散漫，元[1]神无依，岂不危哉乎！

诀曰：运炼周天时，速而不荡，缓而不滞，后升前降，协宜关窍，开通真切，有何危险哉！

甘露下降用火天机危险

曹还阳曰：盖真能过关者，当服食之际，金丹从上田降落口中，自然觉得圆陀陀，光灼灼，浑然一团，聚在舌上。此际切记耳、目、口三关闭塞，勿要发通，静候还丹入口。随觉随咽，送下重楼，皈宿中宫，接行卯酉周天一遍，即凝神入定，静养七日，深入混沌，而圣胎方能凝胞。若丹入中宫，不急凝神入定，以行结胎之火，则胎息无主而不灵。后虽入定行火，终不得号为灵胎。或入定而定中多驰，则时离时合，难得十月果满。历十月而果不满，必为幻胎，而阳神不就。故曰：“未炼还丹先炼己。”炼己纯熟而后还丹，则心死神活而已。盖养胎之际，总无乍离乍合之患。

初百日，总要神气混一而不离，离而复续，则火不成火，而胎不成胎矣。中百日，神炁要全归大定，以不息为息，不火为火，方为真息真火。倘犹知有息，而不能守，犹知有火而有觉为行，是未入虚无寂灭大定之境，难免幻胎之弊也。或守胎息而着于守，生守之之妄想。不行火而全然不行，则失行火之真理。是只静不动，只空不色而落于小成之果矣。末百日，行灭尽定极之功，无出神之景，不得起出神之念，又不许心着闻见，离定而出静。不然纵十月辛勤，亦只成尸解小果，而欲脱胎神化，飞升冲举，不綦难哉！

---

① 元，底本、朱本均作“化”，校者改。

大药到顶实验天机

正阳祖师曰：五龙捧圣，大药过关，若气壮之人，一撞三关即过，升至泥丸。气弱之人，必须三次方到顶门。三关已过，升至泥丸，而九阳之气，到了九天之上，其头有颠鸾之状[①]，其身似麻酥之样，如凭虚御风，快乐无边。满面如蛛走蚁行，痒痒欲搔，散之印堂，次到鼻柱眼眶、两颧两腮。牙关口中，津液充满，咽纳不尽。此时口合懒开，身沉懒动，入于混沌，化为无有，并不知身在何处，自然息住脉停，真炁充满，而不思食。初一月，息脉不住，则谷不绝，即能减食。三月而谷自辟，四月以后，永绝烟火，乃真不食。故曰："炁满不思食。"至此谷不绝，而阴炁难消。阴炁不消，则阳不纯。而犹思食，犹是有生死的凡夫，无定力也，不得谓之炁满。直至寂照功勤，自然到神满不思睡，炁足不思食。

功夫至此，心无生灭，常寂常照，息无出入，不来不往，只觉有一团祥光，在不有不无之中，此乃凝胞之际，如在母腹相似。虽有鸣锣响鼓，并不知耳。此时正要侣伴护持，过三七日，理宜唤醒。若不唤醒，恐元神于静中出舍，坠入轮回，须从阴跻穴点之。阴跻[②]穴，即炁穴也。或轻轻拍背，呼其名字，方能复生。[③]功夫到此，而印堂自有月光常明。只用死心守中抱一，

---

①状，底本、朱本均作"壮"，校者改。

②跻，底本、朱本均作"交"，校者改。

③闵一得《古书隐楼丛书·修真辩难后编参证》云：我师太虚翁亦尝论及，谓此一段功法，孤修双修，均须外侣维持。孤修者，入定而已，嘱备上品引磬，耳边击之，俟韵垂绝，复又击之。定浅者，一击即醒。定深者，或三、或五、或七，无不醒也。若或移动其躯，得醒者，十无二三。既醒，必发奇症。双修亦然。如是不醒，须嘱外侣，移神注定，或竟与定，口鼻紧对，自能致醒。苟或迷昧，双修则双死，单修则单死。先师曰："余昔游洞庭，路过草庵。庵为静师卓锡之所，静师常开无遮佛会，亦有年矣。是日，余未入门，一老妪自内出，情甚张皇。顷有一童追呼'妈妈'，情甚欢喜。妪问疏，曰：'庆姑醒矣。'妪随返。余窃异之，乃从入。未及问，庆姑已下阶，见余大喜曰：'果是，果是。'乃引入室。庆曰：'东座某某，西座某某，北座之左某，右即弟子。弟子神出，见师凝立庵侧，遂醒。疑是梦，不期果是！'因述合堂念佛入座，乃有此变。余闻，静审合堂无死机，乃取引磬按序击之，东西皆苏。惟庆左座，七击不醒。乃令庆坐定右，并嘱聚精汇神，注向定躯，刻许亦苏。群皆伏地叩曰：'某等正入雾乡，莫辨东西。忽得蒲牢风送，心志稍定，乃觉。'左座一僧，桐庐庆姑姑表兄，年十六，庵主静师弟子。僧曰：'某被迷雾迷睛，误入冰窖，身僵不得动。钟声喤喤，僵迷更甚，忽得暖气，触透身心，心乃活。闻师呼我，始如梦觉。'余告曰：'是为入定。今而后，倘复若此，慎勿移眠床榻，仍以磬招，无不醒者。同定先醒，慎勿下座，必俟俱醒，乃可下也。此番合堂入定，千古奇缘，惜才混沌，未造清空，能到春和，再见星月，碧水千寻，芙蓉夹岸，复入混穆而醒，其去得道不远矣。今惜静师亦入彀，庵无主者。余敢从经不从权乎？然已上干卿云覆护，佛天必有恩荫者。此余凝立庵侧之由，庆姑勉诸。'"先师之则，樵云先生采载《金盖日记》，此可为修真者鉴，得故补述于此。

此光自然常明，两眉中间，似电光闪灼，此时身命自坚矣。从此元炁不能走泄，方能在世长年。

百日筑基，周天玄妙，万古不泄之天机，吾今演出，千佛秘藏之口诀，尽皆泄矣。若得明师指示，至人口授，方能超凡入圣，而登大罗天仙矣。

天朗气清金鸡鸣，吾今服药欲长生。
吾今不饥复不渴，赖得神仙药有灵。

铅汞鼎中居，炼成无价珠。
都来两个字，了尽万家书。
此是元皇诀，度尽世上迷。

《心印经》曰：回风混合，百日工灵

回风者，回旋其呼吸气之喻也。混合者，因元神在心，元炁在肾，本相隔远，及炁生而驰外。神虽有知，而不能用者，无混合之法也。故此经示人，用呼吸之气而回旋之，方得神炁归根复命。而混合之，方得神宰于炁而合一之。倘无回风之妙用，则神虽在宰炁，亦未知炁曾受宰否？此为炼金丹至秘之至要者。若用至于百日之工，则灵验已显，炁已足而可定。神已习定，久而可定，故小周天火回风法之所当止也。自此以下，皆言小周天火足当止。

又曰：不刻时中分子午，无爻卦内定乾坤。

《胎息经》注

胎从伏气中结，

脐下三寸为气海，亦为下丹田，亦为玄牝。世人多以口鼻为玄牝，非也。口鼻，即玄牝出入之门。盖玄者，水也；牝者，母也。世人以阴阳气相感，结于水母。三月胎结，十月形体具，而能生人。修道者，常伏其气于脐下，守其神于身内。神气相合，而生玄胎。玄胎既结，乃自生身，即为内丹不死之道也。

气从有胎中息。

神为炁子，炁为神母，神炁相逐，如形与影。胎母既结，即神子自息，即无炁不散。

气入身来为之生，神去离形为之死。

《西升经》云：“身者，神之舍；神者，身之主也。”主人安静，神即居之；主人躁动，神即去之。神去炁散，安可得生？是以人耳、目、手、足，皆不能自运，必假神以御之。学道养生之人，常拘其神，以为神主，主既不去，宅岂崩坏也？

知神气可以长生，固守虚无以养神气。

道经云：“我命在我，不在天地。”天地所患，人不能知。至道能知，而不能行。知者，但能虚心绝虑，保气养精，不为外境爱欲所牵，恬淡以养神气，即长生之道毕矣。

神行即气行，神住即气住。

所谓意是炁马，行止相随。欲使元气，不离玄牝，即先拘守至神。神不离身，炁亦不散，自然内实不饥、不渴也。

若欲长生，神气相注。

相注者，即是神气不相离。玄纲云：“缁铢阳炁不灭，不为鬼；纤毫阴气不尽，不为仙。”元炁，即阳炁；食气，即阴气也。常灭食节欲，使元炁内运。元炁若壮，即阴气自消；阳壮阴衰，则百病不作。神安体悦，可觊长生矣。

心不动念，无来无去，不出不入，自然常住。

神之与气，在母腹中，本是一体之物。及生下，为外境爱欲所牵。未尝一息暂归于本人。知此道，常泯绝情念，勿[1]使神之出入去来，能不忘久而习之，神自住矣。

勤而行之，是真道路。

修真之道，备尽于斯，然圣人言，不可妄乎？凡胎息用功后，关节开通，毛发疏畅，即但鼻中微微引气，相从四肢百毛孔中出，即往而不返也。后气续到，但引之而不吐也，切切于徐徐。虽云：引而不吐，所引亦不入于喉中，微微而散，如此内气，亦下流散矣。

胎息铭

其一

三十六咽，一咽为先。吐唯细细，纳唯绵绵。
坐卧亦尔，行立坦然。戒于喧杂，忌以腥羶。
假名胎息，实曰内丹。非只治病，决定延年。
久久行之，名列上仙。

其二

看花容易绣花难，绣到难时莫惮烦。
处世为人多缺陷，千魔无改成佛仙。
百折不回作圣贤，争名夺利少周全。
直待空中云雾散，扬眉吐气见青天。

其三

欲整锋芒敢惮劳，凌晨开匣玉龙泉。
手中气概冰三尺，石上精神蛇一条。
奸血暗随流水尽，凶顽今逐溃痕消。
削平浮世不平事，与尔相将上九霄。

① 勿，底本、朱本均作“物”，校者改。

赠剑仙二首

其一

三清剑术妙通灵，剪怪诛妖没影形。
白雪满天浮太白，青龙离地走空青。
飞腾万里穷东极，化作长虹下北溟。
出入纵横无阻碍，归来依旧守黄庭。

其二

剑术如君妙入微，手操神技碧空飞。
春秋二气兼生杀，龙虎两条并德威。
斩尽魔光乐清净，醉来酒气立崔嵬。
驱电主电无多日，天上虚皇诏汝归。

大成捷要性命双修心印口诀天机秘文

十月养胎

次节，炼气化神功夫，名曰中成养胎。

魏伯阳曰：养胎之时，须幽栖静馆，闭户潜修，远鸡犬妇女，避秽污触犯，勿令左右有声。养胎之功，当以元神，为胎仙之骨；以大药，为胎仙之肉。以元神，为大药之主人；以大药，为元神宅舍。若有元神主照，而无大药服食，纵能入定出神，而不能脱胎现像。若得大药服食，而无元神主照，虽能通关透窍，势必旋得而旋失。惟是大药服食以后，总以元神为大药之主，总以大药为元神之依皈。相与混合而不离，必须先把耳目口鼻，四肢百骸，尽归于虚，如未曾托生一样，无有柢凭。一点虚灵性光，安居于丹田中宫之内，以温以养，若存若亡，不有不无，常寂常照，炯炯不昧，巍然独存。

古云："火候无为合自然，自然真火养胎仙。"心无妄想，久而守中抱一，自然阳气日日发生，运行于正路，点化神中之阴，自然渐渐消灭，而念虑不起，使阳神愈旺而愈明，以至昏睡全无，而能长生住世者也。

安神祖窍用火口诀

许旌阳真君曰：十月养胎之密旨，总以安元神于祖窍之内，杳杳冥冥还乎太虚，若存若亡，不有不无，文火以养之，调和得中，而无燥寒之患。若失之于燥，则有火焚禅坐之危险。而阳神无依皈，全在有觉无念之间。盖有念则火燥，无觉则火寒。火寒，则有鼻垂玉柱之危，而坐化尸解。总以真意不散，含光默默，真息绵绵，寂寂惺惺，神光普照，此十月养胎之真火候也。药物调停，悟之甚易；火候消息，行之最难。古云：“真意往来无间断，知而不守是功夫。”要知结丹在炁穴，养胎在黄庭，居一身之正中。黄庭，乃虚无之灵窟。此结丹在下田，而不能移炉换鼎，迁入中田，将来必出阴神，而为鬼仙矣。

蛰藏七日阴跻复生天机

沧海老人曰：五龙捧圣，大药过关，甘露下降。服食以后，当行七日大蛰之功。外想不入，内想不出，于正念中，只知有元神轻轻寂照，绝不知有呼吸绵绵往来，方合不有不无之文火温养也。养胎之机，非元神常常主照，元气不能日日发生。若真能神蛰气藏，深入混沌，大蛰七日，如气绝身死一般。七日之外，方有来复之机，玉液依旧复生，名曰七返九还。七日之外，仍然不醒，可以用钟磬在耳边击鸣，再用手掌缓缓揉拍其背心，呼其名字，或从阴跻穴点之，自然还阳。此时不可出静，恐火冷丹力迟也。阴跻穴，即命门，炁穴是也。七日之外，若不唤醒，恐元神静中出舍，坠于六道轮回。世人以为坐化尸解，岂不知而前功尽废矣。

金液还丹天机口诀

三茅真人曰：养胎以入定为主。若静定日久，自然觉得坎中一点热气，上冲心位。当用真意引过尾闾，由夹脊，透玉枕，入泥丸，如有物触脑。自上腭颗颗下降口中，状如雀卵，味似阳酥，化为金液，沥沥如淋水之状，香似醍醐，味似甘露。速当以意迎之，徐徐咽下重楼，以目送之，于炉鼎之内，畅于四肢，美在其中矣。一连九日，咽纳不绝。如此一回，即行卯酉周天以收之。收取净尽，速以凝静入定，静养寂灭，此是小坎离交媾之妙也。

玉液还丹天机口诀

张三丰祖师曰：自此以后，渐渐又入于大定。有时日月停轮，璇玑不行。每到杳冥混沌之极，天机自动，坤宫忽然如雷震之声，腹中如裂帛之状，真气上冲，周流六虚，飞上泥丸，月窟生风，眉涌圆光，化为玉液，降在口中，如冰片之香，似薄荷之凉。随觉随咽，沥沥降下重楼，当用真意，送入中宫。如此七日，咽纳不尽，即运卯酉周天以收之。待玉液降完，即凝神入定，守中抱一。金液玉露，还丹之景，皆从静极无心中而动，千万不可当面错过。此大坎离交媾之妙也。

卯酉周天口诀

钟离祖师曰：一点金液玉露，自上田落于黄庭，急行卯酉周天以收之。须用真意眸光，从坤脐至乾顶，左升右降，四九三十六而定。右升左降，四六二十四而定。此卯酉周天之度数。日月之升降，收尽真阳，战退群阴，名曰收内药，以固胎圆。大周天火符数足，日月停轮，自然现出一粒玄珠而超脱也。

又云：金液玉露，日日后升前降，每次降讫，当行一遍卯酉周天以收之。还丹已毕，自然息住脉停，而现出日月合璧之景也，此乃是丹放毫光，化出真景之实验也。

日月合璧天机口诀

紫青真人曰：还丹以后，皈入中宫，温养圣胎，久久熏蒸。若坐至静定之极，不醒人事，炁息全无，六脉皆住，大定之中，只觉得有风从天降下，灌入泥丸，两目之中，径透通身，百节齐开，骨节如断，心冷如冰，丹田似火，切忽恐怖。只用凝神入定，此是金木交合之际，三宫气满，二炁俱足，神炁大定，恍如醉梦，万火万水，千颗电鸣，万道霞光，只死心凝神入定。久之定极，真铅之炁，化为一轮明月之象；真汞之气，化为一轮红色日之形，是铅汞相投。静定之中，忽见一轮明月，缭绕不定，现于目前，须用真意留而待之。静定之久，不过三五息之间，又觉有日光发现，来与月光相合。日月交光之中，合发金花二朵，状如仙丹，金红赤色，五辨分明，此乃是三华结成胎息，名曰玉蕊金花。得见此景，当着实牢把念头，此日光与月光，伴归一处，悬于印堂之上。即当运动真意，凝聚收敛而蛰藏，以鼻吸入丹田虚危穴，自然后升前降，皈入中宫，与仙胎混而为一，急行卯酉周天，左升右降、右升左降，采取之功以收之。仍须静定，深入寂灭，还于太虚，使丹光在印堂，昼夜常明，名曰“圣日圣月，照耀金庭”者也。

真火炼形天机

张三丰祖师曰：日月合璧以后，有一大难。大定之中，忽觉右脚底下，涌泉穴内，如冰冷之疼痛上来，穿腿过膝，痛至两肾中间，过三日方止，名曰芦芽穿膝。直待疼极，透过玄窍，过夹脊，至泥丸，即将印堂一轮红日，吸入中宫，降下丹田，以意送至疼痛之处，用目光一绕，则红光一结，似火珠之形，直尾闾穴，倒转上升，我再发三昧真火以攻之。此时浑身骨节，如炒豆之声，爆开响炸不绝，骨肉火热刀割相似，十分好汉，到此无一分主张。再发再攻，三攻以后，三百六十骨节之神炁，一直冲上泥丸，头中霹雳一声，顶门开也。此时如鹰捉兔，如猫捕鼠，铅龙汞虎，死抱不放，头如石块之硬，腹似炉火之热，不可言状，浑身血气，都会说话，就在身上闹成一堆。忽然甘露下降，即运一点神火，攒簇于交感中宫，乃是金液玉液，结成黍米玄珠。降下黄庭之际，到此内观五脏六腑，历历如烛照，只觉烧得通天彻地，都是红光，充塞流注，而变为纯阳之躯矣。此时一身无主，切记不可心生恐怖，此阴神不肯受真阳降伏，化为诸色境界，害我向道之心。只用死心不动，深入大定，万魔自退。急在眉间，存想黑球一团，其大如拳，觉得冷气逼人，即当以意吸入中宫，自然似甘露滴心，得其清凉自在。此正是十月结胎，得药之景也。须要留心记着，某月某日，得玄珠大药，是为男子怀胎矣。

下大功须是守中抱一，入定百日，处于静室。外无所着，内无所思，虚空同体，守定一灵性光，凝聚中下二田，昼夜不离，化为一个虚空大界，行五七日，自然心定气和，大开关功夫到此矣。

珠落黄庭天机

祖云：金液玉露，还丹以后，日月停轮，璇玑不行，铅尽汞干。而乾顶之中，金精贯顶，银浪冲天，聚火载金，猛烹急炼。霎时间龙虎交战，金炉火散，黄芽遍地，自然出现一粒黍米玄珠。存养久之，渐渐长大，又如丹橘，必须借内外真火，催落黄庭，降下土釜之中。动机由此而定，幻化由此而安。百千万亿浩劫，皆有此一粒元始宝珠，而能超脱也。宝珠者，何也？龙吟虎啸，阴恋阳魂，阳抱阴魄，合一于上田，铅精汞髓，凝结如丹橘。此时乾鼎之中，玄珠成现，矿去金存，外借太阳神火，内聚三昧真火，内外夹攻，而一点金液，复落黄庭旧处。见此实效，当行卯酉周天以收之。收讫，即凝神入定，而为胎息凝胞之始也。厥后渐生渐大，其色渐明渐赫。惟定之一机，机由我立，化由机生，一机万化，玄珠而为变象之祖也。此玄珠似乎在外，闭目却分明；似乎在内，开目极清白。真有不内不外者存，通乎幽冥，贯乎阴阳，而为万化之祖也。珠落黄庭，乃是明心见性之真功实验也。

皈根复命

致一子曰：珠落黄庭以后，必须凝神死心入定。前言只知有元神，轻轻寂照，绝不知有呼吸绵绵往来，方合不有不无之义也。若坐至静定之极，不醒人事，气息全无，六脉皆住，小静一日，混沌无知，如气绝身死一般。中静三日，大静七日，不可疑为坐化，是神气皈根复命之时，结胎养元之始也。正要侣伴护持，千万不可惊动入定之阳神。修士亦不可因机而动，妄自出静。更当由炁住，急引神入于大定，将见先天一炁，自虚无中来矣。

古云：人有生死，因有呼吸；苟无呼吸，自无生死。无呼吸，便为入定，由息住，而胎稳如山。用功久之，小静一百日，中静二百日，大静三百日，万象凭虚生感化，昼夜凝神于其中，而神丹即凭虚而结矣。若不能入定，皈于虚无，永无结丹之理也。

呼吸蛰藏大周天

左玄真人曰：初行大周天火候，神住息停，身心入定，不过蛰藏八九十息，半刻之倾为一周；渐渐又入于大定，蛰藏一百八九十息，一刻之倾为一周；蛰至一千三百四五十息，一时之久为一周；蛰一万三千五百息，一日之久为一周。以至入于大定，或十日一月，或百日十月为一周，而元神、元炁，随呼吸之气，俱化为一团灵光，无昼无夜，普照常明。日魂月魄，一时停轮，如命将绝，然绝后复生，乃见化功。如何死后，又有复生之验？此系立命之正子时。当铅汞相融，万虑俱寂，入于混沌之窍，一不小心谨守，神离窍中，丹走鼎外，接命在此，伤命亦在此。死心入定，凝神于窍中，而为紧要之口诀。

古云：当初一念转动，坠入苦海。我今一念主静，渡过彼岸。生死轮回，皆有一念耳。其初，非息火猛烹急炼，而乾金不能出矿；其继，非神火绵密温养，而金不能变化。四大威仪，一空所有，时时返照，刻刻内观，火候到时，自然性月当空，则阴尽阳纯矣。

魔境危险详说

白乐天云：入室下功之时，而三魂七魄，三部八景，三尸九虫，五脏六腑，一切阴神，在人身中，皆不耐静。每到定极之际，变化出之幻景，或见红蛇，或见王母，凤辇龙车，朱雀玄武，景象不一；天师仙子，玉女真官，音乐嘹亮；奇禽怪兽，异状异形；仙女对对，前来论道；白面书生，相为问答；长幡宝盖，接引迎迓，天书圣章，诏临宣谕。生前死后，父母妻子，变化万般，现试不一。认即入于魔窟，为魔所诱，而前功废矣。须要垂帘塞兑，死心不动，万魔自退。或时开两目，发出神光，闪灼照耀，即为我之慧剑，加意一摄，收入炁穴。惟深惟寂，不视不听，任彼妖魔，变化来扰，我只一概不理，坚持正觉，自然魔景消散。倘或智慧踊跃，自歌自舞，口发狂言，题诗作赋，说妙谈玄，自言已得无上妙道，要知皆是识神伎俩，三彭鼓弄。若稍有喜怒忧惧，悲伤情形，即是神已摇动。哭了又笑，喜尽复悲，皆是元神已动，而不守乎丹，以为三尸所使，急宜禁止。勉强入定，不得听其狂妄。时时警省，刻刻把握，庶免坠入魔窟，而废我功修。或见白翁，乘龙乘鹿，呼我名姓，当以心却之，切不可应声也。或见三官来考功过，宗亲尽受刑逼，当以心却之，切不可动忧惧、悲悯之情也。若认为真实，即惊醒如梦相似，必坠我功修，而真可悲哉！

邪水潮生危险天机

黄石公云：养胎入定之士，静中或见水生，而不能使之退。此皆因自然之吹嘘间断，元神不守乎舍，温养不到，而丹田火冷，丹光不现，故有此阴魔之景。然而阴景之变象，亦自多端，要皆不离乎水象，而黄庭中之丹光杳然矣。法在聚我三昧真火而锻炼之，凝神于中宫，注意于胎息。以眸光射定，武火吹嘘，存心结想，一团真火，烈焰腾腾，满鼎神光，照耀周身，熏蒸四大，则阴魔坏景自然消灭，而中宫之丹光复明矣。

邪火潮生危险天机

李虚庵云：养胎之士，静定之中，忽然火生，而不能使之灭。此患因多饮食有动火之物，或因热水沐浴身体，引动丹火，到处流光，炎焰焚身者有之。其幻景，亦自多端，要皆不离乎火象。或觉心热，烦燥发渴，饮水不休，倘不知制伏，亦同走丹之患。

诀曰：存心结想，面前一团黑球，其大如拳，即以真意凝聚而留恋之。想就此景，其凉如冰，用意以吸，即回光返照，引入中宫，而邪火自然消灭，心地自然清凉。其想面前黑球，吸入中宫，不拘三次五次，总以热气邪火退尽为止。从此安乐太平，神清气爽，方保无失矣。

神俱六通

罗状元真人云：前有六根震动之景，日月合璧以后，有神俱六通之验。

深入大定，混沌无知，心窍豁然开通，上观天堂，下视地狱，三界十方，一览无余，此是天眼通也。

能闻十方之音，如在耳边，天上地下，闻神人言语，是天耳通也。

渐入大定，灵觉透露，能知十方众生，他心内隐微之事，此乃他心通也。

又能知我生前死后之因，无数劫来，是宿命通也。

再静再定，复寂复灭，陡然心花开放，预知吉凶，又能隔壁见物，及风云雷雨之所，此是神境通也。

合前炼精不漏，到马阴藏相，是漏尽通也。

名曰六通，是前采大药，六根震动之变化也。神俱六通以后，复有真空炼形一法也。

真空炼形天机

葛仙翁曰：养胎入定之士，或有身体困倦，胸膈刺痛胀闷，吐出紫血三五碗，其病渐退，不必惊虑。此乃平日，用力劳伤心血之故耳。以后凡有痼疾沉疴，无不俱消。或脐中刺痛，两肋如锥扎，六腑如裂帛，或如大斧劈脑，或心觉恍惚，坐卧不安，大小便下出恶臭血块，异物有五样颜色，九窍出浓，臭秽难当，此乃以去胎毒积秽。待他去完，变出香气满室。或眼中出毒难开，须用人乳洗点。日夜迷闷，百节疼痛，骨节粉碎，周身大汗，不得惊怪，乃真超脱也。

此时如龙脱骨，如蛇退皮。或周身火发，疼痛难禁，透骨穿筋，终日迷闷，一连三五日，不省人事，休得恐怖，任凭天断。只用死心入定，自然神涌慧生，而六通顿足。六通以后，而身中三部八景，诸神皆现像，而为我护法神王矣。

三部八景危险详说

太乙元君曰：神俱六通以后，而身中三部八景，即二十四真，诸神皆现像，而为我护法神王。所谓二十四真，乃六根八识，三魂七魄也，皆有名字。

上部八景：脑神觉元子，字道都；发神玄文华，字道衡；聪神通仲众，字道连；目神虚鉴生，字道微；舌神始梁峙，字道岐；齿神灵谟盖，字道周；口神盖历辅，字道柱；鼻神冲龙玉，字道平。

中部八景：喉神百流放，字道通；肺神素灵生，字道庚；心神焕阳昌，字道明；肝神开君童，字道青；胆神龙德拘，字道放；左肾神，春元真，字道卿；右肾神，象地元，字道生；脾神宝元全，字道骞。

下部八景：胃神同朱育，字道辰；肾中神，兆腾康，字道还；大小肠神，蓬送留，字道厨；胴中神，受亨勃，字道灵；胸膈神，广英宅，字道仲；两肋神，辟假马，字道成；左阴右阳神，扶留起，字道圭；右阴左阳神，包表明，字道釜。

又云：身中有九宫真人，不可不知也。心为绛宫真人，肾为丹元宫真人，肝为兰台宫真人，肺为尚书宫真人，脾为黄庭宫真人，胆为天灵宫真人，大肠为长灵宫真人，小肠为玄灵宫真人，膀胱为玉房宫真人。

至道不烦诀存真，泥丸百节皆有神，不能一概而论。修真之士，须要小心谨慎。到此时，见诸神现像，必须见如不见，闻如不闻，死心入定，方保无失矣。

纯阳祖炁助胎天机

殷长生曰：日月合璧以后，静极之际，忽觉有二道纯阳之物，从涌泉穴透出，穿膝过胫，蓬蓬勃勃，滚滚上腾。至于下田，会聚一处，我再发三昧真火以攻之。由背后督脉，穿夹脊，过玉枕，直贯泥丸。过重楼，降下中宫，混入仙胎之中，相亲相恋，合为一体，自然真炁熏蒸，周身融和，寒暑不侵。每于曦驭未升，旸谷希微之时，凝神静坐，虚以待之，内舍意念，外绝尘缘，顿忘天地，粉碎形骸，自然太虚空中，有一点如露、如电之阳光，勃然入我玄关，透泥丸，化为甘霖，下降吾内，我即鼓动巽风以应之，使其驱逐三关、九窍之邪，扫荡五脏六腑之垢，焚身炼质，煅滓销霾，抽尽秽浊，变换纯阳之躯矣。

绝谷定慧天机

缘督子曰：变为纯阳，必须心遣世味，而食不绝，则阳不纯，而有阴魔来扰之患。盖有一分食在，即有一分阴来。如欲阴尽阳纯，必须窥破世味，斩断尘缘，方能顿足生慧，而绝谷不思食矣。而能绝食速，则得定出定亦速。若绝食迟，则得定出定亦迟。而能绝食入定者，若念头不住，心多感思，火寒丹冷，元神不能守乎炁，而又化为呼吸之气，变为交媾精。人心不绝，欲念不消，终不能绝食，难皈大定，尽败前功者有之。直待金液降完，璇玑停轮，当加净肚除梦之功，直至世味永绝，昏睡全无，息脉俱断，则胎圆而神全矣。太和元炁，冲满于中，而不见有饥，五蕴皆空，六通顿足。慧光稍开，须有前知，不可妄用其慧。慧而不用，慧乃愈生。若韬光，妄用其慧，定招外魔，如云遮日，而慧光消灭，即无前知，则通而不通矣。可知者，所以戒哉！

五气朝元天机

纯一道人云：盖养胎入定，心牵世味，凝神深皈寂灭，乃能性命合一，自然重生五脏，再立形骸，无质生质，结成圣胎。一心主静，万缘俱息，外想不入，内想不出，终日混沌，如在母腹，方为活死人也。

此时心中阴气将尽，世有可乐之事，则心不动摇，而心经真炁自然吐露，化为红色云霞，朝与昆仑。

肝中阴炁将尽，世有可喜之事，则肝不动，肝经真炁吐露，化为青色云霞，朝于昆仑之左。

脾经阴炁将尽，世有可欲之事，则脾不动，脾经真炁吐露，化为黄色云霞，朝于昆仑之顶。

肺中阴炁将尽，世有可怒之事，则肺不动，肺经真炁吐露，化为白色云霞，朝于昆仑之右。

肾中阴炁将尽，世有可哀之事，则肾不动，肾经真炁吐露，化为黑色云霞，朝于昆仑之后。名曰五炁。

所谓朝元者，不须用法依时其炁，静极自然上朝，将见青炁出自东方，笙簧嘹亮，旌节车马，左右前后，不知多少。须臾南方赤炁出，西方白炁出，北方黑炁出，中央黄炁出，五炁朝于上元，氤氲盘旋，千万不可着他，死心入定。

古人云：神居窍而千智生，丹入鼎而万种化。吾身之灵，感天地之灵，则内真外应，外真内应，浑然混合。这段工夫，全以至静为主，不动为宗。老子云："人能常清静，天地悉皆归。"则太虚空中，自然现出一轮太阳，与我丹光上下相映，合而为一也。

盗天地正气天机

上阳子曰：下大功处于静室，外无所着，内无所思，功深日久，朝元以后，息脉俱寂。忽觉心火下降，肾水上腾，五脏生津，百脉流通，心经上涌，鼻闻异香，舌生甘津，已绝饮食，昼夜不昧。夜间隔墙观物，预知前事及未来吉凶。夜间真炁发生，顶上红霞缭绕，眉间涌出圆光。此是仙胎药力初生，是关窍处处开通。此时若五谷不绝，则阴气难消，阳难得纯，疾病易生，犹是一凡夫者也。总要内外两忘，铅尽汞干，腹中常常如雷鸣电掣，风云发泄，饮食或多或少，鼻流浊涕不止，口出臭秽，呕吐如黄沙相似。或美或不美，前后俱升，炼谷如弹丸，腹中泄出，如小豆汤相似，臭秽难当。次后泄下酥酪油腻，鼻闻异香，诸人皆觉。又大小便，下出五方颜色，如珠砂一般，此是盗天地万物正炁之验也。若不谨守，深入大定，则元神出舍，真炁走矣。而丹台无主，心生懈怠，三尸齐起，六耗皆来，搅乱心君，静坐生疑，恐怖不安，睡卧惊悸，恶境无穷。不知警省，勉强入定，心动神驰，身坐丹走，而前功废矣。

三宝现像天机

泥丸翠虚真人曰：日月合璧以后，而上、中、下三田之中，现出三座莲台。莲台之上，盘膝端坐三个婴儿，此乃金丹之化机，变出之幻象，切不可着他。速以冥心入定，以至灭尽定极，金莲从黄庭产出，上透顶门，直冲霄汉，散作金花，开极自谢，缤纷降下，即凝神入定，以意留之。而金花仍皈仙胎之中，育我仙婴也。

赤蛇透关天机

庄周先生云：赤蛇透关，是金液还丹，日月合璧之变化。而心君大定，丹光化为赤子。初现之时，形如丹蛇，其光照人，忽然破空而来。金液入顶，满顶银浪金汁，晃晃滚滚，现出赤蛇一条，从顶门而入，口吐祥光，若炬火之声，窜入周身，驰骋于骨节之间，无处不到，即当死心入定，任其所为，须臾即不见矣。人若惊动，则赤子不能升入泥丸，难出昏衢。若丹蛇飞来，心不惊恐，能与神人共语。大定之中，见西王母乘凤凰之辇，前有朱雀引路，神鬼仙佛，一切与你答话，千万不可共语。不答，王母则怒而不止，言讫自去。

总而言曰：眼见耳闻皆是假，都不可认真。或龙虎交战，婴姹团圆，龟蛇盘结，仙佛来参，皆是幻象，不可认为真实。若理它，心动神驰，而败我功修。总要神凝气住，皈入大定，方能超脱而入圣矣。

赤蛇归身天机

陈虚白云：赤蛇透关，要知此际，是空中太阳，被我丹光引来，要归身中，育我仙胎。下降之时，缓急不同，切莫惊怖，待降入身中，即化为无数火箭，穿札周身，总要死心不动，镇静以毕，渺然即不见矣。自然窍窍发出毫光，心死而道成矣。

雷神监坛天机

白骨真人云：日月合璧以后，中宫丹光，洋溢流注，扬耀散彩，从背后夹脊，透出顶门，祥光大如车轮，光彩射目，护住禅坐，而昼夜常明，若雷神监坛。皆因人心炼死，道心养纯，性体静定圆明，而识神闲而无倚，化为雷公，恐吓于我，害我功修。仍死心，镇静不动，皈入大定，识神自然化为护法神王者也。

火焚禅坐危险详说

尹大真人云：盖养胎以死心为主，深皈大定为宗。若胎圆之时，心动神摇，引起丹田三昧真火，七窍吐焰，遍身火光炎烈。若不知禁止，霎时间，火焚禅坐之倾危也。即当速用真意目光，存心结想，面前太虚空中有一团黑球，大如车轮，其冷如冰，凉气逼人。想就此景，即用真意吸入腹中，镇静不动，深皈寂灭，顷刻之间，天朗气清，仍皈大定，而寂灭之。想此黑球，不拘三次、五次，总以邪火退尽为止，方无焚身之患矣。

战内外阴魔天机

黄房公云：养胎入定，或现天堂美景，琼宫阆苑，地狱恶像，神头鬼面，或真或幻，愈出愈奇。任他千变万化，总以死心为主。内外阴魔，及一切阴人幻景，现象来扰，而不能驱除。法在见如不见，听而不闻，一心内守，一志凝神。默诵金光神咒[①]，则魔自退。如闻见不去，速炼火焚身，魔障自散。焚身之法，存心结想，空中太阳，被我丹光引来。丹田之内，又有一团真火，滚滚上腾，透出顶门，使二火交光，轰轰烈烈，漫天幕地，皆是炎焰火光，万物尽被我焚烧，直至烟消火灭，天朗气清，一切魔障，自化为无有矣。

春水潮生天机口诀

混然子曰：养胎入定，寂照日久，忽然觉得丹田如春水潮生。即当守定

---

①《金光咒》：天地玄宗，万炁本根；广修亿劫，证吾神通；三界内外，惟道独尊；体有金光，覆映吾身；视之不见，听之不闻；包罗天地，养育群生；受持万遍，身有光明；三界侍卫，五帝司迎；万神朝礼，役使雷霆；鬼妖丧胆，精怪忘形；内有霹雳，雷神隐名；洞慧交彻，五炁腾腾；金光速现，覆护真（吾）人。急急如律令。

自然之内息，与无为之神火，以烹以炼，其水自然化为热气，由两胯内边，流至涌泉。须要神注两踵，真息随之下透足心。如此片时，涌泉穴定静，即用意返照尾闾，默默守后，忽觉得有一物上冲，来至尾闾，似绵陀，如馒首，又似气块，沉滞难行。专心一志，猛烹急炼，自有一股热气，透过尾闾，穿夹脊，滔滔入泥丸。至此泥丸宫中，自觉得水声响震，滔滔不绝，久之水声自止。息神住其中，持守片时，舌抵上腭，三关紧闭。静候金液满口，流入气管，下重楼，心地清凉。对境忘情，入于大定。或见喜怒忧惧，万不可心动神摇，死心入定，永不出静，守定性光，真证胎圆，阳神出现，大地山河，如在掌中，而神炁不能合为一体，势必气留身中，神游身外，终为投胎夺舍之阴神，不得复为阳神。圣胎将圆，色身万无出定之期。圣胎既圆以后，而法身不可久留壳中，不出而以失神化之机，又是一凡夫耳。总要神炁合一，方无分离之患也。

天花乱坠止火天机口诀

轩辕皇帝曰：胎圆以后，灭尽定极之余，露出性光。静中外视，紫霞祥烟满目，顶中下视，一团金光罩体，不可着他。死心入定，自有金莲从地起，白雪满天飞。金莲从地涌出，上透九霄，自然化为雪片，从天飞来，缤纷而下，以意留之，仍皈身中，育我仙婴，乃十月胎圆止火之候。一旦天花乱坠，不知止火，婴儿又有火焚禅坐之危险。天花乱坠，是出定中宫，迁入上田之景到也。必须止火以化神，不须再用寂照之功。只用一味还虚，心住于无。俱入于虚无，而火方得止。又入定、出定，出定者，离中田迁入上田。入定者，凝神于天谷泥丸，使耳目重开，聪明再启。出定之时，在止火一日，倘在止火前出定，神必迷荡而远矣；若在止火后出定，神又顽钝而不灵矣。

超脱上田危险

南极老人云：圣胎初脱，由中宫超入上田。上田，乃是天宫内院。若无正觉主宰，不知不觉，当五色五音，蜃楼海市，宇内之奇观，杂投猝至。繁华内院，一切境界，仙佛诸神，千万不可交谈片语。百出相尝，真人一坠其间，鲜不昏沉而死。真人既死，前功废矣。真可悲哉！必须心定性定，死心不动，万般景象，闻如不闻，见如不见，真人方保无失矣。昔刘祖插花真人，当神超内院，迷入繁华之境，而不能出昏衢以登彼岸，所以有花街炼性一节。大周天之火候，从自还丹至此，是真是幻，必须死心入定，万无一失者也。

阳神迁过重楼天机口诀

广成子曰：当阳神由中宫迁上田，必须十二重楼经过。重楼一关，诚其重矣。惟是默然端坐，若有知无知，若用力不用力，但存一息千里，千里一息之念，才是倏忽过重楼功夫。至此其细如丝，神亦难传，自领自悟耳。真人过重楼超内苑，此时天门将开未开之际，心若昏沉，杳然而飘荡。惟灵真不寐，昏默中有所把握，将阳神迁出中田，寂照于上田泥丸之中。速引入灭尽，定而寂灭，即凝神于泥丸，不着意于上田，以阳神寂照于上田，存想三田，化成一个虚空大界，无边无际，无内无外，空空洞洞，明明朗朗。阳神迁到囟门之时，千万不可下视，恐神惊怖，恋壳而不敢出，此是第一层色身。虚空大界打不破，难出昏衢。自然内真外应，二火交光，天门自开矣。

调神出壳天机口诀

刘樵阳云：阳神由中田迁上田，混合静定，待静极之际，忽然霹雳一声，轰开顶门。即当闭目冥心，凝神入定于天谷内院，觉得身体如在虚空，神炁飘然，明朗不昧，逍遥自在，而色身之五官百骸，自不见有，冥然不知有尘世之累，只觉真我在虚空大界之中。到此际，五气自然结为彩云，拥护法身，此时演调神出壳之功。或见音乐嘈杂，喜气盈盈，金童玉女，左拥右护。或驾火龙，或乘猛虎，自下而上，所过之处，楼阁观宇，人间帝王，一切魔境，不可着他。必须见如不见，闻如不闻，无人大莫如我。只管乘驾上升，左右前后，官僚女乐，随行侍从，留恋而不忍离，虽然终是教我过门不得。如此升降，不厌其数，积习纯熟，一升而到天宫，一降复归旧处。上下往来，绝无滞碍。自下而上，如登七级宝塔，如上十二琼楼，一级而复一级，候雷声响震，电光闪灼，红光遍界，紫焰弥空，二火交光，响震一声，顶门大开，一念思出天门之外，迁出凡躯，而身外有身矣。

开天门口诀

魏伯阳曰：阳神迁于顶门，此时静中内观，顶中有三昧真火；静中外视，顶上有太阳神光。须用真意寂照凝聚，使上火下射，下火上炎，内外夹攻，以烹以炼。百会乾顶，如一池银浪，满顶金汁，两火交攻，雷声震震，轰开紫府内院。一霎时间，觉得红光遍界，紫焰弥空，迅雷霹雳，响震一声，顶门开也。如生小儿一般，呼吸动静，囟门未合，其大如钱，其薄如绵。头骨似崩，盖骨烧化。顶门初开，如大斧劈脑，疼痛难忍。切勿惊骇，疼过三日，自然全愈矣。

身外有身收金光天机口诀

慈航道人云：神既迁到顶门之上，顶门如同天门，脑宫即是天宫。切勿惊怖，只管放心大胆，一志凝神，存想法身。一念思出天门之外，随闭目往下，轻轻一跳，如梦初醒，而身外有身矣。阳神初出之时，居于色身之旁三四尺许，凡身外所有一切，万不可起视听之心。无论三亲六故，祖父妻子，诸仙佛来参。天书下诏，王母来请，或真或幻，一切境界，皆当置之度外。一切莫认，一切莫染，切不可着他。只死心不动，绝虑忘情，一味入定，不睹不闻，静以待之。顷刻之间，而自己身中，即透出一道金光或白光，大如车轮，现于面前。即用真意，将法身移到光前，凝聚留恋。真意一定，存想金光渐渐收敛，金光即缩小如寸许，状似金钱。即将此光，用意一吸，收入法身之中，而法身即入于凡躯性海之内，收回本宫，仍依灭尽定，而寂灭之，深入大定。古人云：金光以为化形之妙药，千万不可错过。此时如金光散去，再无有矣。终有留形之说，不能化为无形者也。

聚金光布五芽灵炁天机口诀

太极真人曰：阳神初出凡身，形仅三寸，盘旋左右，回顾禅坐，上田神室，寂灭静养。九九次，方布本身五芽灵炁。此五芽之炁，即静极之后，五炁朝元之为也。照耀空中，化为五色祥云，然后再将本性灵光，运动真意，射入祥云之内，化为一团金光，大如车轮，而阳神端居金光之内。其丹光余气，悉化为天魔外道，百般景象，引诱阳神。若稍着声色于闻见，阳神即一去而不返，正谓此也。入于魔境，转生六道，世人以为坐化小成之果，而前功尽废矣。真可悲哉！此皆因炼己未纯，心无真死之过也。必须一意守定金光，死心不动，一切魔境，不着自退。待魔境退尽，金光缩小，须用真意，照定金光一吸，连法身收回性海本宫，混而为一，静定之久，以后而复出之。此阴魔，皆化为真神，现我面前，丁色身一样，方保无失矣。

邵康节云：但阳神出日，升降纯熟，须择黄道良辰之日，天朗气清，乃可调神出壳。如护小儿一般，大雾莫出门，大雨莫行路，时刻调理，不可一时心有懈怠，恐阳神一出而不回也。入于轮回，而前功废矣。

调阳神出入天机口诀

陈希夷老祖曰：阳神一出而不返，皆因炼己未纯之过耳。阳神出去，必须一意守定金光，死心不动，其魔不着自退。阳神不可轻出轻放，速去速回。恐自己色身形壳，如一堆粪土相似，而阳神不肯复入，必须从旧路出入。不可回视，恐阳神以见可惧。俗曰："回头不认尸。"总要演习纯熟，出则一步，即速收回本宫。九九数足，再学二步，收回本宫。以至九九数，向后皆同此意也。调至三年，先出西方，次出东方、北方、南方。上下统演三年，总遇境不染，见物不迁，收纵在我，来去自如。一进泥丸，色身便如火热，金光复从毛窍间发出。倘一见可惧则怖生，一见可欲则爱生，流连往返坠入魔道，而难成正果。总以死心入定为主，喜惧哀乐不动为宗。此乃十月胎圆之旨。三年乳哺之功，下卷详释，兹不复赘。

四节火候①

静中阳动金离矿，地下雷轰火逼金。

① 此上底本疑脱漏一页，因无"一节火候"至"三节火候"。

五节火候

阳文阴武无令失，进退抽添有驭持。

六节火候

谩守药炉看火候，但安神息任天然。

大成捷要性命双修心印口诀天机秘文

三年乳哺

三节炼神还虚功夫，名曰上成乳哺。

老子曰：乳哺者，调养训练之谓也。阳神初出，圣体尚嫩，欲其慧光，凝结不散，必须调养，乃能坚固老成，法力广大无边，乃能神通变化。盖乳哺者，炼神入定之谓也。初出定之阳神，易于摇动，调养入定之久，方能镇静而不妄动。故定而又定，合乎自然之虚空，乳而又乳，养成真空妙相之性体也。

白玉蟾云：行三年乳哺之功，七七存养之道，是必炼神以还虚，凝神而入定。初调神出壳，旋出而旋入。依灭尽定，而寂灭之。一定七日，再调出而旋入，仍依灭尽定，而寂灭之。一定二七始，再调出而旋入。一定三七始，调出旋入。一定四七始，以至于五七、六七、七七始，调出而旋入。渐次调养，三年而后已也。总依阳光之收放，准调神之出入。当神居上田，灭尽定极之余，总先布阳光，透出顶门，然后一念思出，随光超脱于身外。如欲敛神入壳，先将毫光，收入法身之内，然后阳神由旧路复归，色身上由之中。仍依灭尽定，而寂灭之。调出旋入，灭尽寂灭，三载以后，性体老炼，方保无有惊恐之患也。

彭鹤林曰：前所谓一定七日，非谓七日，与七七日之内，绝无动机，纵有阳光透出之景，即当以意留之，收入法身之内，依灭尽定，而寂灭之。必定到当出定之期，先将阳光透出身外，而阳神即随光调出顶门，亦不可在外多停。当看调养浅深，若乳哺三年，方保无有迷失之患也矣。

达摩祖师曰：阳神调出旋入，若风吹则颠，日侵则燥，在内在外，俱以不见风日为安。调至三月以后，知觉稍开，宜防惊恐。或出或入，俱按常期，收纵往来，不可任意。故三月前，一日出神三次，夜必不可出神。半载以后，一日出神五次。一年后，一日出神七次，只在身边运动。二年以后，不拘日夜次数，洞内洞外，可以暂离色身。三年以后，则一里、十里、百里、千里、万里，一时可到也。

东华帝君曰：其调神之始，七、二七、三七而放出，一步、二步、三步而旋入，或五七、六七、七七而放出，一里、二里、三里而旋入。一年、二年、三年而放出，百里、千里、万里而旋入。调养三年之久，不可久留在外，还有一定九年之功。

又云：调神出入，待天朗气清，无风云雷电，演神出壳。三年以后，性体老练，以太虚为宅舍，天地山河，尽是我之床枕。举步千里，遍游万国，出有入无，通天达地。入金石无碍，分形散影，百千万亿化身，遍满三千恒河沙界，乳哺功成，名曰：神仙者是也。三年乳哺之功，总而言曰，而阳神不过调出旋入，演习纯熟，圣体老练，总以在内者多，在外者少。三年功成之后，当行一定九年还虚之功，面壁大成，名曰：代肉金仙是也。

还虚面壁

炼虚合道，九年功夫，名曰：面壁大成。

吕祖曰：炼虚功夫，妙在忘形。无人无我，混沌中有一点真炁，身热如火，心冷如冰，炁行如泉，神静如岳。虚其身心，去其作用，而听诸大道，自然之运行。是我非我，是虚非虚，造化运旋，人能造到忘形地位，阳神与太虚同体之有哉，故曰炼心。阳神无像，故曰炼虚。而九年之功，炼虚之妙，变化无穷，可以踏霞驾云，粉碎虚空，浑身飞去，谓之大觉金仙矣。然此一着，最不容易，千万人中，难得一二人也。

太上曰：还虚一着，是将从前千磨百炼，分形散影，通天达地之阳神，复归于旧躯，收入性海，天谷内院。将色身炼化，浑入法身之中。又是性命合炼，复将阳神，送入性海，退藏祖窍、太虚无极之位。要将色身炼铸陶熔，得不有不无，非色非空，无内无外，不出不入，无始无终。如龙养珠，蛰藏而不动；如鹤抱卵，安眠而不起。沉之又沉，静之又静。从前所修所证，百千万亿化身，乘龙跨鹤，步日玩月，千变万化，一齐收[①]入无生国里，依灭尽定，而寂灭之。必须大死一场，谨谨护持，毋容阳神再出。盖阳神百炼而愈灵，千炼而愈精[②]。炼之而复炼之，炼炼不已，则阳神之慧光神火，收之愈密，斯放之愈普。隐之无可隐，斯显之无可显也。将阳神蛰藏祖窍之内，定极灭尽之余，或百日，或十月，而一炉神光，兀兀腾腾，满鼎真火，炎炎烈烈，自内窍透出外窍，由大窍贯入小窍。无内无外，无大无小，透顶彻底，光光相烛，窍窍相映，而人也物也，莫不照耀于神光中矣。是则是矣，犹非其至也。

王少阳云：虽然不能充塞乎其间，即未满东鲁圣人，参天两地之分量也。再敛神韬光，销归心下肾上，金鼎黄庭祖窍之中，一切莫染，仍依灭尽定，而寂灭之。寂灭既久，或一年，或三周，形神渐至浑化，色空渐归真常，直至空定衡极，灭尽无余之际，而神光又自渐渐发露，如云电烟霞，从太虚无极窍中，洋溢蓬勃，滚滚而出，贯于上窍下窍、大窍小窍，窍窍皆有神光也。光明洞彻，照耀十方，上彻天界，下彻地界，中彻人界，三界之内，觉得处处神光充塞，若秦镜之互照，犹帝珠之相含[③]，重重交光，历历齐现，而神也鬼也，莫不照耀于神光中矣。妙则妙也，犹非其至也。

寂无禅师曰：虽然不能遍入尘沙法界，是未满西天圣人，毗卢遮那佛之分量也。再敛神韬光，销归秘密玄窍之中，一切不染，仍依灭尽定而寂灭之。寂灭日久，直至三年九载，空定衡极，灭尽无余之际，神光周足，法相圆满，色空俱泯，形神俱妙。其敛也，至精至彻，纳入芥子而无间；其放也，至大至刚，包罗须弥而无外。将见无极神光，化为太阳红光，恰似赫赫日轮，从太虚无极窍内，一涌而出，崩开分散，灿烂弥满，无边无量，为万道毫光，透彻于九天之上，贯通于九地之下，若千万杲日[④]，放大光明，普照

① 收，底本、朱本均作“败”，校者改。
② 精，朱本作“静”。
③ 含，底本作“舍”，从朱本改。
④ 日，底本、朱本均作“目”，校者改。

三千大千世界。而圣也贤也，仙也佛也，及森罗万象，莫不齐现于太阳红光中矣。然至刚至矣，而犹未尽其妙也。

上阳子观吾云：虽然不能照耀四大部洲，三十六天以上，是未满道运虚空之分量也。再敛神韬光，依灭尽定，而寂灭之。或百年、千年，一劫、万劫，直至虚空粉碎，与道合真，将见复放，无量宝光，直充塞于四大，得与贤圣诸仙佛相会，自无始分离，今日方得会面，彼此交光，吻合一体，广无边际。

颂曰：诸仙佛似一大圆镜，我身犹如摩尼玄珠，仙佛法身入我体，我身常入仙佛躯。此九年面壁之功，已返到无余涅槃大觉金仙之位。待功圆满，天书下诏，九祖升天，上朝金阙，封以真诰，授以天爵，名曰天仙者是也。

致一子曰：阅尽丹经万万篇，末后一着无人传。炼虚合道，面壁之功，总而言曰：最初还虚，凝神炁穴，不过忘绝凡情，至此末后还虚入定，不过忘却仙情而已，依灭尽定，而寂灭之。不出不入，忘人无我，三千大千世界，大地山河，尽归于虚，死心归入大定，或百日十月、三年九载、百年千年、千劫万劫，直待四大崩散，虚空粉破，无形无迹，此乃代肉大觉金仙，万劫不坏金刚之体。书著于此，永无秘诀也矣。

华阳禅师曰：予观汉唐、宋元、明清诸仙，无不从此处而超脱也。后世学人，佛子仙种，得遇斯书，细阅数遍，即能得诀达窍，而欲成仙作佛，不须登山涉水，寻师访道，只用有财、有侣，真心修炼，即能超凡而入圣矣。

古人云：任他三千六百傍门，九十六种外道，总与太上存理养气、尽性至命之①大道不同。丹经万卷，俱藏头露尾，此册二十四节真诀，三十六层危险，口口相传，心心相印，句句可考，细究此书，无不成矣。自古至今，仙佛真人，大成天机，隐而不发，今则尽泄于此书，指点诸子。所注《捷要》一册，话语虽浅，义理情真，天机口诀，句句明言，勿轻视天宝，慎哉慎哉，免遭天谴。妄传非人，雷诛火焚，可不慎欤？

闭户潜修不计年，著书立说阐真诠。
剖符泄秘通天地，采古酌今契圣贤。
劈破鸿蒙寻妙妙，打开太极见玄玄。
待看功满行圆后，留个芳名万古传。

① 之，底本无，校者联系上下文补入。

混沌生前混沌圆，个中消息不容传。
劈开窍内窍中窍，踏破天中天外天。
斗柄逆旋方有象，台光返照始成仙。
一朝捞得潭心月，觑破胡僧面壁禅。

打破虚空消亿劫，既登彼岸舍舟楫。
阅尽丹经万万篇，末后一句无人说。

广成子谓黄帝曰：至阴肃肃，至阳赫赫，赫赫发乎地，肃肃出乎天。我为汝遂于大明之上矣，至彼至阳之原也，为汝入于窈冥之门，至彼至阴之原也。

睡功秘诀

诀曰：东首而寝，侧身而眠，如犬之曲，如龙之盘。一手曲股肱枕头，一手直摩脐腹，一支脚伸，一支脚缩。收神下藏丹田，与气交合，水火互相溶溶，则神不外驰，而气自安定。必要未睡心，先睡目，致虚极，守静笃，神炁自然归根，呼吸自然育清，不调息而息自调，不伏气而炁自伏。陈希夷留形于华山，蒋青霞脱质于王屋。此睡法之旨，非导引之术，乃主静立极之功也。至醒来，慢慢展转，此即一念未生，心似虚空，若能放下大静一场，其效验有不可形容者。

又上古有宴息法，每当晦时，耳无闻，目无视，口无言，心无累，息无喘，形无动，那一点元神真炁，相依相连，如炉中火种相似，久久纯熟，自然神满不思睡。所谓睡魔，不知从何而去矣也。

陈希夷《睡诀》三十二字，名《蛰龙法》，其词云：

龙归元海，阳潜于阴。人曰蛰龙，我却蛰心。
默藏其用，息之深深。白云高卧，世无知音。

蛰龙秘诀

诀曰：道在守本命，暖外肾，回光内视，神住丹田。先向左边侧身而眠，左手托腮，右手紧握外肾，左腿全屈，右腿半屈半伸。神凝下田，默数呼吸出入之数，三百六十息。心息相依，不得外驰，绵绵密密，不即不离。数彀一周，正身仰卧。两手紧握外肾，着力往前，挣十二下，两腿往前用力伸，闭气腾身，玉枕、脚根、手掌着床，一气一次，连腾三次，还虚休息。再向右边侧身，照前行动一周，仍正身仰卧，两手紧抱外肾，照前行功，着力十二下，向上闭息腾空三次，还虚休息。然后侧身用手紧抱肾囊，蛰神下田，若存若亡，一丝不挂，主静立极，先存后亡，入于混沌。此陈希夷蛰龙之法。安寝睡醒时，有一阳发生，即行调药功夫，炼精化气之口诀。临明时，再照前行上数息，暖外肾，腾身运气之功，至此则一宿之功毕矣。

养得肾囊如火热，就是神仙真妙诀。

行住坐卧四步功，各有法也。行则措足于坦途，住则凝神于太虚，坐则调丹田之息，卧则抱脐下之珠。故曰“行走坐卧，不离这个”是也。

坤元经

凡坤道修炼，用功入首，当于子后午前，阳炁发生之际，按法行持。先还虚静定，深入混沌。候混沌开机，即凝神吸气，以守乳溪，存想息息在乳溪中。呼吸往来，默调呼吸三十六息讫。仍还虚静养，以至虚极静笃，依灭尽定，而寂灭之。待静极复觉之际，仍照前调息守中，一连行持三五次而后已。炼至半月以后，两乳之中，觉得有动机发热，即用两手捧乳吸气，使息息归根于乳溪，绵绵密密，若存若亡，以守之。守至两乳之中，有[①]呼吸出入，即迁移其神，下守黄庭。用手轻轻揉搓两乳，左右各三十六次。再用真意，目力神光，从左右两肋稍间，往后迁移，由夹脊两旁，赤道上升，过玉枕，入泥丸，至明堂额上交个尽，从耳后降至胸前相会，仍交个尽。从两乳中间行过去，将左右两乳，各旋转一周，仍从两乳中间一并，送入黄庭以还虚。略停一时，再捧乳吸气。左右两乳，揉搓三十六次，用意照前后迁移，一连三次而后已。直守至黄庭发亮，再迁移其神，下守脐轮。守至脐中发痒出水，两乳即渐渐缩回，如男子状。再迁移其神，下守丹田，默调呼吸

① 有，底本、朱本均作“右”，校者改。

三十六息以还虚。守至丹田发热，或觉微痛，如刀刺之状，不须惊惧，并无防碍。

凡赤龙来时，当还虚静养，不用调息持守之功。十六七岁，至二四五，赤龙来七日方回。二十六七岁，至三十四五岁，赤龙来五日方回。三十六七岁，至四十四五，赤龙来三日方回。候赤龙过去，月经净时，仍照前守丹田，调呼吸。

初守丹田，要轻轻守视，绵绵存养，密密照顾。守至丹田发热，阴气至，情欲动时，即用真意、目力、神光，往后移运，仍由赤道上升，入头顶，至明堂不交尽，分左右两路，从耳后降至胸前，交个尽。不绕两乳，即从两乳中间，一直送入丹田。略停一时，仍往后转移，要细心速行，一连三五次，直运至阴气消尽，情欲寂灭方止。盖阴气发动，令人恣情纵欲，而生交媾之心。若不以正念主之，使后升前降，战退群阴，未有不自败其功修者。故当炼至阴消情灭，而后已也。此外只用虚心静守功夫，但不可着意紧守，使丹田骤然发热。要轻轻守视，绵绵存养，使丹田内真炁发现，先温后热，渐渐大热，如火烧，似汤煎。虽隆冬数九，而上衣下裳，亦皆脱尽，即裹脚亦要解去。此时要用道侣护持，紧闭房门，深居帐内，切莫惊动。只用一味静守，自然渐入混沌。候混沌开基，仍然照前静守。守至交骨忽开，真炁吐信，即用温水，将手洗净，轻轻托上。运动真意、目力、神光，从丹田向后转移，由夹脊两旁赤道上升乾顶，下至明堂，不用交尽，即从左右耳后，降至胸前，交个尽。相并由两乳中间，降至黄庭，送下丹田。再用手轻轻托上，送入密户。仍用真意，后升前降一周，一连三五次，直运至真炁吐出之信，缩入净尽而后已。已则还虚入定，依灭尽定，而寂灭之，而交骨合矣。每当热极，骨开吐信，收回逆运讫。必须深入混沌，交骨方合。

如此日夜行持，则周身骨节关窍，尽皆开通，河车自然逆运，真炁自然熏蒸。古人云："万朵紫云朝玉宇，千条百脉种泥丸。"自觉一点灵光，不分内外，无论昼夜，而照耀周身矣。十月功完，阳神出现，与男子同体，初无彼此之别也。

又云：夫乳房，上通心肺之津液，下彻血海之经脉。炼得乳房，如处女小儿之形，便是女换男体。其功只在送甘露时，不许送下丹田，只用送至绛宫，用意注在两乳，将门牙上下两齿，紧紧咬住，以两鼻孔闭住，用内呼吸，在内收拾。外以两掌心，左右各揉七十二次，先缓后急，先轻后重。如此百日，可如两核桃形也。

女功[①]简便法

每于夜半子时以后，天然醒觉，心不着于色相，又不落于空亡。自觉月窟生潮，正是一阳来复，即将神炁收于乳溪，回光返照命宫。塞兑垂帘，捧乳吸气，左右揉搓。下则牵动牝户，上则贯通两乳。一呼一吸，息息皆要归于命宫。每次运行七十二息为一周。前六时下功，后六时静养。每次运讫，要咽津三口，送入子宫。日日按子前午后，阳气发生之际，常常行持，直至阳三、后三之期，再行炼形之功。

修炼不过百日，月事即绝，乳头即平，而面如桃花，终日如醉，昏昏默默。昼夜灵光不散，静中自觉常明。行持十月，自有信法来报，预知吉凶。初将精血收归乳房，随收随揉，使提上乳房这精血，尽化为甘露，降下丹田，结成胎息，则月水不潮，而乳头自平矣。下丹田内，自然结出圣胎，不用采取之功，只凝神胎息之中，依灭尽定，而寂灭之。寂照百日，恍惚之间，而圣胎似有动转之机。其女子如醉夫之状，目常合而懒开，面发光而耀彩，日夜金光罩体。养至十月，圣胎圆满，自然脱质成仙，神化莫测矣。

此《捷要》一册，泄尽乾坤性命之旨，道破理气之归，真可谓考诸三王而不谬，建诸天地而不悖，质诸鬼神而无疑，百世以俟圣人而不惑之真常至道也。

① 功，底本作“宫”，校者改。

第四编　修身正印

碧云孙真人　著

〔提要〕《修身正印》，题“碧云孙真人”。孙碧云（1345—1417），元末明初冯翊（今陕西大荔）人。《武当山志》载：碧云少好仙术，至西岳华山，遍寻陈抟遗迹，岩栖穴处，阅道经，参同《周易》，探究黄老经旨。后师从武当张三丰。洪武二十七年（1394年）奉诏入京。永乐十年（1412年）明成祖复召至京师，赐诗文，并敕授武当山南岩宫住持。著有《碧云集》。刘一明（1734—1821）《栖云笔记·金天观碧云孙真人像传》载：孙真人“后辞职西游，至兰州。……西郊外金天观，……为真人筑圜室以养静。……真人因观近市井，不乐久居，辞王离兰，复游少华，旋归武当。自武当去后，不知所终。有所著《修身正印》丹书行世。”称赞“《修身正印》一书，内言还丹大丹、有为无为、火候工程、药物分数，无一不备，自炼己而至脱化，条条泄机，句句传神”。

本篇据“嘉庆癸亥年（1803年）镌，金天观藏板”之《修身正印》点校整理。

碧云孙真人《修身正印》序

道之为道，大包乾坤，细入微尘，劫前劫后，海内海外，无不在道。无穷无尽，无端无倪，无形无象，微旨奥妙，令人何处下手？理必须圣人引诱，是以三教圣人立言指示精妙，直指入首成道之经，阐发自始及终学道之法，后世学人，敬谨遵守，功不退转，方成正果。

金城[①]西郊有雷坛古刹，为碧云孙真人传道开教之场。乾隆四十六年，遭盗劫焚坏，续经道人白玉峰募化修整。虽重成焚修之地，而孙真人度世之书未传。

余于嘉庆五年，小住金城，于道友陈松风处，得见碧云孙真人之书。复政诸道友悟元子，始明其书乃孙真人留度人修炼之真传，接五祖七真之的派。遂[②]抄录留存雷坛，普益学人，免走歧[③]径，迂远无成。读是书者，莫负真人传道度人之苦心，自证修炼成道之志愿。余深望至劝也。

时大清嘉庆六年（1801年）辛酉重阳

特授宁夏将军仍兼甘肃提督京北丰宁寿泉苏宁阿敬诚备序

《修身正印》叙

尝思道非人不能传，人非书不能名。人传道，书传人也。明初有孙真人，号碧云者，冯翊人，少年慕道，得其心传，常来往于天柱、太华、少华之间，穴居岩处，飧松咽柏，暗修大道。肃藩王[④]敦请，敬礼于金城西郊金天观，筑圜室以居之。后真人嫌其近于市井，仍来太华，不知所终。惜其仅有圜室遗迹，别无所留。相传圜室，为真人养道处，其实真人之有道无道而人皆不知也。

辛酉岁，余遇痴翁先生于兰泉，出示手录真人《修身正印》一书。内言还丹大丹、有为无为、火候工程、药物分数，无一不备，自炼己而至脱化，

① 金城，甘肃省兰州市的古称。

② 遂，底本作“随”，校者改。

③ 歧，底本作“岐”，校者改。

④ 肃藩王，指明太祖朱元璋十四子朱楧。洪武十一年（1378年）封汉王于山东临清，二十五年（1392年）改封肃王于甘肃，建文元年（1399年）移建兰州，成祖永乐十七年逝。

条条泄机，句句传神。始知真人茹黄芽而尝白雪，吞乌肝而服兔髓，深有得于大象、大音之妙，非等夫顽空寂灭之学、摇骨导气之类也。

癸亥，姑苏松风陈公刊梓，欲广其传。余以为，大道因真人而传，真人因《正印》而名，书不朽而真人之名亦不朽矣。

悟元子刘一明序

太华碧云孙真人《修身正印》序

丹经之作，何为乎？将以明道也。予读《道德》《南华》二经，未尝不叹为道书之宗祖也。自此而外，《参同》《悟真》为最，其余著作，或杂儒书而自相矛盾，或援梵语而反没真诠。修真炼性一书，求其详明恺切者，落落难得。嘉庆丙辰岁，楚南张友出手录碧云孙真人《修身正印》一卷相赠。余不敏，潜心披玩，真人诚不惜金玉而大畅元旨焉。语本原则归虚无，语炉鼎则归元[1]关，语药物则归龙虎，语黄婆则归诚意，语还丹则归结胎，语升仙则归脱壳。凡采取药物之多寡，抽添火候之次第，诚有历历不弃者。是书一出，得有所据，以斥旁门之谬；得有所考，以证歧途之非。其根柢大抵不离乎《易》者，近是吾道心灯，赖以不灭，端在斯矣。因付诸梓以公于世，愿同志者共宝之，庶不负真人度世之婆心也夫。

嘉庆八年（1803 年）癸亥春二月姑苏陈松风沐手敬序

①元，系“玄”字，避讳清康熙玄烨名，刻印改“元”字以代替。

修身正印

太华碧云孙真人　著

姑苏陈松风　刊梓

太极动静章第一

古云："道法自然。"自然而然者，亦不知其所以然而然者也。曰太空，太空而太无，太无而太虚，太虚而太元，太元而无极，无极而太易，太易而太初，太初而太始，太始而太素，太素而太极。太极者，不可极而极之谓也。故动而生阳，坤摄乾之初爻为复，一阳初生，气之升也。含元虚危，播精于子，杀机三发，乾坤姤，金木外并，而结一粒九还，谓之外鼎，乾坤的活子时，无极而太极者也。曰虎、曰女、曰庚、曰戊，即神照坤宫，而成圣母之气也。动则意流牝府，地云双摄，以母气而制子气。曰金液，汞去求铅也。静而生阴，乾变坤之初爻为姤，一阴初生，气之降也。藏机星张，阳伏于午，生机一发，坎离交，水火内济，而结一粒九还，谓之内炉，吾身的活午时，太极而无极也。曰龙、曰男、曰甲、曰己，即神守乾宫，而生灵父之精也。静则丹生元谷，电光闪闪，以子气而感母气。曰玉液，铅来投汞也，感太极之动静而变化者也。

原始反终章第二

人之生也，必假阴阳二气而成形。父母未交合之先，各具一太极，只因欲念一萌，虽形未姤，而父之性与母之情，早已飞腾于外。即阴太极而生阳，阳太极而生阴。阴阳感激，招摄虚无造化，合为一气，而另一太极。故三家相见而结婴儿者，神交也。神既交，然后气行，奔入子宫为气交。及其父精母血，裹住先后二气为精交，精交而气化，气化而花开，自结子也。感来造化属土，曰勾陈，父性属木曰青龙，母性属金曰白虎。虎斗龙争，金木在外而并。

男精属水曰玄武，女血属火曰赤蛇。龟蛇盘绕，水火在内而姤，故曰“四象五行全赖土”。土，乃无定位之真土也。子宫为悬胎鼎，其中空虚，虚则所以受命，能聚五行之精。空所以生发，能孕万物之成。混混沌沌，系于瓜蒂；绵绵续续，镕成大块。故交合之后，九日而阴阳定，四十九日始胎，百日立基。然后太极中泄发出一爻，真气而降于下，曰天一生水，先生内肾也，地六成之，成黑珠也；地二生火，生心也，天七成之，成两眸也；天三生木，生肝也，地八成之，成舌耳也；地四生金，生肺也，天九成之，成鼻窍也；天五生土，生脾胃也，地十成之，成四肢也。

始七日一变，次七日一化。一变一化，合天地大衍之数五十有五，成变化而行鬼神也，再加三五合一，策得一十有五，共成七十日。奇偶相成，孕毓在内，得生数五七，成数五七，同前一百数，积而数之，通计一百七十日，而男女分矣。男女分而神未至者，为瓜未熟而蒂未脱，须温养一百日，前后共计二百七十日，即九个月之数足，而自然降生也。

然婴儿在胎中，其脐带暗注母气，一呼一吸，无不贯彻。外七窍俱闭塞而无见闻，两手掩其面，更无气之出入，独一点真息存在鸿蒙窍内，默与脐带吹嘘。女则背母，男则面娘，此亦不待数而禀赖阴阳之自然也。及其将育之时，人惊胞破，端然立起，而向黄河浪翻觔斗，头悬足撑而出之，两手即开而握固，囫的一声降下。有后天而无先天，倏然虚无之中，先天一气从顶门中而入混沌之地，与昔三家所姤，混成一气。经云：“有物混成，先天地生。”故曰：“未有此身，先有此窍；未有此窍，先有此气。”此气非呼吸之气也，乃元气也。修身立命者，但照身生造化做去，便不错了也，但逆顺之不同耳。人道全赖五行合而结胎，仙道亦藉五行配而结丹。倘五行缺一而毓胎结丹者，未之有也。

天人合一章第三

乾辟坤阖，两化默运于中；阴消阳长，一理感发于外。在天在地，成象成形，而变化现矣。阴摄乎阳，阴阳气冲，迸裂而为电；阳伏乎阴，阴阳精缴，感发而为雷。阴阳姤均，自然蒸而为雨；阴胜阳，外阳火逼变阴气，阴气胜而为云；阳胜阴，外阴精迫化阳气，阳气散而为风。阴阳俱盛，具精光掣而为电，电光闪烁，霹雳一声，巽风吹起，隐隐雷声未绝。二气感化，一滴甘津，下降于地，遍洒婆娑，以成甘霖，长养万物，生育群品，故“天地氤氲，万物化生”。

其阴精太盛，聚蓄为水，流入江河。一派癸水，而不得运通于江河者，谓其重浊而有质矣。故南方火德，昼夜三光，下照于地，而炼出云霞风雾，至晓日归元窍。又熏蒸江海之水，腾而为气，升于半天，与大化为一，犹丹士之炼精化气也。空气盈满，内含坤体之精液，被太阴招还蟾阙，养育少阴。其金精华胜之时，中隐先天，先天之日华，被太阴摄归乾体，孕生少阴，故曰“返本炼真”。风清月白，云散天空，此时尽被太阳真火炼万物之气为神，犹元客之炼气化神也。迨金旺玉[①]圆，各本全体。元始天尊，悬一粒黍珠，去地五丈，遇庚甲之旦，挂于太虚之上，如磁石之吸铁，隔碍潜通；逢朔望之辰，垂于太空之中，若圣母之招子，孰敢不至？摄日月之精华，尽返珠内，复还祖气，故曰还元，犹道之炼神还虚也。

未生身处章第四

古歌云：“借问因何有此身，不离精气与元神。”又云：“此窍非凡窍，乾坤共合成。名为神气穴，内有坎离精。”夫乾坤合者，合乎中也，即父母合卺之始也。坎离精者，精致和也，即男女性情之动也。未有此身，此窍隐于太极将判未判之中，凝[②]若喷珠，然易结易散；未有此神，此气演于阴阳将合未合之际，滴如珠露，而乍有乍无。一复分二，性情初合，斯窍之鄞鄂兆矣，斯气之端倪露矣。

胎中二物，吻合金丹，白如绵，连如环，方广一寸二分，包一身之精华，内含一粒黍米，斡万象以循环，于是谓之黄庭土釜者，以土中和，而生品汇，故丹经必藉真土为联媒。始终工夫，不越此而已。志士以境摄心，养

① 玉，底本作“王”，校者改。

② 凝，底本作“疑”，校者改。

性于寂然不动之中，而命在是矣；达人以情炼身，立命于感而遂通之中，而性在是矣。

中者，元关之体；和者，元关之用。动则以体为克用，静则以用为克体。体用规中，两弦悬象，非动非静之顷，神运都关，两畔同升，炼得一片之药者，体生用而用化体，乃丹家本体见也；丹药太和，二天交泰，半离半坎之际，气止至善，二轮合体，结就一粒之丹者，用生体而体化用，是药之妙用新也。及其丹药之成，全凭斯窍之功，是以玉蟾谓：斯窍阳施阴受，造化相符，有人知道[①]真实处，则天关地轴，在吾掌中握矣。此身之造化，中和之正理也夫。

元关一窍章第五

元关窍者，即前未生身处是也。元者，天元也，是至元至妙至神机也。夫此神之机，圆陀陀，光烁烁，无形象，无定体，因彼无定，则吾生死亦难定矣。我今识得，将此神机运于黄房，闭塞微密，不使飞走，绵绵不绝，息息如一，如蚌含珠，如石怀玉，所以谓珠玉之房，亦曰都关窍，性命之都会也。此窍正天之下三十[②]六，地之上三十六，其中空悬一线，系之于天地间，形如花瓣，故曰："一拳打破莲花脏，要做佛仙也不难。"朱雀覆于上，元武伏于下，青龙左侍，白虎右卫，中居独尊，如北辰垂象之义。且此窍不特存养而已，其脱胎、结丹、温养、沐浴、采取运用、抽添火候，无一而不在此矣。

后天性命章第六

后天性命，是以常人日用不可离者也，乃身中之造化耳。人之初生，一点真息，往来在中，只谓剪断脐带，囫的一声，性命各不相顾。

其性飞于外，寄居二目，分为两仪，左属阳，右属阴。心一静，合而

---

①道，底本作"到"，校者改。

②十，疑作"寸"字。古云天地之间八寸四分，天之下三寸六分，地之上三寸六分，中余一寸二分，被认为是"天地之中"。

为一；心一动，散而为万。日则接阳光，明乎眼，为鉴貌辨色；夜则姤阴气，含乎肝，而忧想幻境。所以此心历劫以来，未尝暂歇，释氏谓之心猿。心者，径也，是神明出入之路也。必先去其茅塞，然后可以穷理尽性，以至于命。

命则父母交姤时，一点性情结于窍内，与前所赋之性，混成一物者也。太极生两仪，两仪者，天边性、海底命也。两仪生四象，四象者，两眼、两肾也。两眼性属焉，两肾命寓焉。四象生八卦，八卦者，精神、魂魄、情意、身心也。八卦生万物者，即一身百骸千毫万孔者也。

故修身立命者，先要明此后天性命。何谓后天？是生身之后有之也。下工之时，但依初生未剪脐带之时，是真太极。务要返到太极时，才是返终原始之理。或以性命为一太极，得之后天，予实未之闻也。

先天性命章第七

先天性命者，是身外之造化也。夫此性此命，生乎天地之先，长于太古之上。性乃太空中真精也，此精能生天地万物，其大无外，其小无内，即元始天尊所含之珠，离地五丈者是也。命即前性命合一，孕而在内，久则天光外发，烁出一轮金色，招彼先天之性，在外混镕一气，欻然闪入西南，种出琼花曰命。此命乃七还以后太虚所赋者也。

三品药物第八

药有三品，分上中下三品者，自生身以后，藉五谷气养之而有精气神者也。达人修之却病延年。交感之精居于肾海，思虑之神会乎心目，呼吸之气接于口鼻，名号三而合一则一。思虑之神皆动，则变为呼吸之气，独流则变为交感之精。精乃一身之本，精竭则气耗，气耗则神枯，神枯则人随槁逝矣。是枯经有富国安民之喻。修身者，要积交感之精。精不摇则气盛，气盛则神灵，神灵则赤洒洒，净裸裸，独露一轮秋光，或隐或明，不内不外，我即急招摄于鼎气之中，名曰太极。极定之中，灼然天光，耿耿黄金色，即太素也。炼[①]精气而为一也，名之曰不坏元神。元神者，乾金也，而直泄于西方坤地，变而为坎。坎中之阳，即先天之至精也。采此精归于鼎内，以文武火养之，化为虚无空气，故曰三品之中药也。志士修之，可以长生住世。

欲修天仙，飞腾上清，必假三品上药。三品上药者，元精、元气、元神也。元神者，是太空中一点真阳也，隐于大化窟中，混于溟涬之内，提挈[②]天地，陶铸阴阳，而造化万物者也。故缘督祖师云"先天一气，自虚无中来"者，元神也，非思虑之神也，乃与元始相比肩之神也。神既定而知止，莹出一块蟾光，下照西川，忽觉坤宫火起，白虎翻身，杳冥之中，而生出一点真精。真精，即元精也，乃玉皇口中之涎也。招此元精，返归黄庭，与元神配为夫妇，炼就一团和气，即元气也，乃与元化同出没之气也。如此交合，三家相见，养于鼎器之内，如龙养珠，如鸡抱卵，十二时中，打成一片，鹤胎龟息，任其自然，到此才复先天之卦，夺了三品之上药也。

下手工夫章第九

初下功时，先须外睹玄珠，稍觉有象，急摄之送入祖关。祖关，即未生身处也。未生之时，务要外忘一切私欲之心，内藏一点虚灵之神。念稍动，我以静定之；神觉出，我以虚摄之。喜怒哀乐，养于未发之先；意必固我，绝于既忘之后。用志不分，乃凝于神，心静内照，意动外观，内外合一，心息相符，含光凝韵，调息缄气，运之于中，外摄内炼，动静采养，斡之方寸。倘垂帘内照之时，胸中觉有千头万绪，越整理不得时节，稍稍放之。放之之法，以外物遣之耳，帘一开，则胸中之物净尽矣。又不宜久放，久放则懈怠，懈怠则性好飞腾，飞腾之久，则永难摄伏矣。又不宜太急，太急则气促，气促则易走失于外，而铅难擒制矣。所以调情养性之法，贵乎得中，若养鹰鹯然（鹰鹯，野鸟也），时时调之，驾之在手，以肉喂之，则自然放去唤来。如此朝朝暮暮，自觉心有几分脱洒真乐处，就此乐处，便可坐时，坐亦不拘盘膝展足，高低卧立，只要常常惺惺，身心手足，从从容容，无半毫

① 炼，底本作"栋"，校者改。
② 挈，底本作"契"，校者改。

物欲拘滞，活活泼泼，一团和气，盈满黄庭，光辉灿灿，两轮日月照昆仑，运流珠牢封土釜，以无名之朴[1]镇之，俟其静之极。既全极，蓦地有一场非常之动，只这动之消息，不可错过，乃是一点阳气始生也。急宜温养之，毋使飞走，慎之，慎之。动采静养，俱要得中和之象。

日用采取章第十

夫采取之法不一，今先言其日用者，是学道初[2]入门之关键[3]也。日用之间，此一着必不可离。可离非道也，百姓日用而不知耳。我今知之，行住坐卧，无不是道矣。

行则踏足于坦途，神气抱[4]中和之正，毋使一毫私欲攻我心。攻我心，则神耗而气离。住则神凝于太虚，黑白相符洽，不可有一点俗念触吾意，触吾意则黑混而白障。坐则养浩气于中黄，倏忽游混沌，毋使一毫人事扰吾志，扰吾志则魂飞而魄散。卧则抱珠海底，呼吸归根荣卫，如有一毫物欲攻我气，攻我气则猿颠而马劣，皆促命之由也。

嗟乎！人身精神有几？日用之间，举心动念处，天真已被其灭矣。急急操持，十存一二也。操持之法，又不在乎无迹人处枯坐也，其妙在乎生身处求之。盖吾身不自有，藉父母阴阳之气姤而成之，是知阴阳之气，必仙佛矣。但气非精气，有形之质，乃先天之神气。修仙者，必混俗市尘，忘机花柳，方得造化于闹中之一定，招彼神而炼我神，故云“闹中炼神”，乃日用之要也。

惟其忘而不忘，忘无可忘；念起即觉，觉之即无；神出即照，照之即定；定无所定，凝神入室；无无既无，融神出定[5]；去彼取此，用之至公。非以其无私耶，故能成其私。

---

① 朴，底本作“扑”，校者改。
② 初，底本作“出”，校者改。
③ 键，底本作“健”，校者改。
④ 抱，底本作“拖”，校者改。
⑤ 定，底本作“空”，校者改。

离宫炼己章十一

炼己者，离宫修定之理也。离外阳而内阴，即有生以来，见境触物，渐渐受染一切之己私也。夫始生时，本有乾体，乾乃动物，动则内虚，为阴气侵之而成离。故修身者，克尽己私，天理自然复矣。假如一锭赤金，凿碎之时，已被铜锡之类杂之，视之非金非铁。云何成宝？必倾入炉中，加之销铅，用火烹炼，陶尽阴滓，忽见金华灿烂，色愈光莹精洁，炼就金刚之体，乃永为世之真宝。故修己炼心者，若是而已。

静观吾性之初，浑然天理，譬之真金无铜锡混之也。炉，譬元关一窍也。加之销铅炼之，一切幻境，迫于我之身心，以神炼之，寂然不动，得气补气，感而遂通，犹金之遇火，愈炼愈精也。用火烹炼者，刚决之志，运橐籥而冲和上下也。金华现者，元珠成象也；退阴滓者，己私尽也；炼就金刚者，天理复也。天理复全，则金丹之事毕矣，非譬喻也，合内外之道也。

水府筑基章十二

筑基者，水府求铅之妙也。坎外阴而内阳，内阳非真阳。自生身以后，情窦一开，日生夜长，一切妄动之精，已化为物。既为物，则水火之机坏矣。夫真精未动，原是坤体，坤本静物，静则内实，为阳藏之而成坎。故炼丹者，修身以俟之。假如一段房基，年深日久，根脚渐坠，以被风雨崩塌之患，必须多用人工，将基址筑固，帮以砖石，整备一切物料，方以匠手斲之，一举而成。其主人一家有所依站矣。故筑基眷命者，亦若是而已。

基址，即吾坎宫也；筑固，积坎中之阳精也。一切物料者，即神气、精血、液髓不耗散也。匠，即师也。人工者，在稠人之中，以精召精而时烹刻炼，以类求类而朝取暮采，不可间也。风雨者，念复萌也；主人者，即太极也；一家者，即乾父坤母、三男三女也。于是男女和合，配成夫妇，立命于牝府，则大药不期而自来矣。

炼精气神章十三

夫炼精化气，即水府求铅也。人身本无精，只因欲念一萌，其神化为气，气即化为精。精者，物也。物即成形，欲其归根不可难乎？必须用火煅炼而化为气，熏蒸四大，则百脉关窍，自然通畅矣。此精既化归牝府，已融成汁，七分武火，猛烹急炼，鼓《河图》之巽风，动《洛书》之橐籥，前文后武，上下冲和，精自然化为气。既化为气，须用二分文火，温养于中宫，顷刻金花发现，即炼气化为神。神乃不坏之元神，极好飞腾，不得北方真铅制之，终不成丹。于是求彼兑金，克我巽木，煅炼之久，则满地黄芽、盈天白雪。其变化，状若神明，恍若光烁烁，脱然活泼泼，浑合于渺茫不测之内，还归于虚无涬溟之中。故曰“人知神而神，不知不神而神”者，即元神也。

采后天药章十四

后天者，即日用之取坎填离也。心静本乾卦也。念稍动，即乾中之金，被火逼之飞腾于外。吾今乘时采之而回。采之之法，密使真土擒之，封锁中黄，温温铅鼎，无使再迁他处，绵绵若存，用之不勤。定静之中，赤县先生，孕毓大乘气象，立定万物精华，融成大块，名之赤县门开，日月争明，是采药苗之元也。及其药葩吐艳，华灿帘帏，混沌颠落之顷，阳施阴受之时，忽见斗牛发火，银河滚浪，黑龟便把赤蛇吞，满地黄花邀白雪，一天晓色罩金庭。此时虎斗龙争，其血元黄，我则拨转一寸之机枢，龙降虎伏，三田战罢，夺得一粒元珠。斡回斗柄，逆流天河，结成丹砂，入吾丹田之内，为长生之大药，是采铅芽之妙也。汞乃鼎内丹也，铅即外炉也。鼎炉合一谓之真炉，得之可以延年永寿，仙尚未敢许也。

采先天药章十五

先天者，自虚无中来，吾身未之有也。故仙经云“药从外来”，此之谓也。大药根乎天地之先，隐乎混沌未分之内，产乎鸿蒙将判之间，巍巍不动，大如斗，赤如日，形而上者谓之道也。故曰："无，名天地之始。"静坐生动，小如星，黄如金，形而下者谓之器也。故曰："有，名万物之母。"母因子感之曰化，子因母摄之谓造。造化之妙，包罗天地万象。净裸裸，光冲北斗，倏而赤县门开，玉兔奔走；辉灼灼，气凌南极，蓦地神州电闪，金乌疾飞。云从龙，风从虎。瑞云腾空龙惊蛰，迅风飏海虎翻身。曲江雷后山头雨，明月天耀水中灯。雷雨交作，灯月并明。丹田火起，鼎沸汤蒸。微阳初复，新经既生。节节疏通，关窍即透；息息逆旋，踵息根深。不觉呼吸之气绝、寸尺之脉停，心凉似水，神清如镜，眼欲视不见其明，耳欲听不闻其声，恍然心如入醉生梦死之乡，冥然性凝乎痴呆憨蠢之门，不知有天地物我，不晓有老生病死。纯纯兮一色威光，灿烂兮微映低高。或一二时、两三时，方觉有天地犹以为小也。吾身尚未之见，亦不知在何处着落，少顷，云飞日朗，风和雨歇，始觉吾身如在太虚中，若斯其大乎？吾身之既见也。腹内雷鸣，若翻江倒海之状；月中掣电，若飞雪游丝之境。满口真津，沥沥若雀卵；鼻窍清香，馥馥似兰馨。四肢筋骨如绵[①]软，似梦非梦，若醉未醉，未醉似醉，未梦似梦。天之气混混，地之气沌沌。吾身中之气，浑浑沦沦；身外之气，溟溟涬涬。或三五日、一二日，寂然不动，谓之大定。机关至此，吾精气与天地之精气合而为一矣。定然后动，天机一振，才知有我身、有我心，万孔如蚁行，两耳如风声。囟门中鸦鸣雀噪，夹脊上车行马踏。还而返，返而还，不记其几；交而合，合而交，何可胜言。似此景象，乃乾坤交罢，得先天之药象也。采之各得其时，炼之各得其法，则天仙之药，尽在此矣。倘已私一毫不尽，此乃后天之药，非先天也。

日月合璧章十六

崔公《入药镜》云"日有合，月有合"者，是阴阳返之机也。日者，乾也；日中之乌者，离也；月者，坤也；月中之兔者，坎也；乾者，日中之体，动则中虚而为离，离乃日中之用也；坤者，月中之体，动则内实而成

① 绵，底本作"棉"，校者改。

坎，坎乃月中之用也。坎离非乾坤无以为之体，乾坤非坎离无以为之用。用也，体也，则乾坤穴也。月有合者，魄盗魂之三爻也，朔之三日，胃昴阳生，是坤索乾之初九，变而为震，曰："长男乍饮西方酒。"朔之八日，平分两明，是坤再索乾之九二，变而为兑，曰："少女初开北地花。"朔之望日，圆照卯氐房，是坤再索乾之九三，而颠倒乾坤，圆体就而变为坎，曰："坎配蟾宫却是男。"本体既圆，圆极则缺，盈极则亏，所以日有合者，魂盗魄之三爻也。望之十六，箕斗丧明，是乾索坤之初六，变而成巽，巽风吹起六阳神。望之二十三，丁生半轮，是乾再索坤之六二，变而为艮，曰："元箕塞艮旋斗牛。"望之二十八，合壁虚危，是乾再索坤之六三，而复成坤，坤阴阳合而变为离，曰："日居离位翻为女。"此即八卦交错，日月相荡之根源也。反求吾身，乾即心内之性也，坤乃身外之命也。乾之为物，静则火而动则水；坤之为物，动则火而静则水。此动静之间，水火互为其根，是以日月水火者，喻吾身之性命也。乾之初爻，乍泄于坤而为震，是性之精初动，性将合于命也。故曰"初九，潜龙勿用"，谓药之用，地雷将复，安静以养微阳也。乾之二爻，再泄而为兑，是性之精再动，而二性半合于命也。故曰"九二，见龙在田，利见大人"，谓药之不老不嫩，正可用也。《参同》云"二者以为真"，即铅遇癸生时，将入上弦药半斤，白虎初弦之气也。乾之三爻，尽泄于坤，是性之精再动，而三性尽合于命也。曰"上九，亢龙有悔"，谓药之老而不可用。《参同》云"其三遂不入"，即金逢望远月将亏。此三爻之法象，即有形之中有也，药从外来也，虎也，龟也，月出庚也，铅也，金也，水数生成一与六也，即立命以复性之功夫也。乾既归乎坤，坤中之阳，若不得真土擒制，则水泛滥而命基难立矣。所以抽坎中之阳，补离中之缺，变成乾健之体者，即前摄初爻而为巽，是命返乎性之始也。曰"初六，履霜坚冰至"，谓火之初萌未有气也，月之已亏矣。乾摄坤之二爻而为艮，是命返乎性之半也。曰"六二，直方大，不习无不利"，地道光也，谓火之圆莹明净，正可炼药而结丹也。《参同》云"火二与之俱"，施文著武也。下弦水八两，青龙初弦之气也。乾三摄而得坤之全体，是命尽合乎性也。曰"六三，含章可贞"，谓之太过，若不温养，定损乎药，故崔公曰"火候足，莫伤丹"，月之晦也。此三爻之法象，即无形之中无也，丹在内结也，龙也，蛇也，日正午也，汞也，铅也，火数生成二与七也，即养性以制命之功夫也。所以修身之士，观日月相荡之机，反求吾身，则金丹之妙，不求师而知过半矣。

天地潮候章十七

天应星，吾性之全体现也。《庄子》曰："守太空者，发乎天光。"譬如天气清爽，万里无云，而星月光辉，即天之应星也。养性者，亦若是。地应潮者，彼命之阳气复也。《庄子》云："水中火起，乃焚大块。"譬之天气冲和，万籁无声，而水涌碧波，即地之应潮也。立命者，亦若是。合而喻之，即乾之泄于坤而造坎离，我即取坎填离而造乾坤者也。

生门死户章十八

《参同》云："乾坤者，其易之门户。"奇者，户也；偶者，门也。阳奇阴偶之数也，单为户而双为门也。乾者，离之体也。离中之阴者，人心之私也。私党尽，则离中之汞虚灵矣。故曰"死我户中之阴气"，即不动心之谓也。坤者，坎之体也。坎内之阳者，人身之精也。精不摇，则坎内之铅实固矣。故曰"生我门内之阳精"，即一阳来复之谓也。是以《参同契》云"明此两窍"者，正谓此也，非产门之比也。

元牝立基章十九

夫元牝，二物耳。青龙初弦之气，曰阳，曰元；白虎初弦之气，曰阴，曰牝。《悟真篇》云："要得谷神常不死，全凭元牝立根基。"《心印经》云："出元入牝，若存若亡。"《老子》云："元牝之门，是谓天地根。"由是知元龙之精始于乾，乾者，天门也。牝虎之气胚于坤，坤者，地户也。故元牝之门，即天地之根也。今之修身者，要谷神不死，必须忘机。俟其天光宥密，神化坤宫之顷，追倏忽之精华，时游于混沌之地，封闭其七窍，不俟其目鉴，则元牝之基立，鄞鄂之胞结矣，神存而真胎息矣。故太上云："胎从伏气结，气从胎中息。"是耶非耶？先觉改正焉。

元牝自有真元牝，不是心肝肺脾肾。
识得吾身受气处，莫把天机都泄尽。

在口传心授，难以纸笔也。

玉液七还章二十

夫玉液七还者，即坎离既济之造化，而为小周天也。玉者，喻我之性，本来洁白无瑕也。液者，玉之花照丹田而生真一之红也。七红之生成，天一地六之数也。还者，已去而复还也。总而言之，不过是壶中景象，“回风混合，百日功灵”之验应也。夫心明则性见，性见为乾。乾本体静极而动，动则成离，离为朱雀，翱翔而下，变为元武，元武即坎中之真精，真精乃玉液也。斯液受制于坎宫，坎宫属水，以水济火，是水返乎火之一，而荡初三庚金之一返也。少顷，圆体重明，再泄于坤，依时采之，是水返乎火之二，而荡上弦丙火之二返也。圣日圣月，返照金庭，再吐微光，西南药生，急而采之，是水返乎火之性三，而荡望夜甲木之三返也，月既望矣。物盈必亏，亏则东北丧朋。往于西南得类，是水返乎火之四，而荡斗牛庚土之四返也。亏之廿三，丁南又丧其明，我复以阳燧招之，牢封土釜，是水返乎火之五，而荡下弦丁火之五返也。至于廿八日，合璧虚危，阴之至极，阳之将复，龙战于野，存诚慎独，是水返乎火之六，而荡晦暮壬水之六返也。如此六返，以合一月周天，而五行四象各合本体，吻合太极，生出一点真精，犹月之晦而出明，阳又将复，如朔之时，采而炼之，结成丹头，炉中赫赫常红，是水返乎火之七，而荡癸水之七返也。如此七返之妙，乃是取坎填离、玉符保神之义。所以月圆七次，七返七炼，而结一粒金丹，名之曰红真，红真在内而交者也。

金液九还章二十一

夫金液九还者，即乾坤交姤之造化，而谓大周天也。金者，喻彼之命，原本隐名，如金之刚而光辉者也。液者，即金生丽水；九者，地二天七生成之火数也；还者，失而复得也。总而言之，无非是身外法象，阴阳胚胎，冲和十月，胚胎之应验也。候前玉液七还之时，日月薄蚀在内，少阴少阳交合于外，姤出一粒黍珠，自外而入，竟落黄庭。黄庭之下，龟吸蛇嘘，海泛浪涌；黄庭之上，龙吟虎啸，云收月明；黄庭之左，紫气腾腾，婴儿倡声；黄庭之右，电光霭霭，姹女敛衽。只见千条赤锦，万道黄花，交彻乎黄庭。黄庭之内，俨如夫妇交情之状，似乎水忙未泄之机，美在其中，而不可以笔舌记者，是日之正午，而丹之还一也。九还者，以其丹之九熟正午圆莹九次，而还丹归九鼎也，非真有十个月之数也。岂不闻攒年簇月，攒月簇日，攒日簇时，二候得药，二候运火，二候沐浴，一刻工夫，可夺一年之节候者，不我欺也。即《心印经》云："一得永得，顷刻而成。"可知圣胎之结，在顷刻耳。九还之理，是乾坤交姤，金液炼形之义。所以日午九次，九还九炼，而孕就大药一片者，名之曰"真火"。真火在内而交者也。

内外二药章二十二

丹书分别内外二药，两个真阴真阳之作用，往往形于笔舌，思之未尽其善也。夫身内之阴阳，有内有外。自生身以来，性在天际者曰内药，外火也，曰离卦，少阴也；命在海底者曰外药，内火也，曰坎卦，少阳也。阴阳二物，孕成一体，谓之内鼎，真内药。内药了性，人仙之道，即金丹在内也，我身之太极返本也，阳燧也，亦方诸也。天机尽泄于此矣。夫身外之阴阳，更有内外坎离之体，本自乾坤一变而来。乾坤者，母气也；坎离者，子气也。子恋母，母亦爱子，故一静之中，坎离既交于内，作丹之本，于是应彻乎天地，而天地之大药，不召而自来，隐隐有象，若明窗尘，恍惚之间，金乌绕于外左，曰外火，内药也；曰乾卦，太阳也。杳冥之间，玉兔奔驰于外右，曰外药，内火也；曰坤卦，太阴也。夫乾坤坎离之象，我身未生之时，同太虚为一体也。惟有我身分而为两，再有我心，两而为四,四而八,八八六十四，而至于万万，不可胜数也。故修还丹者，先筑固其子，以感召其母。其母气，自虚无中感召而来，在外交合，毓出一粒之大药，入于黄房，而就我一身之己汞，即三丰云"夺他一点吞归腹，身中化作四时春"，是也。且此乾坤结就一点，谓之外炉，真外药，外药了命，地仙之道。二药各立一极，谓之真阳。真阳生出金玉两液，融和一处，结成丹砂，耿耿紫金色，辉灿天边日，到此方知我命不由天矣。是药从外来也，彼家之无极还元也，祖气也，母气也，得之而成仙也、佛也，皆由此径而入也。

文武二火章二十三

丹士以火炼金者，谓神驭气而摄归乎中也。火有文武，即药有内外。药之内外，即火之候也。采药，外火候，即武火也。药既化矣，固守胎息，出元入牝，若亡若存，曰内火候，即文火也。寂然不动，曰文内也；感而遂通，曰武外也。金丹在内，文也；药从外来，武也。丹书所谓："守城须假文火，野战当着武功。"《鼎器歌》云："首尾武，中间文。"首以武火，养我乾金也，心息柔而志要刚，奋迅精神，驱除私欲之谓也。尾以武火，炼彼兑金也，刚要动而柔要静，浮游守规中，阳燧取火之谓也。未得丹时，用武火降龙也；正得药时，用武火伏虎也。若文火用于得药之顷，火寒而丹不结，大药终不能化。若武火用于结丹之后，火燥而药有伤，烹鼎之患难免。丹药既已入鼎，龙虎战罢，风和浪平，惟宜守城沐浴，使其炉土温温，养而熏之，丹熟自然光闪帘帏。内符外合，蜣螂攘丸，暗合天枢，即合中间文火也。一阴始生曰肃杀，武火也；一阳来复曰施生，文火也。阴阳冲和，混沌中央，曰金丹，文火也。文也，武也，生杀反覆之机也。

斤两老嫩章二十四

夫药之有老嫩斤两者，实有其事，非譬喻也。山头月白电光闪者，药之嫩也；潭底日红地雷复者，正其时也。今逢望远月始亏者，药之老也。丹生乾位曰甲，见之不可用，木汞一点红，木之生数也；药产坤方曰庚，用之不可见，金铅三斤黑，金之生数也。山下出泉蒙，造化在须臾，虚日（子）危月（亥），合璧壬癸，此药之斤两也。曲江之上金乌飞，嫦娥时与斗牛欢，此药之轻清也；水中火起，妙在虚危穴，此药之正旺也；进火工夫斗牛（丑）危，立箕（寅）旋牛回天力，此药之通变也；虚危上应，龟蛇合形，一得永得，自然不轻，此药之大化也。八两日月精者，药之内交斤两也；半斤乾坤髓者，药之外交斤两也。合内外之金火，而得一斤之数也。故先师曰：“临炉空论两，水火要均平。”其妙在斗牛危虚，参究真实，诚不误矣。

阳火阴符章二十五

退阴符者，姤卦一阴生也，阴去符阳也。坤之为卦，三偶则六，而其揲亦六，策亦四六二十四，是谓居四之太阴。乾之六画，纯阳也。夏至一阴生，乾则变坤之一爻，得二十四,六爻之策，一十八变而大成，揲得一百四十有四，故曰退阴符也。进阳火者，复卦一阳生也，命初归性也，阳返合阴也。乾之为卦，三奇则九，而其揲亦九，策亦四九三十六，是谓居一之太阳。坤之六画，纯阴也。冬至一阳生，则坤变乾之一爻，得策三十六,六爻之策，一十八变而大成，揲得二百一十有六，故曰进阳火也。

防危虑险章二十六

防危者，防其龙之狞恶为患，故存心而养之。龙，即喻我之性也；虑险者，虑其虎之猖狂为害，故修身而立之；虎，即喻彼之命也。倘龙虎交战，顷刻身心有变，稍有不谨，反生为杀，岂不危险者哉？故丹书云：“七返还丹，在人先须炼己持心。”心者，一身之主，万化之柄。性在乎是，命在乎是。若居其所而不动，何有危险之可虑者哉？

温养沐浴章二十七

温养者，在百日工夫之后也。胎凝丹结，神气融和，斯时火怕寒，水怕干，阳不敢进，阴不敢退，惟以真心内炼，妄念外绝，内俱不出，外俱不入，若亡若存，如蟾养光，似鸡抱卵，犹朱砂产于夏至。阳极阴生，火旺之乡。秋以内，当以文火温养之，而外不可用以武火也。金铅生于冬至，阴极阳生，水旺之乡，春以外，当以和气沐浴之，而内不可加以肃杀也。修身仿此，则金丹之事毕矣。

筑坛入室章二十八

择地于市尘之中，盗太和之气以为丹本，外护丹友，同志者二三人，递相规觉，不可执一自专。所择之地，上应天星，下来地脉，坛立乎中，结室容身，四面留窍，悬镜五面，香灯道具，琴剑花瓶。昼夜如一，内外真白，更有作用，在于口传心授，不可形于纸笔。

十月怀胎章二十九

即前乾坤交姤。三百日内，九还之大造化，都来三万刻，刻刻要中和，毫发无差忒，婴儿现金色。到此地位，更加防护，倘有所失，则前功俱废矣。

调养出神章三十

如养小儿法，不可有惊惧，不可有饥寒，时时刻刻惺惺观。在风雨寒暑，不可纵之于外。凡有一切幻境，俱不可认，惟此一个，乃是道理。以虚而乳之，待其千日老成，方许遨游海岛，再行面壁之功也。

移胎换鼎章三十一

阳神出入纯熟，按捺住，移居上田，向百尺竿头不着力处再进一步，谓之神出中州，重整乾坤再安炉鼎。此时招彼太空之精，炼我虚无，与道合真，子又生孙，千百亿化，其妙无穷，故曰："打破虚空为了当，此是吾家真归空。"这段妙诀，不可形于纸笔也。

九年面壁章三十二

炼虚既合于道，所用一切世间法，悉皆委弃。草衣绝粒，静养于悬岩孤壑之处，对壁九年，形如槁木，心若死灰，骨萎如柴，面如猩血，唇如丹砂，眼如点漆，行若奔马，气如烟生，不饥不渴，寒暑无侵，寿永天地，六合同春，形神俱妙，隐现莫测，惟积功累行，以候上帝宣召，白日飞升，大丈夫之能事毕矣。寂然不动，万物皆空，体若太虚，名曰静功混沌，脱然无所挂碍，此吾家真归空也。

附录：金天观碧云孙真人像传

（摘录自《栖云笔记》）

清　刘一明

孙真人，号碧云，不知原籍何地，系明初之人。形象魁伟，面方色赤，目大准隆，燕颔虎须，貌类正阳子。早得金丹火符之秘，精通阴阳造化之理，常游冯翊，入太华栖居，后游京都（指北京）。

永乐皇帝重建武当山，重真人道德，旨诏金阶，钦命为武当山住持，总管道教事。时张三丰真人在武当混俗和光，人莫能识，惟真人深知，朝夕亲近，多得利益。

后辞职西游，至兰州。肃藩王素闻其名，遂迎请之，以师礼相待，复于西郊外金天观，九阳山之西，为真人筑圜室以养静。时有承奉阮黎二人，少好道学，因而皈依，奉侍左右，卒得实惠。真人于圜室造风火榻，冬暖夏凉，本朝尚存。乾隆四十六年（1781 年），番逆作乱，焚烧其观，遂灭其迹，不可复有。真人因观近市井，不乐久居，辞王离兰，复游少华，旋归武当。自武当去后，不知所终。有所著《修身正印》丹书行世。王自真人去后，忆想不已，遂于观前当河建桥一通，名曰“望仙桥”，冀其复至；又刻真人像于石碣，使其永远不灭，其意见像如见真人也。

本朝康熙十三年（1674 年），中丞巴公，出巡哈密，路经戈背，亢渴至极，求水不得。忽一道人，持二瓜上奉，不通姓名，袖出一函，托带金天观。巴公至兰，付函于观，拆函视之，内书真人道号，别无他说。及见真人像，始知进瓜道人，即真人也。因捐资，重建其庵焉。

噫！自明初至清初，三百余年矣，真人犹现形济渴，非性命皆了、形神俱妙者，焉能若是乎？年远日久，后人不知出处，直以碧云孙真人，误为思邈孙真人矣。今本仙传，录其始末，谨为之传，刊刻于石，以证相传之谬云。

第五编　地仙玄门秘诀

（丹家手抄秘本）

〔提要〕《地仙玄门秘诀》，系丹家手抄秘本丹经，抄本得自胡孚琛老师。据胡教授介绍："历代丹家秘传，多用手抄本师徒授受。余于1983年春访道于崂山太清宫，由匡常修道长引见先师王沐先生，王沐先生以此手抄本相授。此抄本名《地仙玄门秘诀》，文字浅显，丹法精到，贯通三元，知其为内丹学大家之著述，宜初学者入门之用，余阅读时曾随手用朱笔作了批注。此丹家手抄秘本，佚失作者姓名，仅有张子本所作《叙》题乾隆四年（1739年）。王沐先生所得丹家秘本乃道门居士杜兴培于1934年抄录，抄本工笔小楷，字迹清秀。"①

《地仙玄门秘诀》不署作者名，当系在传抄的过程中遗漏所致。然经笔者研读，其主体部分与《觅玄子语录》多有雷同之处，或可能是在《觅玄子语录》的基础上增删改写而成，也可能是《觅玄子语录》的另外抄本题名《地仙玄门秘诀》所成。

本次据《地仙玄门秘诀》手抄本点校，参考胡孚琛教授《丹道仙术入门》所收录的点校本。

① 胡孚琛．丹道仙术入门．北京：社会科学文献出版社，2009：317.

叙

余尝窃笑夫世之人，动慕丹道，以求飞升，轻听僧道方士淫邪放僻之言，服食运气，以致陨丧其身者正复不少。甚而以采战淫媟之事，作神仙求道之方，此又愚之愚者也。独不思神仙脱胎，亦系死后灵光不昧耳，非血肉之躯可以上升不敝也。乃世之人甘于自促其生，而不知悔，可慨也夫！独此书一切服饵升举，半语不及，显然并无此事。惟清心寡欲，可以却病延年。谆谆是训，其与世之荒唐者向别。于是喜为书而复系之言，以弁其首。

乾隆四年（1739 年）岁次已未仲春中浣有二日

华亭张子本书于燕京客舍

地仙玄门秘诀

大丹之道，不外性命双修。性者，心神；命者，肾气。神气混一谓之双修。性由心悟，妙在无心。命假真传，要须采气。采气之诀，不是有心存想，搬运身中血气。一身血气，皆属至阴，谓之后天。中有真阳，名为元气，乃属先天。[①]气运有时，逆行为采。丹道只重一逆字。法在夜半子时以后，一阳将动之时，玄门谓之“冬至”。披衣起坐，内照澄心。阳气虽来，初犹未觉。防闲既久，自见两肾中间一缕金光，从窍涌出。欲过关元（在脐

①《性命圭旨·天人合发采药归壶》云：“盖人之一身彻上彻下，凡属有形者，无非阴邪渣浊之物。故云房真人曰：‘四大一身皆属阴，不知何物是阳精。’”张紫阳《青华秘文·总论金丹之要》云：“人一身皆属阴，惟有一点阳耳。我以一点之阳，自远之近，转之又转。战退群阴，则阳道日长，阴道日消。故《易》曰：‘龙战于野，其血玄黄。’至于阴尽阳纯，而丹始能升于泥丸。决然奋厉，真人于斯而始见矣。金丹之道如此而已。”

下三寸），偷泄而去。惟因起坐，只得逆行，逆行而还归气穴。返还既久，日渐气增，气至以微意迎之，使之升于神室。肾气上升，心液下降。心下肾上，强曰“中宫”。肾气属“坎”，心神象“离”，神气配合曰“坎离交媾”。交媾数足，入落黄庭，一点微光，形如黍米，一日一粒，黍米渐增，神气始溢，逼勒上升，冲贯尾闾、夹脊，直透泥丸。由泥丸下降，复落丹田。升降循环五六七遍，又复凝然。有如圆月，下浸寒潭。神气愈盛，下寄于坎离之中，外达于任督之表。丹田至顶，强曰“乾坤”。河车运转，仍落黄庭，遍体生光。红炉点雪，阳气日长，阴气日消。剥尽群阴，纯阳乃复。总之所谓炼气、炼神。至于炼形，别当有诀。起一身之真火，煅百脉之浓阴，去下秽浊，退上皮肤，神气愈清，形骸愈结，坚如铁石，寒暑不侵。一朝解化，遗蜕长存。形神俱妙，信不诬也。虽然炼神、炼气，统在性中，性乱神昏，气终阴浊。欲超仙境，何异象龙？

炼形之诀，大约一年可作二三次，每次始初可二三日，以后五六日。不饮不食，不接人事。以腹有饮食，则隔碍真气，不能遍彻一身，岂能尽逐向外。炼形之时，谓之“分龙”。盖初修仙者，其阳虽盛，尚与后天之气相混。既杂后天，便非纯“乾”，不能脱出阳神也。若渐与后天形躯分出，则真阳之气可以去来自由，遂向顶门飞出。是知先天真气，乃立体于虚无，藉后天之气以载之耳。因始出炼形，止二三日，以不能久饿也。

丹家有“内解”“外解”。内解者，是从大便泄出肠胃中之污秽。外解者，是生疮痍等症，攻出皮肤之疾，随人平日所受何等病耳。盖缘真气充足，邪气不能相容，自然发出来也。

第一　炼己

道有三乘，上乘、中乘、下乘。世之学者，开口便说清静无为，忘人忘己，此是最上一乘。初学岂能到此？但需忙里偷闲而已。偷闲之法，先辟静室一间，上悬祖师圣像，使心有所归依。无力构室，随缘随处，皆可取静。禅家所谓“若能静坐一须臾，胜造河沙七宝塔”是也。方期欲静之时（期，犹要也，至当也），转觉许多不静。盖因身中五贼有以致之耳，故必使目不视外而视内，则魂在肝而不从眼漏；耳不听外而听内，则精在肾而不从耳漏；鼻不闻香而呼吸在内，则魄在肺而不从鼻漏；口不开言而默默守内，则意在脾而不从口漏；心不妄想而惺惺在内，则神在心而不从想漏。如此祖师所谓“精神魂魄意，攒簇归坤位（坤为腹）”，而独无漏者也。[①] 久久纯熟，闹中亦可取静，而为炼己之事始矣，所谓炼精化气也。

第二　采药

此功常静，凭此清静之功，而行采药之诀。药者何物？吾身中元气是也。人之一身，俱是血肉所成，属阴。惟此一点“元阳之气”（此即先天之气，以其杂于血气之中，不可纯谓之先天矣），行于血气之中，而能目视、耳听、手持、足行。然人生有此元气以生之也，所以玄门强名此气曰“命”。而又以心中之神，强名曰“性”（性命、神气，原只是一，强分之者，设此条目，以教人耳）。盖因心气、肾气而分言也。以神驭气，性命合而为一，则曰双修（功夫只在“双”字，心火炎上，肾水下流，便不双矣）。夫修性者，必兼修命。修命无他，不过采此肾中之气耳。采气之诀如何？要知凡人一身脊骨二十四节，从下尾闾穴，至上第七节之旁，两肾居之。肾属水，天一生水，夜半子时以后，一阳复生，身中元气自下而上，恰好行到肾。两肾中间有一窍，正在七节之中，元气从此而出。所以人人睡到半夜以后，外肾阳举。阳不自举，由内肾窍中之气发出。行到外肾而阳举耳。当其内肾阳气将到外肾之时，不妨披衣起坐，垂目闭口，调息绵绵，存想两肾之间，若有气从此出（此气玄门谓之铅，卦属“坎”，名曰“水中金”也，又名白虎）。肾络连心，下动上应，夜夜行功，坐到更余，方才就睡。月余之后，心觉两肾中间，气动而出。只因起坐，此气不得顺下而行，逆而往上。（丹道重一“逆”字。语云：顺则成胎，顺则以此点精气，施之同床之凡母便成胎。逆

---

① 张紫阳《青华秘文·直泄天机图论》：“夫两目为役神之舍，顾瞻视听，神常不得离之。两耳为送神之地，盖百里之音闻于耳，而神随之而去。两鼻为劳神之位，随感而辨薰莸。辨之者谁？神也。使耳、目、口、鼻皆如眉，则神岂不安而全之？夫如是，则不为后天也，亦不劳修炼也。大抵忘于目，则神归于鼎，而烛于内。盖绵绵若存之时，目垂而下顾也。忘于耳，则神归于鼎，而闻于内。盖绵绵若存之时，耳内听于下也。忘于鼻，则神归于鼎，而吸于内。盖真息既定之时，气归元海之理。合而言之，俱忘而俱归于鼎，而合于内矣。口诀：鸡能抱卵心常听。”

则成丹，逆则以此点精气，施之身中之灵母便成丹。丹者，出世之胎；胎者，传世之丹。）[①]

外肾不举，便是阳气不走之验。不采之采，是名为采。而所谓炼精化气者，已在此矣。精何谓化气也？栖云先生曰：人吃诸味与五谷，浊者化为渣滓，津液化为阴精。阴精不经煅炼，便在身中作怪，思想淫欲。只用丹田自然之风，吹动其中真火。火在下而水在上，水得火蒸（卦名既济）。又若炉火中之水，得火蒸者，自然化为气而上腾。熏蒸传透于一身之关窍，是为阴精炼尽而化为真气。

第三　交媾

肾气既觉上升，便以心气向下迎之（此气玄门谓之“汞”）。久久迎合，心肾二气，自然交媾（玄门谓之“小坎离交”），所谓身中之夫妇也（坎男离女）。虽是以意为媒，用意勾引，而夫妇必借黄婆（黄即中央）意土也，又曰戊己土。所谓交媾，只在心肾二气循环于心下肾上之间（玄门指此为洞房

---

①《性命圭旨·天人合发采药归壶》：“一时之内，自有一阳来复之机。是机也，不在冬至，不在朔旦，亦不在子时，非深达天地阴阳而晓身中造化者，莫如活子时如是其秘也。既曰一日十二时，凡相媾处皆可为，而古仙必用半夜子阳初动之时者，何也？其时太阳正在北方，而人身气到尾闾关，盖与天地相应，乃可以盗天地之机，夺阴阳之妙，炼魂魄而为一，合性命而双修。唯此时乃坤复之间，天地开辟于此时，日月合璧于此时，草木萌孽于此时，人身之阴阳交会于此时，神仙于此时而采药，则内真外应，若合符节，乃天人合发之机，至妙至妙者也。陈泥丸云：每当天地交合时，盗取阴阳造化机。……盖此时，天地一阳来复，而吾身之天地亦然，内以采取吾身之阳，外以盗取天地之阳，则天地之阳有不悉归于我之身中而为我之药物乎？然而天地虽大，造化虽妙，亦不能越此发机之外矣，此感彼应理之自然。人若知此天人合发之机，遂于中夜静坐，凝神聚气，收视返听，闭塞其兑，筑固灵株，一念不生，万缘顿息。浑浑沦沦，如太极之未分；溟溟沁沁，如两仪之未兆。湛兮独存如清渊之印月，寂然不动；如止水之无波，内不觉，其一身外不知其宇宙。夫亥之末，子之初，天地之阳气至则急采之，未至则虚以待之，不敢为之先也。……夫金丹大药，孕于先天，产于后天，其妙在乎太极将判未判之间。静已极而未至于动，阳将复而未离乎阴。斯时也，冥冥兮，如烟岚之罩山，蒙蒙兮，如雾气之笼水，霏霏兮，如冬雪之渐凝渐聚；沉沉兮，如浆水之渐碇渐清。俄顷，痒生毫窍，肢体如绵，心觉恍惚，而阳物勃然举矣。此时阳气通天，信至则琼钟一扣，玉洞双开，时至气化，药产神知，地雷震动巽门开，龙向东潭踊跃来。此时玄关透露而精金出矿之时矣。”

宫）。交媾数足，循环数百遍，落入黄庭（黄庭，丹田也）。人间之夫妇有夜不交媾，身中之夫妇无夜不交媾。夜夜落人黄庭，则伩伩元气凝聚，便是积气。积气便是抽添，所谓“气是添年药”。常人以之延年，玄门以之修炼，皆借此气为丹头矣。

第四　河车

元气渐渐积聚于下者，无路可通，只得下穿尾闾而夹脊，由夹脊而玉枕，由玉枕而泥丸，此皆后天通也。又自下丹田有气一道，踊跃而升直至泥丸，此胸前气通也。前升之气勾引后升之气，上而复下，下而复上，玄门所谓“河车运转”。又云“夹脊双关透顶门”“常令关节气通透”者，此也。总之，是任督二脉通，则百脉皆通。《黄庭经》云“皆在心内运天经（天经，即吾身中之任督二脉），昼夜存之自长生”者，此也。任脉起于中极之下，循腹里上关元至咽喉，总任阴脉之海，盖任由会阴而腹也。督脉起于下极之腧，寄脊里上风府循额至鼻，总督阳脉之海，盖督由会阴而行背也。会阴穴，穴在两阴间。人身有任督，如天地之有子午也。

第五　心息

运转之后，复落入黄庭，自觉黄庭之内有气存焉。吾以心念常常照顾，玄门所谓“心息相依结圣胎”，又谓“凝神入气穴”者，此也（白祖云：“炼丹无别诀，只要凝神入气穴”）。行住坐卧，照顾不移，神气自然凝一。气既归中，鼻中之气息自微，所谓“调息须调真气息”者，此也。然凝一之久，又复周流，循环不已。鼻中之气接着天地之气，从鼻而入，接着吾肾之祖气，与之混合，一齐运行（此人也渐与天合，以为后来炼气化神之张本），补益吾斲丧之真气，正是“竹破须将竹补”是也。[①]又以此气融化，我日逐谷气，所生津液，而生真精。精盛自然化气，气盛自然化神，精气神充满于一身。所谓“精从内守，气从外生，以气取精，可以长生”，然而仍属后天，未能超脱，以之却病延年可也。如欲得丹脱化，必须弃世入山，静极（小静三日，中静五日，大静七日）生动。所谓“大死再活”，此时全在道友扶持之。斯后虽见于书而未臻其境，不敢妄为之述也。

第六　金丹

《金丹纂要》曰：金丹者，何也？无上至真之妙道，金刚不坏之义也。初非别物，本来一灵而已。此一点灵明，永结不坏，如金之坚，愈炼愈坚，所以道家喻为金丹。上士修丹之始，必借阴阳五行以成之，其后渐以阳火煅炼，真金养成。真金纯阳之体，遍体生光，此金丹之真境界也。然铸金必用炉鼎，修丹必用灵药，必用火候。学道之士，必于三者之中，一一分明。务知炼己功夫，方许下手。用功努力精修，慎勿懈怠，庶金丹方能有日成也。

---

① 刘一明《修真辩难·真正首经》：“《悟真》云：‘竹破须将竹补宜，抱鸡当用卵为之。’《参同》云：‘同类易施功，非种难为巧。’盖我之先天有伤，必用我之先天补之，方是同类真种。我之性命不固，仍以我之性命接之，方是同类真种。”《尹真人东华正脉皇极阖辟证道仙经·添油接命章第一》：“了真子曰：‘欲点长明灯，须用添油法。’一息尚存，皆可复命。人若知添油之法，续尽灯而复明，即如返魂香点枯荄而重茂也。油干灯绝，气尽身亡，若非此窍，则必不能添油，必不能接命，无常到来，懵懵而去矣。故吕祖曰：‘塞精宜急早，接命莫教迟。’接则长生，不接则夭死也。人生气数有限，而盛不知保，衰不知救，如刘海蟾云：‘朝伤暮损迷不知，丧乱精神无所据。’细细消磨，渐渐衰耗，元阳斯去，阖辟之机一停，呼吸之气立断，噫，生死机关，迅何如也？而世人不肯回心向道者，将谓繁耶？抑畏难耶？然于此着功法，最是简易，但行住坐卧，常操此心，则天地真气随鼻呼吸，以扯而进，自与己之混元真精凝结丹田，而为吾养生之益。以天地无涯之元气，续我有限之形躯，自是容易。……嗟夫，人生如无根之树，全凭气息以为根株，一息不来，即命非我有。故修长生者，首节专以保固真精为本，精旺自然精化为气，气旺自然充满四肢。四肢充满，则身中之元气，不随呼而出，天地之正气，恒随吸而入。久之胎息安、鄞鄂固，斯长生有路矣。”“若能行住坐卧常常默运，则精气在内周流旋转，绝无漏泄之患。兼之内气既转，鼻中气息自微，且自三才真气从鼻而入，下接我肾祖气，与之混合，被我一齐运行，自上而下，下而复上，自然补益真气，正是‘竹破须将竹补宜’也。此一真气，正是融化我人，日逐谷气所生津液，化成真精。精盛自化真气，气盛自化真神，斯三充满一身，而大药自产。然后踵行采取，亦可自结灵丹，然仅得夫玉液耳！”（《古书隐楼藏书·如是我闻》）

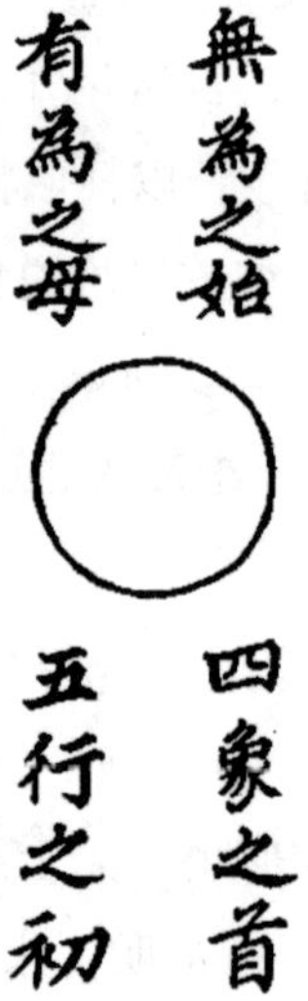

金丹大道图

第七　炉鼎

炉鼎者，何也？其炉鼎之名非一，曰乾坤鼎器，曰坎离匡郭，曰太极神炉，曰混元丹鼎，曰偃月炉，曰悬胎金鼎，曰玄牝，曰虚无，曰黄庭，名虽各异，炉鼎则一。又名玄关一窍，既是此炉鼎也。炉鼎二器，今曰一窍，到底炉也、鼎也？答曰：鼎也。其玄关一窍○，系熔药之所也。因喻曰鼎。玄关之外，天然真火烹炼，不可以名为炉也。抱真子曰：炉鼎之义明矣，何以又名为玄关乎？答曰：至玄之关窍也。凡人之真息，一呼而接天根，一吸而接地根，往来必由关窍，譬若关口然。即真息呼吸必由之关也。画图⊖者，阴阳交结之象也。是窍也，藏于先天混沌之中，隐于无有、有无之内，人之一身，八脉九窍，经络联腠，空间一窍，至虚至灵。《度人经》有曰："中理五气，会合百神。"太上谓之谷神。陈致虚先生曰："此元气所由生，真息所由起，神仙凝结圣胎之处也。"抱真子曰：此一窍，既在人之身上，居何所乎？答曰：难言。着在身上便不是，离了此身又更不是。然此非自身亲得，焉能知之详确？[1] 惟丹书有云："乾坤交媾罢，一点落黄庭。"黄庭，即玄关。此乃指明之玄关部位也。未尝乾坤交，安识黄庭落？凡修真之士，识此一窍，则采取在此，交媾在此，烹炼在此，温养在此，结胎神化，无不在此矣。

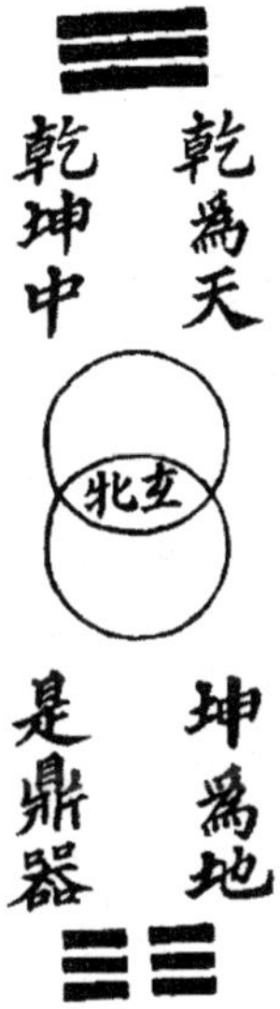

炉鼎图

第八　药物

药物者，何也？药物之名，亦非一说，曰婴儿、姹女，曰木龙、金虎，曰乌肝、兔髓，曰交梨、火枣，曰天魂、地魄，此等类皆是异名。惟先天元阳祖气，即药物也。曰：大药三品精气神，今独言祖气何也？元气即元精所化，以元神居之，三者凝于一矣。分而言之，名虽有三，而先天一气，实为

① 李道纯《中和集·玄关一窍》："夫玄关一窍者，至玄至要之机关者。非印堂、非囟门、非肚脐、非膀胱、非两肾、非肾前脐后、非两肾中间。上至顶门，下至脚跟，四大一身，才着一处，便不是也。亦不可离了此身向外寻之，所以圣人只一'中'字示人，只此'中'字便是也。我设一喻，令尔易知。且如傀儡，手足举动，百样趋跄，非傀儡能动，是丝线牵动。虽是线上关捩，却是弄傀儡底人牵动。咦！还识这个弄傀儡底人么？休更疑惑，我直说与汝等。傀儡比此一身，丝线比玄关，弄傀儡底人比主人公。一身手足举动，非手足动，是玄关使动。虽是玄关动，却是主人公使教玄关动。若认得这个动底关捩，又奚患不成仙乎？"

药物。曰：何以为先天乎？曰：父母未生此身，先有此气，既有此气，始有此身。非先天而何？盖人一身，皆后天而生，属阴；惟[1]此祖气，先天而生，属阳。取此先天之阳，点化后天之阴，换尽阴浊之躯，变成纯阳之体，而丹始成。但产药有川源，采药有时节，入药有造化，炼药有火功。张紫阳祖师曰："要知产药川源处，只在西南是本乡。"因西南即是坤方，坤位在腹，而祖气发生于腹中，此乃阴中之真阳也。如乾一爻交坤而成坎，坎中原有乾金，所以曰水中之金也。

以此确据，岂非产药之川源乎！其次联曰："铅遇癸生须急采，金逢望远不堪尝。"铅即金，癸即水，此时有气而无质。迎其将生之时，必当乘时而急采之方可用。苟迟则药已成质，即或采之而亦无所用也。如望后则月不堪玩赏矣，此非采药之时节乎！其三联曰："送归土釜牢封固，次入流珠厮配当。"盖因既得真铅，即当送归黄庭土釜之中，慎勿令其走失。再运火龙流珠之汞，如法以配之，方能凝结圣胎。正所谓："采得药来，收得药住。"此非入药之造化乎！其四联曰"药重一斤须二八，调停火候托阴阳"者，缘铅系八两，汞亦半斤，其二八十六两，配合而成一斤之数，如法煅炼则水不可令其枯干，而火切莫令其寒也，所以云"水怕枯干火怕寒"，务要阴阳停匀而水火既济，此非炼药之火功乎！

又曰：铅是先天气，汞何物也？答曰：铅是先天气，汞是后天灵。铅是阴内之阳，汞是阳内之阴。阴内之阳象坎，阳内之阴象离。真铅生于坎，其用却在离，真汞生于离，其用却在坎。又问曰：铅汞既匀平，言采铅而不言采汞，何也？答曰：铅汞相投，如磁石之与针也。《悟真篇》有云："但将地魄擒朱汞，自有天魂制水金。"修真之士，既得真铅真汞，何患乎朱汞水金不擒也。又曰：因闻凡有内药者，必有外药，内外何以分乎？答曰：外药，命宗也，坎也；内药，性宗也，离也。移外阳之一点而点内阴，又名取坎填离而成乾卦，其实内药在自己身中，而外药亦在自己身中，惟体一而用二者也。又有先天之元精、元气、元神而为内，后天交感之精、呼吸之气、思虑之神而为外。内者妙于无形，而外者显于有象也。至于清静头，彼家尾等诀，且谓药自外来，想又另有别传，此非吾之所知也。又问曰：其详细作

① 惟，底本作"为"，校者改。

用，可得闻否？答曰：今欲明明言之，又恐泄露天机。若秘无言，何以破后来之惑，又犯弃道之愆。乃秘诀曰："前弦短兮后弦长，机关切莫向人扬。射入龙宫为斗柄，元阳初动运神光。"此乃外药之作用也。"真土擒真铅，真铅制真汞"，此是内药之作用也。外作用，是抽坎中之阳，即炼精化气之造化也。内作用，是补离中之阴，即炼气化神之造化也。坎离合体成乾，即炼神还虚之造化也。外药可以治病，可以长生久视；内药可以超越，可以出入有无；内药无为而无不为，外药有为而有以为；内药无形无质而实有，外药有体有用而实无；外药色身上事，内药法身上事。学道必从外药起，自知内药。高尚之士，不炼外便炼内也。①

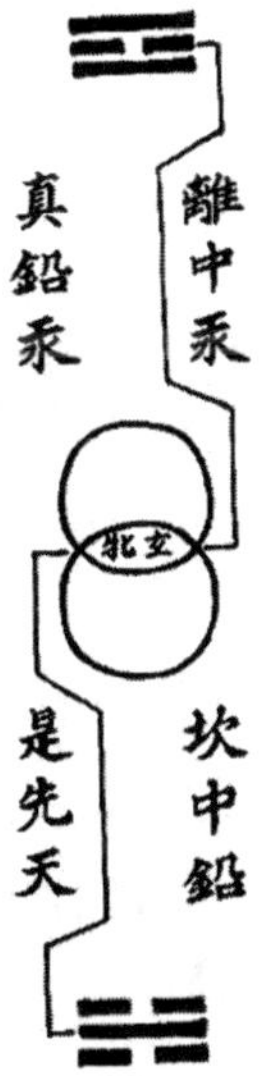

药物图

---

①《中和集·金丹内外二药图说》云："外药可以治病，可以长生久视。内药可以超越，可以出有入无。大凡学道，必先从外药起，然后自知内药。高上之士，夙植德本，生而知之，故不炼外药，便炼内药。内药无为无不为，外药有为有以为；内药无形无质而实有，外药有体有用而实无；外药色身上事，内药法身上事；外药地仙之道，内药水仙之道。二药全，天仙之道。外药了命，内药了性。二药全，形神俱妙。……内药乃炼神之要，形神俱妙与道合真。内药，先天一点真阳是也，譬如乾卦中一画。交坤成坎水是也。中一画，本是乾金，异名水中金，总名至精也。至精固而复祖炁，祖炁者，乃先天虚无真一之元炁，非呼吸之气。如乾 中画交坤成坎了，却交坤中一阴，入于乾而成离。离中一阴，本是坤土，故异名曰砂中汞是也。上药三品，精、炁、神。体则一，用则二。何谓体？本来三元之大事也。何谓用？内外两作用是也。内药：先天至精，虚无元炁，不坏元神。外药：交感精，呼吸气，思虑神。"

第九 火候

火候者，何也？火候之名，亦非一说，曰二十四气，曰七十二候，曰二十八宿，曰六十四卦，曰十二分野，以及海潮、升降、周天等类，名虽各异，总不过调和神息，即是火候。神即是火，息即是药。以神驭气而成道，即以火炼药而成丹。息非众人之息，众人之息以喉，真人之息以踵。神非思虑之神，思虑之神是邪火，不神之神乃真火。凡修丹之士，务须心息相依，一呼一吸，一往一来，如炉鞲之抽动，风生于管，炉火自炎，《入药镜》所谓"起巽风，运坤火"也。[①] 李清庵先生所云："神气和合生灵质，心息相依结圣胎。"

张紫阳先生云："但安神息任天然，何用孜孜看火候。"广成子云"丹炉河车休矻矻，鹤胎龟息自绵绵"，皆直指也。曰：凡闻火候，皆曰"周天"，今不过本身之呼吸，何以拟周天也？曰：周天者，乾坤阖辟、阴阳运用之机。人既受天地之气以生，天地同一阴阳。子时气生于涌泉，渐升到尾闾，丑寅时到腰，卯辰巳时到夹脊，午时到泥丸，未申酉时到胸膈，戌亥时又归于腹。此人身中一日之升降。一呼则自下而上子升，一吸则自上而下午降，此人身中一息之升降也。邵康节先生谓："冬至后为呼，夏至后为吸，天地以一岁为呼吸。"人身呼则接天根，吸则接地根。一息之间，天地之气一周。丹书所谓"一息功夫，自有一年节候"，是也。如是炼之一刻，一刻之周天；炼之一时，一时之周天；炼之一日，一日之周天；炼之百日，谓之立基；炼至十月，谓之胎仙。凡自阳初动，采铅制汞，取汞和铅，不过此息为妙用。至有元海阳生，水中火起，天地循环，乾坤反覆，无非此息为斡旋。则沐浴

---

① 李涵虚《道窍谈·神息妙用》云："神者，火也；息者，风也。欲识风火玄机，须将神息安顿。神贵含光默默，息凭真气绵绵。但安其神，不逐于息。有如炉中聚火，箱管抽风，风自扇而火愈红，火愈红而金自化。可见是风来助火，并不是火去追风矣。但其中尚有机窍，欲令风箱之气专笃而吹，必使风管逼炉，使它从消息中度去，乃能扇起炉焰，火色重青。学人凝神聚气，即是火熔金，息向坎中吹，又即是引管逼炉，助风追火之势也。炉中火发，阳光腾腾。此时神即是气，气即是药。犹之火炼铁红，红铁亦火。琼琯翁所谓'火即药、药即火'者，此也。火药交融，金丹立就。"

温养，进退抽添，皆妙合天机，俱不费力也。若簇月归日，簇日归时，簇时归刻，朝屯暮蒙，晦朔弦望，以为进火之候。殊不知所谓候者，非时候之候。丹书云“既知天癸始生时，自有阴阳应候回”，是也。大抵真火随真息，真息随真气，真气化真精，真经归玄关，元神发真火，真精结成丹。内功一切火候之说，至于此已尽悉矣。

第十　炼己

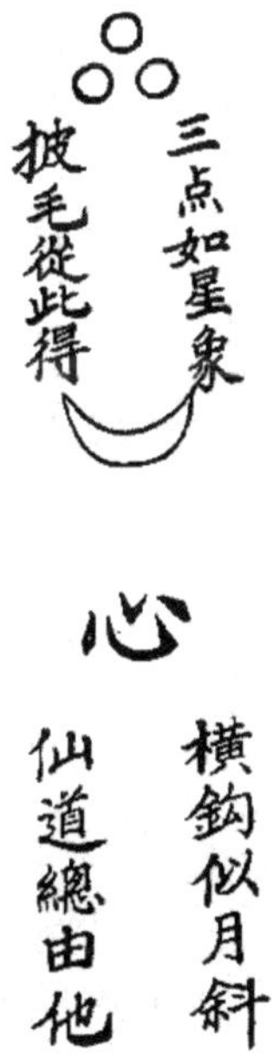

炼己图

炼己者，何也？若要修成九转，先须炼己持心。心者，一身之主宰。学道之士，万虑俱忘，一心清静。《清静经》曰：“人能常清静，天地悉皆归。”曰：如何心得清？曰：谁令汝浊？曰：如何得心静？曰：谁令汝动？夫人迷一切事，本由自心，悟一切事，亦由自心。汝若不着一切想，一切想亦不着汝。不着不执，心自常清静矣。曰：“念头动处频须扫，战退群魔育正阳。”又曰：“大道教人先止念，念头不止亦徒然。”“止念”二字，正是觅清静头路。[1]杂念既消，回光返照，无念之念，即是真心。所谓：“浩月连天静，寒潭彻底清。”炼己到此，而丹道成矣。

第十一　功夫妙用

功夫妙用图

金丹之道，先须炼己。清虚静定，方可求丹。择净室、师友，正身趺坐，含眼光，凝耳韵，调鼻息，缄舌气。着昏沉则往阴界，着清爽则上阳界。心动则神不入气，身动则气不入神；身心不动，惟将一念守于玄关。师云：“炼丹无别诀，只要凝神入气穴。”暂行暂卧，不可离了这个。又云：“睡法既能知止趣，但于睡中调神气。”[2]夜半子时，即癸生之时也。依前《药物

① 陈虚白《规中指南·止念第一》云：“念起即觉，觉之即无，修行妙门，惟在此已。此法无多子，教子炼念头，一毫如未尽，何处觅踪由。夫无念者，非同土石草木，块然无情也。盖无念之念，谓之正念，正念现前，回光返照，使神御炁，使炁归神，神凝炁结，乃成汞铅。牢擒意马锁心猿，慢著工夫炼汞铅。大道教人先止念，念头不住亦徒然。”

② 陈希夷《睡诗》：“常人无所重，惟睡乃为重。举世皆为息，魂离神不动。觉来无所知，贪求心愈浓。堪笑尘中人，不知梦是梦。至人本无梦，其梦本游仙。真人本无睡，睡则浮云烟。炉里近为药，壶中别有天。欲知睡梦里，人间第一玄。”张三丰《蛰龙法跋》：“或言希夷先生别有睡诀传世，其所传皆伪书也。《随》之《象词》曰：‘君子以向晦入宴息。’夫不曰向晦宴息，而曰入宴息者，其妙处正在‘入’字，入即睡法也。以神入气穴，坐卧皆有睡功，又何必高枕石头眠哉？”海印子《天乐集》引汪东亭云：“心息相依，一到睡着，亦是自然而然入于无人无我、忘物忘形的景境。《庄子》云‘逍遥于无何有之乡’，是也。务要明白只要是心息相依睡着，一到睡熟之时，则心息亦自然相依也。切不可有心去安排，所谓‘顺自然，非听自然’也。若有心去安排，即不是‘顺自然’之旨也。”

章》内口诀，使戊己为媒。戊己者，中央土也。因水火分于上下，金木隔于东西。木为火母，金为水母，若无戊己，则水火不交，金木不并。为媒妁者，用戊从坎到离，用己从离降坎，动乾坤之橐籥，取坎离之刀圭，运日月之双轮，簇阴阳于一息。时节若至，妙理自彰。恍惚之中见真铅，杳冥之内见真汞。铅见火走，汞见火飞，却凭戊己合在中宫。水火自然升降，金木自然混融。精神如夫妇交合，魂魄如子母相依，此谓坎离交，交毕落黄庭。便觉坤宫有物，此其验也。功夫到此，时时觉照，刻刻观中，久之坤宫真气如迅风下穿尾闾，由夹脊过玉枕，上泥丸。所谓“泥丸风生”者，此也。此背后气升。自下丹田，一道气踊跃而起，由鹊桥直上泥丸，此胸前气升。前升之气，勾引后生之气。下复上，上复下。所谓“上鹊桥、下鹊桥”者，此也。造化无穷，药物融盛，忽尔水中火起，两肾如煎，膀胱火热，心生烦躁。切莫惊恐，但定心默坐。沉真土于海底，轻运默举，一息间天机自动，从太玄关逆流而上至泥丸。药气化为金液，甘同玉露，自上腭下重楼，入黄庭还本位，丹田火气渐微，此金液还丹之妙也。盖药物者，水中金也。金不自生，必假火逼，所谓“火逼金行颠倒转，自然鼎内大丹凝”。从此后升前降，循环无端。至于大静之极，夹脊如车转，四肢如山石。恍恍惚惚，万孔生春，心身意、精气神俱成一家，如在太虚中，不知身之为我，不知我之为身，不知神之为气，不知气之为神，夜来混沌颠落地，万象森罗总不知。此时全在道侣扶持，入定之后，与他唤醒，醒来慢慢与他汤吃。最要谨慎，难！难！不入深山，不能到此。所谓乾坤交，忽然落黄庭，乃采铅投汞之机，一日之内，结一日之丹也，到此方得还丹药之生也。小配坎离造化，大同乾坤运用，美景真境也。《参同契》云：“金砂入五内，雾散若风雨，熏蒸达四肢，颜色悦泽好。”既得还丹入鼎，用符火温养，息息归根，绵绵不绝，如妇人怀胎，如龙养珠。存之以诚，听之以心，念不可起，念起则火炎。意不可散，意散则火冷，务使操合得中。若遇丹火发热，两眉之间存一轮黑光，大如碗口，收入鼎中，其热即退。[1]一动一静，不可差殊。《悟真篇》云“大都全藉修持力，毫发差殊不作丹”，是已如此。随日随时，渐凝渐接，十

①《金仙证论·危险说》云：“火生者，因饮食有动火之物，或热水浴身，此二者，引动丹火不得其法，亦是走丹之危险。或问曰：何法能救之？答曰：存想一黑云悬于目前，以神引入于丹田，其火则自退矣。”

月满足，婴儿现形，移神换鼎，调神脱胎，直至忘神合虚，真人上举之能事毕矣。

第十二　阳神脱胎

阳神，即吾元神。金液点化，阳火温养，气足神全，霹雳一声，脱胎而出。当神之将出也，须择静室，默坐等候，元神自丹炉中涌出，从顶门上升，离身三五尺，慎勿惊恐。若现诸神怪状，一切魔景，不可错认，不可接谈。直等空中现一金光，大如车轮。急存正念，将元神射入光中，少顷光小，用意吸入元神宫中，此金丹成就之时也。此后如调小儿出，不可行远。自一步至数百步，复回本宫。演习九九数，俱复如是。或一里至百千万里，亦复如是。速去速来，出入纯熟，聚则成形，散则成气，隐现莫测，变化无穷，圣而不可知之谓神也。

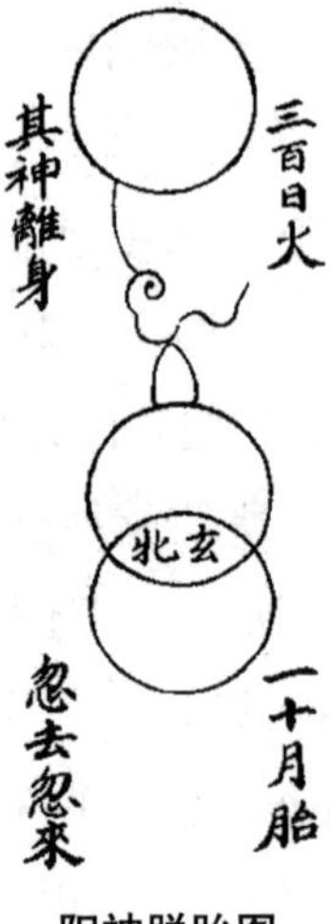

阳神脱胎图

第十三　忘神合虚

忘神合虚，其妙如何？曰：忘神合虚者，吾之元神与太虚合体也。若言其有，千圣觅踪寻不得，全身隐在太虚中。若言其无，千江有水千江月，万里无云万里天，乃亿万劫金钢不坏之元神也。

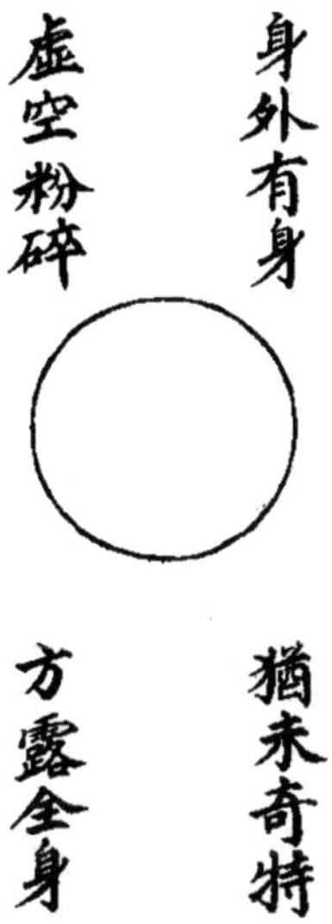

忘神合虚图

第十四　身中证验

如此修炼，有何证验否？曰：采药之始，外肾坚举不倒，丹田气满也。须防走失，保固丹元，真气既动，百邪难容。或胸膈烦满，而口吐顽痰；或腹肋疼痛，而便下恶物；或遍身汗出，或四肢酸疼，宿疾渐除也；或阴阳击搏，腹内如裂帛；或关节将通，顶门如雷鸣；或药物上升，耳内如水潮；或真气流通，百脉如虫行。次口生甘液，次顶降寒泉，次鼻闻异香，次静中忽觉元神自下丹田跳跃而起，直至顶门。次静中常听天乐，次暗室而生慧光，或隔壁见物，或内见五脏。次形体光泽，次双眼如漆，次黜发再生，次行及奔马，次涕泪涎淤皆绝，次三尸九虫尽出，次魂魄不游梦寐。次阳精充体，灵府坚固，寒暑不侵。次志合太虚，次目视万里，次心知未来，次内神出现，次外神来朝。功完行满，膺录受图。或见火龙飞，或见玄鹤舞，彩云缭绕，瑞气缤纷，入圣超凡，逍遥自在。

第十五　混沌鸿蒙

《参同契》中云："混沌鸿蒙，牝牡相从。"混沌鸿蒙者，一气未分之时也。牝牡相从者，阴阳混于其中，而不相离。当其未相离也，神凝气聚，混融为一，内不觉其身，外不知其宇宙。与道冥合，万虑俱遣，溟溟涬涬，不可得而名，强名曰太极含真气，或名曰先天一气，是为金丹之母。勤而行之，指日可与钟吕祖师并驾。神仙修炼，别无他术，《复命篇》云："采二仪未判之气，夺龙虎始媾之精，闪入黄庭，煅成至宝。"盖采者以不采而采之，取者以不取而取之，在于定静中有非动作可为也。以丹法言之，则寂然不动，返本复静之时也，是信乎寂然不动，则与天通，而造化可夺也。《翠虚篇》云"莫向肾中求造化，却须心里觅功夫"，可谓深切著明矣。

《还金篇》云："鬼神不见处，龙虎定相寻。"先天大道，致虚极，守静笃，不可以一毫思虑加乎其间。当其深入杳冥之内，竟不知天之为盖，地之为舆，亦不知世之有人，己之有躯。少焉三宫气满，机动籁鸣，则一剑凿开混沌，两手霹雳鸿蒙。是谓无中生有，不在尘牢不在己，直须求到杳冥端，岂不信哉！今人不知大道之祖，或指铅为先天，或指天一生水为先天，或两肾中间一点明为先天，皆寻枝摘叶之见，非大道之先天也。

炼丹次第要法

第一要知"玄关一窍"

此窍乃混沌初开第一窍也。人得之而为性命之根，即中宫一寸二分是也；但不可以形迹求之，号虚无之府、清静之乡，内有真阳之气，自有生之后，散之于一身，所以祖师有曰："四大一身皆属阴，不知何物是阳精。"阳精，即真阳之气也。又曰："一点真阳，秘在形山，不在心肾，而在乎玄关一窍。"无端的妙，在真师一句传，皆此言也。（按：此窍不在心肾，是真气发生之处也。〇按：此窍在肾中间，是真气发生之处也。）

第二要知“闭关之开”

关者，指阴跻之穴，在尾闾前，阴囊下，泄精之路也。闭者，趺跏之时，以脚跟抵之，此关既闭。按闭关阳生之后，不使真气下行，方为得药。若待至阴跻穴，则其药已老，闭之迟矣。诸关渐开，诸脉则开通。闭即开者，留此真阳之气，方能开通关窍也。此闭彼开者，乃留真气以通诸关也。一脉通则诸脉皆通，所以“溯流直上泥丸顶，关节才通便驻颜”。又曰：“常使气通关节透，自然精满谷神存。”关节既通，正气流行，邪气自退，谷神焉不得存！

第三要知“调息绵绵”

真息本绵绵，奚以调为？只因身心不定，重楼浩浩而出，不复绵绵。学人含光存神，心息相依，不调之调，顺其自然，息定而后气生，是谓“众人之息以喉，真人之息以踵”。又曰：“息往息来无间断，金丹成就合原初。”《黄庭经》云：“后有密户前生门，出日入月呼吸存。”清阳云：“玄牝无时交日月，中和极处体乾坤。”睹此必须调息绵绵，方有造化。不然呼吸之气，毕竟空劳。真息在腹中，呼吸之气在口鼻。

第四要知“橐籥风生”

橐籥，乃炉匣鞲管之物，往来不穷。即学人调息绵绵之后，用之不勤，方为真橐籥。仙翁所谓“天地以阴阳为橐籥，人身以玄牝为橐籥”也。橐籥风生，即是内呼吸。

第五要知“巽风坤火”

前云橐籥风生，即巽风也。巽，顺也，顺其自然也。巽下断，阴气发于下，谓之巽风。巽风即生，坤火必燃。因云“坤居下为炉”，非猛烹极炼，则不能出炉。“乾居上为鼎”，非倒行逆施，则不能升鼎，所以火非风生不能运动。故《入药镜》云“起巽风，运坤火；入黄房，成至宝”，是也。

第六要知“烹炼阴精”

人身乃纯阴之体。阴精者，饮食五谷之精也。苟非巽风坤火，猛烹极炼，此精必在身中作怪，思想淫欲，搅乱心君，务要凝神调息，使橐籥鼓风，而吹火烹炼阴精。阴精化气，混入一身之气，此气再合先天之气，才有药物。仙翁所谓“欲得先天以补后天，须资后天而育先天”，是也。

第七要知“炼精化气”

（阴中之阳）

前云烹炼阴精，阴精化气，混入一身之气，即此炼精化气者是也。盖一身之气，乃后天之气，始自先天而生，今因后天行事，故先天退藏，惟知有后天之用，不知有先天之根。所以学人炼精化气，注意中宫，须臾不离。使后天之气，各归其根，如子恋母。到此则先天之气，再从窍中发出，化后天为一家。邵子所谓：“若问先天无一字，后天方要著功夫。”李清庵云：“下手自炼精始，精治然后化气，气定然后炼神，此真之外更无真。”

第八要知“先天后天”

先天后天者，即内外二药也。先天为内，后天为外。学人不知关窍，不辨先后，纵能积聚后天亦无用也。必须后天积聚，修筑城郭，然后先天之气，再从窍中发出，化后天为一家，氤氲结成铅汞。始则汞投铅窟，终则铅度汞关，到此才言药物。先天以元精、元气、元神而言，乃曰“内”；后天以交感之精、呼吸之气、思虑之神而言，是曰“外”。

第九要知“鄞鄂已立”

鄞鄂，即神室也；神室，即玄牝也。苟非炼精化气，后天先天混为一家，则鄞鄂何从而立？《参同契》曰：“混沌相交接，权舆树根基。经营养鄞鄂，凝神以成躯。”又《悟真篇》云：“鼎内若无真种子，犹将水火煮空铛。”鼎，即鄞鄂也。既有神室，即有种子。神室未立，种子何从而胚胎乎！祖师曰：所谓“中虚寸余，以安灵汞”者，此也。

第十要知“玄牝阖辟”

玄牝阖辟，乃真息绵绵也。真息既绵绵，即是乾坤阖辟。缘生生之机，无瞬息间断。若有瞬息间断，此身即死尸矣。夫学者必须行持先天、后天混为一家，其机自不容御。太上所谓“谷神不死，是谓玄牝。玄牝之门，是谓天地根。绵绵若存，用之不勤”者，此也。

第十一要知“融会交媾”

后天先聚，先天后生，先后相参，打成一片。前云混成一家，即此融会交媾也。到此方为坎离交媾，一周天也。《击壤集》所云“恍惚阴阳初变化，氤氲天地乍回旋”，是也。

第十二要知“河车运转”

北方正气，名曰河车，自坎离交媾之后，气中生真一之水，水满即行河车运转，前路通达，自然逆升。仙翁所谓“上鹊桥，下鹊桥”，又曰“河车运转不暂停，运入昆仑顶”，是也。此皆自然而然，非有所作为而然，亦不知其所以然也。

第十三要知“天人合发”

河车运转，自然逆升，不拘时候，谓之人元。静坐至八月十五夜，金旺水清之时，天地交媾氤氲之气，周施于人身，交媾冲和之气，相应同运并行，所以盗天地之真精，感天地之清气，谓之天元。直至九次，谓之九转。仙翁所谓“月夜望中能采取，天魂地魄结灵丹”，是也。人元、天元，随人力量所至。或自人元而至天元，或自天元而了大事。大抵自人元而至天元者多，自天元而了大事者少。

第十四要知“河车停止”

一身阴气，日逐剥尽，阳气收回窍内，恍若月魄，吸尽日魂，光满大千世界。又曰“性与命合则长生，日与月合则长明”，到此河车转矣。只是忘形养气，意存中宫，而不着相，终日如愚，一虚静而已。广成子曰：“丹炉河车休矻矻，鹤胎龟息自绵绵。”又曰：“著些不意意中意，存个无心心里心，炼之饵之千余日，身无阴气自长生。”此之谓也。

第十五要知“炼气化神”

河车停止之时，行其无为之功，只是虚静抱一以候之，真息绵绵，气自化神。但觉玄关一窍之中，杳杳冥冥，恍恍惚惚，始如火热，终如云蓊，肠[①]蟠纠结，壶中夫妇，其欢娱之妙，不可以言语形容，到此方为真胎、真息。仙翁所谓“胎由息生，息因胎住”者，此也。又曰“修炼到此，积气成形”，亦是此也。正所谓“是性命，非神气”，方说得归根复命、返本还元，否则终属后天渣滓，安望成丹也。

---

① 肠，《觅玄语录》作“阴阳”，则语句顺畅。

第十六要知“混沌鸿蒙”

到此地位，返太极于无极，昏昏默默，大死一般，静已极而未至于动，阳将复而未离乎阴，其中妙用，即“善闭者无关，善守者无城，善战者无兵，善治者无民”。《参同契》云：“浊者清之路，昏久则昭明。”又曰“观夫雌雄交媾之时，刚柔相结，而不可解”者，是也。雌雄交媾，则神在气内，气存乎神，神不可出，乃昏昏默默，如大死一般，正混沌鸿蒙之时，少焉神出，仍昭明矣。

第十七要知“大死再活”

大死者，非真死也。当混沌鸿蒙之际，归根复命，神凝精结，八脉俱住，呼吸皆无，璇玑玉衡，一时停转，而日魂月魄皆沉于北方海底，恍若气索命绝，绝后复苏，因曰“大死再活”。《参同契》曰“气索命将绝，体死亡魂魄”，是也。

第十八要知“雷鸣电掣”

到此地位，凿开混沌，劈裂鸿蒙，水中火发，阴阳相击，声光迸出，自下元涌起，恍若雷鸣电掣，非譬喻也，乃真境也。正是大死再活之时，炼士于此一意不散，顺其自然升降，不必规规火候之图，而火候自符合也。所谓“真火本无候，大药不计斤”，是也。

第十九要知“炼神还虚”

到此地位，一味付之自然，但知有静，不知有神。稍知有神，神必滞而不化，惟不知不着，神自还虚。《灵源大道歌》云：“勤苦之中不必勤，闲闲只要养元神。”又曰：“如龙养珠心不忘，如鸡抱卵气不绝。”是也。

第二十要知“金丹点化”

金丹者，先天真阳之气也。五千零四十卷大藏经罢符至，若将些些药，点化先天真阳之气，即脱胎而出阳神也。阳神既出，出仍顾壳。养至阳神强壮，破质而出，身外有身未为奇，还要移炉换鼎，再造乾坤，直到形神俱妙，与道合真，则先天能事毕矣。仙翁所谓“汞是吾家原有物，铅是他家不死方”，是也。炼士到此地位，有大力量者或不得金丹点化，照依“二十一条”行至“二十四条”止，自然到家。（或不得金鼎点化者，则依炼虚合道之路行之）只此二十四条口诀已尽，无复有他说也。（点化者，清静头，彼家尾也。[①]非道不能用鼎，难！难！难！今方士会下，先言用鼎，谓先浊后清，不思凡胎俗骨，岂能承受。此又不可解者矣。）

第二十一要知“炼虚合道”

此乃化而不可为也。不知孰为虚、孰为道，游心于自得之天，一任无为而已矣。因云“功夫到此，一个字也用不着”。又曰“虚既合道，则虚空自然粉碎”，所谓“捉不住真空，无下手处”，正自此而发端也。

第二十二要知“虚空粉碎”

向自捉住真空，真空以有，今则捉不住真空，真空亦无。捉住真空，尚有下手处；捉不住真空，竟无下手处。因曰“虚空粉碎”，皆自然而然，全无一毫用心着力可言矣。学者以意会之始得。仙翁所谓：“若还果熟自然红，莫问如何修种。”

第二十三要知“超出三界”

此是形神俱妙，与道合真，纵横自在，无碍逍遥。非人非佛非仙，亦人

---

①《玄微心印》云：“清净乃首尾之功，服食乃点化之药。”

亦佛亦仙。五行固不能拘，至圣亦不能测，故谓之道也。

第二十四要知“子又生孙”

到此地位，宇宙在乎手，万化生乎身。聚则成形，散则成气，千百亿化无碍无边。仙翁所谓：“一载生个儿，个个会骑鹤。”仙翁又云：“学人何必苦求师，泄尽天机只此书。”除此二十四条，皆旁门小法，不足取也。伯牙高山流水秘，非钟子期孰能听之？

按：二十四条，由下手以至神化，字字阐明，实蒙祖师真言之谆切，极当珍之秘之。

此书原抄写本，惟是何人所作者无名，其初亦须抄写家未经意，致将著者之仙名遗漏矣。中华民国二十三年（1934 年）岁次甲戌五月在北京得之。于丁丑年（1937 年）十月十五日，玄门后学杜兴培敬录。

第六编　觅玄子语录

师洹水还元子王一士　阅
平干轳山觅玄子马鸣冀　著
兄抱真子马鸣朝　受

〔提要〕《觅玄子语录》，系丹家手抄秘本丹经，绝少流传，首次公开，作者是明朝万历年间觅玄子马鸣冀。觅玄子，大抵也就是柳华阳《金仙证论》中多次提到的“觅元子”，因避讳清康熙之名而改“玄”为“元”。觅玄子，事迹不详。笔者早年阅读清光绪年间刘明瑞所著《道源精微歌》，书后附有一个书目，其中载有“《觅玄子语录》一集”，始知其书也。余酷好阅读道书丹籍，穷搜道典十余年，未得窥其书，知当系丹家什袭珍藏之秘本。甲申年，因缘遭际，承高友“织云客”馈赠“巢云居”珍藏吴君确先生手抄秘本《觅玄子语录》，是吴君确于1949年6月在广州所抄录。余秘藏书匮有年，本不愿公开，然多有道门同好询问恭请，思之“大道之行也，天下为公”(《礼记·礼运》)，不宜私藏为一人之独享，故藉此次机会，整理校勘，公开流通，以谢真师高友之宏慈也。

本次点校以“巢云居”吴君确手抄本为底本，并以另外一个抄本进行了校勘和增补。该抄本不知抄录自何人，字迹工整，较吴君确手抄本文字略多，且增补有“附录”。本篇实为此二本的汇校本。

《觅玄子语录》序[①]

余友还元子，尝为余谈炼气化神之术，余津津有味乎其言。顾十五年来困占，俾眉目才展，又将困牛马风尘，欲一试其术，苦无暇日。及读《觅玄子语录》而始愧，予真形秽可憎也。觅玄子，平干[②]人，少业儒。前岁偶得一危疾将死，客有为言还元子通玄理。因邀之家，床榻懊恼间，闻还元子言，喜动眉宇，曰："能回吾生，即了吾生矣。"盖同坐卧者七日，而沉痼顿消，至百日神旺气完，爽然如未病之人。觅玄子大喜，于是弃故业，取《参同》《悟真》诸家书，旦晚诵说，尽得其解。久之，述其与兄抱真子，相往复之言，成《语录》十篇，一《叙问》、二《金丹》、三《炉鼎》、四《药物》、五《火候》、六《炼己》、七《工夫妙用》、八《阳神脱胎》、九《忘神合虚》，十以《证验》终焉。

大率炼气化神，还归先天，不似方士家所称黄白、男女之术也。古人云"折肱为良医"，向令觅玄子非临危笃，则焚油操觚[③]之业，桎梏其身必久矣，岂能一悟至道耶！故曰："惟其病病，乃不病病。"余居尝无病日，病矣！又不及从还元子游，逝水难返，隙驹易过，然则余于是道，终懵懵已乎！昔钟离先生，以超升之术，岩再拜曰："岩之志，异于先生，必须度过天下众生，方始上升。"嗟嗟！觅玄子既解超升之术，即乘斑龙，驾紫虬以往。异日，余倘抽簪归田，愿同众生受度，还元子试为余一问之，其许我不？

觅玄子，讳鸣冀。抱真子，讳鸣朝。还元子，则洹水[④]王一士也。

万历癸巳（1593年）冬魏郡董复亨[⑤]见心撰

---

① 本序，为巢云居抄本所无，从别抄本增补。

② 平干，今河北省广平县。

③ 操觚，执简，谓作文。明宋濂《宋学士全集》十王冕传："当风日佳时，操觚赋诗，千百不休。"

④ 洹水，古县名，今河北省魏县西南旧魏县。属魏郡，因境有洹水，故名。

⑤ 复，抄本作"海"。据重庆付前京考证，"董海亨"实为董复亨。董复亨，字见心，直隶元城人（今河北大名县人）。明代官员。明万历二十年（1592年）进士，二十一年（1593年）任章丘知县，政声卓著又学识渊博。《章丘县志》记载："博学有重名，江陵（张居正）柄国时召之，力辞不往。政暇手不释卷，尤加意作人，视若子弟，清操不滓，于利禄若将浼焉。"

《觅玄子语录》引

《觅玄子语录》者，觅玄子与兄抱真子授受金丹大道之语录也。录成，有读而悦之者，望屋而进，下风而拜，谓抱真子曰："子之弟，进乎道矣！"抱真子曰："何其言之高上乎？"抱真子以告弟，觅玄子曰："嘻！得其言，未得其实，彼恶知我之进乎道，更有一番深渊矣。"有读而毁之者，展卷而笑，逢人而訾[①]，谓抱真子曰："迂哉子之弟也。金丹大道，彼恶知之而敢言之？"抱真子以告弟，觅玄子曰："嘻！未得其实，复未得其言，彼恶知我之其未知乎道也。"抱真子曰："虽然金丹之道，至玄妙矣。子固直言，众论不一，是不是，然不然，胡不就正有道焉？"觅玄子曰："嗟乎！道法三千六百门，人人各执一苗根。夫天下人，皆是闻旁门小术者。忽闻金丹大道，自然个个毁谤。世间有几人深知金丹正理？有几人闻金丹口诀？太上云：'下士闻道，大笑之，不笑不足以为道。'何必又生出一场景象，招惑惹谴就正乎？"抱真子曰："善！"

万历癸巳（1593年）冬觅玄子马鸣冀书于还元洞

叙问章第一

觅玄子，平干人也。先是业儒廿年，为搏一第，偶乖调摄，竟成沉疴，百方莫效，诸医计穷，乃访问修养却病之方。

有客来，告曰："荆楚隐[②]云喻先生，游北都，过平干，口道延命之术。夫荆楚去平干千里而遥，先生至此，此天未欲弃予，而惠之先生也。"觅玄

---

① 訾，说别人的坏话，诋毁。

② 隐，底本缺，据后文《炉鼎章第三》"荆楚隐云喻翁"句，补入。

子请见而师之。先生授以道，曰："勤而行之，不惟回生，且长生矣。"觅玄子闻，而若存若亡。先生曰："子中士也，未可语上。"遂行。

再越日，病渐垂死。有客来，告曰："道在迩，而求诸远。洹水还元子王真人，尝遇大仙，传金丹正道。夫平干去洹水，不一舍①，子得受教先生，是天未欲弃子也。"觅玄子闻之，即亲投王舍，叩求跪久，且泣且告曰："予命瞬息休矣！先生何以生死骨肉我乎？乞恩师慈悲！"真人怜之。真人曰："来朝吉期，子发洪誓大愿，可授金丹大道。②"觅玄子叩谢，回舍。至次日，竭尽门生之礼，虔诚叩授下手诀窍，而授以道。真人曰："子勤而行之，却病极易，成道不难。不惟生死，且了生死矣！仙师有云：大道不求怎得遇，遇之不炼是愚痴。今幸遇矣，子其勉之。"觅玄子闻诀勤修，行之数日，沉疴顿除。行至百日，色泽骨强，精神异常，遂谢人间事，隐于铲山③觅玄楼，遍阅诸丹经而贯通之。不从游赏朋，不设欢娱具，阖扉燕处，自一饮一食外，公私不得为挠。盖昼夜行持，静养灵胎，待时脱壳冲举也。

其兄抱真子往造之，遇觅玄子入定，时瞑目正坐，须髯飘风，如泥塑然。抱真子惊，咄咄曰："吾弟大作怪耶！"觅玄子出定，拜见毕。

抱真子曰："汝病时，不可劝。今既愈矣，窃有言也。汝二十余年儒业，取科第，建名行，正此时也。今一旦弃儒归道，何其愚哉！"

觅玄子曰："岂谓道不同乎？儒曰正心，道曰清心；儒曰尽性，道曰炼性；儒曰至命，道曰复命。道何尝不同哉？盖学贵务实际，非徒取科第已也。取科第者，为功名乎？功名，幻也。为富贵乎？富贵亦幻也。推类至亲眷、家园，以至身心，皆幻也。"

---

① 古以三十里为一舍。《左传·僖公二十八年》："退三舍辟之。"晋杜预注："一舍三十里。"

② 拜师立誓，升疏上表，而后传授口诀，乃师徒授授之古制。汪东亭《性命要旨》："予生性嗜慕玄学，搜罗丹经子书，博览经史道籍，历有年所，无非颇明其理，未得其诀。是以浪迹江湖，遍越名山，觅访明师，二十有二载。一日由匡庐经过，偶遇天秩吴翁，睹其丰神洒脱，必非常人也。故请问玄旨，答曰：'子虽有仙缘，诚恐始勤而终怠。'予以弟子礼事之，询其诀，师乃大发鸿慈，遂传七返九还金液大丹之法、火候次序之妙。"立誓，也就是"立愿"。立了"愿"，就要"行愿"，完成自己的"誓愿""愿望"。如此，即可不负师，结同心之盟；又可不负诀，践丹道之功，故可以避免"始勤而终怠""始乱而终弃"，可知传诀之古制不可废弃。

③ 铲山，即镳铲山，在今河北广平县南二里。《方舆纪要》卷15广平县：镳铲山，"《志》云：县地平衍，无陵峦泉石之胜，镳铲诸山仅同冈阜，盖亦西山之余脉也。"

抱真子曰："何哉弟所谓幻者？"

觅玄子曰："功名盖世春来梦，富贵惊人水上沤。生死死生都是幻，身心色相孰能留？随得来，带得去，惟一点虚名耳！达观之士，顿超幻境，只入道真。故闻道之士，清心凝神以修性，保身养气以修命，神气合一，性命混成，炼成九转，阳神出现。霹雳一声，脱壳而去。此幻身形，好似衣物，亦为弃物也。功名富贵，将焉用之？吁嗟乎！何人所见，未尽然也。自蔽一点灵明，徒逞六根贪欲，终其身役役营营，思笑变恐，淫佚起悲，而莫其所归，不大可叹哉？虽然知幻即离，离幻即觉，存乎人耳！兄将同众人之皆茫乎？抑从我而独不茫乎？将终于章句之学乎？抑从性命之学乎？将终名缠利缚，而甘轮回乎？抑从羽化登仙，而超生死乎？日月逝矣，岁不我与，兄共早图之！"

抱真子听其言，忽然大悟，惶汗泗溢，曰："微子几负道矣！汝明以教我。我虽不敏，请尝试之。更为我著书传世，俾人人了悟，个个成仙，子之惠也，余之愿也，众生之幸也。"

觅玄子曰："善哉言乎！其奈玄律至严，上士难遇。丹经有云：'误传匪人遭天谴，殃及九族。'太上云：'下士闻道，大笑之。'与其贻笑于人，招泱于己，不若不传为是。"

抱真子曰："不然。今天下岂皆下士哉？子若著书，必有上士旦暮遇之矣。且子谓，传非其人，必遭天谴，独不闻'救人一命，增寿增福'？度一人而福及九族？河出《图》，洛出《书》，天尚自泄，况于人乎？子尽言莫讳，方合天地好生之德！"

觅玄子曰："唯。"乃焚香告天，随问随答，载笔书之，分章绘图，遂成一帙，题曰《觅玄语录》。盖因居号人，因人号名书也。

诗曰：万劫千生得此身，几回出没几回循。

此身不向今生度，更向何生度此身？

金丹章第二

金丹大道图

抱真子曰：“金丹者，何也？”

觅玄子曰：“无上至真之妙道也。”

抱真子曰：“大道本无名，强名曰道，今又名金丹，其义云何？”

觅玄子曰：“金者，坚固也；丹者，圆通也。僧家喻以‘圆觉’，儒家喻为‘太极’，实无别物，只是本来一粒灵明而已。此一粒灵明真性，永劫不坏，如金之坚固，永无损坏。愈炼愈明，如丹之圆通，变动无拘，故道家谓之‘金丹’，取喻之义也。夫人修道之始，必藉阴阳、五行以成之。其后渐以阳火煅炼，养成纯阳，如真金之体，故通体光明，胜似金光，为舍利光也。此金丹真境界也，非譬喻也。合二说，而金丹之义，始无余蕴矣。然铸金必用炉鼎，修丹必用灵药，炼药必须火候，故仙师于人身中，又指出炉鼎、药物、火候。学道之士，必于是三者一一分明，又知炼己，方可下手用功，庶金丹有成矣。”

诗曰：学仙须是学天仙，惟有金丹最的端。

只候功成朝北阙，紫霞光里驾翔鸾。

炉鼎章第三

炉鼎图

抱真子曰："炉鼎者，何也？"

觅玄子曰："炉鼎之名，非但一说。曰乾坤鼎器，坎离匡廓；曰太乙神炉，曰混元丹炉，曰偃月炉，曰悬胎鼎，曰玄牝，曰黄庭之名，不能枚举，皆炉鼎异名也。玄关一窍，即是炉鼎。"

抱真子曰："炉鼎是二器，今曰玄关一窍，炉耶？鼎耶？得无缺一乎？"

觅玄子曰："是鼎也，炉不言可知矣。兄不见冶之为冶者乎，外有炉以载火，中有鼎以熔金，其上加覆焉。吾身之炉鼎，岂异是哉？玄关一窍，熔药所也，故喻曰鼎。玄关之外，天然真火烹炼，非炉而何？《悟真篇》云：'休泥丹灶费工夫，炼药须寻偃月炉。自有天然真火候，不须柴碳及吹嘘。'盖言人阴海，如偃月之样，先天真一之火，日生月长于其中，故不须柴碳吹嘘。欲修金丹，不可泥文，寻其义可也。"

抱真子曰："炉鼎之义明矣，何以谓玄关乎？"

觅玄子曰："至玄至妙之机关也。人之真息，一呼由此而接天根，一吸由此而接地根，往来必由之处，譬若关口然，是以名之曰玄关。太上曰：‘玄牝之门，是谓天地根。’玄关，即玄牝之门也。”

抱真子曰：“玄牝之门，可得闻与？”

觅玄子曰：“玄，阳也；牝，阴也；门者，阴阳阖辟，而成交化，即真呼吸之机关也。《易》云‘阖户谓之坤，辟户谓之乾’，此非天地之根乎？画图者，阴阳交媾之象也。丹书云：‘白玉连环两个圈，乾旋坤转本同原。中间一点真消息，不遇真人莫妄传。’正指玄关一窍言也。是窍也，藏于先天混沌之中，隐于无有、有无之内。父母未生此身，先有此窍。既有此窍，始有此身。一身八脉九窍，经络联凑，空闲一穴，至虚至灵。《度人经》曰：‘中理五气，会合万神。’太上谓之‘谷神’，谓其虚能生神也。陈虚白曰：‘此元气之所由生，真息之所由起，神仙凝结圣胎之地也。’”

抱真子曰：“此之一窍，在人身居何所乎？”

觅玄子曰：“妙哉问！难言也。非口非鼻，非心肾，非肝肺，非脾胃，非脐下一寸三分，非脐内一寸三分，非两肾中间一穴，非明堂，非泥丸，非关元，非气海。但着于形象上便不是，离了身内向外求亦不是[1]。以有心求之，终莫之有；以无心求之，终莫之无。”

抱真子曰：“若何可也？”

觅玄子曰：“但于大静后，举心动念之际，觉之仿佛，其内发之神，亦离此窍矣。此窍在乾之下，坤之上，震之西，兑之东，坎离水火交媾之乡，四大五行不着之处。太上曰：‘多言数穷，不如守中。’此之谓也。李清庵曰：‘先天至理妙难穷，铅产西方汞产东。水火二途分上下，玄关一窍正当中。’此其所也。旁门以首有九宫，中为玄关；或以口鼻为玄牝，此外玄牝也；或

① 李道纯《中和集》：“夫玄关一窍者，至玄至要之机关也。非印堂、非囟门、非肚脐、非膀胱、非两肾、非肾前脐后、非两肾中间。上至顶门，下至脚跟，四大一身，才着一处，便不是也。亦不可离了此身向外寻之，所以圣人只以一‘中’字示人，只此‘中’字便是也。”着于形体上不是，离了身向外求亦不是，岂不是说“在于身内与身外之间”乎？张义尚《仙道漫谈》（台湾真善美出版社，1969年版）：“西派别传超等天元丹法，于鼻外径寸之色法两身交界点中安神调息，有息则在鼻外虚空中相依，无息则在鼻外虚空中入定，以此功始，即以此功圆。”

以脐下为玄牝。呜呼！此窍非自身亲得，焉能知之？丹书云：‘乾坤交媾罢，一点落黄庭。’余当此际，觉如铃响一声，落于玄关，始知黄庭即玄关也。彼未尝乾坤交，安识黄庭处？虽然各有所得也。孟子曰：‘志之所至，气亦至焉。’若能专志在身内，亦能发生神气，逼气开关。但非阴阳交媾处，不能结圣胎耳。荆楚隐云喻翁，受道于腊烛涧王、薛二师，一师自称元人也，一师元以前人，不计时矣。其立鼎去玄关一寸，其进水在阴窍。隐翁北去燕京，道经平干，遂授于余。

“行之有效，奈坎离交，神气不交，亦不能结圣胎耳。《悟真篇》云：‘饶君聪慧过颜闵，不遇明师莫强猜。只为丹经无口诀，教君何处结灵胎。’亦此谓也。太上曰：‘若要明道，先识玄关一窍。’识得此窍，则安神在此，聚气在此，采药归此，交媾在此，烹炼在此，结胎在此，脱胎温养，皆在此矣。其次功夫，又在下丹田、上丹田等窍也。”

诀曰：无位真人炼大丹，后天先天采入圈。

有人问我真炉鼎，岂离人身正中间。

附录：[①]

一云黄庭为鼎，气穴为炉，黄庭在气穴上，缕络相连，乃人身百脉交会之处，此小炉鼎也。又乾位为鼎，坤位为炉。鼎中有水银之阴，即火龙，性根也。炉内有玉蕊之阳，即水虎，命蒂也。虎在下，有发火之枢机；龙居上，为起云之风浪。若炉内阳升阴降无差，则鼎中天魂地魄留恋，青龙与白虎相拘，玉兔与金乌相抱。火候调停，炼成至宝。故青霞子曰：鼎鼎非金鼎，炉炉非玉炉。水从脐下发，火向顶中符。三姓既会合，二物自相拘。固济胎不泄，变化在须臾。此谓之大鼎炉也。

① 附录，“巢云居”抄本无，从另抄本增补，下同，不赘。

药物章第四

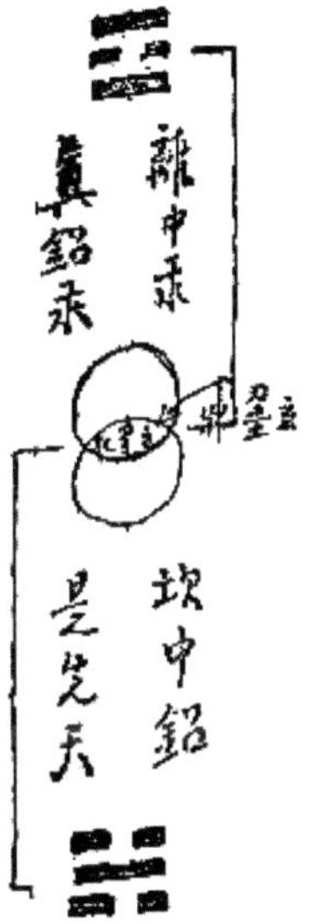

药物图

抱真子曰:“药物者,何也?”

觅玄子曰:“药物之名,亦非一说,曰婴儿,曰姹女,曰木龙,曰金虎,曰乌肝,曰兔髓,曰交梨火枣,曰天魂地魄之类,不胜枚举,皆药物异名也。先天真一,元阳祖炁,方是真种子、真药物。”

抱真子曰:“余闻大药三品精气神,故曰炼精化气、炼气化神、炼神还虚、炼虚合道。今子独言先天祖炁,何也?”

觅玄子曰:“元气,即元精所化;元精,即元气所融;精气,一也。以元神居之,则三者凝于一矣。分言之,虽有三品,而先天一炁,实为丹母,故《入药镜》以‘先天气’为首,正谓此也。”

抱真子曰:“何以先天乎?”

觅玄子曰:“是之气也,生于无形无象之始,聚于无极、太极之中,二五之精,妙合而凝,父母未生此身,先有此气。既有此气,始有此身,非先天而何?先天者,纯阳也;后天者,纯阴也。盖人四大一身,皆后天地生,属阴；惟此祖炁，是先天地生，属阳。采取此先天阳炁，点化后天阴气，换尽无阴浊之躯，化为纯阳之体，始得形神俱妙。纯阳祖云：‘气中有炁肌肤换，精里含晶性命专。得药方是真道士，还丹始成大罗仙。’陈虚白曰：‘产药有川源，采药有时节，入药有造化，炼药有火功。’紫阳祖诗，尽其旨矣，其初联曰：‘要知产药川源处，只在西南是本乡。’西南属坤、属腹，腹中祖气，乃阴中阳也。如乾中一爻，交坤而成坎，外阴内阳，外坤内乾，坎水之中有乾金，故强名曰水中金。《入药镜》云‘水乡铅，只一味’，是也。此非产药之川源乎？其次联曰：‘铅遇癸生须急采，金逢望远不堪尝。’铅，即金也。癸，即水也。金为水母，而返居水中，故曰‘母隐子胎’。铅遇癸生者，正儿产母之时至也。此时水源至清，有气无质，迎其药之时至而急采之，方可用。苟迟则药已生质矣，即为后天之物，所谓‘见之不可用’，如望后之金不堪尝矣。此非采药之时节乎？其三联曰：‘送归土釜牢封固，次入流珠厮配当。’盖既得真铅，以意送归黄庭土釜中，遂封固之，勿令走失。次用火龙流珠之汞以配之，方能凝结圣胎。采得药来，收得药起，此非入药之造化乎？其四联曰：‘药重一斤须二八，调停火候托阴阳。’半斤铅，八两汞，一斤之数也。‘水怕干，火怕寒’，务要阴阳调匀，水火既济，此非炼药之火候乎？”

抱真子曰：“铅是先天之炁，汞是何物也？”

觅玄子曰：“铅，是先天炁；汞，是先天灵；铅，是阴内阳；汞，是阳内阴。阴内阳，象坎。阳内阴，象离。真铅生于坎，其用却在离。真汞产于离，其用却在坎。”

抱真子曰：“铅汞既均平，只言采铅，而不言采汞，何也？”

觅玄子曰：“铅，是天地之母气；汞，是天地之子气。但得真铅，真汞何患乎不生？故《悟真篇》云：‘好把真铅着意寻，休教容易度光阴。但将地魄擒朱汞，自有天魂制水金。’”

抱真子曰：“余闻有内药、有外药，内外何以分乎？”

觅玄子曰：“惟道有阴阳、先天后天，所以药有内外。离，外阳而内阴；坎，外阴而内阳。移内阴就内阳，以内阳交内阴，此得后天气，名之曰内药。乾，阳中含阴；坤，阴中含阳。自身有乾坤，气在内含育。身外有乾坤，在外养育。人有两孔之呼吸，天地祖炁，随吸而入，随呼而出。修道者，得诀得窍，能招摄得祖炁，日积月累，留得住些，便是入药。自身中祖炁，与天地间祖炁，同类也，一般一样。自身中坎离、后天之气，与天地间后天气，同类也，一般一样。夫修道者，下手先得内药，用功日久，次得外药。盖内药、外药，两相招摄方得。内药、外药，皆炁也。内药，又名后天气；外药，又名先天炁。其实，内真外应，大体相同。故《悟真篇》云：'内药还同外药，内通外亦须通。丹头和合类相同，温养两般作用。'"

抱真子曰："其作用，可得闻欤？"

觅玄子曰："余欲明言，恐大泄天机；余欲无言，何以破后学之惑？其秘诀曰：'前弦短兮后弦长，元神初动运神光。射入祖穴回斗柄，机关切莫向人扬。'此外作用也。又诀曰：'真土擒真铅，真铅制真汞。铅汞归土釜，身心寂不动。'此内作用也。外作用，抽坎中之阳也，即炼精化气之造化也。内作用，补离中之阴也，即炼气化神之造化也。坎离合体成乾，即炼神还虚之造化也。内外作用，方能炼精化气、炼气化神、炼神还虚。取坎补离，变成乾坤本体之造化也。"

诗曰：取将坎位心中实，点化离宫腹内阴。
　　　从此变成乾健体，潜藏飞跃尽由心。

附录：

采铅之诀，不外吸、舐、撮、闭四字是也。吸者，鼻中吸气以接先天也；舐者，舌拄上腭以迎甘露也；撮者，紧摄谷道内中提，明月辉辉顶上飞也；闭者，塞兑垂帘兼逆听，久而神水落黄庭也。聚火烹炼，亦不外此。

又云：外药，交感之精，先要不漏，呼吸之气，更要微微，思虑之神，贵在安静。内药，炼精者，炼元精，抽坎中之元阳也，元精固，则交感之精自不泄漏；炼气者，炼元气，补离中之元阴也，元气住，则呼吸之气自不出入；炼神者，炼元神，坎离合体而复乾元也，元神凝，则思虑之神自然泰定。内外兼修，成仙必矣。

火候章第五

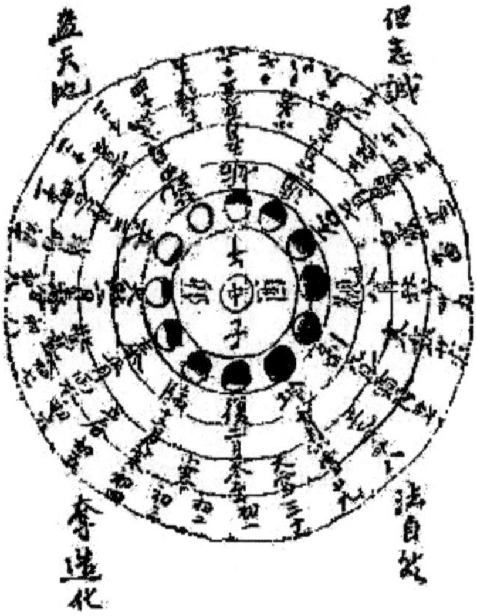

周天火候图

抱真子曰："火候者，何也？"

觅玄子曰："火候之名，亦非一说，曰文火，曰武火，有从上降下之火，有从下返上之火；有下手火候，有调息、凝神、聚气火候，有采药归鼎火候，有温养火候，有进阳火、退阴符火候，又有日月合朔火候，有晦朔弦望火候，更有结丹火候，曰二十四气火候，曰七十二候火候，曰六十四卦火候，曰十二分野火候，曰海潮升降火候，种种火候，不能细言。修道之士，自始至末，步步皆有火候。其中又有当止火之时，其中又有当退火之时，总而言之，'调和神息'，即是火候之总要。"

抱真子曰："何以为神息乎？"

觅玄子曰："白玉蟾云：'火本南方离卦，属心。心内藏，即神也。神，即火也；气，即药也。以神驭气而成道，即以火炼药而成丹也。'陈虚白曰：'息从心起，心静息调，息息归根，金丹之母。'李清庵曰：'调息要调真息息，炼神须炼不神神。'盖所谓息者，非常人之息也。常人之息以喉，真人之息以踵。所谓神者，非思虑之神也。思虑之神，乃邪火；不神之神，乃真火。故修丹之士，以神驭气，以心调息，使神与气常相守，心与气常相依，一呼一吸，一往一来，虚而不屈，动而愈出，如炉鞲之抽，风生于管，炉火自炎。《入药镜》所谓'起巽风，运坤火'者，此也。所谓'真橐籥、真炉鼎'者，此也。绵绵若存，炉鼎常温，时烹刻炼，结成圣胎。《入药镜》所谓'入黄房，成至宝'者，此也。李清庵云'神气和合生灵质，心息相依结圣胎'者，此也。紫阳祖云：'但安神息任天然，何用孜孜看火候。'广成子祖云：'丹灶河车休矻矻，鹤胎龟息自绵绵。'此二位祖师温养之火候也。"

抱真子曰："余闻论火候，皆曰'周天'。据子所言，不过吾身之呼吸耳，何以拟周天也？"

觅玄子曰："夫周天火候者，乃乾坤阖辟、阴阳运行之机也。乾，纯阳，居上，为天；坤，纯阴，居下，为地。坎，阴中含阳，为月；离，阳中含阴，为日，故居乾坤之中。自冬至，坤中一阳生，渐生至六阳，则升之极矣，遂成六阳上天，方是纯阳之象；夏至，乾中一阴生，渐生至六阴，则降之极矣，遂成六阴下地，方是纯阴之象。虽然乾阳、坤阴言之，其实乾中含阴，坤中含阳。试观地内深处，冬暖夏凉；高山之上，夏日当有冰雪。天地虽大，外有包涵天地者，太虚也。太虚之炁，是真纯阳，方是真一之炁。此炁清真灵明，又为天地之性也。人之性，得之天地；天地之性，得之太虚。夫天地阴阳升降，一年一周天。人受天地化育而生，天地是人始祖，人有两孔之呼吸，往来祖炁，与天地同一阴阳耳，同一升降也。但人身中之气，一日一周天，子时气到尾闾，丑寅到腰间，卯辰到夹脊，巳到玉枕，午时到泥丸，未到面，申到喉，酉到胸，戌到大腹，亥到小腹，周而复始，此人身一日之升降也。夫人一吸自上而下，从外而入；一呼自下而上，从内而出，人身中一息之升降也。邵康节云：'天地之气，冬至后为呼，夏至后为吸，天地一年，只是一个呼吸。'盖谓呼为生发之义，吸为收藏之义。今人身呼则接天根，吸则接地根，一息之间，天地之气一周，故曰周天。丹书所谓'一息功夫，自有一年节候'，是也。如是炼之一刻，一刻之周天也。炼之一时，一时之周天也。炼之一日，一日之周天也。炼之百日，谓之立基。炼之十月，谓之胎仙。夫人呼，则将祖炁送出；吸，则将祖炁纳入。闻道之人，全赖吸长呼短，吸多呼少，一息之功夫，自有一息之造化；一刻之功夫，自有一刻之造化；一日之功夫，自有一日周天之造化。修炼百日，可为立基。童身一年，中年千日，可得结丹矣。故自一阳初动，采铅制汞，取汞和铅，不过此息为之妙用。以至水中火起，天地循环，乾坤反覆，无非此息为之斡旋。其中沐浴、温养、进退、抽添，皆妙合天机，潜符造化，而不容助长躁进者也。或者曰：簇年归月，簇月归日，簇日归时，簇时归刻，推子午卯酉、辰戌丑未、寅申巳亥，晦明弦朔，冬至夏至，以为进火之候，殊不知所谓候者，非时候之候耶！丹经云‘要知天癸始生时，自有真机应候回。何必天边寻子午，身中自有一阳生’，是也。若拘于子时之候，上古修道，只觉春夏秋冬、昼夜明暗，未分年月日时之际，将何者推测子时而采药哉？盖真火，即是元神之运行。元神，即是真火之妙用。真火随真息，真息随真炁，真炁化真精，真精归玄关，元神发真火，真精结圣胎。火候之说，露于此已也。”

诀曰：圣人传药不传火，从来火候少人知。

要知口诀通玄处，须问明师晓天机。

炼己章第六

真宰图

抱真子曰：“炼己者，何也？”

觅玄子曰："若要修成九转，先须炼己持心。盖心者，一身之主宰，众妙之门也。学道之士，必须万虑皆空，一心清静，然后渐入真道。善乎太上之说，云：'人能常清静，天地悉皆归。'只此'清静'二字，便是炼己入道的根基。"

抱真子曰："如何得心清？"

觅玄子曰："谁令汝浊？"

抱真子曰："如何得心静？"

觅玄子曰："谁令汝动？夫人迷一切事，本由自心；悟一切事，亦由自心；起一切事，本由自心；正一切事，亦由自心。汝若不闻一切声，则一切声亦不闻汝；汝若不见一切物，一切物亦不见汝；汝若不关一切事，一切事亦不关汝；汝若不着一切相，一切相亦不着汝；汝若不执一切法，一切法亦不执汝。作如是观者，常清静矣。"

抱真子曰："子之言可与上士道，未可与中下言也。若遇决烈上士，智慧圆通，故于身心世事，一一境界，被他觑破，用慧剑斩群魔，火符销六欲，赤洒洒，空荡荡，自是清净心神，入道大器，但恐万中无一。下士为名利缠缚、嗜欲缠缚，中士又为空缠缚、法缠缚，安能一旦了达，解脱此缠缚，而无系恋之念乎？"

觅玄子曰："不怕念起，惟恐觉迟。觉速止速，此其妙用。人心一念妄生之际，思平日心不得净者，为此橛耳，急止之各川之方泄，实土塞之，襄陵之势，可绝矣。如火之始燃，杯水沃之，燎原之势，可灭矣。自一念，以至一切念，亦复如是，久久纯熟，自然无念，无念则常清静矣。余再设一喻，心如镜，止念如磨镜，镜才磨，则尘垢去而光彩矣。念才止，则欲不牵，而心地净。只此'止念'二字，正是觅清静的道路。无心真人诗云：'念头动处频须扫，战退群阴育正阳。'陈虚白诗云：'大道教人先止念，念头不住亦徒然。'皆仙真之确论也。"

抱真子曰："子与人言金丹之道，常教人心中生意，心意为造化之主。今又教人无念，何其自相错谬也哉？"

觅玄子曰："不然。夫无念者，无邪念，无杂念，无妄动念，无常人念，无求速效念，无希仙念，无懈怠念，无一切分神杂源念，难以枚举。修道之士，非无正念也。"

抱真子曰："何谓正念？"

觅玄子曰："不念得，不念失；不念善，不念恶；不念外，不念身；不念昔，不念相；不念求净，不念生慧；不念痛痒，不念歪正身形，不念呼吸有无。回光返照，一念规中，非正念而何？此无念之正念，即是真心之真意也。逍遥翁云：'无念有觉，圣人境界。'智者可了知，说者难为说。若向这里具只眼，就从念头上做得去，何患心不清净而丹道不成哉！"

诗曰：心如浩月连天静，意似寒潭彻底清。

十二时中常觉照，休教昧了主人翁。

附录：

德可以动天地，行可以感鬼神。炼己之功，德行为先。阴行方便，阴积善根，曰德；自己尊贵，不欺于心，曰行。暗积德，而天地明察；多积行，而鬼神钦仰。德行相济，对景忘情，精神充固，方谓炼己。持心如此，旦夕不怠，经年纯熟，然后入室下手。入室之后，六根大定，大用现前。

功夫妙用章第七

刀圭图

抱真子曰："炉鼎、药物、火候、炼己等论，大理虽明，但不知始末功夫次第。如何行为，方是上等？"

觅玄子曰："金丹之道，先须炼己。收拾身心，敛藏神气，清虚空静，方可求丹。择净地、净室，告谕天地祖真，设东华帝君牌位、传道祖真牌位，长炉香火祀之。得一二同志、师友，辅弼相扶。丹书云：'若无同志相规觉，时恐还丹火候非。'走使者，俱要老成人，低低语，轻轻行，开口不可粗暴，恐惊其神。一切闲人，不令入。若有同道正人入，并无言语，亦不迎送。须正身端坐，含眼光，凝耳韵，调鼻息，缄舌气。莫着昏沉，亦莫着清爽。昏沉，则着于困睡、散漫，即是入于阴界一般。若着于清爽，又恐神难凝于祖窍。心不可动，心动则神不入气，须默无养心；身不可动，身动则气不入神。宜凝神忘形，身心不动，惟将正念独立守于玄关。丹书云'昔日遇师真口诀，只要凝神归气穴'，是也。"

抱真子曰："人非木偶，安能久坐岂无倦乎？"

觅玄子曰："亦可暂行，亦可暂卧，但不可离这个耳。且卧时，以将正念守于玄关，竟至于睡，虽梦寐之中，以可行焉，方是修行人。丹书云'睡法既能知旨趣，便于睡里调神气'，是也。若止于枯坐，不出于自然，终无所得。况药物之生，必于寐中有觉时得之。当夜半之分，吾身活子时，应天地之子时而忽动，即癸生时，依前《采药章》外作用口诀，而急采之。丹书云：'身中若遇癸生时，取坎中阳立补离。北斗南辰颠倒转，一时一刻立丹基。'其造化之妙用如此，非真师口诀，其孰能知之。且先天之炁，至静始见。坐至身心大定时，则后天气定，而先天之炁见矣。于是依《药物章》内作用口诀，使戊己为媒聘。戊己者，中央土也。盖水火分为上下，金木隔于东西。木为火母，金为水母，若无戊己之功，则水火不交，金木不并。为媒聘者，用戊土从坎起到离，用己土从离降至坎，动乾坤之橐籥，取坎离之刀圭，运日月之双轮，簇阴阳于一息。时节若至，妙理自彰。恍惚之中见真铅，杳冥之内见真汞。铅见火则走，汞见火则飞，却仗戊己二土，媒合守在中宫。水火自然升降、自然既济，金木自然交并、自然浑融。神气如母子之相恋，魂魄如夫妻之相合，此之谓真坎离交。交毕，铅归铅宫，汞归汞府，便觉坤宫有物，如母之有胎，圆陀陀，活泼泼。《悟真篇》西江月云：'木性爱金顺义，金情恋木慈仁。相吞相啖却相亲，始觉男儿有孕。’丹书云：‘龙虎一交相眷恋，坎离交媾便成胎。’此其验也。虽名之曰坎离交，其实是乾坤交泰，在入室十日内见之。丹书多谓百日内者，皆未得真诀者也[①]。功夫至此，修道之士，若能时时觉照，刻刻规中，童体者三日小效，一月功灵，百日内结丹；中年人十日小效，百日功灵，一年内结丹；老年人一月内小效，三百日内功灵，千日内结丹。若功夫不勤，还有耗炁驰神之事，未可期也。若功夫精进，自觉坤宫真炁，如飞云迅风，随真土而上，穿尾闾，由夹脊，过玉枕，升泥丸，游九宫，脑内有声。紫阳祖所谓‘泥丸风生’者，此也。此言后升真炁也。又自丹田有一道真炁，踊跃而升，如飞龙活蛇，从前而上，由鹊桥自上泥丸，勾引后生之炁，上而复下，下而复上。崔翁所谓‘上鹊桥，下鹊桥’者，此也。造化运用，药物盛融。忽尔水中火起，两肾似汤煎，丹田如火热，心生烦躁，切勿惊恐。但定心默坐，沉真土于气穴，轻轻然运，默默然举，一息之间，天机自动，从太玄关逆流而上，至泥丸。药熟化为金液，香似醍醐，味同甘露，自上腭而降下重楼，入黄庭，复还本位，丹田火气渐微，此金液还丹之妙也。盖药物者，水中金也。金不能自升，必假戊己相合，化出真火，逼金上行，所谓‘火逼金行颠倒转，自然鼎内大丹凝’。从此后升前降，循环无端。丹书云：‘外亦交兮内亦交，三关通透不须劳。丹田直至泥丸顶，自在河车几百遭。’当此之时，夹脊如车轮，四肢如山石，恍恍惚惚，万孔生春，身心意打成一片，精气神浑成一家，如在太虚之中，不知身之为我、我之为身，不知神之为气、气之为神。《复命篇》云：‘夜来混沌颠落地，万象森罗总不知。’忽然一点落黄庭，乃采铅投汞之机。一日之内，结一日之丹也。李清庵云‘乾坤交媾罢，一粒落黄庭’，此之谓也。夫药物之生也，初则配坎离造化，次则同乾坤运用，美哉景乎！皆真境界也，非譬喻也。《契》云：‘金砂入五内，雾散若风云，熏蒸达四肢，颜色悦泽好。’此亦得药之验也。既得还丹入鼎，却用符火温养，息息归根，绵绵不绝，如鸡之覆卵，如龙之养珠。存之以诚，听之以心，念不可起，念起则火炎；意不可散，意散则火冷，务令无过、不及，操舍得中。若遇丹火发热，天目之

---

① 汪东亭《三教一贯》卷七：“中年之人，得师口诀，当时下手，至迟两日即见效验，有如此之迅速方是真诀。濩与柯君，皆是四十余岁遇师，皆是一日半见效验。”

前（两目中间），存一轮黑光，大如碗口，收入鼎中，其热即退。一动一静，不可差殊。《悟真篇》云："大都全藉修持力，毫发差殊不作丹。"如此随日随时，渐凝渐结，抽铅添汞，十月满足，婴儿显象，移神换鼎，阳神脱胎，直至忘神合虚、阳神上举，大丈夫修行之能事毕矣。

诗曰：安炉立鼎法乾坤，煅炼精华制魄魂。

聚散氤氲为变化，敢将玄妙等闲论。

附录：

铅汞异处，不能自交，必借戊己真土为媒。真土，即人身中之真意也。真土有二，则真意亦有二。二者，一阴一阳也。谓之真者，无一毫强伪。若有一毫强与伪，即是用心揆度谋虑，便属虚假，非真意也。有此真意，真铅方生，何也？盖动极而静，真意一到，即入杳冥，此意属阴，是为己土。阴阳交媾，正当一阳爻初动之时，自觉心花发现，暖气冲融，阴阳乍交，真精自生。真精即是真铅，所谓"水乡铅，只一味"是也。阴阳交罢，将判未判，恍恍惚惚，乃是静极而又动，此意属阳，是为戊土。此时真铅微露，药苗方嫩，此乃有物有象之时，与平旦几希一般，急忙用功，采取真铅，方无走失。

阳神脱胎章第八

（内附《阳神出现图》）

抱真子曰："阳神脱胎，其妙用如何？"

觅玄子曰："阳神者，即吾之元神也。得金液点化，真火温养，气足神全，霹雳一声，脱胎始从天门而出。纯阳祖云：'九年火候真经过，忽而天门顶上破。真人出现大神通，从此天仙可相贺。'出神诀曰：'得太极全体，与太虚同明。'当其阳神之将出之也，须静室默坐，等候阳神自鼎炉跃出，从顶门升上，离身三、五尺，慎勿惊恐、惊动。若现出诸神怪状，一切魔景，

阳神脱胎之图

不可错认，不可接谈，直至空中忽然现一金光，大如车轮，急存正念，将阳神送入光中，少顷其光渐小，即用意一吸，收入元神宫中，此阳神成真时也。自此之后，如调小儿，其出不可骤远，恐迷失真宗。始自一步，复回本宫。演习九九数，其出又至二步复回，复出演习九九数。以至十步、百步，亦复如是。一里二里，以至百千万里，亦复如是。速去速来，出入纯熟，聚则成形，散则成气。不扶摇而直上九万里，不舟楫而旁度三岛波，不推测而通既往、知未来，隐显莫测，变化无穷，所谓圣而不可知之之谓神也。”

诗曰：孩儿初小未成人，须藉爹娘养育恩。

　　　九载三年人事尽，纵横天地不由亲。

忘神合虚章第九

（内附《忘神合虚图》）

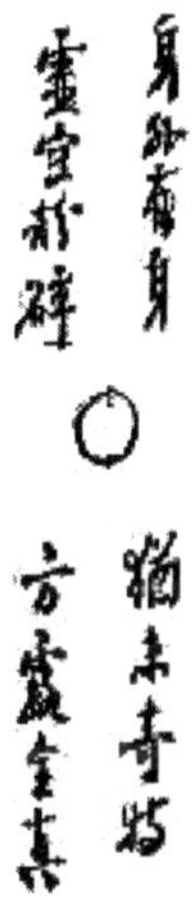

忘神合虚图

抱真子曰："忘神合虚，其妙何如？"

觅玄子曰："忘神合虚者，是吾之阳神与太虚合体也。宇宙在乎手，万化由乎心。若言其无，千圣觅踪寻不得，全身隐在太虚中。若言其有，千江有水千江月，万里无云万里天。陶铸乎天地，不为天地陶铸，乃亿万劫不坏金刚之天仙也。"

诗曰：太上玄门知者少，玄玄元不异如如。

捉将日月归元蒙，跳出扶舆见太空。

身中证验章第十

抱真子曰："修道之人，如此修炼，步步何证验否？"

觅玄子曰："其始也，下手入室，先得精神渐旺，采得后天药，外肾时举不倒，丹田满足也。一日内，得几次一阳来复，紧防走泄而失丹基。真炁渐聚，万邪难容，或胸膈烦满，而口吐痰涎；或便下恶物，似痢非痢；或泄泻宿水宿物，或腹肋胸背疼痛，或遍身疼痛、酸麻痒痒，或遍身汗出，或生发疮毒，此皆未修道之前，所藏积的浊物、邪火、邪气等项在身内，今得正气旺相，逼出滞物，不能留存也，慎勿惴惴自废。或阴阳变动，腹中如裂帛；或关节将通，顶门如雷声；或药物升至泥丸，耳内如潮声、蝉声、磬声、音乐声；或真气流通，浑身如虫行。或先天药升，浑身发热，头目眩晕，身体酸软如醉；或腹内雷鸣乱动，此皆阳炁升降之妙，是佳境也，切勿惊疑自弃。次口生甘液，是真炁下降也。次顶似寒泉，是真阴下降也。次鼻闻异香，次自闻自体臭气，次耳闻仙乐，次静中忽觉丹田中跳跃动转，或有一道气直升顶门盘旋，次丹田如火热，两肾似汤煎，或手足火热，膀胱气海熏蒸，或小便短少，或大便干燥稀少。次静中常听天乐，或如金石之韵，或如丝竹之音。次处暗室而慧光灵明，次不饮不渴、不食不饥，或饮食减少。丹书云'气满不思食'，此之谓也。次内见五脏六腑，或外见金光，或外见明月、日光。次三尸九虫皆灭，次形体光泽，双眼如漆。次黑发再生，次行如奔马，次昼夜不困，次魂魄不游、梦寐自无，或梦少困少，丹书云'神足不思睡''神足少梦寐'，此之谓也。次夜如白昼，或隔壁见物。次志存清高，诸事不染；诸态不着，诸色不迷。丹书云'精足不思欲'，此之谓也。次头上鹫鸣，次还丹入鼎，次寒暑不侵，次目视百里，次不卜先知，六通皆有。次日行万里，次见内神出现，次外见神来朝，功圆行满，紫霞满目，金光罩体。或见火龙飞，或见玄鹤舞，彩云缭绕，瑞气缤纷，天花乱坠，神女下降，仙真来迎，云生足下，超凡成圣，逍遥自在，能出天地之外，不在五行之中，乃大丈夫功成名遂之日也。"

诗曰：三关撞透夺神机，九窍冲开百病希。
　　　大道本来人具足，可怜尘世少人知。

后序

夫金丹者，乃上古神仙返本还元、超凡入圣、出世之大道也。故丹经多为譬喻隐语。余初未闻恩师胞弟口诀，每废书而叹曰："七尺之躯，既秉乎天地，如何能逃脱大数乎？不若取功名、谋富贵，光宗耀祖，妻财子禄，享洪福为高。”及屡闻吾弟觅玄子之言而心醉，遂如其言，慎我内，闭我外，雕琢复机朴，几于坐忘者旬日，余所得与弟所言，若合符节。嗟乎！不期金丹大道之妙，至于斯矣。不期吾弟达乎天道至于斯矣。昔黄帝问道于广成子，有谓天地之尊；孔子问道于太上，有犹龙之叹。岂虚言哉？

余细考之丹经，上乘守中为玄关，弟亦上乘，以守中即玄关；上乘采先天炁、乾坤真一之炁为药物，弟亦皆赖此等炁为药物；上乘运后天气为火候，弟亦运后天气为火候；上乘以清净为根，以纯阳成真为了当，弟亦以清静为根，以炼到纯阳成圣为了当。吾弟岂非得其真传也？

且是录也，去诸譬喻，扫除异名，引诸捷径，语语真谛，句句口诀，盖贯通群书，撮其要领而为之者也，诚玄门之正路，而仙学之指南哉？具慧眼者，以为何如耳！

抱真子马鸣朝撰

《觅玄子语录》终

卅八年（1949 年）六月君确抄于广州一鸣寓次

第七编　觅玄语录

〔提要〕《觅玄语录》，署“岁次己丑”“集善村藏板”。全书二卷，共分九部分，系辑录多种著作而成。卷一，一是《觅玄语录》，系《觅玄子语录》的删节本；二是《张三丰祖师传道十五节至简口诀》；三是《炼丹二十四要》，内容与《地仙玄门秘诀》“二十四要”基本相同。卷二，一是《群仙要旨》，五则，与《地仙玄门秘诀》部分内容相同；二是《修真直指》，署“程云庄先生口诀”；三是《太极冲玄删》，署名“雷门散仙还玄子明庵刘玉玄撰、季圆婴删”，系《葛仙翁太极冲玄至道心传》的删节本；四是《定观经》；五是《洞古经》；六是《大通经》。通过阅读和比较，《觅玄语录》《觅玄子语录》《地仙玄门秘诀》三书内容是一个系统，存在着增润和删节的关系，有一定的版本考证价值，故一并收入。

觅玄语录

三教圣贤，依此而成；后学君子，不可轻泄。修大道者，别择三要：一清净长素，不犯罪过；二持戒；三重方便。经云：“一意不散结成仙。”《道德经》云：“多言数穷，不如守中。”

《参同契》曰：“三光陆沉，温养元珠。”

祖师曰：“圆如弹丸，红如珠橘。”

一明性命

经曰：“修性不修命，修成最鲁钝。修命不修性，万劫难成圣。”人皆有病，斯经之取坎实而补离虚，谓之性命双修。其习甚难，其成最速。然道有三千六百之数，尽属易学难成之术。惟斯还丹，不在其中，而独为无上至真之道也。

二明乘等

冲举者，上乘也。修持之功行不齐，或是尸解，稍异飞升。若投胎夺舍者，又其次也。

三明庇祐

《感应篇》云:“欲炼还丹,须积阴德。”不然而其阳神脱胎之际,若无善行三千焉,得十方善神庇祐驱邪,故欲炼还丹者,必须精修纯养,以积阴功也。

一要求宿

然习此道,非大力量不可,不然焉能间其衣食、构室寻山、选双取友?所以贫乏之士,断难望此。只可勤修勉积,以至功行无虚,必期他日来生,仙骨有成,还丹有就。

二要广博

无论释道之进修,若不知炼精化气,终成欲火煎熬,有莫可如何之处,遂将一片清净之心,顿作淫秽之想,从此堕落,岂不痛哉?故此书之烹炼采取,乃消欲火之真传。故后世,若有好善之辈,有力者,广刻无朽;贫乏者,可多书济[①]世,开道法之真传,济歧途之苦惑,使释道共泽其恩,同引圣途,其功莫大。

三要择施

此等修持,乃上士所攻之学,故其书之所授,必择其素志黄岐之术者,或相貌清奇而有松形鹤骨者,或气钟神秀而目有真光者,或神如紫电而气若青霜者,或音似流珠而数里能闻者,或心地平坦而容如沧海者,或性淡冰壶而气托秋云者,或大富贵、真豪杰而力能广刻无亏、若海之慈航者,或健笔贫儒而能勤书不厌、使后世不绝真传者。若得此数辈,方可承授。切勿妄授

① 济,底本作“继”,据上下文义改。

与愚昧匪人，既不能自成，而又无法门之所益，徒取轻亵之罪。或有未得明参究学，而即下手用功，如婴孩未行，欲奔仆扑成危，反至大误。故择者，不可不谨焉。择虽如此，然有等慕仙乐善，酷好此经者，无论精神，亦可授之。若于释道等流，皆以修持为业，故虽以择只从，无论高下，并可传授，彼之行与不行，听其自勇。

觅玄语录纂内功要叙

觅玄子者，平干人也。业儒二十载，忽搆宿疴，百药莫瘳，乃访内修却病之方。初闻师荆楚喻先生，后师洹水还元子王先生，皇天默佑，五日小周天，六日大周天，水火既济，宿疴顿除。行至百日，精神异常，遂谢人间事，隐于庐山觅玄楼，遍阅诸丹经而贯通之。其兄抱真[1]子往造之，互相问答，焚香告天，载笔书之，分章绘图，题曰《觅玄语录》。因其居，号其人，名其书也。

金丹第一

金丹大道图

① 真，底本作“朴”，据后文“抱真子”改。

抱真子曰："金丹者，何也？"

觅玄子曰："无上至真之妙道，金刚不坏之义也。初非别物，本来一灵而已。此一点灵明，永劫不坏，如金之坚，愈炼愈刚，故道喻作金丹。丹士修炼之始，必藉阴阳、五行以成，其后渐以阳火炼真金，养成真金纯阳之体，通体生光，此金丹之真境界也。然铸金必用炉鼎，修丹必用灵药，炼丹必用火候。学道之士，必于此三者一一分明，又知炼己，方可下手用工，庶金丹有成。"

诗曰：元神一出便收回，神返身中气自随。

　　　如此朝朝至暮暮，自然赤子长灵胎。

又曰：上不缩，下不泄。守中虚，丹自结。

炉鼎第二

炉鼎图

抱真子曰："炉鼎者，何也？"

觅玄子曰："炉鼎非一，曰乾坤鼎器，曰坎离匡[①]廓，曰太乙神炉，曰混

① 匡，底本作"庭"，据《觅玄子语录》改。

元丹炉，曰偃月炉，曰悬胎鼎，曰黄庭，曰玄牝之类，皆炉鼎异名，玄关一窍，即是炉鼎[①]。”

抱真子曰：“炉鼎二器，今曰一窍，炉耶？鼎耶？”

觅玄子[②]曰：“是鼎也。玄关一窍，熔药所也，故喻曰鼎。玄关之外，天然真火火烹炼，炉不言可知。”

抱真子曰：“炉鼎之义明矣，何以为玄关乎？”

觅玄子曰：“玄之关窍也。人之真息，一呼而接天之根，一吸而接地之根，往来必由，譬若关然，即真息呼吸之关也。图画玄牝者，阴阳相结之象也。是窍也，藏于先天混沌中，隐于无有有无内。一身八脉九窍，经络联凑，空间一穴，至虚至灵。《度人经》曰：‘中理五气，会合百神。’太上谓之‘谷神’。陈虚白曰：‘此元气所由生，真息所由起，神仙凝结圣胎处也。’”

抱真子曰：“此一窍，在人身中，居何所乎？”

觅玄子曰：“难言也。着在人身便不是，离了人身又不是。此非亲身自得，焉能知之。丹书云：‘乾坤交姤罢，一点落黄庭。’即玄关也。未尝乾坤交，安识黄庭落？识得此窍，则采取在此，交姤在此，温养在此，结胎在此，至于脱胎神化，亦无不在此矣。”

药物第三

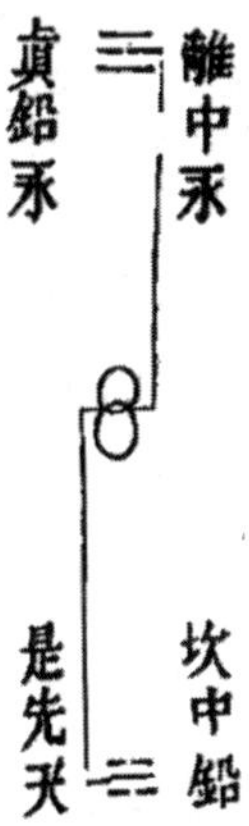

药物图

---

① 鼎，底本缺漏，据《觅玄子语录》补。

② 觅玄子三字，底本缺漏，据《觅玄子语录》补。

季芬[1]曰：此章先天，指肾气而言，坎离交者此也。邵子又曰："不向肾中求一画，惟从心上觅工夫。"在大静之后，超脱血气而生，所谓"人尽而天然后，乾坤可交，而丹可结"，不可不明辨。

抱真子曰："药物者，何也？"

觅玄子曰："药物之名，不一说，曰婴儿，曰姹女，曰木龙，曰金虎，曰乌肝，曰兔髓，曰交梨火枣，曰天魂地魄之类，不胜枚举，皆药物异名。先天元阳祖炁，即药物也。"

抱真子[2]曰："大药三品，精气神。今独言祖炁，何也？"

觅玄子曰："元气，即元所化，以元神居之，三者凝于一矣。言之虽有三，而先天一气，实为药物。"

曰："何以为先天乎？"

曰："父母未生此身，先有此气。既有此气，始有此身，非先天而何？盖人一身，皆后天而生，属阴；惟此祖气，先天而生，属阳。取此先天阳，点化后天阴，换尽阴浊之躯，变成纯阳之体，而丹始成。但产药有川源，采药有时节，入药有火功。紫阳曰：'要知川源处，西南是本乡。'西南是坤方，坤为腹。祖气发生于腹中，乃阴中阳，如乾一爻，交坤[3]而成坎，坎水中有乾金，故曰水中金。此非产药之川源乎？其次联曰：'铅遇癸生须急采，金逢望远不堪尝。'铅即金，癸即水。此时有气无质，迎其将生而急采之，方可用。苟迟，则药已生质，所谓'见之不可用'，如望后之月不堪尝矣。此非采药之时节乎？其三联曰：'送归土釜牢封固，次入流珠斯配当。'盖既得真铅，送归黄庭土釜之中，勿令走失。次用火龙流珠之汞以配之，方能凝结圣胎。采得药来，收得药住，此非入药之造化乎？其四联曰：'药重一斤须二八，调停火候托阴阳。'半斤铅，八两汞，水怕干，火怕寒，务要阴阳调匀，水火既济，此非炼药之火功乎？"

曰："铅是先天气，汞是何物也？"

---

① 清光绪四年（1878 年）季念诒纂《光绪江阴县志》记载："季芬，字蕙纕，郡诸生。家贫，箪瓢，宴如。博极群书，通天文、术数、风角、鸟占，尤精先天养气之旨，好吟咏，著《长春境日记》等书。茂苑诸名家皆师焉，隐居邓尉山中，坐化去，鼻筯垂尺许。"

②"抱真子"三字，底本缺漏，据《觅玄子语录》补。

③ 坤，底本缺漏，据《觅玄子语录》补。

曰："铅是先天气，汞是先天灵。铅是阴内阳，汞是阳内阴。阴内阳，坎象。阳内阴，离象。真铅生于坎，其用却在离。真汞生于离，其用却在坎。"

曰："铅汞既匀乎，言采铅，而不言采汞，何也？"

曰："铅汞相投，如磁石之与针。《悟真》云：'但将地魄擒朱[①]汞，自有天魂制水金。'既得真铅，真汞何患乎不擒？"

曰："余闻有内药、有外药，内外何以分乎？"

曰："外药，命宗也，坎也；内药，性宗也，离也。移外阳，点内阴，即成乾卦。其实，内药在自身，外药亦在自身，体一而用二者也。又有先天元精、元气、元神为内，后天交感精、呼吸气、思虑神为外。内者，妙于无形；外者，现于有象。至清静头，彼家尾，谓药自外来，想又有别传，非吾之所知也。"

曰："其作用，可得闻与？"

曰："余欲明言，恐太泄天机；余欲无言，何以破后人之迷？秘诀曰：'前弦短兮后弦长，机关切莫向人扬。射入龙宫回斗柄，元阳初动运神光。'此外作用也。又曰：'真土擒真铅，真铅制真汞。'此内作用也。外作用，抽坎中之阳，即炼精化气之造化也；内作用，补离中之阴，即炼气化神之造化也。坎离合体成乾，即炼神还[②]虚之造化也。"

外药可以治病，可以长生久视；内药可以超越，可以出有入无。内药无为而无不为，外药有为而有以为。内药无形无质而实有，外药有为有用而实无。外药色身上事，内药法身上事。学道必先从外药起，自知内药。高尚之士，不炼外，便炼内。

火候第四

抱真子曰："火候者，何也？"

觅玄子曰："火候之名，非一说，曰二十四气、七十二候、二十八宿、六十四卦、十二分野、海潮升降之类，皆异名也。'调和神息'，即是火候。

① 朱，底本作"来"，据《悟真篇》改。
② 还，底本作"补"，据《觅玄子语录》改。

神，即火也；息，即药也。以神驭气而成道，即以火炼药而成丹。息，非众人之息也。众人之息以喉，真人之息以踵。神，非思虑之神。思虑之神，是邪火；不神之神，乃真火。修丹之士，心息相依，一呼一吸，一往一来，如炉鞴之抽动，风生[①]于管，炉火自炎。《入药镜》所谓：‘起巽风，运坤火。’李清庵所谓：‘神气和合生灵质，心息相依结圣胎。’紫阳祖曰：‘但安神息任天然，何用孜孜看火候。’广成子曰：‘丹灶河车休矻矻，鹤胎龟息自绵绵。’皆真旨也。”

周天火候图

曰：“余闻火候，皆‘周天’。今不过我身之呼吸，何以拟周天耶？”

曰：“周天者，乾坤阖辟、阴阳运行之机。人受天地之气以生，与天地同一阴阳。子时气生于涌泉，渐生到尾闾，丑、寅到腰间，卯、辰、巳到夹脊，午时到泥丸，未、申、酉到胸膈，戌、亥又归腹，此人身一日之升降也。一呼吸则自下而上，子升；一呼吸则自上而下，午降，此人身一息之升降也。邵康节曰：‘冬至为呼，夏至为吸，天地以岁为呼吸。’人身呼则接天根，吸则接地根，一息之间，天地之气一周。丹书所谓‘一息工夫，自有一年节候’，是也。如是炼之一刻，即一刻之周天；炼之一时，即一时之周天；炼之一日，即一日之周天。炼之百日，谓之立基。炼之十月，谓之胎仙。故有一阳初动，采铅制汞，取汞和铅，不过此息为之妙用。以至海阳生，水中火起，天地循环，乾坤反覆，无非此息为之斡旋。其中沐浴、温养、进

①生，底本作“上”，据《觅玄子语录》改。

退、抽添，皆妙合天机，而不容吾力者也。或者簇月归日、簇日归时、簇时归刻，朝屯暮蒙，晦明弦朔，以为进火之候，殊不知所谓候者，非时候之候。丹经云‘既知天癸始生时，自有阴阳应候回’，是也。大抵真火随真息，真息归真气，真气化真精，真精归玄关，元神发真火，真精结成丹。火候之说，尽于此矣。

炼己第五

抱真子曰：“炼己者，何也？”

觅玄子曰：“若要修成九转，先须炼己持心。心者，一身之主宰，众妙之门户。学道之士，万端俱忘，一心清净，经曰：‘人能常清净，天地悉皆皈。’”

曰：“如何心得清？”

曰：“谁令汝浊？”

曰：“如何心得静？”

曰：“谁令汝动？夫人迷一切事，本由自心；悟一切事，亦由自心；汝若不着一切相，一切相亦不着汝；汝若不执一切法，一切法亦不执汝。作是见，常清净矣。”

曰：“子之言可与上士道，未可与中下士言也。”

曰：“不怕念起，只恐觉迟。觉性何分上下？觉速止速。自一念，以至一切念，久久纯熟，自然无念。无念则常清净矣。无心真人曰：‘念头动处须频扫，战退群魔育正阳。’陈虚白曰：‘大道教人先止念，念头不住亦徒然。’只此‘止念’二字，便是觅清净的路头。”

曰：“金丹之道，教人用意。今云‘无念’，何矛盾也？”

曰：“无念者，无杂念，非无正念。杂念既消，回光返照，无念之念，即是真心。知者可了知，说则难为说。浩月连天净，寒潭彻底清。炼己到此，而丹道成矣！”

功夫妙用第六

抱真子曰：“炉鼎、药物、火候、炼己之说虽明，不知始末工夫妙用何如？”

觅玄子曰：“金丹之道，先须炼己。清虚空静，方可求丹。次选净地、净室，次择师友使者，俱要老成，低语轻言，开门不可粗暴，恐惊元神。一切闲人，不可人。有至人入，并无言语，亦不迎送。然后正身趺坐，含眼光，凝耳韵，调鼻息，缄舌气。莫着昏沉，昏沉则阴浊上去。莫着清爽，清爽则阳界上去。心不可动，心动则神不入气；身不可动，身动则气不入神。身心不动，惟将一念清净于玄关。师曰‘炼丹无别诀，只要凝神归气穴’，是也。亦不可暂行，亦不可暂卧，不可离这个。书云：‘睡法既能知旨趣，便于睡里调元气。’当半夜之后，吾身活子时，即癸生时也，依前《药物章》外作用口诀采之。其先天之气，至静始见。坐到身心大定之，后天气定，而先天气见矣。依前《药物章》内作用口诀，使戊己为媒。戊己者，中央土也。盖水火分为上下，金木隔于东西。木为火母，金为水母，若无戊己，则水火不交，金木不并。为媒聘者，戊土从坎到离，用己土从离降坎，动乾坤之橐籥，取坎离之刀圭，运日月之双轮，簇阴阳于一息。时节若至，妙理自彰，恍惚之内见真铅，杳冥之内见真汞。铅见火则走，汞见火则飞，却凭戊己二土，合在中宫，水火自然升降、金木自然浑融。精神如夫妇之交会，魂魄如子母之留恋，此之谓坎离交。交毕，落入黄庭，便觉坤宫有物，此其验也。工夫到此，时时觉照，刻刻窥中。久之，坤宫真气，如巽风，下穿尾闾，由夹脊，过玉枕，上泥丸，紫阳所谓'泥丸风生'是也。此言背后气升也。又有下丹田，一道真气，踊跃而起，由鹊桥直上泥丸，此言胸前气升也。前升之气，勾引后升之气，下而复上，上而复下。崔公所谓'上鹊桥，下鹊桥'者，是也。造化无穷，药物融盛。忽而水中火起，两肾如汤沸，膀胱如火热，心生烦躁，切莫惊恐。但定心默坐，沉真土于海底，轻轻然运，默默然举，一息间，天机自动，太玄关逆流而上，至泥丸。药熟化金液，香香似醍醐，味同甘露，自上腭降下重楼，落入黄庭，复还本位，丹田火气渐微，此金液还丹之妙也。盖药物者，水金也。金不自升，必假火逼金上行，所谓'火逼金行颠倒转，自然鼎内大丹凝'。从此后升前降，循环无端。至于大静之极，小静三日，中静五日，大静七日，夹脊如车轮，四肢如山石，恍恍惚惚，万窍生春，身、心、意打成一片，精、气、神浑成一家，如在太虚，不知身之为我、我之为身，亦不知神之为气、气之为神。《复命篇》曰：'夜来混沌颠落地，万象森罗总不知。'此时全要道友扶持，大定之后，定起醒来时，可慢慢与他汤吃，最要小心谨慎。难难难，不入深山，不能到此。此之谓乾坤交。忽然一点落入黄庭，乃采铅投汞之机。一日之内，结一日之丹也。到此方得还丹，大抵药之升也。小则配坎离造化，大则同乾坤运用，美哉景乎！皆真境也，非譬喻也。《契》云：'金砂入五内，雾散若风云，熏蒸达四肢，颜色悦泽新。'此其验也。既得还丹入鼎，却用符火温养，息息归根，绵绵不绝，如妇人怀胎，如龙吞珠。存之以诚，听之以心，念不可起，念起则火炎；意不可散，意散则火冷，务操持得中。若遇此火发热，两目中间，存一轮黑光，大如碗口，收入鼎中，其热即退。一动一静，不可差殊。《悟真篇》曰"大都全藉修持力，毫发差殊不作丹"，是也。如此随日随时，渐凝渐结，十月满足，婴儿现象，移炉换鼎，调神脱胎，直至忘神合虚、真人上举，大丈夫之能事毕矣。

阳神脱胎第七

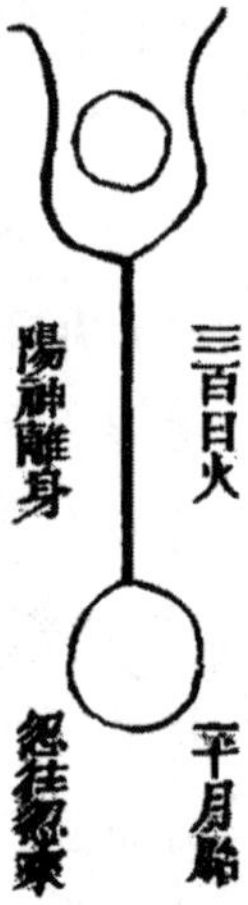

阳神脱胎图

抱真子曰："阳神脱胎，其妙何如？"

觅玄子曰："阳神者，即吾之元神，得金液点化，阳火温养，气足神全，霹雳一声，脱胎而出。当神之将出也，须净室默坐，等候元神自丹炉中涌出，从顶门升上，离三五尺，慎勿惊恐。若现诸神怪状，一切魔景，不可错认，不可接谈，直等空中现一金光，大如车轮，急存正念，将元神射入光中。少顷，其光渐小，即用意一吸，收入元神宫中，此金丹成就时也。自此以后，如调小儿，其出不可骤远，自一步，复回本宫。演习九九之数，又至二步复回，亦复如是。一步、百步，自一里二里，以至百千万里，亦复如是。速去速来，出入纯熟，聚则成形，散则成气，隐现莫测，变化无穷，圣而不可知之谓神也。"

忘神合虚第八

抱真子曰："忘神合虚，其妙何如？"

忘神合虚图

觅玄子曰：“吾之元神，与太虚合体也。若言其无，千圣觅踪寻不得，全身隐在太虚中。若言其有，千江有水千江月，万里无云万里天，乃亿万劫金刚不坏之元神也。”

身中证验第九

抱真子曰：“如此修炼，有何证验？”

觅玄子曰：“采药之始，外肾时举不倒，丹田气满也，须防走失而无丹。真气既动，有邪难容，或胸膈烦闷，口吐顽痰；或腹肋疼痛，便下恶物，或遍身汗出，或四肢疼痛，宿疴渐除也。或阴阳击搏，腹中如裂帛；或骨节将通，顶门如雷鸣；或药物上升，耳内如潮水；或真气流通，百脉如虫行。次口生甘液，次顶降寒泉，次鼻闻异香，次静中忽觉元神自下丹田踊跃而起，直上顶门。次静中常闻天乐，次暗室而生慧光，或隔壁见物，或内视五脏。次形体光泽，次双眼如漆。次绀发再生，次行及奔马，次泗汗皆绝，次三尸九神尽出，魂魄不迷、梦寐自无。次阳精成体，灵府坚固，寒暑不侵。次志合太虚，次目视百里，次心知悉来，次内神外视，次外神来朝，功行圆满，膺箓受图。或见火龙飞，或见玄鸟舞，祥云缭绕，瑞气缤纷，出圣超凡，逍遥自在。

语录九篇，言言直指，不作影响之谈。后学见之，如开拳见掌，真无上玄功，至捷之径也。

张三丰祖师传道十五节至简口诀

一、神室（即己心是也）；

二、鼎炉（即己身是也）；

三、采取（即端坐定心，以意迎之）；

四、进退（即行止是也）；

五、隄防（即继续不间是也）；

六、抽添（即运用是也）；

七、熏蒸（即真气布四肢）；

八、沐浴（即熏蒸，又曰洗心涤虑）；

九、养火（即息念是也）；

十、野[①]战（即制服身心）；

十一、守城（即凝神精气）；

十二、生杀（即息根绝虑是也）；

十三、玄牝（即念头动处）；

十四、交结（即打成一片）；

十五、丹成（即归根复命是也）。

① 野，底本作“默”，改。《悟真篇》：“守城野战知凶吉，增得灵砂满鼎红。”

此物名曰一鼎爐
内靣虚空外邊無
决烈丈夫掀倒看
原係這個本來汞

以上十五节，不可只依一场说话，乃至简至易之法，大抵学道之士，只要身为铅、心为汞、定为水、慧为火，片刻之间，可以凝结，十月之内可成圣胎。本无卦爻，亦无斤两，只在身心。定慧，便是药物、火候。凡遇癸生之时，便好采取。呼巽风，一吸以神下至丹田，徐觉一点真阳，混合中宫，炼精化气。然后，意沉海底，存神如日轮，又觉炎炎渐炽，用慧目下观，抽引中宫之阳后，从尾闾、夹脊，徐徐送上玉枕，提上泥丸。退符下降，从金关鹊桥、华池、重楼、绛[①]宫，直入土釜交姤。至于成乾封固之法，惟目光内照，耳返内听，闭口调息，以顺鸿蒙之道。学仙学到婴儿处，月照寒潭彻底明。大抵用工之法，纵即缓，缓即不及，不及则神昏，神昏则气散，气散则汞走；拘则急，急则太过，太过则火炎，火炎则铅飞。二者微差，药物消耗矣。又，身动则气散铅飞，心动则意散汞走。又当知玄关之门，气入其根。用极则失之急，住缓则失之荡，绵绵续续，任其自然，无为妙用，故用之不竭矣。

① 绛，底本作“降”，改。

炼丹二十四要[1]

第一要知“玄关一窍”

注曰：此窍，混沌初开第一窍也。人得之而为性命之根，仙佛圣贤以此为宗，即中官一寸二分是也。但不可以形[2]迹求之，号虚无之府、清净之乡，内有一点真阳之气，自有生之后，散之于一身。所以祖师曰：“四大一身皆属阴，不知何物是阳精。”阳精，是真阳之气也。又曰：“一点真阳，秘在形山，不在心肾，而在乎玄关一窍。”玄关一窍是真端，妙在祖师一句传，皆言是也。此窍在心下三寸六分是也。

第二要知“开关闭关”

注曰：闭关，指阴跻之穴，在尾闾前，阴囊下，即泄精之处也。闭，趺跏之时，以脚跟抵之。此关既闭，闭则关开，开则脉通，皆所以“泝流直上泥丸顶，关节才通便驻颜”。又曰：“常使气通关节透，自然精满谷神存。”关节既通，正气流行，邪气自退，谷神焉得而不存？此言素常打坐，必须但宜轻抵为是。[3]

第三要知“调息绵绵”

注曰：真息本自绵绵，奚以调为？只因身心不定，重楼浩浩而出，不复绵绵矣。学者闭目存神，心息相依，不调之调，顺其自然，息定而后生气，是以“众人之息以喉，真人之息以踵”。又曰：“息往息来无间断，金丹成就

① 底本无标题，校者拟题。

② 形，底本缺，据《地仙玄门秘诀》补。

③ 此则语句，颇有不通顺，请参考《地仙玄门秘诀》。

合元初。”《黄庭经》云：“后有密户前生门，出日入月呼吸存。”清阳云：“玄牝无时交日月，中和极处位乾坤。”观此必须调息绵绵，方有造化，不然是呼吸之气，毕竟空劳。真息在腹中，呼吸之气在口中。

第四要知“橐籥风生[①]”

注曰：橐籥，乃炉匣鞴管之物，往来不穷，即学人调息绵绵之后，用之不勤，方为真橐籥。仙翁所谓“天地以阴阳为橐籥，人身以玄牝为橐籥”，是也。橐籥风，即是内呼吸。

第五要知“巽风坤火”

注曰：前云橐籥风，即此巽风。巽，顺也，顺其自然也。巽下断，阴气发于下，故谓巽风。巽风既升，坤火必炽。余书吾云“坤居下为炉”，非猛烹极炼，则不能出炉。“乾居上为鼎”，非倒行逆施，则不能升鼎。所以火非风不生，不能运动。仙翁所谓“起巽风，运坤火。入黄房，成至宝”，是也。

第六要知“烹炼阴精”

（纯阳）

注曰：阴精者，五谷饮食之精。苟非巽风坤火，猛烹极炼，此精必在身中作怪，炽思淫欲，搅乱心君，务要凝神调息，使橐籥风鼓，而风吹火起，烹炼阴精。阴精化气，混入一身之气，此气再合先天之气，才有药物[②]。仙翁所谓“欲得先天以补后天，须资后天而育先天”，是也。

① 生，底本作“声”，据《地仙玄门秘诀》改。
② 物，底本作“地”，据《地仙玄门秘诀》改。

第七要知“炼精化气”

（阴中之阳）

注曰：烹炼阴精，阴精化气，混入一身之气，即此炼精化气也。盖一身之气，乃后天之气，始自先天而生，今因后天行事，故先天退藏，惟知有后天之用，不知有先天之根。所以学人炼精化气，注意中宫，须臾不离，使后天之气，各归其根，如子恋母。到此则先天之气，再从窍中发出，化后天为一家。邵子所谓：“若问先天无一字，后天须要着功夫。”李清庵云：“泯然静极无为地，自有先天性月悬。”自炼精始，精住然后化气，气定然后化神，神灵然后返虚，虚之又虚，道德乃俱。吕纯阳曰：“精养灵根气养神，此真之外更无真。”

第八要知“先天后天”

注曰：先天、后天者，即内外之药也。先天气为内，后天气为外。学人不知关窍，不辨先后，纵[①]能积聚亦无用也。必须后天积聚，修成城郭，然后先天之气，再从窍中发出，化后天为一家，氤氲结成铅汞。始则汞投铅窟，终则铅度汞关，到此才言药物也。先天以元精、元气、元神而言，故曰“内”；后天以交感之精、呼吸之气、思虑之神而言，故曰“外”。

第九要知“鄞鄂已立”

注曰：鄞鄂者，即神室也；神室，玄牝也。苟非炼精化气，先天、后天混为一家，则鄞鄂从何而立？仙翁所谓：“混沌相交接，权舆树根基。经营养鄞鄂，凝神以成躯。”又曰：“鼎内若无真种子，犹将水火煮[②]空铛。”鼎，即鄞鄂也。有神室，即有种子。神室未立，种子从何而胚胎？祖师曰所谓“中

① 纵，底本作“总”，据《地仙玄门秘诀》改。

② 煮，底本作“着”，据《地仙玄门秘诀》改。

虚寸余，以安灵汞”者，此也。

第十要知“玄牝阖辟”

注曰：玄牝阖辟，真息绵绵也，乃是乾坤阖辟，生生之机，无瞬息间断。若有间断，此身即死尸矣。学者行持，先天、后天混为一家，其机自不容御。太上所谓“谷神不死，是谓玄牝。玄牝之门，是谓天地根。绵绵若存，用之不勤”者，此也。

第十一要知“融会交姤”

注曰：后天先聚，先天后生，先后相参，打成一片。前云混为一家，即融会交姤也。到此方为坎离交媾，一周天也。《击壤集》所云“恍惚阴阳初变化，氤氲天地乍回旋”，是也。

第十二要知“河车运转”

注曰：北方正气，名曰河车。自坎离交姤之后，气中生真一之水，水满即行河车运转，前路通达，自然逆升。仙翁所谓：“上鹊桥，下鹊桥。”又曰“河车不暂停，运入昆仑顶”，是也。此皆自然而然，非有所作而然，亦不知其所以然也。

第十三要知“天人合发[①]”

注曰：河车运转，自然逆升，不拘时候，谓之人元。静坐至八月十五夜，金旺水清之候，天地交姤，氤氲之气，周施于[②]人身，交感冲和之气，相应同运并行，所以盗天地之金精，感天地之清气，谓之天元。直至九次，

① 发，底本作“揆”，据《地仙玄门秘诀》改。
② 于，底本作“与”，据《地仙玄门秘诀》改。

谓之九转。仙翁所谓“月夜望中能采取，天魂地魄结灵丹”，是也。人元、天元，随人力量所至。或自人元而至天元，或自天元而了大事。大抵自人元而至天元者多[①]，自天元而了大事者少。

第十四要知“河车停止”

注曰：一身阴气，日逐剥尽，阳气收归窍内，恍[②]若月魄，吸尽日魂，光满大千世界。又曰：“性与命合则长生，日与月合则常明。”到此，河车则不复转矣。只是忘形养性，意存中宫，而不着相[③]，终日如愚，一虚静而已。仙翁所谓曰：“河车丹灶休矻矻，鹤胎龟息自绵绵。”清诗云：“着须不意意中意，存个无心心里心。炼之饵之千余日，身体无阴哪得死。”此之谓也。

第十五要知“炼气化神”

注曰：河车停止之时，行其所无事，只是虚静抱一以候之，真息绵绵，气自化神。觉玄关一窍之中，杳杳冥冥，恍恍惚惚，始如火发，终若云雾，阴阳蟠纠，壶中夫妇，其欢娱之妙，不可以言语形容，到此方为真息、真胎。仙翁所谓“胎由息生，息因胎住”者，此也。又曰“修炼到此，精气成形”者，是也。崔公所谓“是性命，非神气”，方说得归根复命、返本还元，否则终是后天渣滓，安望成丹？

第十六要知“混沌鸿蒙”

注曰：到此地位，返太极于无极，昏昏默默，大死一般，静已极而未至于动，阳将复而未离乎阴，其中妙用，即“善闭者无关，善守者无城，善战者无兵，善治者无刑”。仙翁所谓：“浊者清之路，昏久则昭明。”又曰“观夫雌雄交姤之时，刚柔相结，而不可解”者，此也。雌雄交姤，则神在气内，

① 多，底本缺，据《地仙玄门秘诀》补。
② 恍，底本作“光”，据《地仙玄门秘诀》改。
③ 相，底本缺，据《地仙玄门秘诀》补。

气存乎神，神不可出，故昏昏昧昧，大死一般，正混沌鸿蒙之时，少焉，则昭明矣。

第十七要知“大死再活”

注曰：大死者，非真死也。当混沌鸿蒙之际，归根复命，神凝精结，八脉俱住，呼吸皆无，璇玑玉衡，一时停转，而日魂月魄，皆沉沦于北方海底，恍若气索命绝，了后复苏，故曰“大死再活”。《参同契》曰“气索命将绝，体死亡魂魄”，是也。

第十八要知“雷鸣电掣”

注曰：到此地位，凿开混沌，劈裂鸿蒙，水中火发，阴阳相击，声光迸出，自下元涌起，恍若雷鸣电掣，非譬喻，乃真境也。此正大死再活之时，炼士于此，一意不散，顺其自然，不必规规火候之图，而火候自符合也。所谓“真火本无候，大药不计斤”，是也。

第十九要知“炼神还虚”

注曰：到此地位，一味符之自然，但知有静，不知有神。稍知有神，神必滞而不化，惟其不知不着，神自还虚矣。歌曰：“勤苦之中又不勤，闲闲只要养元神。”又曰：“如龙养珠神不忘，如鸡抱卵气不绝。”

第二十要知“金丹点化[1]”

注曰：金丹者，先天真阳之气也。五千零四十卷大藏[2]经罢符至，若将此药，点先天真阳之气，即脱胎而出阳神也。阳神既出，出即顾[3]壳。养至

① 点化，底本缺，据《地仙玄门秘诀》补。
② 五千零四十卷大藏，底本作“五十四”，据《地仙玄门秘诀》改。
③ 顾，底本作“硕”，据《地仙玄门秘诀》改。

阳神强壮，破顶而出，身外有身未为奇，特还移炉换鼎，再造乾坤，直到形神俱妙，与道合真，则修真能事毕矣。仙翁所谓“汞是我家原有物，铅是他家不死方”，是也。炼士到此地位，有大力量者，或不得金丹点化，照依“二十一要知”，行至“二十四要知”止，自然到家。只此二十四条口诀已尽，不复有他说也。

第二十一要知“炼虚合道[①]”

注曰：到此地位，化不可知，孰为道？孰为虚？凝心于自得之天，一任无为而已矣。李清庵云：“工夫到此，一个字也用不着。”又曰：“虚既合道，则虚空自然粉碎。”故下云“捉不住真空，无下手处”，正自此而发端也。

第二十二要知“虚空粉碎”

注曰：到此地位，向之捉不住真空，真空以有；今则捉不住真空，真空以无。捉住真空，尚有下手处；捉不住真空，无下手处。故谓之“虚空粉碎”，皆自然而然，全无一点用心着力可知矣。学者以意会之始得。仙翁所谓：“果熟自然红，莫问如何修种。”

第二十三要知“超出三界”

注曰：到此地位，形神俱妙，与道合真，纵横自在，无碍逍遥。非人非佛非仙，亦人亦佛亦仙。五行固不能拘，至圣亦不能测，此其所以谓之道也。释氏云：“三尺竿头须进步，一方世界是金丹。”

第二十四要知“子又生孙”

注曰：到此地位，宇宙在乎手，万化出乎身。聚则成形，散则成气，

---

① 合道，底本缺，据《地仙玄门秘诀》补。

千百亿万化身，仙翁所谓：“一载生个儿，个个会骑鹤。”仙翁诗云：“学人何必苦求师，泄尽天机只是书。”除此二十四条，皆旁门小法，不足取也。伯牙高山流水[①]之秘，非子期孰能听之哉？

按：二十四条，由下手而神化，字字明阐，是必祖师之言，而今忘其人。季朗蟾先生，得之于程一德，程一德得之于吴景福云。

群仙要旨

第一　采气

此功常静[②]，凭此清净之功，而行采药之诀。药者，是何物？吾身中之元气是也。人之一身，俱是血气装成，属阴。惟此一点“元阳之气”（此际先天之气，以其杂于血气，不可纯谓之先天。故论先天之气者，又曰不可向肾中一画[③]），行于血气中，而能使目视、耳听、手持、足行。然则，人之生，有此先天之气以生之也，所以玄门强名之曰“气”、曰“神”。而又以心中之神，强名曰“性”（性命非气，原即是以强分之者，设此条目，以教人耳[④]）。盖因心气、肾气而分言也。以神驭气，性命合而为一，则曰“双修”（工夫全在“双”字。心火炎上，肾水下流，便不谓“双修”矣[⑤]）。故修性者，必兼修命。修命无他，不过[⑥]采此肾中之气耳。采气之诀，何如？要知凡人一身，脊骨二十四[⑦]节，从下尾闾穴，至上第七节之旁，两肾居之。肾属水，天一生水，夜半子时，一阳复生，一身中之元气，自下而上，却好行到肾。两肾中间有一窍，正在七节之中，元气从此而生出。所以人人睡到半

---

① 水，底本缺，据《地仙玄门秘诀》补。
② 静，底本作“尽”，据《地仙玄门秘诀》改。
③ 此句，底本属于正文，参照《地仙玄门秘诀》改作注。
④ 此句，底本属于正文，参照《地仙玄门秘诀》改作注。
⑤ 此句，底本属于正文，参照《地仙玄门秘诀》改作注。
⑥ 过，底本作“果”，据《地仙玄门秘诀》改。
⑦ 四，底本作“二”，据《地仙玄门秘诀》改。

夜以后，外肾阳举。阳不自举，因肾窍中之气发出。行到外肾而阳举耳。当其内肾阳气将到外肾之时，即与妻妾同床，不妨披衣坐起，垂目闭口，调息绵绵，存想两肾之间，若有气从此而出（此气玄门[①]谓之铅，卦为“坎”，以其“水中金”也，又名白虎[②]）。肾络连心，下动上应，夜夜行之，坐到更余，方便就睡。月余之后，必觉两肾之间，一缕光生，气动而出。只因坐起，此气不得顺下而行，逆而上往。（丹道重一“逆”字。语云：顺则成胎，顺则一点精气，施之凡母便成胎。逆则成丹，逆则一点精气，受之身中灵母便成丹。丹者，出[③]世之胎；胎者，传世之丹。[④]）

外肾不举，便是阳不走之验。不采之采，是名为采。而所谓炼精化气者，已于此见矣。精何为化气也？栖云先生曰：人吃诸味与五谷，浊者化为渣滓，津液化为阴精。阴不经煅炼，便在身中作怪，炽思淫欲。只用丹田自精化之风，吹动其中真火。火在下而水在上，水得火蒸。若灶釜中之水，得火蒸者，精自化为气而上升，熏蒸晻透于一身之关窍矣，是阴精化尽而为真气也。

第二　交姤

肾气既觉上升，便以心气（此气[⑤]玄门谓之“汞”，卦属离，以其未生火也，又名“青龙”[⑥]）下而迎之。久久迎合，心肾二气，自能交姤（玄门谓之“小坎离交”[⑦]），所谓身中之夫妇也（坎男离女[⑧]）。然以意为媒，用意勾引，故夫妇必藉于黄婆（黄，中央土，意也，又曰戊己土[⑨]）。所谓交姤，只是心肾二气循环心下肾上之间（玄门指此为洞房宫[⑩]）。交姤数足，循环数百遍，

---

① 门，底本作“关”，据《地仙玄门秘诀》改。
② 此句，底本属于正文，参照《地仙玄门秘诀》改作注。
③ 出，底本作“传”，据《地仙玄门秘诀》改。
④ 此句，底本属于正文，参照《地仙玄门秘诀》改作注。
⑤ 气，底本作“关”，据《地仙玄门秘诀》改。
⑥ 此句，底本属于正文，参照《地仙玄门秘诀》改作注。
⑦ 此句，底本属于正文，参照《地仙玄门秘诀》改作注。
⑧ 此句，底本属于正文，参照《地仙玄门秘诀》改作注。
⑨ 此句，底本属于正文，参照《地仙玄门秘诀》改作注。
⑩ 此句，底本属于正文，参照《地仙玄门秘诀》改作注。

落入黄庭（黄庭，即下丹田处）。凡间之夫妇有夜不交姤，身中之夫妇无夜不交姤。夜夜落入黄庭，则夜夜元气凝聚，便是积气。积气便是抽添，所谓“气是添年药”。常人以延年，玄门以修炼，皆藉此气为丹头矣。

第三　河车

元气渐渐积聚于下者，无路可通，只得下穿尾闾，由尾闾而夹脊，由夹脊而玉枕，由玉枕而泥丸，此背后气通也。又自下丹田，有一道气，踊跃而升，直上泥丸，此胸前气通也。前生之气，勾引后生之气，上而复下，下而复上，玄门所谓“河车运转”。又云“夹脊双关透顶门”“常令[1]气通关节透”者，此也。总之，任督二脉通，则百脉皆通。任之脉起于中极之下，循腹里上关元，至咽喉，属阴脉之海。督之脉起于下极之腧，寄脊里，上风府，循额至鼻，属阳脉之海。《黄庭经》所谓“皆由心内运天经（天经，乃吾身之黄道，即二脉也），昼夜存之自常生”者，此也。

第四　心息

运转之后，复落入黄庭，自觉黄庭之内，有气存焉。我以心念常常照顾，玄门所谓“心息相依”，又云“凝神入气穴”者，是也。白祖师云：“炼丹无别诀，只要凝神入气穴。”行住坐卧，照顾[2]不移，神气自然凝一。气既归中，鼻息自微，所谓“调息须调真息”者，此也。然凝一之久，又复周流。凝一周流，循环不已。鼻中之气，接着天地之气。天地之气，从鼻中入，接着吾肾中之祖气，与之混合，一气运行（此人也，而渐与天合，以为后来炼气化神张本[3]），补益我斲丧之真气，正是“竹破须将竹补宜”也。又以此气，融化我日逐日谷气所生津液，而生真精。精盛自然化气，气盛自然化神，精气神充满于一身。然而仍[4]属后天，未能超脱，以之却病延年可也。

---

① 令，底本缺，据《地仙玄门秘诀》补。
② 顾，底本缺，据《地仙玄门秘诀》补。
③ 此句，底本属于正文，参照《地仙玄门秘诀》改作注。
④ 仍，底本作“独”，据《地仙玄门秘诀》改。

如欲得丹，必弃世归山，静极而动。所谓“大死再活”，此时全赖道友扶持之。后虽见之于书，而未臻其境，不敢为述也。

第五[①] 先天气

（《参同契》中“混沌鸿蒙，牝牡相从”，俞书吾注）

混沌鸿蒙者，一气未分之时也。牝牡相从者，阴阳混于其中，而不相离也。当其未相离也，神凝气聚，混融为一，内不觉其一身，外不知其宇宙，与道为一，万虑既遣，溟溟涬涬，不可得而名，强名之曰先天一气，以为金丹之母，勤而行之，指日可与钟离并驾。金仙修炼，别无他术，《复命篇》云：“采两仪未判之气，夺龙虎始媾[②]之精，闪入黄庭，煅[③]成至宝。”盖采者以不采而采之，取者以不取而取之，在于定静中有非动作可为也。以丹法言[④]之，则寂然不动，返本复静之时是也，信乎寂然不动，则心与天通，而造化可夺也。《翠虚篇》云“莫向肾中求造化，却须心里觅工夫”，可谓深切著明矣。

《还金篇》云：“鬼神不见处，龙虎定相寻。”先天大道，致虚极，守[⑤]静笃，不可以一毫思虑加乎其间。当其深入杳冥之中，竟不知天之为盖，地之为舆，亦不知世之有人、己之为躯。少焉，三宫气满，机动籁鸣，则一剑凿开混沌，两手霹开鸿蒙，是谓无中生有。觅玄子曰：不在尘劳不在山，直须求到寂寞间，岂不信然哉！今人不知大道之祖，或直指铅为先天，或指天一生水为先天，或指两肾中间一点明为先天，皆寻枝摘叶之见，非大道之先天也。

①“第五”序号，底本无，校者增补。
②媾，底本缺，据《地仙玄门秘诀》补。
③煅，底本作“染”，据《地仙玄门秘诀》改。
④言，底本缺，据《地仙玄门秘诀》补。
⑤守，底本缺，据《地仙玄门秘诀》补。

修真直指

（程云庄先生口授）

大丹之道，不外性命双修。性者，心神；命者，肾气。神气混一谓之双修。性由心悟，妙在无心。命假真传，要须采气。采气之诀，不是有心存想，搬运身中血气。一身血气，皆属至阴，谓之后天。中有真阳，名为元气，乃属先天。气运有时，逆行为采。丹道只重一逆字。法在夜半子时以后，一阳将动之时，玄门谓之“冬至”。披衣起坐，内照澄心。阳气虽来，初犹未觉。防闲既久，自见两肾中间一缕金光，从窍涌出。欲过关元（在脐下三寸），偷泄而去。惟因起坐，只得逆行，逆行而还归气穴。返还既久，日渐气增，气至以微意迎之，使之升于神室。肾气上升，心液下降。心下肾上，强曰“中宫”。肾气属“坎”，心神象“离”，神气配合曰“坎离交媾”。交媾数足，入落黄庭，一点微光，形如黍米，一日一粒，黍米渐增，神气始溢，逼勒上升，冲贯尾闾、夹脊，直透泥丸。由泥丸下降，复落丹田。升降循环五六七遍，又复凝然。有如圆月，下浸寒潭。神气愈盛，下寄于坎离之中，外达于任督之表。丹田至顶，强曰“乾坤”。河车运转，仍落黄庭，遍体生光。红炉点雪，阳气日长，阴气日消。剥尽群阴，纯阳乃复。总之所谓炼气、炼神。至于炼形，别当有诀。起一身之真火，煅百脉之浓阴，去下秽浊，退上皮肤，神气愈清，形骸愈结，坚如铁石，寒暑不侵。一朝解化，遗蜕长存。形神俱妙，信不诬也。虽然炼神、炼气，统在性中，性乱神昏，气终阴浊。欲超仙境，何异象龙？

附炼形之诀

炼形之诀，大约一年可作二三次，每次始初可二三日，以后五六日。不饮不食，不接人事。以腹有饮食，则隔碍真气，不能遍彻一身，岂能尽逐向外。炼形之时，谓之“分龙”。盖初修仙者，其阳虽盛，尚与后天之气相混。既杂后天，便非纯“乾”，不能脱出阳神也。若渐与后天形躯分出，则真阳之气可以去来自由，遂向顶门飞出。是知先天真气，乃立体于虚无，藉后天之气以载之耳。因始出炼形，止二三日，以不能久饿也。

丹家有“内解”“外解”。内解者，是从大便泄出肠胃中之污秽。外解者，是生疮痍等症，攻出皮肤之疾，随人平日所受何等病耳。盖缘真气充足，邪气不能相容，自然发出来也。

金丹说

金丹之道，何从定静而入？若不静定，则神志[①]错乱，难调真息。真息不住[②]，则真气布入，是必遇事制心。事未至，不生妄想心；事既至，不生凝滞心。常若无事，则心静矣。心静则定。以此静心，独处静室，盘膝握固，目瞑垂簾，回光返照，久则真息自住，鼻无出入，气归元海。

关窍说

人一身有三关，尾闾、夹脊、玉枕是也。尾闾关，在背脊下骨尽头之处，其关通内肾之窍。从此关起，一条髓路，号曰漕溪，又曰黄河，此阳气上升之路。直上至胸后对处，谓之夹脊关。又上脑后，谓之玉枕关。此三关也。

人一身有三宫，泥丸、土釜、华池是也。泥丸为上丹田，方圆一寸二分，虚间，乃藏神之所，在眉心入内三寸正中之地。眉心为天门，入内一寸，为明堂；再入一寸，为洞房；再入一寸，即为泥丸宫。即上丹田。

眉心以下，为之鼻柱金桥，下至口中，有两窍，通喉谓之鹊桥。盖喉是颈外硬骨，外气出入之处也。内有软喉，乃谓咽喉，乃进饮食通肠胃之喉也。其气喉有十二节，曰重楼，直下肺窍，以至于心。心有一窍，名曰绛宫，乃龙虎交会之地。直下三寸六分，名曰土釜、黄庭，乃中丹田。其中

---

① 志，底本作“忘”，校改。

② 住，底本作“佳”，校改。

丹田，左明堂，右洞房，无膜居左，日元居右，亦空间一穴，方圆一寸二分，乃藏气之所，炼丹鼎。直下至脐门对过，约有三寸六分。故曰：“天上三十六，地下三十六。”自天至地，八万四千里。人自心至肾，有八寸四分。天心三寸六分，地肾三寸六分，中丹田一寸二分，非八寸四分而何？

脐门，曰生门，有七窍，通外肾，乃精气漏泄之窍。脐之[1]后，肾之前，正中处，名曰偃月炉，又曰气海。稍下一寸三分，名曰华池，又曰下丹田，乃藏精之所，采药之处。此处有三窍，通内肾之中，有窍通尾闾穴。此一身之关窍也。

太极冲玄删

雷门散仙还玄子明庵刘玉玄　撰

后学明蟾子季圆婴蕙纕　删

炼丹自有真鼎炉，何必区区向外求。
心若定时身自定，身心定静见丹头。

太极含一图

① 之，底本作“下”，校改。

太极者，天心也；含一者，太极中之一点阳精，以立其基也。人极，静极[①]生阳，动极生阴。一动一静，而生水、火、金、木、土，五气顺布，四时流行，百物生而人亦以成形矣。形成，而神气寓焉。神，即火；气，即药。以神驭炁而成道，即以火炼药而成丹也。此道至简至易，再无他说，只要凝神入气穴耳。气穴，虚灵不昧，息从此住，太上所谓“谷神不死，是谓玄牝”者，此也。乃人真息呼吸之处，阴阳合璧之根，盗天地，夺造化。神潜于窍，百日基成。盖精气，一也。神潜于穴，则三者会于中矣。精气神打成一片，神凝气结。神凝则真息自住，静极则天机自动，即太极动静而生阴阳也。后天之阴阳混合，而先天之阴阳发生，以先天之阳，点后天之阴，变成乾健之体，乃自然之道，岂有造而使之乎？

修丹成真歌

昔葛仙翁修炼外丹，经二十二处未成，后于江西阁皂山，修内丹经而作。

流珠流珠，役我形躯。奔驰四海，历览诗书。
披寻不悟，情思若愚。焚遍金石，烧竭汞珠。
资财荡尽，扶膝长吁。吾年六旬，且效踌躇。
赖师指授，元炁虚无。杳冥中起，恍惚中居。
真阴真阳，一呼一吸。先存金鼎，次认玉炉。
离火激海，坎水列壶。玉液灌溉，洞房流珠。
天机真露，万类难如。真人度人，要大丈夫。
天长地久，同着仙都。念兹在兹，语吾记吾。

修真择地

凡修仙之士，须择名山福地，古仙成道之所，方可居止。要藏风聚气，叠水来沙。左有龙蟠，右有虎踞。上应九天之秀气，下透三岛之真方，得天地正神嘉佑。倘不得其地，恐山魈木客盗灵夺气，致难成也。

---

① 极，底本无，据上下文义，补入。

筑基炼己返还直指

筑基者，即是收神、固精、裕气之诀。盖炼己者，即忘情绝念、死心神生之谓也。婴孩始生，甫离母腹，纯静无为，属阴，坤卦。自一岁，至三岁，长元气六十四铢，是谓一阳初生[①]，复卦。至五岁，又长元气六十四铢，为临卦。八岁，为泰卦。十岁，大壮。十三岁，为夬。各长元气六十四铢。至十六岁，又长元气六十四铢，则纯阳而为乾。补脑精，以完一斤之数。三元即种[②]，五行乃备，如宿有仙骨，童真内炼，名曰直超圆顿[③]，得无上至真之道。但凡人爱欲内攻，阳极一动，二八精通，变为姤，阴气渐长，阳气渐消。

自十六，至二十四岁，耗散元气六十四铢，卦属姤。耗散不已，三十二岁，而为遁。四十，为否。四十八，为观。五十六岁，为剥。各散元气二[④]十四铢。醉生梦死，不觉不知，至六十四岁，卦气已周，其天地父母元气，耗散已尽，复返乎坤。阳尽阴纯，血枯髓竭，貌槁形寒。苟得其寿，惟藉谷气，以培后天之精，非先天正气。

倘遇明师，指示返还之道，先用龙虎衣[⑤]，固济[⑥]外肾，并谷道牢闭，勿令走失真气。每夜遇外肾欲举未举之时，即是身中活子时也。急须下手起坐，名曰“铅遇癸生，须急采之”。日举日行，时烹时炼，忘言闭兑，终日如愚。采补百日，得元气六十四铢，以应乎复，一阳生也。却除邪念，如前进功，二百日而为临，三百日而为泰，四百日而为大壮，五百日而为夬[⑦]。由此而愈加精进。至六百日，各长元气六十四铢，以夺天地一周之造化，返还

---

① 生，底本无，据上下文义，补入。

② 种，《葛仙翁太极冲玄至道心传》作“钟”。

③ 顿，底本作“顶”，据《葛仙翁太极冲玄至道心传》改。

④ 二，底本作“六”，据《葛仙翁太极冲玄至道心传》改。

⑤《古今医统大全》卷之九十八《衣服类第六》：“龙虎衣：修养家有龙虎衣，衣卧必用，以固济丹田、肾堂、玉道，实为外护要法。甫谓凡人必用之衣，盖日夜不可须臾离也。其法用帛三尺三寸，径五寸，内用熟艾叶掺以花椒、茴香、檀香为末，薄铺用线钉缝，自后循前，以丁荅往上插贴丹田，此为人身元气根本之地，不可不慎也。”

⑥ 济，底本作“满”，据《葛仙翁太极冲玄至道心传》改。

⑦ 夬，底本作“夫”，据《葛仙翁太极冲玄至道心传》改。

二八乾[①]健之体，故曰“下德为之，其用不休”是也。

依法如此，筑基炼己，方可入室下手，而求还丹。故曰：“屋破修容易，药枯生不难。但知归复法，金宝聚如山。”

五贼第一

夫金丹之道，先须炼己纯熟，而炼己者，贵乎勤守其一，以处其和，扫尽五贼。五贼者，眼、耳、鼻、舌、意，为天之五贼；色、声、香、味、触法，为世之五贼；爱、欲、贪、嗔、痴，为内之五贼。天之五贼不谨，则内之五贼蜂起；世之五贼不除，则天之五贼必炽。是以两目为役神之舍，眼见色则爱起而贼精。耳为送神之地，耳听声则欲起而荡精。鼻为耗精之户，鼻闻香则贪起而耗精。口尝味而神随之，则嗔起而走精。意遇触而神驰之，则痴起而损精。忘于目，则有不覩不睹；忘于耳，则有不闻不问；忘于鼻，则调真息之息；忘于口，则甘无味之味；忘于意，则存不神之神。五贼俱忘，收归鼎内，所谓“精神魂魄意，攒簇归坤位”者，此也。何患金丹之不结哉？

入室第二

凡欲修炼，须择日入室。用榆木作椅，床下安雄黄十斤以避邪，上供东华帝君，悬古镜一面、剑一把。面前勿容一物，致心不静。屋无高，高则阳盛；无太明，明则伤魄；屋无卑，卑则阴盛；无太暗，暗则伤魂。四壁皆列窗户，以通日月星斗之气。有风则闭，无风则开。太明，则下[②]帘以和内；太暗，则卷帘以通外。

内以安心，外以安目。心目安，则身安矣。遇有事，而速迎之，而勿多滞。如明镜之悬，物来则照，物去则无矣。

① 乾，底本作“轻”，据《葛仙翁太极冲玄至道心传》改。
② 下，底本作“不”，据《葛仙翁太极冲玄至道心传》改。

饮食第三

饮食不可太过，过则伤气；不可不及，不及则耗精。味厚令人神昏睡，少自然神清。饥生阳火炼阴精，过食伤神气不升。

三昧火第四

身中有三昧火，一火不聚，结丹不成。心，为君火。膀胱，为相火，即臣火。大肠下行之气，为民火。炼丹须三昧薰蒸，使精气神交合，方能结丹。君臣二火不谨，民火门户不紧，常要走失。常要撮紧谷道，遇民火走失之时，须将两目上视顶门，则浊者徐徐而出，清者缓缓上升，谷气常存，炼粪成丸矣。

三关第五

身中有三关，性不变情，为上关；气不化精，为中关；阳精不泄，为下关。

威仪第六

行立坐卧，不离这个。若离这个，便是错过。

行则措足于坦途，凡步履之间，不可趋奔太急[①]，必须安详，乃得气神心定，所谓："两脚任从行处去，一灵常与气相随。"

立则凝神于太虚，随时随处，逍遥于无何有之乡。

坐则调息绵绵，正身端坐，以默为守，以柔为用。心不可动，心动则神不入气；身不可动，身动则气不入神。凝神忘形，形至于忘，然后身心大定，圣智圆明。

卧则沉神于幽谷。谷者，坤腹也。使口鼻真息上下相通，庶不走失真气。又用五龙蟠体之法，东首而寝，侧身而卧，一手曲肱枕头，一手直摩脐

① 急，底本作"极"，校改。

腹。一肢脚伸，一肢脚缩。先睡心，后睡目，神气自然归根，呼吸自然含育，不调息而息自调，不伏气而气自伏。人间白日醒犹睡，老子山中睡亦醒。醒睡两非还两是，溪云漠漠水冷冷。

定观经

夫欲修道，先能舍事。外事都绝，无迁于心。然后安坐，内观其心。若觉念一起，即须灭除，务令安静。虽非的有贪着，一切浮游妄想，亦须灭除。昼夜勤修，须臾勿辍。惟灭动心，不灭照心。照顾此心，不涉妄想。但凝空心，不凝住心。寂然不动，乃为住心。不依一法，而心常住。若依一法，便为着相。初学息心甚难，或息不得，暂停还失。去留交战，百骸流行。心起染境，境来牵心。遂至身中交战，百骸不安矣。久久精思，方乃调熟。勿以暂收不得，即生废驰心。既稍定，即于行立坐卧之际，涉事之处，喧闹之所，作意安心。有事无事，常若无心。处静处喧，其志惟一。若或束心太急，亦能成病。气发颠狂，是其症也。心既不动，又须任令宽急得所，恒自调适。制而不着，放而不动。处喧不乱，涉事不扰。此为真定。不以涉事不扰，故求多事；不以处喧不乱，强去就喧。以无事为真宅，以有事为应物。若水之为鉴，则随物而观形。善巧方便，始能入定。至于慧生迟速，则不由人。勿以定中，急急求慧。急则伤性，反至无慧。不求慧，而慧自生，此名真慧。慧而不用，知而若愚。定慧无资，双美无极。惟令定心之上，豁然无覆；定心之下，旷然无基。前念不生，是无覆；后念不生，是无基。旧业日消，新业不造。宿习尽除，新念不起，无所罣碍，即脱尘笼。

古洞经

有动之动，出于不动（抱玄守一，归根复命，是“不动”。“有动之动”

者，应机而作也）。有为之为，出于无为（“无为”，即是静极）。无为则神归（绝智了虑，淡然虚静，虚极静笃，而众妙归之矣），神归则万物寂（专气致柔，能如婴儿。抱冲守和，自然真气氤氲成丹。可望无为而为，谓之常心使气曰强。强之者，害道也）。不动则气泯，气泯则万物生。神神相守，物物相资，厥本归根。默而悟之，我自悟之，我自识之，入乎无间。不生不死，与天地为一。忘于目则光溢无极，泯于耳则心识常渊。两机[1]俱忘，众妙之门。纯纯全全，合乎大方。溟溟涬涬，合乎无伦。天地之大，我之所维。万物之众，我之所持。无有穷终，曷云有敝哉？养其无象，象故常存。守其无体，体故全真。全真相济，可以久长。

大通[2]经

先天而生，生而无形。后天而存，存而无体。然而无体，未尝存也。故曰：不可思议。静之为性，心在其中矣（寂然不动，感而遂动）。动之为心，性在其中矣（圣人云：“其未发，则性也。”动之为心，其性则随心役而为情）。心生性灭，心灭性现（心不动其性，自得圆明不散）。如空无象，湛然圆满。大道无相，故内不摄于有。真性无为，故外生其心（大道真性，总是情之原，性之谓也。心不动其性，自得圆明不散，久久存留，自成金刚不坏之灵形，万劫永存之真体）。如如自然，广无边际。对境忘境，不染于六贼之魔。居尘出尘，不落于万缘之化。致静不动，致和不迁。慧照十方，虚变无为。

（卷终）

① 机，底本作“仪”，据《洞古经》改。
② 通，底本作“道”，据经文系《大通经》，故改。

第八编　金丹妙诀

济阳子　撰注

〔提要〕《金丹妙诀》，题名“济阳子撰注”。济阳子，生平不详。该书讲解了“收视返听、凝神入炁、调息绵绵、心息相依”十六字功诀，理法契合，言辞浅显易明，尤以眼不视而凝神，耳不听而保精，口不言而养炁，乃画龙点睛之处。本篇据萧天石主编《道藏精华》第四集之五影印本《金丹妙诀》整理。

收视返听

济阳子曰：收视者，乃将眼光从外收入玄关之中，停息静定，化成甘露，吞下于丹田，用意送归炁穴之内。眼光下视炁穴，神观静定，即观自在菩萨。所谓“返观内照常心静，性命双修出苦轮”也。

书云：“下手先制两眼。”两眼，乃藏神之所，须要内观，不可外视。余曰不观近，不观远，常观无为一窍，此窍乃玄关窍也。道祖云：“常有欲以观其窍，常无欲以观其妙。”妙者，窍中之妙。能观窍妙，谓之定慧。

昔黄帝得《彩凤书》云：“饮喙不止身不轻，思虑不止神不清，声色不止心不宁。心不宁则神不灵，神不灵则道不成。”其要妙也，不在瞻星礼斗、苦己劳形，贵在湛然方寸，无所营营。神仙之道，乃可长生。所谓心空一分，性见一分；心空十分，性见十分。豁然贯通，谓之曰明心见性。故元神外出，急速回光，收入于腔子里。虽一刻功夫，自然身心两静，百邪俱散，杲日当空矣。起念神即出，止念神即回，故禅家以止念为要，儒教以克己为功，道门以炼己为最也。

返听者，返听丹田之妙也。人若耳根不觉逐声，急切凝韵，收回入于炁穴，返听丹田之妙。自然禅机静默，湛然常寂，日久纯熟，如如不动，自然冲和大定。故曰："目虽见色，吾则回光而内不受纳；耳虽听声，吾则返韵而内不受音；神虽应物，吾则静定而内不起思；元阳发动见物，吾则内醒而不迷，速用风火烹炼。"

凡无念之间，泄精之位作动，以及男子外肾举、坤人月信行，此是关元动，名为活子时。见而不迷邪念，立定志气，收敛微细之元神，入于动炁之中，念兹在兹，息息归根，绵绵若存，无少间断。守到精血化而成炁，即将此炁，逆归炁穴，定心封固。拨浊气于涌泉，另将元神守炁穴，微微吹嘘，炁足自然往后旋升。过三关，上泥丸，进玄窍。玄窍呼吸，法轮流转，停息静定，化甘露降下丹田炁穴，归根复命。虽一刻之功，不觉神炁混合，形神俱妙，身心快乐矣。此修仙之妙法也。

夫人之神在心，心之机在目。目视十里之遥，心神随去十里之远。目不逐物，从外返内，心神随之在内。不但在内，而且定矣。心则大定，肾水升上于泥丸，心火降下于丹田，口饮甘津，周身快乐。故云：时刻回光返照便易学，心无妄想便是道。

昔黄帝得神芝图，求指于太乙皇人。曰："此乃三一之道也。"人能常守三一，定成真仙。三者何？精、气、神也。先天本归一，后天分为三。眼不视而凝神，耳不听而保精，口不言而养炁。眼、耳、口三关紧闭，则保精、养气、存神之道得矣。

所谓外三宝不漏，内三宝不泄。炼三归一，名曰三花聚顶。顶者，即玄关窍也。此窍乃天地之根、三才之源、法藏眼、总持门、上天梯、南天路，曰玄牝、曰戊已、曰刀圭、曰真一，无非金木合并之处，婴姹相会之乡。

书云"惟精惟一，允执厥中"也。孔圣曰："吾道一以贯之。"达摩曰："得了一,万事毕。"噫！名色多端，不外玄关一窍而已。古仙云："此窍非凡窍，乾坤共合成。名为神气穴，内有坎离精。"要得此窍，非明师莫识。

故云："饶[①]君聪慧过颜闵，未遇师传莫强猜。只有丹经无口诀，教君何处结灵胎。"人若得此一窍，常将耳、目、口归于窍内，谓之三花聚顶。再将调息绵绵，是谓四相归戊己。戊土在丹田，己土寄玄关。能克己，自然复礼，即凝神入丹田，真炁复归玄关之中，是所谓"取坎填离"者，此也。

凝神入炁

济阳子曰：人之神，日则散乱无依，夜则梦幻多端。若不凝归入定，则形神岂能俱妙乎？法在时刻回光返照，将元神凝归祖窍、玄关之中，静定化成甘露吞下，从中膻送归脐轮炁穴。此穴即在腰前、脐后，其中稍下，有一虚无圈子是也，名曰太极，乃吾人受生之初，所结而成此缕。吾心止于此，而内观之。即将向来所凝之神，尽归入此穴之中，似猫捕鼠，如龙养珠，真气自然内运，暖热阳生。

夫吾人自剪落脐带之后，此穴中之真炁，不能与玄关相通，水火不济，任督塞闭，有死之机也。自得诀归来，凝神存想玄关，久久静定，则呼吸之气，从甘露深入炁穴，息息归根，绵绵若存。静定之时，则炁穴元气，往后而升上玄关，停息化甘露，从玄关再下炁穴，子母相会，破镜重圆。一升一降，水火既济。渐渐凝住，丹基坚固。

《圭旨》云："涵[②]养本源，救护命宝。"玉蟾祖师云："早遇明师传口诀，只要凝神入炁穴。"杏林师曰"万物皆有死，元神死复生。以神入炁穴，丹道自然成"也。

---

① 饶，底本作"任"，据《悟真篇》改。

② 涵，底本作"含"，参照《性命圭旨》改。

调息绵绵

济阳子曰：前文神凝气聚，灵根充实，丹基筑固。然不调定真息，又恐火冷丹迟，灵药不生。

夫调息之法难言，常得冲和大定，真息调矣。古仙云："调息要调真息息，炼神须炼不神神。"这个真息之息，与那个不神之神，他两个才是真龙虎、真阴阳、真水火、真夫妇、真胎息、真玄牝、真橐籥。噫！玄牝一呼一吸，橐籥一阖一开，互相往来，天然火候，岂在口鼻乱施为乎？然有兼用之法。故先圣云："调息须随息，知心不用心。巍巍常不动，顷刻产真金。"妙哉金也！

绵绵者，即十二时中，时时刻刻，不可间断之旨也。

夫人之真息，如天之日月。天之日月，昼夜轮转，往来无停。人之真息，后升前降，岂有停乎？而岂可间断乎？要须上至玄关，下至炁穴，静定炁穴，息息归根，绵绵不绝，煅炼纯熟，自然常升常降。

钟离祖云："但能息息皆相顾，换尽形骸玉液流。"若夫行之一时，而歇一时；行之一日，而歇一日，岂成金丹之道哉？孔子云："道也者，不可须臾离也。"可不思乎？

心息相依

济阳子曰：心者，非肉团、日用之心，乃本性、真如之天心也。儒云："人欲净尽，天理流行。"正能见此天心。《西游记》一书，全凭悟空。悟空本性，见真如，故曰见如来。如理而去，如理而来。能空凡心，即能见天心。见天心，即见如来。要见如来，须持时。邵夫子云："月到天心处，风来水面时。"《心经》曰"时"。此时，即见天心之时、阳气发生之时，一元复始之时。时至神知，天心在焉、如来见矣。丹田暖暖热，万物皆逢春。妙哉、妙哉！

夫息者，非口鼻有形之息也，乃是炁穴内中之真息。要见此息，须除杂念，致虚极，守静笃。心空性见，口鼻无气。凡息停，而真息动。恍惚杳冥，炁穴现出一窍，浑浑沦沦，名曰“窍中窍”，即上文“时至神知”。人当至静，在于夜间睡醒时，清静之极，药产神知。不知者，是当面错过矣。须要凝神入炁穴，息息归根，若忘若存，猛烹极炼。炼精化炁，逆收入炁穴，候阳炁暖热，运行周天。

心息相依，神炁不可须臾离，离则属于枯偏矣。古云：“神行炁行，神住炁住。”相依不离，正诚坚志。采取烹炼，呼吸升降。动静往来，进退均宜，冲和大定，天然真火候有无穷之妙用矣。金丹从始至终，不离此法，才能成就。大矣哉！心息之妙旨也。

若夫行、住、坐、卧，口鼻之息，宜要调。不调，不能见真息。其法在于凝神入炁穴，心守炁穴，意随往来。呼接天根玄关，吸接地根炁穴，所谓“内交真炁存呼吸，自然造化返童颜”。

陈致虚曰：“一条大路少人寻，风虎云龙自啸吟。坐定要知行气主，真人之息自深深。”《圭旨》云：“不是玄门消息深，高山流水少知音。若能寻着来时路，赤子依然混沌心。”若问来时路，即是炁穴一窍。凝结成丹，超上玄关，乳哺还虚，而升天门是也。

赤肚子云：“炁穴之间，昔人名之曰生门、死户，又谓之天地之根。凝神于此，元炁日充，元神日旺。神旺则气畅，气畅则血融，血融则骨强，骨强则髓满，髓满则腹盈，腹盈则下实，下实则行步轻健、动作不疲、四体康健、颜色如桃，去仙不远矣。”

第九编　玄机口诀

元陈虚白真人　著

明傅青主先生　抄录

〔提要〕《玄机口诀》，署“元陈虚白真人著、明傅青主先生抄录”。萧天石先生《道藏精华》第二集之三《玄宗正旨选刊例言》中说：“《玄机口诀》一书，为黄氏观蝶楼藏本，乃明大儒傅青主先生所手抄陈虚白先生之秘笈，顾亭林先生尝跋是书，谓‘披读一过，令人心骨俱冷，涤尽胸中百斛尘’。观蝶老人则称陈之《规中指南》，犹未逮此书精捷，语语精妙，为最高无上之一种修养工夫，不可徒以道学书目之。其价值之高可知矣。”

本次整理以《道藏精华》所收录影印本《玄机口诀》为底本，参考了陈虚白《规中指南》。

《玄机口诀》序

往尝见元代陈虚白先生《规中指南》，爱其语，然犹以为未逮此书之更精捷也。《药物》《火候》二篇，《指南》中已见，余则未见。明遗老傅青主先生山[①]会录之，名曰《玄机口诀》。书中“玄”作“元”，或作“㐆”，讳清圣祖御名也。傅先生采择既具只眼，其书体颜、柳兼参，亦为可宝。顾亭林先生，傅先生友也。属为朱书批阅之，故末叶有亭林所书跋语数十字。书体雄劲苍老，出彭绍升家，故书面有南园彭绍升审定珍藏，与青主先生手钞《元机口诀》句，及所附小字顾亭林先生硃笔校之彭氏亲笔，书体古拙。又有二林居士印四，两在书面，两在末叶也。友人既得是书，出以示余。余因详录一过。首节似总说，标目一任其旧。另加圈点，分其句读，踵亭林而校之。深愿读此书者，有志躬行实践，则诚明致曲之功，尽心复性之要，大道分裂而密藏于丹家说者，皆可在此赫蹏书中求得之，将来一变其面目，以还古代儒、道不分家之真国学，天机所发，人以化人，唤甦宗教迷信，作为高等读书人之教科书，其功岂浅尠哉？其功岂浅尠哉？

丙子（1936年）夏五月无锡黄元炳星若甫序于城南观蝶楼

要言凡五则

一、本书揭道学之真谛，乃至高无上之一种修养工夫，学者幸勿以寻常目光视之。

二、我国古代本无金丹之目，但曰“道德”而已。故其中种种名目，不过略示迹象，使人稍有把握，未可刻画求之也。

三、本书所言之方法，实为格物之过渡，致曲之功能，尽心存心之作用，知性养性之根本，俱行其所当然而已，学者宜知此意。

四、道学代以金丹之目，未免唐突。然周代末年，以至汉魏之后，大道实隐，盖即隐于金丹之书中也。此书出，金丹之名可废，而大道斯显矣。

---

① 萧天石《丹亭真人传道密集序》：“明遗老傅山青主先生，山西阳曲人，生于明神宗万历三十五年（1607年），卒于康熙二十三年（1684年）。明亡时，先生正三十八岁之盛年，矢志不仕清，隐于黄冠，卒亦朱衣黄冠殓。于书无所不读，无所不通，诗文书画，无所不精，尤擅于医术，通于禅释，深于丹道，而邃于大易，卒归于道家，务老子之‘自隐无名为务’以终其生焉！与王船山、顾亭林、黄梨洲三先生，同以学问道德、文章气节重于时，誉为清初四大儒。其高风亮节，实足以赞天地之化育而争光日月，垂范千秋！”

五、学道之士，固须通文达理，又贵心地光明，笃信有恒，积时累功，庶乎其有成也

观蝶老人识

仙传元机口诀

修仙之法，在乎凝神入气穴。气穴，即元关一窍。此窍在心之下，肾之上，正中虚空之处。前对脐轮，后对肾，乃生身立命之根蒂。先天一炁，凝而为性；后天一气，结而为命。性命之源，生死之蒂，人之寿夭，皆禀于斯；仙圣之种，亦含于斯。知此窍而摄心调养，则命在于我；我昧此窍而任心所为，则命由于天。如下手之时，以心注定元关一窍，即以心息相依之法，吸气入之，进则绵绵，出则微微。出息未已，即以入息继之。若心不守窍，则息虽入而神不注，则其关不开，必念念不离而后可。若息不入窍，则心虽守而气不贯，其关亦不开，必息息归根而后可。纵心息俱到，而任其出入，则气不聚，而其关亦不开。必若钟离所谓"多入少出"，而后可兼此三者，勿助勿忘，缓急中度。勿忘，即用功不辍；勿助，即不须提运助长。以神定气，盈充满丹田，而窍必开、精必至也。譬如密室之中，香烟一缕，始甚微耳。若火不绝，其烟渐渐笼满室中，而空窍所通，无非透射之处。人身真炁，始而腹中，渐而开窍，渐而四肢百骸，亦复如是。能积气，便能生精，不越片时，而真气周流，真精自生，所谓"九还成大药，片晌显神功"也。此窍一开，百窍俱开。有病，即于病后微带热痛，或三四日，或七八日，其痛即止，病亦随去。无病，即补助，以至交姤还丹，得胎脱胎，超脱神化，皆时候至，而妙窍开，不假人力造作而成者。真精生时，只要气足神充，不终日而即达四肢百骸，皮肤状若虫行。如是紧紧用功，顷刻不放，任督二脉交于唇间，坎离乾坤、小周大周、三车三田，头面涌泉，无处不到。如是刻刻不放，功效无穷，各各不同，结胎脱胎，日合月合，出神入化，尽从此口诀，始终妙悟，皆自然而然，而莫知其所以然也。（元炳案：三车，为羊车、鹿车、牛车，佛家论说亦用之，性质不同。三田，为上、中、下三丹田。）

修真秘旨[①]

（摘陈真人丹诀）

人阴阳二气之全，而先天、后天分焉。先天者，纯阳也；后天者，纯阴也。上下表里而为人，赋生受命，皆禀太乙含真先天祖气，至虚至灵，纯粹中正，皆可为神仙、为圣贤，无贵无贱，一切同得。殊不知所得为人者，舍一点先天纯阳祖炁之外，而所谓耳目口鼻、心肝脾肺肾、涕唾津液，以至皮肤爪发，百骸九窍，一身四肢，自顶至踵，皆后天纯阴造化，四大假合而成者也。先天祖炁，恍恍惚惚，杳杳冥冥，其中有物而非物，其中有精而非精，似有似无，若亡若存，即之不可见，求之不可得。其大无外，包含万象；其小无内，不容一粟。

当知人身之中，有一穴，至虚之地以存之，元关一窍是也。得之者为神仙，失之者为鬼。得之者，未闻一二；失之者，常百千万也。奈何世人，皆不能保身，一点先天祖炁，往往皆流于后天矣。故三尸为害，九虫食精，六贼盗形，七情耗神，五欲扰心，凡物茫茫，万机眩惑，耳听音声，口嗜滋味。随其所有，即著其相；相著于外，机从目入；即入于内，故动其心；情动于中，必摇其精；即失其精，必耗其气，形神始离，恍惚妄幻，扰想惑情，事物劳形，精乱神散，真一离心。先天之炁日丧，而辗转流荡于后天生死、死生之域矣。我道祖老君悯之，于是始有大道，教人以返还之说。返者，返本也；还者，还原也。不过反其后天者，复还于先天而已。自金丹之名立，而金丹之道著，而金丹之书出焉。窃为金丹非无，大道非有。有中生无，无中生有者也。

金丹之道，非无而非有，而所谓药物、火候、鼎器者，果有耶？果无耶？抑亦假法象以明大道耶？盖由“金丹”二字有象之故，意谓铸金必有鼎炉，修丹必有灵药，炼药必有火候，而后此名始立矣。盖聚先天祖气为药物，守元关一窍为炉鼎，顺元神妙用为火候，日煅月炼，时刻不忘，及其成功，则可以脱胎换骨，超凡入圣。大道之要，不过如斯而已。后世丹书，往

① 此篇，可以参考南宋胡混成《金丹正宗》。

往不肯直指真一造化之本原，下手工夫之次序。无非假象设譬，梦中说梦，迷误后人。

且就药物而论之，曰乾坤坎离、阴阳铅汞、木液金精、丹砂水银、日魂月魄、乌精兔髓、青龙白虎、玄龟赤蛇、交梨火枣、黄芽白雪、雌雄黑白。若是之不一者，皆药物之异名也。先天祖炁，即是药物。岂先天祖炁之外，别有所谓药物耶？

即鼎炉而论之，曰神炉、丹穴、灵台、神室、黄房、绛宫、戊己、黄中、明堂、虚谷、硃砂鼎、偃月炉。若是之不一者，皆鼎炉之异名也。元关一窍，即是鼎炉。岂元关一窍之外，别有所谓鼎炉耶？

即火候而论之，曰推周天、测潮候、按卦爻、用文武、准晦朔、定弦望、明抽添、悟进退、鼓橐籥、称斤两、体刑德、事沐浴、行姤复。若是之不一者，皆火候之异名也。元神妙用，即是火候。岂元神妙用之外，别有所谓火候耶？

余不敢复效前人之言以欺后人，乃直指金丹大道之本原而言之，必有次序焉。一曰立炉鼎，二曰取药物，三曰行火候。三者之外，余不敢复有增益焉。立炉鼎者何？即守元关一窍也。是窍，藏于先天混沌之中，隐于无有有无之内，父母未生此身，即有此窍；既有此窍，即有此身，所谓与生俱生者也。即元始悬宝珠于空无中，去地五丈之所是也。不上不下，不左不右，不前不后，非内非外，非有非无，上通绛宫而绕泥丸，下接丹田而达涌泉，上徹下空而黄中通里焉，此即立炉鼎之圣地也。

聚药物者何？即存一点先天混元祖炁也。是气，生于无形无象之先，聚于无极太极之内。父母未生，妙合而凝。未有此身，即有此气；既有此气，即有此身。此气运行，周流不虚。形以之而成，心以之而虚，耳目以之而聪明，元精以之而固宁，元神以之而运行，吾身以之而化生。散之则浑融无间，聚之则凝结而成药，此即修炼金丹之大药也。

行火候者何？即顺元神妙用之义，自然运用之道也。是火发生于真精恍惚之中，薰蒸于四肢百骸之内，本无形象，安有候焉？盖元神散则成气，聚则成火，一聚一散，一升一降，循环往来，周流不息，与时偕行，与时偕极者也。或者簇年归月，簇月归时，簇时归刻，准子午卯酉，寅申巳亥，辰戌丑未，朝屯暮蒙，姤复坤剥，周历六十四卦、二十四气、七十二候、二十八宿，周天三百六十五度以为候。殊不知，混沌未分之时，安有年月日时？甲癸子亥，又若何推测也？大抵真火，即是元神之运行，元神即是真火之妙用。真火随真息，真息炼真气，真气化真精，真精归元神，元神发真火，真精结成丹。真息之出入，即真火之进退，即文武之抽添，皆本自然而然，初非攒簇随念而生。若夫燎于原而不可遏者，非先天之真火，乃后天之凡火也。

今修士，下手立基之始，必先使吾心如止水无波，太虚无云，一寂然不动之境，然后于元关一窍之中，仿父母未生以前工夫。存定真息、真气，使气不离息，息不离气，合为一处。内者不出，外者不入，上下往来于一窍之内。绵绵若存，如在父母胞中，未生以前一点先天祖炁，浑融磅礴，温然如春，酣然如醉，美在其中，晬然见于面，盎于背，施于四体。四体不言，而喻睹之无象，求之无形，无一刻不在于元关。至此，则药归于鼎炉，而火候可行矣。如是，则元神妙用自然，运用真火，周流运转于元关之内，渐渐煅炼，渐渐凝结，真精日益，力到功深，自小至大，由微至著，元珠成象，结成圣胎，皆自然而然，莫知其所以然；自神而神，莫知其所以神。还如子藏母腹，随呼随吸，聚冲虚太和之气，成终古不坏之体。以致胎圆十月，化生婴儿，与我未生以前，在母胎中一般意象。然后勤加温养之功，专气致柔，念兹在兹，动静语默，造次弗离。温养既足，体如空虚，于是劈破鸿濛，凿开混沌，现出本来面目，身外有身，纵横自在，变化无方矣。

鼎炉

夫人以气为本，以息为源。息以肾为根，以心为蒂。心肾相去，八寸四分，有一脉通气息之浮沉。息总百脉，故一呼百脉皆开，一吸百脉皆合，是名元牝之门。开合风生，是名橐籥。顺乎自然，是名巽风。呼吸于根蒂之间，是名踵息。踵者，根之义也。

药物

古歌曰：“借问昔谁是我身，不离精气与元神。我今说破生身理，一粒元珠是的亲。”夫神、气、精，三品上药，炼精化气，炼气化神，炼神合道，此七返九还之要诀也。

若夫红铅、黑汞，种种异名，皆譬喻也。然则何谓药物？曰：修丹之要，在于元牝。欲立元牝，先固根本。根本之本，元精是也。精，即元气所化，故精、气一也。此元神居之，则三者聚于一矣。石杏林曰：“万物生复死，元神死复生。以神归气内，丹道自然成。”若精虚则气竭，气竭则神游。欲复归根，不亦难乎？然而产药有川源，采药有时节，制药有法度，入药有造化，炼药有火候。

吾闻之师曰：西南之乡，土名黄庭。恍惚有物，杳冥有精。“分明一味水中金，但向华池著意寻”，此产药川源也。离形去智，几于坐忘。“劝君终日默如愚，炼成一颗如意珠”，此采药之时节也。天地之光，无根灵草，一意制度，产成至宝。“大道不离方寸地，功夫细密有行持”，此制药之法度也。心中无心，念中无念，注意规中，浑融一气。又曰“息息绵绵无间断，行行坐坐转分明”，此入药之造化也。清净药材，密意为丸，十二时中，无念火煎，“金鼎常令汤用暖，玉炉不要火教寒”，此炼药之火功也。

大抵元牝为阴阳之源、神气之宅，神气为性命之药、胎息之根。呼吸之相因，深根固蒂之道。胎者，藏神之府；息者，化胎之源。胎因息生，息因胎住。胎不得息不成，息不得神无主。必须除垢止念，静心守一，外相不入，内想不出，混混沌沌，如在母腹。神定以合乎气，气住以合乎神。神即气而凝，气即神而住。寂然于休歇之地，恍兮于无何有之乡。天心冥冥，注意一窍，如鸡抱卵，如鱼在水，呼至于根，吸至于蒂，绵绵若存，在守胎中之一息耳。守无所守，真息自住。泯然若亡，无所存注。杳冥之内，但觉太虚之中一灵，为造物之主宰，时节若至，妙理自彰。轻轻运，默默举，微以意定息，而应造化之枢机，则金木自然浑融，水火自然升降，忽然一点大如黍米，落于黄庭之中，此乃采铅投汞之机，为一日之内，结成一日之胎。《复命篇》曰：“夜来混沌颠落地，万象森罗总不知。”当此之时，身中浑融，与虚空相等，亦不知神之为气，气之为神。似此存想，皆是自然之道，吾亦不知其所以然而然，药即生矣，火斯出焉。金丹之旨，无余蕴矣。若夫舍元牝而立根基，外神气而求药物，不知自然之胎息，而妄行火候，弃本逐末，趋伪迷真，天夺其鉴，吾末如之何也已矣。

火候

古歌曰："圣人传药不传火，从来火候少人知。"何谓不传？非秘而不传。采时谓之药，药之中有火，则定里之丹成，自有不待传而知者。诗曰"药物阳内阴，火候阴内阳。会得阴阳旨，火药一处详"，此其义也。后人惑于丹书，不能一时明白，因有二十四气、七十二候、二十八宿、六十四卦、十二分节、日月合璧、海潮升降、长生三昧、阳火阴符等说。必欲穷究何者为候，及心生一神之著相，虽得药物之真，懵然不敢烹炼。殊不知，真火本无候，火药不计斤。玉蟾云："火本南方离卦，属心。心者，神也；神，即火也；气，即药也。以火炼药而成丹者，即是驭气而成道者也。"然火候口诀之要，当于真息中求之。盖息从心起，心静息调，息息归根，即金丹之母。《心印经》曰"回风混合，百日功灵"者，此也。海蟾翁所谓"开阖乾坤造化机，煅炼一炉真日月"者，此也。

何谓"真人潜深渊，浮游守规中"？必以神驭气，以气定橐籥之开阖，阴阳之升降。呼吸出入，任其自然。专气致柔，含光默默。行住坐卧，绵绵若存。渐采渐熟，工夫纯粹，打成一片。动静之间，更宜消息。念不可起，念起则火炎；意不可散，意散则火冷。但使其无过不及，操舍得中，神抱于气，气抱于神，一意冲和，包裹混沌，斯谓火种相继，丹鼎常温，无一毫之间断，一毫之差殊。如是炼之一刻，一刻之周天也。炼之一日，一日之周天也。炼之百日，谓之立基。炼之十月，谓之胎元。以至元海阳生，水中火起，天地循环，乾坤反覆，亦皆不离一息。况所谓沐浴温养，进退抽添，其中密合天机，潜乎造化，而不容我力焉。故曰："火虽有候不须时，此个机关我自知。"无子午、卯酉之法，无晦朔、弦望之节；无冬至、夏至之分，无阴火、阳符之别，无十二时中，只在一时之说。无三百日内在半日之诀，亦再无攒簇年月日时之说。若言其时，则十二时中、意之所到，即可为。若言其妙，则一刻之工夫，自有一年之节候，"但安神息任天然"，此仙师之的说也。"昼夜屯蒙法自然，何必孜孜看火候"，此仙师之确论也。圣人传药不传火之旨，尽于斯矣。若谓药自药而火自火，我不知矣。（念头不可紧燥，紧则火烧丹损。）

立基

戊己，皆土也。戊为阳土，根于肾；己为阴土，原于心。根于肾者，为命；原于心者，为性。气，即命之枝；意，即性之流也。夫人禀先天之气以生，先天之气根于肾，而克化饮食于肠胃之间，清者化膏脂，浊者化粪壤。然则饮食所化之清气，乃后天气也。默化后天气，则皆为先天气而无别矣。

气聚则成液。先天气薰渍其液，则成血。血经两肾之间，则成精。其精储于肾，而流于下丹田。世人不知宝惜，贪嗜淫欲，施泄渗漏，以至下田虚耗，百骸空损。故立基者，黜嗜欲，防渗漏，修补益之物，及精谷之饭。均调节，制饮食，行住坐卧，毋忘踵息，则橐籥之风动，坤元之火炽，而化所食为精，以补下之根。根本充，而火风不息，则所补之精，又该消融流液，以修筑百骸之损。损者既益，然后上升夹脊，流通运转，略无涩滞，则城郭完如童子之精，而药物全矣。

药物火候资次

精气神，为药材。初下手入室工夫，先事采药。药在西南是本乡，坤宫也。坤者，申金之地西位，乃金旺之方。金公本是东家之子，盖缘金长生在申，胎养在卯位，所以有东家之说。师曰：药者，铅汞也。铅者，金精也；汞者，水液也。金精者，肺也。肺气茂于肾宫，故曰金生于水。母藏子胎，肺金为母，肾水为子。凡欲采精，先须采肾。木液者，肝也。肝气茂于心宫，故曰木生于火。母隐子宫，肝木为母，心火为子。凡欲采液，先须采心。

采药之时，不可有相有作、有著有为，但只一意守着中宫，其药自到。午昼，则心中木液，先降到中宫，然后肾中金精，次自升到中宫；子夜，则肾中金精，先到中宫，然后心中木液，次自到中宫，二物相就，成金光一颗，如波浪中月，金光烁烁也。心火降时，觉心头热烘烘攻下去；肾水升时，觉膀胱中一道热气，突突地攻上来，至中宫住，抟丹捻珠。初下手三日至七日，闭目内视中宫。摇金戛玉，眼一霎见，金光烁烁地筛光于中宫。此光如星，撇地上迸开，便用两眼闭霎三五遍，则牵动身中百脉经络，迸出金光。见此金光现，便用抟攫光明成块，如用眼闭霎，连二三遍闪烁，便是三炼。师云：前后三，是三三。如光明撒开若火者，这三捻至六捻，更聚全九捻，故前三三，只九次也。如七日不见，至九日闭目内视，忽见腹中有光明如画，圆明皎洁，觉身中凉森森、冷窨窨也。如捻抟，得聚成块，用意送入中宫，以眼前光内，住看一颗抟聚者，常在中宫，如此绵绵密密地，常看此金光在里头也。若过子午二时，工夫毕，取意自在，闲行快乐，忽见是宝光，即广大也。可用意抟捻收来，捻得如拳头大，又再捻得如弹子大，便是了也。以后不必再捻，不必再抟聚，方可行火。

凡进火、退火，烹炼以功，愈炼愈坚好。每日子午时行火，一年温养，二年方可移炉换鼎，觉丹田热气，渐渐攻上绛宫，温养三年，使心聪意灵，慧性通达，光明广大，预知未来事矣。九年功满，又移炉换鼎，飞上泥丸宫，故曰“昆仑顶上翻筋斗”。又曰：打破虚中，超出三界，脱胎神化，身外有身，出有入无矣。

初补养，既有阳精盈溢肾间，凝涩如酥之未熟，温和如火之方。然踵息既调，意养不乱，则火气加壮，凝酥融化，充满腰腹。少焉微焰腾起，坎水随之，运升夹脊，盛于顶门，眼前如金丝下垂，连鼻及喉，投入胸膛，真如河车一周未已，火气即起始焉。甚微，渐盛渐紧，将起一发以意自助之。及其既盛，则真铅将萌，反复以意慎守橐籥，次候其来。须臾之顷，两肾之间，阳气穿出，撮至中宫，始觉刚猛，冲动识神。识神被击，动荡震掉，此时须谨守勿纵，息亦无息，念勿散乱，否则，铅汞去矣。摇荡既频，木液乃下真铅，接之以入中宫，作男女交媾之状，反复数十合，外肾皆缩而上，此时百骸惊颤，欲禁不能。云收雨散，意渐平息，一道热汗，流出尾闾，悠扬少时，撮入泥丸，腮面皆如火热，此之谓交媾一度。昔祖师云：初丹之后，或五七日，或二三日一度，或一日两度，则丹道成，而胎脱矣。深知其然也。[①]初丹之后，次日即三五度，第三日七八度，至夜一十三四度。其时气息倦怠，方欲少歇，忽顶门中有穴若开，恍惚之间，丹化玉液，流于喉中，即至黄庭，回旋运转。若未安其居者，至午方定，复以至微察之，意时动摇，发现光彩，结丹之速，无如此者矣。

① 此处，似乎存在语句颠倒或遗漏字句。

正念

精满不思淫，气满不思食。

规中有指南，无念为第一。

无念者，非同土石、草木也。盖无念之念，谓之正念。正念现前，回光返照，使神驭气，使气归神。神凝气结，乃成铅汞。（元炳案：此节可以《大学》传释“正心修身”章参观之，可知正念即正心，毫无二致。）

气穴说

气穴者，内窍也。蛰神于中，藏气于内，以圣人空空之心，合至人深深之息，则心息相依，息调心静，蕴一点真心于气中，便是“凝神入气穴”之法。神既凝定，常要回光返照，照顾不离，自然旋转真息，一升一降，而金木水火相为进退矣。夫日月照于天地之间，螺蚌吸之而生珠，顽石蓄之而产玉，何况人身自有日月，岂不能回光返照，结自己之珍珠，产自己之美玉哉？然气，即水也；神，即火也。水多则灭火，火多则烁水。中年之人，大抵水不能胜火者多矣，所以命宜早延，油宜早添。天人一气之旨，尽露于此矣。

卧功说法

世人懵然而睡，忽然而醒，是何物主之而使觉也？夫魂与神并则觉，魄与尸合则昏。昏者，死之根；觉者，生之兆。魂阳而魄阴。魄者，鬼也；魂者，神也。神则日接之于物，夜形之于梦，一梦间去而不返，则生死路隔绝矣。由是观之，因觉知生，因梦知死。知此二者，可以入道。

古之真人，其觉无忧，其寝不梦。初机之士，炼心未纯，昏多觉少，才一合眼，元神离腔，睡魔入舍，以致魂梦分飞，无所不至。不惟神出气移，且恐有“漏炉倒鼎”之患。若欲敌此睡魔，须用五龙蟠体之法，诀曰：

东首而卧，倒身而睡。如龙之蟠，如犬之曲。一手曲肱枕头，一手直摩脐腹。一只脚伸，一只脚缩。未睡心，先睡目，致虚极，守静笃。神气自然归一，呼吸自然含育。不调息而自调，不伏气而自伏。寝寐依然修行，自然神气相抱，觉悟候存亡，亦能远离颠倒梦想。及其醒时，正是“前后两段处，一念未生时”，便是下手之工夫。

调息法

跏趺大坐，收视敛听，以意司其浮沉，勿拘勿纵，绵绵延延，则合于自然之道。金丹之法，始终若是而已。倘若工夫十分用意，便错了，何也？《老子》曰：“绵绵若存，用之不勤。”所以下手不拘时刻，静定守凝，散放属阴，凝守则虚。忘中之放，则为阴神；忘中之守，则为阳神。内外之机皆忘，温养之心常注，行住坐卧，常常守柔。放散则为顽空，守静则为真空，静定则精气神三者皆结。忘形不忘心，忘机不忘守，专守虚无，无中生有，常守则在，惟是不动心也。清净无为，常切照顾，恐有念头，念头才起，便一文一武却之，须是牢守不可间断。

附录：顾亭林先生[①]跋

青主先生，高隐君子也。博通经史诸子，善精六法，及金石篆刻，辄以医学济世，恬如也。余与朱竹垞[②]、汪苕文[③]往访先生于都门戒坛寺，遂订为金石交，出陈真人《元机口诀》见示，乃先生中年手抄本也。嘱余批阅，捧

---

①顾亭林，即顾炎武（1613—1682），初名绛，字忠清，后改名炎武，字宁人。南直隶昆山人。居亭林镇，尊称之“亭林先生”。明末清初思想家、学者，与黄宗羲、王夫之、唐甄，合称明末清初“四大启蒙思想家”。康熙时举博学鸿儒、荐修《明史》，均不就。著有《日知录》《音学五书》《天下郡国利病书》《肇域志》《亭林诗文集》等。

②朱竹垞，即朱彝尊（1629—1709），字锡鬯，号竹垞，浙江秀水（今嘉兴）人。清代文学家、词人、藏书家。康熙十八年（1679年），朱彝尊应试博学宏词科，以布衣授翰林院检讨，与修《明史》。著有《经义考》《日下旧闻》《明诗综》等。

③汪苕文，即汪琬（1624—1691），字苕文，号钝庵，长洲（今江苏苏州）人。清代文学家、散文家。康熙十八年（1679年），召试博学宏词科，授翰林院编修，与修《明史》。著有《钝翁类稿》《续稿》等。

读一过，令人心骨俱冷，涤尽胸中百斛尘矣。

已未（1679 年）夏五月十有一日，学弟顾炎武时年六十七

案：顾跋岁在己未，为清康熙十八年。圣祖讳玄烨，故《玄机口诀》之“玄”原本作“元”，而书中“玄”字，皆作“元”，或作“糸”字也。顾亭林先生，谓傅先生中年时之手抄本，因“玄”字可知，亦不过康熙初年耳！

无锡黄元炳识。

导引术

（却病长生秘诀）

抱一子录

导引一术，源于熊经鸟伸，华佗五禽戏。今日盛行之太极、形意等拳，实为导引之一种，惟方式较繁，不便初学。若坊间所出之八段锦等等，徒尚拙力，不重内功，不及此编导引术之完善也。

导引所以活泼血脉，调息养神，袪病益寿，为初步修真之法。至于静坐，坊间出版之书甚多，中以《因是子静坐法》，最为显明可学。然初步之功，不过炼精化气，进而方能炼气化神，然匪易言也。夫人之三宝，曰精、气、神。三宝充足，其寿必永，否则必夭。

人生最要者曰气，一日不食可以不死，一刻无气则立亡矣。人但知饮食之卫生，而忽于气之修炼，是西人卫生法之大缺点也。仙家之所以长生不死，即在于服气，故能辟谷。《老子》曰“绵绵若存”，此即服气之精义。吾人行住坐卧，倘能舌抵上颚，出入绵绵，又时时气沉丹田，便可却病长生。若静坐功到，尤有意想不到之奇效，所谓两肾汤煎，三关开通，气周全身，洵长生住世之妙道也。不观龟蛙之冬眠乎，不动不食，非死非生，迨至春日，由蛰而醒。人为高等之动物，反不能如此，即不知服气之道耳。陈希夷高卧华阴，鼻息如雷。葛仙翁入水数日不死，此无他，服气之功耳。且夫人之疾病，全关于气，悲则气结，怒则气生，恐则气乱，喜则气散，人能养气，自然七情入于正轨，而病无由生焉。故卫生之道，浅则养气，高则服气，其理盖甚深也。

《老子》曰："专气致柔，能如婴儿乎？"此为养生精髓之论。何则？长生之道，莫妙于能如婴儿。婴儿之在母胎也，以脐带通于母体，司吐纳，故静坐重胎息，即学婴儿之法也。盖婴儿一旦堕地，任督二脉之呼吸作用即断，乃专以肺脏呼吸空气，故百病遂易侵矣。今学胎息者，使重开任督二脉，以还婴孩之旧路，其长生也必矣。夫龟息绵绵，能通任脉，鹿亦能通督脉，故其寿命独长，此即"专气"之说也。

至于致柔，尤具妙谛。试观婴儿，莫不肌理柔软，草木之初生也亦然，故能生机勃发，欣欣向荣。迨夫年齿长大，则肌骨日硬，草木之枯死也亦然，人死之时，其坚硬为何如？故常习导引，使肌理柔软，虽在耄耋，亦不硬化，此返老还童之真理也。

跏趺而坐，尾闾中正，两目垂帘，两手相握抱脐，收视反听，回光返照，谨闭五贼，恐被盗驰。谨于眼，则目不外视，而魂归肝；谨于耳，则耳不外听，而精归肾；谨于口，则口合不谈，而神归心；谨于鼻，则鼻不外嗅，而魄归肺；谨于意，则用志不分，而意归脾。精、神、魂、魄、意，心、肝、肺、脾、肾，金、木、水、火、土，耳、目、口、鼻、意，攒簇各归其根，各复其命，则天心自见，神明自来，必有特别感觉发现，而自与常人不同矣。

吾人疾病老死，虽有仙佛不能救，虽有参苓不能治，虽有妻子不能代，推在平日之自己煅炼而已。行善以积德，导引以祛疾，静坐以养气，虽不能与老彭媲美，而寿登耄耋，可操左券。

兹将导引术之简而易行者，述之于后，凡吾同志，幸努力焉！

（一）叩齿咽津

冥心静气，或趺坐，或面东直立，每次轻轻叩齿三十六数。然后以舌抵上颚，久则津生满口，便当咽之，咽数以多为妙。

按：齿为骨之余，乃消化器之第一重门户，关系人之健康极大。修真之士，常能齿落重生，发白复黑，此非修养有法，不易至此。唯叩齿法，则简而易行，能令齿植坚固，至老而不脱落。至于舌抵上腭，可以冥心，可以调息，可以生津，最具妙谛。不见夫龟蛙乎，蛙舌时抵上腭，舌根反生；龟息绵绵若存，能通任脉，故每届冬日，不动不食，不死不生，是名冬眠。昔葛仙翁能久居水底不死，此皆服气胎息之道。而其初莫不以舌抵上腭，为服气之基本习练也。迨津液满口，使咽下汩汩有声，下注丹田，则火自降矣。此法为练习气通任脉，心肾相交之初步。

（二）浴面鸣鼓

将两手自相摩热，覆面擦之，自颈及发际，为浴面之状，以肌肤觉热而止。然后双手掩耳，以指弹脑后两骨二十四次，其声壮盛为佳。

按：人身有电，摩擦乃生。摩擦颈面，流通气血，日久容光焕发，弈弈有神，此犹今日发明之电疗术，其获效自不待言。丹经称脑后之部，曰玉枕，曰泥丸，为三关中之上关，以指弹之，名曰鸣天鼓。所以双手掩耳者，盖泥丸乃听政之府，召阳神集于泥丸，所以致灵也。此为开关之基。

（三）旋肩托天

先将两肩，扭转七次。握拳。以鼻收气，运至泥丸。即将手向天擎起，随放左右膝上。如前法行五次。

按：膏肓穴，在肩上背心两旁，为药石针砭所不到之处，常将两肩扭转，能散一身诸症。又能运动胃、腹、腰三部，故获效极伟。两手托天，可以泻三焦之火。若能十指交错，掌心翻上，两肘毋屈，同时两踵高举，复将两手左右平伸，掌心翻上。如是动作四五次，尤为有益。

（四）左右开弓

右足向右一步，屈膝作骑马式，沉气于下丹田。然后将左手伸出，握固，竖一指。右手作扳弓状，两眼注视竖指。如是左右互行三次，能泻三焦之火。

按：拳家最重骑马式。所谓骑马式者，所以稳固重心，气沉丹田，实为基本之习练也。道家谓人身如天地，天欲其清轻，地欲其重浊。世人不明此理，遂至上重下轻，百病丛生，大命乃倾，可不哀哉！拳家之习练马步，玄门之气沉丹田，皆所以挽救斯弊。若复练习两臂，左右开弓，则筋肉尤易发达，气血自然舒畅。然必气沉丹田，注意两足，方能泻三焦之火。又此法于黑暗中，时时习练，亦可锻练目力，使脑清目朗，较常人为锐敏。

（五）擦丹田穴

将左手兜托肾囊，右手摩擦丹田三十六次。后将左手换转，如前法行之。

按：手托肾囊，所以运输气血，使其温暖。人之丹田，犹草木之根。培养丹田，犹培养树根，使其发荣滋长，不易凋萎。昔有术士，年以艾灸其丹田，年九十余而卒。见其丹田，如茧如膜，层层剥之，又若年轮，于此可见丹田之有关于生命者大矣。此段按摩丹田，应自左而右，以顺肠之运行。

（六）摩内肾穴

纳气丹田，将两手搓热，向背后擦肾经命门两穴，各三十六次。

按：古人有言，肾暖则生精。向背后擦肾经命门两穴，使其大热，则精自生（五更时，兜外肾趺坐，为生精妙法）。然非经真火大加煅炼，则精伏于膀胱之间，相火一动，则油然走泄，必也再加修真之功，使运于丹田，则精自化气，始获其益。

（七）摩尾闾穴

此穴在脊柱之末，肛门之上，统一身之脉络。两指摩之使热，为开尾闾之预备，运之大有裨益。

按：道家谓人身二脉，最为重要。自上颚缘鼻、头脑，循脊柱以至尾闾，名曰督脉，庄子所谓“缘督以为经”是也。自下颚，循气道，以至膀胱，名曰任脉。修真之士，一旦功成，精气能周流全身。在督脉者有三关，开之最难，尾闾为最下关，摩擦之使热，所以为开此关之预备耳。又脊柱全部，时以干布摩擦，至红润为止，亦有大效。

（八）濬泉洒腿

用左手抱住左脚，右手擦左脚心涌泉穴三十六次。换转右脚，如法行之。然后左足立定，右足提起，洒七次。后换右足立定，如前行之。

按：脚心有穴，名曰涌泉，摩擦使热，冬令得免足冷之患。洒腿时，若不能直立，可背倚于桌旁柱侧行之。常行之，能使气血和洽，行动爽健。老年人行之尤妙。

右法八段，每日晨起、临卧，各行一次，不可间断，其效立见。或作或辍，必无效也。

健康长寿十种浅说

无名氏

1. 华佗圣医云："户枢不蠹，流水不腐。"故闲逸者，体弱病多。劳动者，体健病少。但劳动，以不觉疲倦为合宜。每天空腹时，练习适宜运动，胜服补益。凡能乱眼扰心，皆属剧烈运动，有损无益 。

2. 空气于人，息息相通，生命系焉。空气清有益，浊有害，故屋内须通空气，屋外行动有益。

3. 食要多嚼，勿太饱。三餐外，勿吃杂食，勿食冻冷。

4. 仁慈和爱，属阳。阳者，寿且祥。

5. 知足正直，则心安。心安，则神定气聚；气聚，则血荣。俗语云："知足祸少，理直气壮。"

6. 事观处处尽孝，曰纯孝。纯孝者，必忠良仁善。忠良仁善者，必获福寿。

7. 医书云："勿久视，久视伤血。"因久视耗神。神耗则气散，气散则血不荣。

8. 木有根则荣，根坏则枯。灯有油则明，油尽则灭。人之元精，即是元气。因欲化为液精，化液则损，保养则寿。

9. 早起早眠，必得长寿。

10. 日耗精神，夜眠恢复。因睡熟无思想而神定，神定则呼吸之吸力强，能吸收充量氧气。忙中逢暇时，能万缘放下，一念不起，诸事皆忘，可长精神。儒家有收放心之心法，能生长浩然之气。道家云：念不出总持门，心要在腔子里，能召吸先天虚无真一之气，归入人身。达摩祖师《胎息经》云："气入身中谓之生，神去离形谓之死。"故神宜收藏，则气自回。神能常藏，气能常回，自然神旺气充。性光命阳，自起变化。化化无穷，生生不息，自然长寿。守勿中辍，自然长生，自然超凡。

附录：傅青主抄《仙传元机口诀》真迹

按：此帖为傅青主手抄，顾亭林朱点。原件在台北故宫博物院收藏。

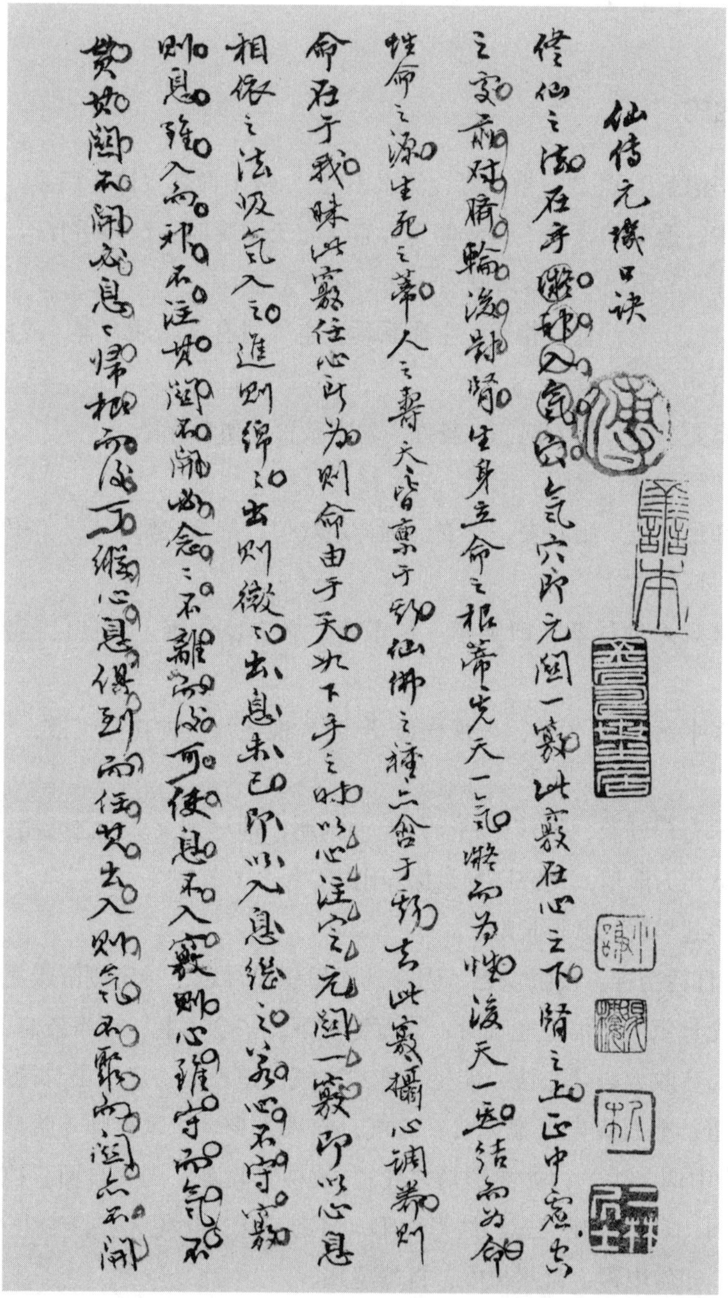
仙传元机口诀

修仙之道，在乎凝神入气穴。气穴即元关一窍，此窍在心之下，肾之上，正中虚空之处。前对脐轮，后对肾，生身立命之根蒂，先天一气凝而为性，后天一气结而为命。性命之源，生死之蒂，人之寿夭皆禀于此。仙佛之种亦舍于此。古此窍摄心调养，则命在于我。昧此窍任心所为，则命由于天。凡下手之时，以心注空元关一窍，即以心息相依之法。吸气入之，进则绵之，出则微之。出息未已，即以入息继之，窍心不守窍，则息难入而神不注。其关不开，然念之不离，而后可使息不入窍，则心难守而气不其关不开。必息息归根而后万缘心息俱到，而任其出入，则气不散而关亦不开

也。若經。難。所。謂。多。入。少。出。而。成。耳。重此三者。為。助。勿。忘。緩。急。中。度。勿忘即用功
不輟。勿助不須提運助長。神定氣盈。沖充滿丹田。而竅必開。精必至如。磬如密室
之中。香煙一縷。挺然甚微耳。若火不絕。其煙漸漸瀰滿室中。而出於竅。所通之路
透射之竅。人身真鉛。投而腹中。漸而開竅。漸而四肢百骸。亦復如是。能積氣運。
結。生。精。不越片時。而真氣周流。真精自生。所謂九還成大藥。片晌歇神功也
此竅一開。百竅俱開。有病即于病處微帶熱痛。或三四日。或七八日。其痛即止。病亦隨去矣
病即補助。以至交媾還丹。得胎脫胎。超脫神化。皆。時。候。至。而。妙。竅。開。不。假。人。力。造。作。而
成。刻刻真精生時。只要氣足神充。不終日即達四肢百骸。皮膚狀如虫行。如是緊緊用功。

頃刻不放。任督二脉。交于唇腦。坎离乾坤。小周大周。三車三田。到面湧泉。無處不到。非是刻刻不放。功效无窮。否刻不同。結胎脫胎。日合月合。出神入化。君從此口訣把穩。妙悟。皆自然而然。而莫知其所以然也。

修真秘旨 摘陳真人丹訣

人得陰陽二氣之全。而先天後天分焉。先天者純陽也。後天者純陰也。上下表裏而为人。

賦生受命。皆稟太乙。含真。先天祖氣。至虛。至靈。純粹。中正。皆可為神仙。為聖賢。無智。賢。愚。一。切。同。所。殊不知所以為人者。合一點先天純阳祖氣之妙。而所謂耳目口鼻。心肝脾肺腎。涕唾津液。以至皮膚爪髮。百骸九竅。一身四肢。自頂至踵。皆

後天純陰造化也四大假合而成者也先天祖氣也恍恍惚惚也杳杳冥冥也其中也有物也而非
物也其中有精也而非精也似有也似無也若亡也若存也即之不可見求之不可得其大無外包
含萬象也其小無內也不容一塵也當知人身之中有一穴至靈之地以存元關一竅
是也得之為神仙失之者為鬼也得之者未聞一二也失之者常百千萬也奈何世人皆不
能保身一點先天祖氣也往往皆流于後天氣也故三尸為害也九蟲食精六賊盜
形七情耗神五慾擾心也凡物芸芸也萬機睚感也耳聽音聲也口嗜滋味隨其
所有即著其相相著于外也機從目入也即入于內也故動其心也情動于中也必搖
其精既失其精也必耗其氣也形神不離也恍惚妄幻也擾想感情事物勞形形情

乱，神散，真一离。先天之炁日丧，而转展流荡于后天生死死生之域矣。我道祖太上君悯之，于是指有大道，教人以返还之说，返本返本也，还本还原。也，不过返其后天也，复还于先天而已。自金丹之名立，而金丹之道著，而金丹之书出焉。窃谓金丹非气，大道非物，物之中生气，气之中生有者也。金丹之道，非无而非有，而所谓药物、火候、鼎器、采有取、采无取、抽添、假法，总以明大道耳。盖由金丹二字皆象之比，意谓铸金必有鼎炉，修丹必有灵药，炼药必有火候，而后成名。就立义，盖取先天祖炁为药，物守元阳一窍为炉鼎，顺元神，妙用为火候，日煅月炼，时刻不忘，及其成功，则可以脱胎换骨，超凡入室大道之要不过如斯而已后世丹书往往不直指真一造化之本原下手工夫之诀窍无非假象设譬梦中说梦迷误后人且就药物而论之曰乾坤坎离阴阳铅汞木液金精丹砂水银日魂月魄乌精兔髓青龙白虎[illegible]龟赤蛇交梨火枣黄芽白雪雌雄黑白若是之不一切皆药物之异名也先天祖炁即是药物岂先天祖炁之外别有所谓药物耶以鼎器而论之曰神炉丹穴灵基神室黄房绛宫戊己黄中[illegible][illegible]谷朱砂鼎偃月炉若是之不一切皆炉鼎之异名也元关一窍即是鼎炉岂元关一窍之外别有所谓鼎炉耶以火候而论之曰推周天测漏候按卦爻用文武准

晦朔弦望卯酉抽添情進退鼓槖籥稱斤兩修刑德沐浴行持溫養是
之不一如皆火候之異名也元神精用即是火候是元神精用之妙則有所
謂火候耶余不敢復效前人之言以欺後人乃真指金丹大道之本原以
之其有次序焉一曰立爐鼎二曰收藥物三曰行火候三者之外余不敢復有
增益焉立爐鼎在何即守元關一竅也是竅藏于先天混沌之中隱于
無有之鄉之內父母未生此身即有此竅既有此竅即有此身所謂與生
俱生者也即元始懸寶珠于空無中玄地五丈之所是也不上不下不左不
右不前不後非內非外非有非無上通絳宮而繞泥丸下擣丹田而達湧

泉上徹下徹而萬中通澈焉即此立煉丹之根地也取藥物者何即在一點
先天混元祖炁也是炁生于無形無象之先聚于無極太極之間父母未生
妙合而凝來有此身即有此氣既有此氣即有此身此氣運行周流六虛
形以之而成心以之而靈耳目以之而聰明元精以之而固牢元神以之而通
種者是以之而化生散之則洋溢無間聚之則凝結成藥此即修煉金丹之
大藥也行火候者何即順元神妙用之義自然運用之道也是火發生
于真精恍惚之中薰蒸于四肢百骸之內本無形象安有候數蓋元
神散則成氣聚則成火一聚一散一升一降循環往來周流不息與

時皆朔，与时皆數也。或以歲年歸，月歲月歸，時歲時歸，亦准子午卯
酉、寅申巳亥、辰戌丑未，朔屯暮蒙，始復坤剝，周歷六十四卦，二十四氣七
十二候，八十二宿，周天三百六十五度，以爲候脉。不知混沌未分之時，安有年月日時
甲癸子亥？文筆推測也。大抵真火即是元神之運行，元神即是真火之妙
用。真火隨真息，真火煉真氣，真氣化真精，真精歸元神，元神養真火，
真精結凝丹。真息之出入，即真火之進退，即文武之抽添，皆本自然而動，
非攢簇隨念而生。若夫燎于原而不可遏者，知非先天之真火，乃後天之凡火也。
今修士下手立基之初，每先使其心如止水，寂然太虛，無塵一竅，然後動之

境。於渡于元關。一竅之中。似父母未生以前工夫。存空真是真息。從氣不離息。息不離氣。合為一氣。內去不出。外去不入。上下往來于一竅之內。綿綿若存。如在父母胞中。未生以前。一点先天祖氣。渾融氤氳。溫於如醉。融於如醉。美在其中。睟於兒于面。盎乎背。施于四体。四体不言而喻。視之無象。求之無形。元一氣。不在乎元關。到此則藥歸于鼎爐。而火候不行。知其是則元神妙用自然運用。真火周流。運轉于元關之內。漸漸煅煉。漸漸凝結。真精日益。方到功深。自然立大。由微至著。元珠成象。結成金胎。皆自然而然。其玄黃既以然自神。動神。其玄黃既以神。運如子在母腹。隨呼隨吸。聚冲虛太和之之氣成金刚不坏之体。以致胎圆十月，化生婴儿，与我未生以前在母胎中一般意象。然后再加温养之功，专气致柔，念兹在兹，动静语默，造次弗离。温养既足，待时出窍于是，劈破鸿濛，凿开混沌，现出本来面目，身外有身，纵横自在，变化无方矣。

鼎炉

夫人以气为本，以息为源。息以肾为根，以心为蒂。心肾相去八寸四分，有一脉通气息之流通。息总百脉，故一呼百脉皆开，一吸百脉皆闭，是名元牝之门。开阖风生，是名士橐籥，顺乎自然，是名巽风。呼吸于根蒂之间，是名踵息，归根之义也。

药物

古歌曰：借问昔谁是我身，不离精气与元神。我今说破生身理，一粒元珠是的亲。夫神气精三品上药，炼精化气，炼气成神，炼神合道，此七返九还之要诀也。然夫红铅黑汞，种种异名，皆譬喻也。然则何谓之药物？曰：修丹之要，在乎元性，欲立元性，先固根本，根本之本，元精是也。精即元，气即神，故精气一也。此元神居之，则三五聚合一矣。石杏林曰：万物生复死，元神死复生。以神归气内，丹道自然成。盖精完则气强，气强则神灵，神灵形复归根，不亦难乎？於命乎？药有川源，采药有时节，制药有法度，入药有造化，炼药有火候。吾闻之师曰：西南之乡，土名黄庭，恍惚有物，杳冥有精，分明一味水中金，但向华池着意寻。此产药之川源也。虽形玄窍，发于坐忘。劝君终日默如愚，炼成一颗如青珠。此采药之时节也。天地之先，无根灵芽。一意制度，产成至宝。大道不难，方寸地。工夫细密有行持。此制药之法度也。心中无心，念中无念，注意规中洋驰一起。又曰：息息绵绵无间断，行行坐坐转分明。此入药之造化也。清净药材，密意为丸。十二时中，无令火燥，金鼎常令汤用暖，玉炉不要火教寒。此炼药之火功也。大抵元牝为阴阳之源，神气之宅。神气为性命之药，胎息之根，呼吸之相因。深根固蒂之道。胎藏神之府，息者化胎之源。胎因息生，息因胎住。胎不得息不成，息不得神无主。必须除垢止念，静心守一，外想不入，内想不出。混沌如在母腹，神

空以会神气之往以合乎神神即气而凝气即神而住窍于休歇之乡恍兮忽兮何有
之境天心寂寂注意一穀如雞抱卵如魚在水呼至于根吸至于蒂绵绵若存在守
胎中之一息乎守吾所守真息自住泯於無已吾所存注者真之胎但觉太虚之
中一灵为造物之主宰时节若至妙理自彰辘轳之運轉之舉總以意而宰息
處造化之樞機則金木自能渾融水火自能升降忽於一點大如黍米落于黄
庭之中此乃採鉛投汞之機為一日之內結成一日之胎復命篇曰夜來混沌顛落
地萬象森羅總不知當此之時身中混融與虛空等亦不知神之為氣氣之返為神
似此造化亦非存想皆是自然之道吾亦不知其所以然而然藥乃生矣火候到焉

金丹之旨，善能蕴奥矣。夫含元抱一而立根基，外神气而求药物，不知自然之胎息，而妄行火候，弃本逐末，趋伪迷真，天尊其难，亦末如之何也已矣。

火候

古歌曰：圣人传药不传火，从来火候少人知。何谓不传？非秘而不传，採味调之药，药之中有火，则定裹之，丹成自有不待传而知者。诗曰：药物阳内阴，火候阴内阳。会得阴阳旨，火候药一处详。此其义也。後人惑于丹书，不能顿悟，因有二十四气、七十二候、二十八宿、六十四卦、十二分野、日月合璧、海潮升降、长生三昧、阳火阴符等说，不能究竟何者为候，及心生一种种着相，强得药物之真體雖不敢烹煉，殊不知真火本無候，大藥不計斤。玉谿云：火本南方離卦，屬心，心者神也。神即火也，氣即藥也。以火煉藥而成丹，丹者即是馭氣而成道者也。張紫陽口訣云：藥產于真息中求之。蓋息從心起，心靜息調，息息歸根，金丹之母。心印經曰：回風混合，百日功靈，在此也。海蟾翁所謂開闔乾坤造化機，鍛煉一爐真日月者此也。何謂真人潛深淵，浮游守規中？蓋以神馭氣，以氣定橐籥之開闔，陰陽之升降，呼吸出入，任其自然，專氣致柔，含光默默，行住坐臥，綿綿若存，漸採漸凝。工夫純熟，打成一片。動靜之間，更宜消息。念不可起，念起則火燥；意不可散，意散則火冷。但使其無過不及，操舍得中，神抱于氣，氣抱于神，一[illegible]

沖和包裹，混沌斯須，火種相續，丹鼎常溫，無一毫之間斷，無一毫之差殊。煉之一刻，一刻之周天也；煉之一時，一時之周天也；煉之百日，謂之立基；煉之十月，謂之胎元。以至元海陽生，水中火起，天地循環，乾坤反覆，皆不離一息。況所謂沐浴溫養，進退抽添，其中密合天機，潛孚造化，而不容我元知。故曰：火雖有候不須時，此箇機關我自知。無子午卯酉之法，無晦朔弦望之節，無冬至夏至之氣，無陰火陽符之期。無十二時中只在一時之說，無三百日內在一半日之論。亦無攢簇年月日時之說。若言其時，則十二時中，意所到，皆可為。若言其功，則一刻之工夫，自有一年之節候。但安神息，任天然，此仙師之的說也。晝夜屯蒙法自得，何必致之於火候。

此仙师之确论也。圣人传药不传火之旨，尽于斯。知者谓药自药，而火自火，则我不知矣。

念所不可紧燥，紧则火烧丹损。

立基

戊己皆土也。戊为阳土，根于肾；己为阴土，原于心。根于肾者为命，原于性心者为性。气即命之枝，意即性之流也。夫人禀先天之气以生，先天之气根于肾，而熟化饮食于肠胃之间，清者化膏脂，浊者化粪壤。精则饮食所化之清气，乃后天气也。蒸化后天气，则结为先天气，而气别为气，聚则成液。先天气熏渍其液，则成血，血经两肾之渊，则成精，其精储于肾，而流于下田。世人不悟宝惜。贪嗜淫欲。施泄渗漏。以至下田虚耗。百骸虚损。故立基者。断嗜欲。防渗漏。偿补益之物。及精谷之气。均调节制饮食。行住坐卧。毋忘踵息。则橐籥之风。坤宫之火。炽而化所食为精。以补下之根。根之本充而火风不息。则所补之精又被消耗流溢。以资荣百骸之损。损止既盈。然后上升夹脊流通。遍体畅无疏漏。则城郭完如童子之精。而药物全矣。

药物火候资次

精气神为药材。初下手入室工夫。先寻采药之在西南是本乡坤也。坤者申未之地。酉位乃金旺之乡。金为本是东家之子。盖缘金长生在申。胎养在卯位。

所以有東家之說。師曰：藥者，鉛汞也。鉛者，金精也；汞者，木液也。金精者，肺氣茂于腎宮，故曰金生于水。母藏子胎，肺金為母，腎水為子。凡採藥，採精先須採腎；木液者，肝也。肝氣茂于心宮，故曰木生于火。母隱子宮，肝木為母，心火為子。凡採藥，採液先須採心。採藥之時，不可有相，有作有著，有為。但只一意守着中宮，其藥自到。午盡則心中木液先降到中宮，後腎中金精次自飛到中宮；子夜則腎中金精先飛到中宮，後心中木液次自降到中宮。二物相戀成金光一顆，如波浪中月，金光爍爍也。心火降時，覺心下熱烘烘地下去；腎水升時，覺膀胱中一道熱氣，突突地攻上來，至中宮，任搏丹谛初下手三日至七日闭目内视中宫。摇金展动。眼一霎见金光烁烁之地。筛苫于中宫。此光如星撒地上迸溅。便用两眼闭霎时三五遍。则牵动身中百脉经络。迸出金光。见此金光现便用搏攒。光明成块。如此用眼闭霎连二三遍闪烁。便是三烁。师言前后三是三三。如光明撒开若火光。以三捻至六捻。更聚至九捻。搏前后三三只九次也。如七日不见。至九日闭目内视。忽见腹中有光明如画。圆明后澈。觉身中凉森森冷霄霄之地。如捻搏明聚成块。用意送入中宫。以眼前光内住成一颗搏聚也。常在中宫。如此绵绵密密之地。常存此金光在里行也。若过此二时工夫毕。取意自在闲行快乐。忽见黄宝光即广大也。可用意搏捻。收来捻乃如拳卵大。又再捻乃如弹子大。便是丹。如此后不必再捻。不必搏。方可行火。凡进火退火意缓。以功愈炼愈坚。故每日子午时行火。一年温养。二年方可移炉换鼎。觉丹田热澈澈攻上丹田绛宫。温养三年。便心聪意灵慧性通。光明广大。预知未来事矣。九年功满。又移炉换鼎。飞上泥丸宫。即昆仑顶上翻筋斗。又曰打破虚空。超出三界。脱胎神仙。身外有身。出有入无矣。和补养既有阳精盈溢肾间。溶溢如酥之未溶。温和如火之方燃。踵息既调。意养不乱。则火气加壮。淋酥融化。充满腰膝。少焉微焰腾起。坎水随之逆升夹脊。盛于顶门。眼前如金丝下垂。连鼻及喉。按入胸堂。真气河车一周来回。火气起始焉甚漸盛漸緊。將起一發。以意自助。及其既盛。則真鉛將萌。反復以意守黃庭。

次候其動。須臾之頃。兩腎之間陽氣穿出。撮至中宮。始覺剛猛衝動心王。心

主被擊。搖蕩震撼。此時須謹守。勿驚恐。亦無念慮。勿散亂。否則鉛汞去矣。

搖蕩既頻。木液乃下。真鉛攝之以入中宮。作男女交媾之狀。及度數千合。外腎皆縮

而上。此時百骸驚顫。於禁不能。雲收雨散。之漸平息。一道熱汗流出尾閭總攝

少時。攝入泥丸。隱面皆如火熱。此之謂交媾。一度。昔祖師云。初丹之渡。或五七日或二三

日一度。或一日兩度。則丹道成而胎脫矣。深去其動。初丹之後。次日即三五度。第三

日七八度。至夜一十二四度。其時氣息停息。方能少歇。忽頂門中有穴竅開。恍惚

〻間丹已玉液流於喉中即至黃庭回旋運轉精氣未安其居也至午方定復以意微察之意時當動混發現光彩結丹之速吾於此可知

正念

精滿不思淫氣滿不思食觀中指動正念為第一善念如非同土石草木也蓋以念〻之念謂〻之正念正念現前四光遍照佛福驅氣化氣歸神以凝氣結而成丹秘

氣穴說

氣穴如面穀也蟄神于中藏氣于內以然來其〻之也心念至人隱〻之息呼吸自有

依息调心，静绵一真息于气中，便是凝神入气穴。神既凝定，气穴常开，回光返照之后，不离自然旋转真息，一升一降，而气水火相为进退矣。夫日月照于天地之间，螺蚌吸之而生珠，顽石蓄之而产玉，何况人身自有日月，岂不能回光返照结自己之珍珠，产自己之美玉耶？气即水也，神即火也，水多则火灭，火多则水干。中年之人大抵水不能胜火者多矣，所以命宜早延，油宜早添，则天人一气之旨尽露于此矣。

卧功说法

世人倦极而睡，忽然而醒，是何物主之而使之觉也？夫魂与神并则觉，魄与尸合则魄之在死之根，觉在生之心。魂阳而魄阴，魄在鬼也，魂在神也。神则日接之于物，夜形之于梦。一梦间去而不返，则生死路隔绝矣。由是观之，因觉去而因梦去，死去此二劫，可以入道。古之真人，其觉无忧，寝而无梦，神机之劫。炼心未绝，昏多觉少，缘一合眼，元神离躯，魔入舍，以致魂梦各乘，无所不至，不惟神出气耗，恐有漏炉倒鼎之患。若欲敌此睡魔，诀用五龙蟠体之法。诀曰：东首而卧，侧身而睡，如龙之蟠，如犬之曲，一手曲肱枕头，一手直摩脐腹，一只脚伸，一只脚缩，未睡心先睡目，致虚极，守静笃，神气自然归根，呼吸自然含育，不调息而自调息，不伏气而自伏气，寝寐依然存。

自在神氣相抱。覺悟後存亡能盡離顛倒夢想。及至醒時。正是前後兩段交際。

一念未生時。便是下手工夫。

調息法

跏趺大坐。收視斂聽。以意目至浮沉。勿搖動。縱綿綿延延。則合于自然之道。金丹之法於此盡矣。此工夫十分用意。微便差錯了。何也。蓋子母綿綿若存。用之不勤。

訣以下手不拘時刻。靜定守斂。散放屬陰。斂守則念。念中之放則為陰神。念中之守則為陽神。內外之機。皆息溫養之心。常運行住坐臥。常守聚放。散則為相與守靜則為真。真靜定則精氣神三者皆化。忘形不忘心。忘機不忘守。專守

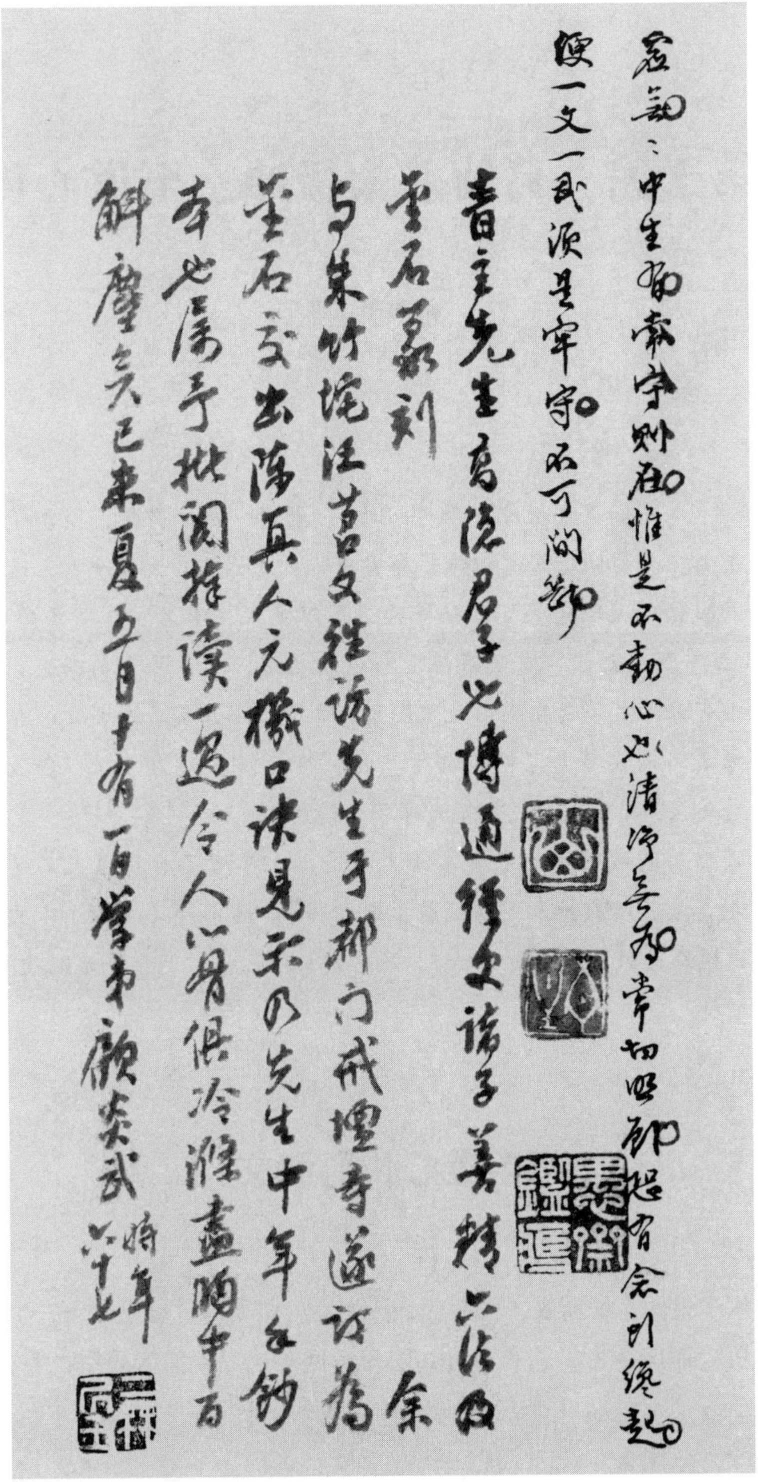
虚寂寂中生知，亦守妙在，惟是不动心以清净为知，常切照顾，起有念则绝起，
便一文一武，须是牢守，不可间断。
青主先生高德君子也，博通经史诸子，兼精六法及
金石篆刻。余
与朱竹垞、汪苕文往访先生于都门戒坛寺，遂订为
金石交。出陈真人元机口诀见示，乃先生中年所钞
本也。属予批阅，捧读一遍，令人心胸俱冷，涤尽胸中万
斛尘矣。已未夏五月十有一日，学弟顾炎武 时年六十七

第十编　葛仙翁太极冲玄至道心传

凝阳子　纂

〔提要〕《葛仙翁太极冲玄至道心传》，题名“葛仙翁传，凝阳子纂辑”。萧天石先生在《葛仙翁至道心传》序言中讲：“《葛仙翁太极冲玄至道心传》，为葛仙翁秘传，凝阳子纂述。仙翁为三国时吴人，单名玄，字孝先。”又指出：“本书言周天火候，言筑基炼己与返还之道，均系基于易而言，虽嫌烦琐，然亦有独得之妙者在。内天罡图说，尤宜深参细究。初视之，似玄之又玄；细体之，则实简易了明。初学之士，可无须多致力于斯。金液还丹口诀，非过来人，难以道出，切不可等闲读过。”

本篇据《道藏辑要》危集本为点校底本，参考了台湾萧天石《道藏精华》第九集之五所载抄本《葛仙翁至道心传》。1930年（上海）人文印书馆出版黄氏观蝶楼藏本《至道心传》，题“刘文彬述记，无锡黄元炳校阅”，据之略作增补。

《至道心传》叙文[①]

人生于世间，织而衣，耕而食，劳而息，倦而卧，娶妻生子，生病老死毕矣。所望而愿欲者，锦衣美食，安车，健马快船，凉床暖室，娇妻美妾，

① 据黄氏观蝶楼藏本《至道心传》增补。

跨灶子，补药厚棺。求之不得则悲，求之既得则保守而不肯失，恨不能千年万年抚弄观玩。乘之而游，良辰美景，赏心而乐事也。然而得十全者，古来有几人？具体而微者，千万人中有几人？稍稍过得者，千百人中有几人？

嗟！余多病，孤苦伶仃[①]，蒙先祖蓴庭公、先叔祖母唐节母，抚养之大恩不得一报，饥来驱余，东西南北之人也。而我所稍稍期望者，殆将于我如浮云。处境既有待，药物又昂贵，六五贞疾，直到于今。若妻若子，若亲朋好友，见余探丹经，学辟谷，辄为余虑。而余亦自叹，徒劳往返于书肆，所阅道书，每藏头露尾，口诀口诀，变幻无实；方药方药，增病作巨而已。甲子春日，扫墓回里，无意中于老屋书箧，得敝书数部，皆先父秋江公生前承命嘱钞之书也。此箧，余十八九岁时，每每见之，以为于我无用，不如姑置之者也。憺忘之矣。检而出之，逐一披阅，拍案叫绝，何求助天涯海角而难得者，乃竟在吾家耶？然则余病其将已乎？

余父祖既宝是编，而余又心悦服膺之，以其未数数觏也，而欲以公之世，爰将其功夫切要处，用标点一一标出，又甦之以连圈。以其《太极冲玄至道心传》之名，人所不易记忆也，而简称之曰《至道心传》。盖是书实为刘氏记述葛仙心传之要言，句句直说，无一语之御弄恍惚，鬻奇卖怪。虽非葛玄之书，而实为仙翁命弟子披肝露胆以宣传者也。葛玄，三国时吴之琅邪人，字孝先，遇苏元朗授以金丹之旨，又从左慈受《九丹金液仙经》。游閤皂山，于东峰卧云庵修炼，因而得仙，人以"葛仙翁"呼之。夷考其行，利济为怀，欲与后世同造乎？长生不死之旧乡者。夷考其道术，则上溯羲黄、王乔遐举，韩众得一，老庄二圣优游于是。灵均远游之篇，太傅寥廓之文，岂欺我哉？

甲子（1924年）长夏无锡黄元炳敬叙于城南忘我斋

① 伶仃，底本作"零丁"，改。

《太极冲玄至道心传》原叙[1]

道本无言，非言传而显妙；金丹无象，因罔象以成真。至道简而不繁，至言淡而无味。至人本乎无为，古仙以心传为上，言传者次之，文字传者又次之。斯乃千圣不传，诸祖不说，非圣祖秘而不言，盖传之则谬、说之则讹，固难言也。何者？率性之谓道，道本无名；修道之谓教，教乃有法。且道何以无名？虚无静默，恬淡自然，不生不灭，无声无臭，语大则天下莫能载，语小则天下莫能破。名而为道者，实强名也。苟欲知之，当令识化情消，于喜怒哀乐未发中求之。若少涉已发之和，便自非是。故凡进道者，以诚为入道之门，以灭为守道之基，以素为用道之本，全在保精调息、虚心守一，道自来矣。昔太上《度人经》，尹喜云："除垢止念，静心守一。众垢除，万事毕，吾道之要也。"[2]愚者不知，乃劳形苦心，役志躁神，纵欲耗精，与道愈远。故凡有作、有为、有相者，皆非至道也。《庄子》云真人"其寝不梦，其觉无忧，其食不甘，其息深深。真人之息以踵，众人之息以喉"，"其嗜欲深者，其天机浅"。斯可谓至言矣。奈近之学者，舍真求妄，骑牛觅牛，不知"人能常清静，天地悉皆归"。又曰：从无入有皆如是，以有入无能几人？盖天无为而长，地无为而久，人无为而寿。天旋地转，日月往来，皆无心而化。阳自主升，阴自主降；阳自主生，阴自主杀。万物居大化之中，随运转化，故惟圣人妙算天机，天关在手，地轴由心，任天地日月运化，吾之心天然泰定，攒簇阴阳，统摄造化，天地莫能转其机，日月不能统其化，方得黍米凝空，化千万亿，形神俱妙，与道合真。

第诸祖超越之后，一切修真之诀，不著于书，不行于世。盖由此道衰微，幻妄迭至，异端纷起，君子、小人已自难辨，各执一端，为私欲所诱，

① 据黄氏观蝶楼藏本《至道心传》增补。

②《西升经·戒示章第三十九》：除垢止念，静心守一。众垢除，万事毕，吾道之要诫。

旁门所惑，大道易于沉迷。间有觉者，亦未能笃志潜修，挽邪归正。惟我仙翁葛真君，愍世之苦，垂示末学，以九训修身，以祭炼积行，以金丹了道，斯可谓循序而入者也。大哉仙翁，以法诱引后人，直超圆顿，同登太极之域已。

古黄道观镇明庵中刘玉玄，自幼酷慕道法，志在金丹，行住坐卧，未尝一息忘，遂览阅《道藏》诸品丹经，遍历江湖，名山洞府，参师九十余人，有道者十数人。虽有口诀，颠倒散漫，使人迷惑，难以下手。一日，游西山，忽遇异人，容貌非常，请号弗答，乃延于庵中，以师礼拜之。歃血盟天，求其至道，遂于囊中取授，以心法神炼超其祖，以金丹大道度其身，乃曰："道已尽矣，子可勤而行之，天仙之列，应当有分。然遇人而传，不可闭其大道。予乃葛仙门人也。"语毕，谢以金帛，忻笑弗纳，倏然化清风而去。始悟葛仙弟子郑思远是也。遂得口诀，豁然悟仙师教人，达道有路，入道有门，行道有序，得道有基。惟哲者推之，德者承之，专者及之，勇者能之。虽愚昧小人，得诀勉行，立跻圣位，患在不专耳。

予不避天谴，乃将仙师授受之玄言奥旨，从肺腑拈出，使自始至终，脉通络贯，靡不悉备，名曰《太极冲玄至道心传》，独愿普天率土，咸归清净。于是奏明天地，弃资锓梓，散于十方。倘遇达者，信以为师，识真了道，诚予至愿。其或迷乱无期，自甘暴弃，此则非所敢必也。今附图说，明白无隐，一览即见，识者当自得之。

镜庵山人刘文彬撰

赞曰：至道心传，露形纸笔。
非人难授，非德难成。
诀尽玄微，世之罕见。

金宝世间有，仙诀世间无。
有缘遇此诀，勤行陟仙都。

太极冲玄至道心传

刘文彬　述记

无锡黄元炳　校阅[①]

太极含一图

诗曰：炼丹自有真炉鼎，何必区区向外求。

心若静时身自定，身心静定见丹头。

又曰：精神魂魄意，攒簇归神位。

静极见天心，自然神明会。

夫太极，至大而难言也，以之近取诸身，人人皆有此太极焉。何以见之？盖太极，即心也；心，即太极也。人心存诚，主敬则太极明，嗔忿嗜欲则太极蔽。是以吾之心正，则天地之心亦正；吾之神清，则太极之理自得。若能一念不起，久久澄湛，静极虚笃，虚室生白，方见天地之心，而道自归矣。此岂不由正心诚意，以致之耶？故仙师云："太极顺则生人生物，逆则成

① 据黄氏观蝶楼藏本《至道心传》增补。

圣成仙。”

夫人胚胎之初，因感太极之中真一之念而有此形，精炁神全由一念而纽结，故借此形而炼此念，收此念而结此丹。念住则精住，精住则炁住，炁住则神住，神即念，念即心，心即神。神即火也，炁即药也，心即丹也。抱此一念，守聚而成真，即是以火炼药而成丹，以神驭炁而成道也。念之为妙也，至贵而尊也，至清而可宝也。上通乎天，下彻乎地，可以统乎万化，则万化莫测其所以然，念之用神矣哉！

盖人之元炁藏于腹，即万物之气归于根，用此一念，神潜腹中，即天炁下降于地，炁与神交，犹地道之承天也。天地由此而生物，吾身由此而产药也。此道至简至易，再无他诀，只要降念头于炁穴耳。炁穴，在心之下三寸六分、肾之上三寸六分，中虚一穴，纵广一寸二分，虚灵不昧，念从此起，息从此住，名曰“谷神不死，是谓玄牝。玄牝之门，为天地根。绵绵若存，用之不勤”。夫何谓？盖“谷”本空虚，即玄关、丹鼎，乃至虚之地。虚能容神，得胎息鼓动其中，真炁应而生神，如山谷之虚声达焉，则响应之，乃神即谷神也。不死者，凡物皆有生而有死，惟山谷神应之理无时不有，何尝见其死乎？人能守一，使精化炁，炁化神，长生仙道，亦犹谷神之不死耳！

玄者，阳也；牝者，阴也。乃龙虎初弦二炁，交结于玄关，即玄牝之门也。此窍，名元始祖劫，化生诸天，开明三景，是为天根，乃真人呼吸之处，阴阖阳闢之根，绵绵不绝，刻刻用事，往来无穷，用之不劳，任其自然，周流升降，盗天地，夺造化。神潜于窍，百日成功，玄牝立基，何患金液之不凝，还丹之不结，故曰“用之不勤”，乃人一身五行百脉交会之处，凝结圣胎神化之所也。

且丹士多言心肾非坎离，以呼吸为坎离，殊不知呼吸之妙，乃坎离之用也，心肾乃坎离之体也。[1] 人之一身，以心为主，以肾为基，况人不言心肾而言身心者，身即腹也，肾在其中矣。故精气一也。以神潜于其穴，则三者

① 李涵虚《收心法杂谈》：“人身五脏，原有部位，不可移动。道家云‘乾坤坎离颠倒’，岂心可移于下，肾可移于上耶？非也。所谓颠倒者，乃心肾中之神气耳。心神俯而下就，肾气仰而上升，神气颠倒，则有形之心肾亦如颠倒，无形之乾坤亦皆颠倒。颠倒交施，坤中生一阳为坎，乾中生一阴为离。离女与坎男交施，则如西方之兑女，相接东方之震男。又将南北移为东西，水火变为金木。金情木性，称为白虎、青龙。龙交虎，如姹投婴；虎交龙，如婴投姹。”

会于中矣。岂可舍肾哉？肾属水，心属火，火入水中，则水火交媾，如晦朔之间，日月自相合璧，即神与炁合，打成一片，神凝炁结。神凝则真息自住，静极则天机自动，即太极静而生阳，升坎中一点真阳，点化离宫之至阴，变成乾健金刚之体而为仙也。乃自然之道，岂可造作而为之者乎？同志者遵之。

挽邪归正

凡希仙学道之士，忠孝为本，利济为先，广积阴功，救拔人物，自然学道得成，求仙有遇。必须苦志玄门，和光遁迹，混俗同尘，广求博览，参访至士，探究玄微，洞晓阴阳，深达造化。不可习务炉火烧炼，以虚度光阴；不可行邪法，以诳惑愚迷，损其功，误其行，难证无为清净之基焉。跻希夷众妙之域，切勿轻入傍门，妄投邪径。

近今多以女人为鼎器，采取三峰，以产户为生门，妄求药饵。或伏气于三田，假以梅子之称。或薰气于脐中，赆以红铅之号。捱唇咂舌，岂得长生？摩股抚琴，安能久视？婴口血饼，实曰胎毒。剪断脐蒂，胡云一气？运息存想，俱属后天有为；吐故吸新，乱道先天正气。屈伸导引，变生痈肿恶毒；熊经鸣蹟，鼓动三焦邪火。飧霞绝粒，肌瘦尫羸；绝顶居岩，虚生湿胀。

或炼五金八石，升取精华，以为神丹服食，不识正宗，徒劳形瘘。妄谈玄妙，一问痴迷，妄引丹经“竹破须将竹补宜，休妻谩遣阴阳隔”等语，以证其邪。殊不知火生于木，祸发必克；精生于身，情动必溃。此系走方游棍之徒，索人衣食，无计惑人，见大道正理，无人可尽，捏以淫术诳惑富贵者。或提精动火，伤目者有之；或逆精成淋，便毒者有之。不肯自思已错，更将错路教人，深为可恨。

盖不知古仙妙用，大隐居廛，对境忘境，居尘出尘，了无挂碍。每日将过去未来，见在三心，尽忘顿却。虚其心，实其腹，凝其神，守其中，工夫已到，自然精满不思欲，气满不思食，神满不思睡。入室下手，不静而静，神炁归根，黍米凝空，脱胎神化，遨游海岛，升入仙都。

近之迷者，一毫功行未积，精气未完，便求下手，纵炁感神交，惟一幻丹耳。昔汉武帝，酷好神仙之学，祷祭名山，恳求不止，后感王母降临，帝俯伏求度。王母曰：“子祷祭名山，可谓勤矣。勤而不获，实有由也。子之心地不清，其性淫，其性酷，其性贪，其性暴，取女子为鼎，以歌婬为乐，伤神乱性。宫娥满目，纵形不交而神气先耗，身有浮肉，内本空虚，岂可守富贵而得仙乎？未之有也。可授子五岳真形，将来亦得尸解掩世。”

故学者广览《神仙通鉴》，历代神仙，皆清静无为而成，岂是有为有相渣质之物而成之乎？经云：“错路教人行，永劫堕迷津。”谚云：“世无肥胖仙人、富贵道士。”又曰：“吾道先苦而后乐，众生先乐而后苦。”诚哉是言也，学者思之！

流珠歌

葛仙翁修炼外丹，经二十二处未成，复于江西阁皂山，修内丹成真，遂作歌曰：

流珠流珠，役我形躯。奔驰四海，历览群书。
披寻不悟，情思若愚。焚遍金石，烧揭汞珠。
赀用荡尽，拊膝长吁。吾年六十，功效踌躇。
赖师指授，元炁虚无。杳冥中起，恍惚中居。
真阴真阳，一吸一呼。先存金鼎，次认玉炉。
离火激海，坎水升虚。玉液灌溉，洞房流酥。
天机真露，万类难如。真人度人，要大丈夫。
天长地久，同赴仙都。念兹在兹，语吾记吾。

修真择地

凡修仙之士，须择名山福地，古仙成道之所，方可居止。地要藏风聚气，叠水来沙。左有龙蟠，右有虎踞。上应九天之秀气，下通三岛之真源，方得天地正神卫佑。倘不得其地，恐山魈木客盗夺灵气，故难成也。昔王灵舆居山修行，感天仙下降曰：“行道之士，各有其地，如植五谷于沙石之中，岂能生之哉？既有真仙之骨，必获福地灵墟，可以生腾变化。须种德于福地，还积功为羽翼。苟非其所，则魔盗其灵，不能就也。”灵舆叩问：“何地可栖？”仙曰：“衡岳南宫，伊居之处。”果登南宫，累修一纪，白日升天。

天根月窟三十六宫图

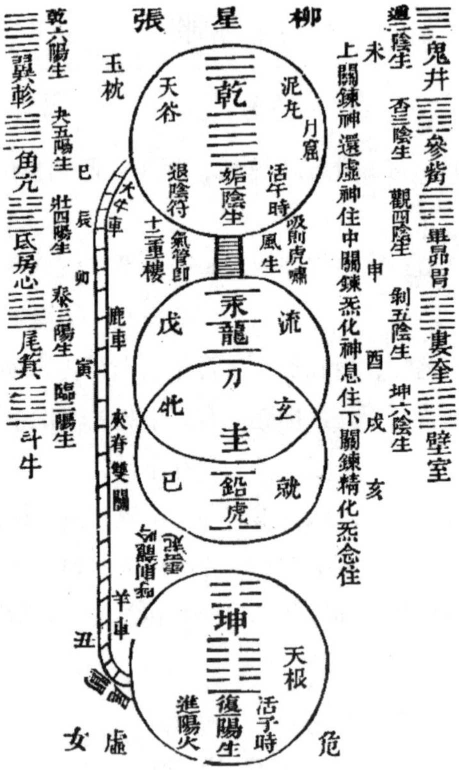

诗曰：下手立根基，休将子午推。

静中才一动，便是癸生时。

三十六宫者，八卦三十六画也。

又曰："乾一、兑二、离三、震四、巽五、坎六、艮七、坤八。"即三十六宫也。

又曰："太极静而生阳。"阴极生复，六宫也；复生临，六宫也；临生泰，六宫也；泰生壮，六宫也；壮生夬，六宫也。夬返乎乾，六宫也。自复至乾，共三十六爻，即进阳火，三十六宫也。动极生阴姤，六宫也；姤生遁，六宫也；遁生否，六宫也；否生观，六宫也；观生剥，六宫也；剥返于坤，六宫也。自姤至坤，三十六爻，即退阴符三十六宫也。

周天火候

自子至巳，为六阳之数，即进阳火也。

诀曰：乾九阳数也，坤六阴数也。乾九之阳，起于坤之初六。乾之策，三十有六，总计二百一十有六。其诀始者，用意久则自然天关在手。左手统十二支也。地轴由心，以神驭炁，数其息也。以左手掐子文，复卦主事，鼻微吸天之清气，入于玄关，而至尾闾，为一吸。又呼气，从尾闾，穿夹脊，而上泥丸，为一呼。一吸一呼为一息，如环无端，十八文、十八武，三十六息，足得玉露神水，一口吞送下玄宫，浇灌灵根，得药一两。

又移指掐丑位，临卦主事，再行十八文、十八武，呼吸三十六息，送玉露一口入玄宫，得药二两。

又移指掐寅位，泰卦主事，行文火三十六息，送玉露一口入玄宫，得药三两。

又移指掐卯位，壮卦主事，行文呼吸十八息，送玉露一口入玄宫，得药四两。木液旺在卯，洗心涤虑，注意规中，名曰沐浴。今人以两手摩面为沐浴者，非也。又行文火十八息，送玉露一口入玄宫，得药五两。

又移指掐辰位，夬卦主事，行十八文、十八武，三十六息，送玉露一口入玄宫，得药六两。

又移巳位，乾卦主事，行武呼吸十二息，送玉露一口入玄宫，得药七两。再行文呼吸十二息，送玉露一口入中宫，得阳铅八两。又行武呼吸十二息，名曰“首尾武，中间文”。至此，是进阳火三十六也。

自午至亥六阴之数，即退阴符也。

诀曰：复坤之初六，起于乾之初九，坤之策二十有四，共计一百四十四数。

移指掐午位，姤[1]卦主事，行十二武、十二文火，共呼吸二十四息，吞送玉露一口入玄宫，得药一两。

又移指未上，遁卦主事，行十二武、十二文，二十四息，送玉露一口入玄宫，得药二两。

又移指申位，否卦主事，乃西南之乡，行文火八息，又行武火八息，末行文火八息，送玉露一口入玄宫，得药三两。

又移指掐酉位，观卦主事，行文火十二息，送玉露一口入玄宫，得药四两。金精旺在西，宜当沐浴防危虑险，洗心涤虑，一意规中。又文火十二息，送玉露一口，得药五两。

又移指掐戌位，剥卦主事，十二武、十二文，二十四息，送玉露一口入玄宫，得药六两。

又移指掐亥位，坤卦主事，行文火八息，送玉露一口入玄宫，得药七两。又行武火八息，送玉露一口入玄宫，共得阴汞半斤。又行文火八息，一意规中，名曰“两头文，中间武”。武者，呼吸略紧；文者，呼吸微缓。自然连前进阳火、退阴符，吞玉露十六口，铅汞平均，合为一斤之数，前降后升，共得周天三百六十度火候，外除五息以应五行。

凡行周天一度，夺尽天地日月、阴阳劫运之数，夺尽万物生杀四时之数，夺尽卦爻铢两之数，名曰“月之圆存乎口诀，时之子妙在心传”。“周天息数微微数，玉露声寒滴滴符。”此真人口口相传之密旨也。号曰四候别有妙用。大抵真息从炁穴所发，即龙之弦炁，真火也、汞也、橐籥也。常人口中，华池神水，从舌下二窍涌出，至人甘津玉露，从肾经升起，夹脊、泥丸，注明堂，而降下舌端，即虎之弦气，真水也、铅也。人之一身，二炁存则生，二炁竭则死，乃一身真水火根本也。

以上口诀，遇身中时至，得药入于玄宫，以神会息，行之一度，攒簇阴阳，煅炼成丹，须假数息有作。若不行此，难得周天造化，得药无此息，定

① 姤，底本作“妒”，校者改。

难结黍米之珠。近有一等之辈，炼己未纯，造化未得，每日执此常行以为大功，烧竭元炁，反为害之甚也。是以“圣人传药不传火，从来火候少人知”，正谓此也。乃诸圣不传，不形竹帛，名曰天符。行之者，永处天仙；失之者，永为下鬼。学者宝之。一年二八月初八、二十三日，一日卯酉二时，以上不行火候。

筑基炼己返还直指

夫筑基之法，即是收神、固精、裕炁之诀。一身之内，精炁充实，骨髓坚强，是谓民安国富，方可入室下手，而求还丹之道也。盖炼己者，即忘情绝念，以致心死神活之谓也。奈何世人多因情欲太甚，斲丧天真之性，是以神不得存，形不能久。神仙教人炼己，只要时时将此妄念收归丹窟，与炁交合，久而自静，是谓清虚恬淡，真气从之。人心一虚，道自来归。若念不止，则基址不坚。倘神不清，而炼己何益？夫筑基炼己之法，即降伏念头，绝欲保精之谓也。书云：“因一念而有我身，借一念而炼我形，形神俱妙而为仙也。”岂非炼己者也？

夫人之初生，父母相见，形以立其兆也。情动而极，媾合储精，形以立其基也。十月胎完，形骸以成，气足而降。剪断脐蒂，一点真炁，着于气穴，鼻吸目摄，天赋之性也。此性付体，日居二目，藏于泥丸；夜居二肾，蓄于丹鼎。乳养其五脏，炁冲乎六腑，故乃骨弱可卷，肉滑如饴，精之至也；视而不瞬，哮而不嗄，和之至也。呼吸往来，日就月将，生至十六岁，盗天地三百六十铢之真炁，原父母之祖炁二十四铢，共得三百八十四铢，以全一周天之造化，夺得一斤之丹药也。其形鼻如腻粉，唇似丹砵，内丹如水晶塔子相似，此岂不是天地阴阳之道哉？凡人髓满脑实，精炁神全，何得而有死乎？

婴孩始离母腹，乃赤子混沌，纯静无为，属阴坤卦☷。自一岁至三岁，长元炁六十四铢，是为一阳生乎复卦☷。至五岁，又长元炁六十四铢，二阳生乎临☷。至八岁，长元炁六十四铢，三阳生乎泰☷。至十岁，长元炁六十四铢，四阳生乎大壮䷡。至一十三岁，长元炁六十四铢，五阳生乎夬䷪。至十六岁，长元炁六十四铢，是谓六阳生，纯阳为乾䷀。脑满精足，以完一斤之数，自然乾健之体也。三元以钟，五行以备，宿有仙缘，如得师指，身心泰定，童真内炼，名曰直超圆顿，乃得无上至真之道。故曰“上德无为，不以察求”者，是也。若根基浅薄，不遇至人，苦攻爱欲，贪酷阴私，阳极一动，卦变为离，故男子二八真精通，女子二七天癸至。从此以后，阴炁渐长，阳炁渐消。

自十六至二十四岁，不知保守嗜欲，无度耗散真元六十四铢，卦应乎姤䷫。又不思避忌，醉饱入房，以妄为常，至三十二岁，乃耗元炁六十四铢，卦变乎遁䷠。全不修省，孜孜为利，碌碌为名，至四十岁，耗元炁六十四铢，卦应乎否䷋。不知持满，以欲竭其精，至四十八岁，肾炁渐竭，发鬓渐白，耗元炁六十四铢，卦应乎观䷓。全然不悟，心迷声色之场，身随利名之境，至五十六岁，肝气渐衰，眼昏多忘，筋痿力倦，又耗元炁六十四铢，卦应乎剥䷖。不悟真常，务快其心，溺于生乐，醉生梦死，不觉不知，至六十四岁，卦炁已周，原天地父母元炁三百八十四铢，耗散已尽，复返于坤䷁。阳尽阴纯，发白气短，血枯髓竭，貌槁形衰，体重无力。苟得其寿，惟藉后天谷气，以培后天之精气，非先天之正炁矣。

倘遇明师，指示返还之道，精心操炼，仙亦可期。凡行返还之道，先用龙虎以①固济外肾，并谷道牢闭，勿令走散真炁。每日夜遇身中外肾阳举之时，即后天活子时，急须下手，名曰“铅遇癸生须急采”，即便以手拿住龙头虎尾，紧缩谷道，协起小腹，竖起脊骨，双目上视泥丸，其阳火自息，而升乎泥丸，以目转旋三十六次，真炁入脑，而化为髓也。

以上口诀，日举日采，时炼时烹。每日子午二时，行周天火候一度，以

---

①以，恐系“衣”字，存疑。按：陈撄宁《答复苏州张道初君十五问》第七问：“用龙虎衣固济外肾，使不漏泄。此法由先祖父所钞《还丹直指》中摘出，但未审‘龙虎衣’究系何物。答：龙虎衣，定是隐语，必须观上下文义与辞句，方可揣测而知，否则不便臆断。”《尊生閼汇》云：“以绵绸表里为囊，正束睾丸，冬少着艾，昼夜勿解，此与着龙虎衣同意。”《古今医统大全》卷之九十八《衣服类第六》：“龙虎衣：修养家有龙虎衣，衣卧必用，以固济丹田、肾堂、玉道，实为外护要法。甫谓凡人必用之衣，盖日夜不可须臾离也。其法用帛三尺三寸，径五寸，内用熟艾叶掺以花椒、茴香、檀香为末，薄铺用线钉缝，自后循前，以丁荅往上插贴丹田，此为人身元气根本之地，不可不慎也。”

合天枢。忘言闭兑，终日如愚，专炁致柔，采补百日，得元炁六十四铢，以应乎复☷，一阳生也，身体健矣。却除杂念，进工如前，又采补百日，又添元炁六十四铢，以应乎临☷，二阳生也，百病普消矣。再进工如前一百日，又添元炁六十四铢，以应乎泰☷，三阳生也。三阳开泰，万孔生春，目明耳聪，步履轻快。再进工一百日，又补元炁六十四铢，以应乎壮☷，四阳生也。工夫到此，肌肤光润，发白返黑。再进工一百日，又补元炁六十四铢，以应乎夬☰，五阳生也。如巨富之家，无处不有金玉，愈加精进。进工百日，又补完元炁三百六十四铢，以夺天地日月精华。一周天之造化，以返乾健之体，故曰“下德为之，其用不休”是也。名曰“肘后飞金晶”。

又曰：“始于有作人难见，及至无为众所知。但见无为之要妙，岂知有作是根基。”《契》云：“瞻理脑，定生玄。”《经》云：“子欲不死修昆仑。”正谓此也。依法如此，筑基炼己，补全乾卦，心如赤子，方可入室下手，而求还丹之道，易于反掌矣。故曰：“屋破修容易，药枯生不难。但知归复法，金宝积如山。”诚哉是言也。

此法壮年，依前岁数而补足。若衰老之人，欲速下手，必须还精补脑，筑固灵基，务要饮食丰美，每日服人乳培根，丸药千日，以致精气神全，方当入室求玉液、金液、坎离乾坤之道，始得玄珠罔象，太乙含真矣。以上口诀，乃筑基返还之功，愿人精勤力行之，何如耳？

除贼操修须知

夫金丹之道，先要炼己纯熟，收拾身心，敛藏神炁，清虚静定，恬淡晦默，柔和顺寂，故神全气盛，七情不动，六根清净，精难摇动，方可求丹。贵乎勤守其一，以处其和，扫尽五贼。五贼者，即眼耳鼻舌意，为天之五贼；色声香味触，为世之五贼；爱欲贪嗔痴，为内之五贼。天之五贼不谨于内，则内之五贼蜂起；世之五贼不除于外，则天之五贼炽生。是以两目为役神之舍，顾瞻视瞩，神常不得离之，眼见色则爱起而贼精。两耳为送神之地，盖百里之音闻于耳，则神随之而去，耳听则欲起而摇精。两鼻为好神之户，鼻闻香则贪起而耗精。舌尝味而神随之，则嗔起而走精。意遇触而神随之，则痴起而损精。大抵忘于目，则神归于鼎，垂帘含光而顾中也。忘于耳，则神归于鼎，闻于内而听乎中也。忘于口鼻，则神归于鼎，而息居于内，绵绵若存，神归炁穴也。合而言之，五贼俱忘，收归鼎内，何患金丹之不结？五者不除，徒劳心力耳。

凡修炼之士，预先建造寰室，选进神日，时合三奇，开休生门，并帝星到室。坐向忌六不成，空亡、荒芜、四废、九空、河魁、勾绞，五不遇。时仍择吉辰，入室遇冬至，前四十九日，斋戒身心，除五味，绝人事忘言。打坐用榆木作椅，床下安雄黄一斤以辟邪，上悬轩辕镜一个，左右剑各一把，背室供东华帝君像，长灯香水祀之。面前不可向空，不可容一物，致心不静，只宜面壁向东，阴阳适中，明暗相半。屋无高，高则阳盛，明多则伤魄；屋无卑，卑则阴盛，暗多则伤魂。四壁皆列窗户，以通日月星辰之炁。遇风则阖，风息则开。太明则下帘以和内，太暗则卷帘以通外。冬不向炉，夏不挥扇。春不观花，秋不食菓。求同心三友，辅弼相扶。预积三年之粮，寻访好善外护，得力之家，付之供奉。不可受人供养，叩头礼拜，投称师父，愈加堕落。倘无余积外护者，苦行于市廛之中，忘言、乞食、打坐，精勤以求之。若不预备衣食，奔走劳心，则道远矣！

凡坐之时，竖起脊骨，不可东倚西靠，以眼观鼻，以鼻对脐，口齿紧闭，舌抵上腭。神守于中，不可灰心枯坐，要有觉有照，不可着意劳神。着意头头错，无为又落空。凡有事来，则速应而去，不可迷滞于心。譬如明镜相似，物来则照，物去不留，光明正大。若念静用柔，心行文火。若念昏用刚，心行武火。惟精惟一，允执中者是也。

若坐到至静至定之中，不省人事，炁息全无，六脉以停。小静一昼夜，中静三日，大静七日，不可疑于坐化，乃是神炁归根复命之际，生药之始，不可惊动，默默守护，待他自醒。若七日之外不醒者，将钟磬在耳边击之，用手作拳，拍其背心，叫名即醒。凡有人来室中，行要轻步，语要低声，闭门不可粗暴，不可叫唤，恐惊元神。选一知心善友，一日三飧，依时供养。热则去衣，寒则加衣，如保婴儿相似。妇女鸡犬不可入室，道友不洁者不可入。凡大小二便，并沐浴，不可对日月星斗，宜暗处向壁土便之。不可裸露，触犯天地，永不希仙。

凡大小便，以目视内，回光返照，勿令睹秽。入室行持之际，必须斋戒，务忌五辛、五味，荤腥酸咸，酒浆茶菜，油腻煎炒，一例戒止。止服新米粥饭，不可太过、不及。厚味令人神昏多睡，味薄自然神清气爽。诗曰："饥生阳火炼阴精，食饱伤神气不伸。止念澄清为日用，夜间少睡自身轻。"此入室下手之功要也。

西江月云：

味厚饱食多睡，睡多梦里迷真。
眼观心动丧元神，耳听灵台不静。
要见本来面目，慧剑割断红尘。
心清意静九阳生，不睡神仙有准。

诗云：

神一出、便收来，神返身中炁自回。
如此朝朝并暮暮，自然赤子产灵胎。

且人身有三昧真火，一火不聚，不能结丹。心为君火，膀胱为相火即臣火，大肠下行之气从肛门奔出者为民火。炼丹须要三昧真火，薰蒸精气，使神交合，方能结丹。惟君臣二火不动，有民火门户不紧，常有走失之患。凡行住坐卧，紧撮谷道，遇有民火张狂奔走之时，须将两目上视顶门，则民火浊者徐徐而出，清者缓缓上升，以炼其谷道，使谷气长存，炼粪如弹丸相似，自然无臭也。

又要明身中三关，使性不变情，为一关；情不变精，为二关；精炁神打成一片，阳火不泄，炁不化精，神不外驰，常守于中，乃内三关也。又耳不妄听，目不妄视，口不妄谈，外三关也。已上口诀，尽注于书，得者勿视为寻常，乃古今不泄之秘宝也。珍之重之！

朝屯暮蒙之图式

上闭耳目口三窍 下闭大小二便门 朝屯暮蒙

上闭耳目口三窍，下闭大小二便。中虚心，即朝屯暮蒙。总而合成风泽、中孚。孚者，信也。致虚之极，守静之笃，一阳发生，即信也。即是“恍恍惚惚，其中有物；杳杳冥冥，其中有精。其精甚真，其中有信”。又云：“不在尘劳，不在山直。”须求到杳冥端，则见天地之心也。

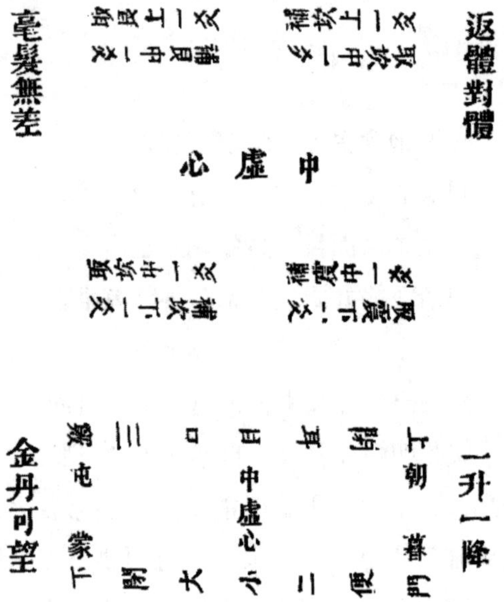

朝屯暮蒙之图式

生庚满甲流戊就己采药结丹图诀[①]

诗曰：日月常加戌，时时见破军。
若知寅甲位，定见龙虎吟。
药返西南觅，火还东北寻。
诀破其中妙，丹成谒太清。

又曰：枢运西南得震甲，符行东北丧其朋。

紫阳云：“天地盈虚自有时，审能消息始知机。由来寅甲申明令，杀尽三尸道可期。”丹经云：“天上分明十二辰，人间分作炼丹程。”十二辰，乃子

① 黄氏观蝶楼藏本《至道心传》本作“炼己定庚甲却魔口诀”。

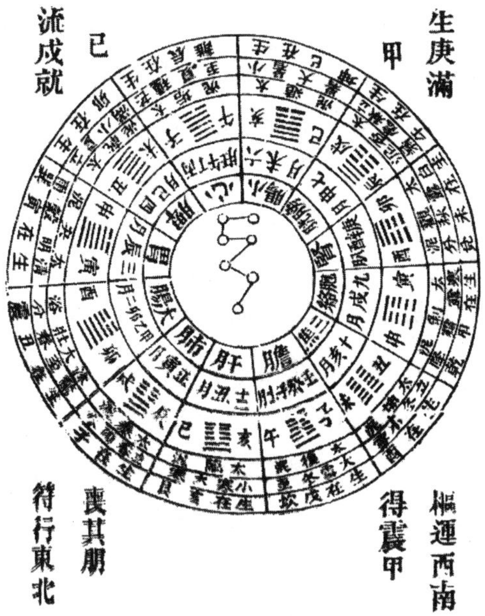

内天罡图

丑寅卯辰巳午未申酉戌亥，即十二雷门也。天以斗柄为推迁，人以玄关为斡运，此乃生天立地之大易，日往月来之要机。阴阳循还，周天运度，无出乎此也。故有对合、相冲之谓，子午相冲，子丑相合；丑未相冲，午未相合；寅申相冲，巳申相合；卯酉相冲，酉辰相合；辰戌相冲，卯戌相合；巳亥相冲，寅亥相合。有冲有合，有返有还，皆一炁往来之动静耳。

凡修大药，一明鼎器，二明药物，三明火候。知此三者，可以下手入室。不知此三要之妙，妄意揣度，欲望成仙，如暗中射垛，呜呼，难之尤难矣！

日月常加戌，时时见破军。盖天之天罡，一昼一夜一周天，不离十二辰中。人之天罡，一昼一夜一周天，亦不离乎十二经络。经曰："雷城十二门，并随天罡之所指。"天罡指丑，其身在未。所指者吉，所在者凶。何也？盖所指之门，生炁已至矣。因何十二辰中，独取辰戌二辰为要者，何也？盖辰为天罡，戌[①]为河魁，天罡主生，河魁主杀，故曰"所指者吉，所在者凶"是也。夫寅戌之义，火生于寅、库于戌、绝于亥、胎于子丑。《易》云："艮者，止也。止而复生也。"药生于申、墓于辰、绝于巳、胎于午未。《易》

① 戌，《道藏辑要》本作"戊"，从《道藏精华》本改。

云：“坤者，复也。复而阳生也。”西南为朋者，在卦属坤，在辰属申巳也、返也、庚申也。东北丧朋者，在卦属艮，在辰属寅戌也、还也、甲寅也。《入药镜》云“穷戊己，定庚申”，是也。

论庚申而不论寅甲者，盖言天干而不言地支，已在其中矣。书云：“要知产药川源处，只在西南是本乡。”此诀须着在时上，乃初起进道炼己降魔之要，始不行此，魔败其功，难入无为之道也。

假如正月建寅，就从寅上起戌，卯上亥，辰上子，巳上丑，午上寅，未上卯，申上辰，为天罡辰上元炁药生之时，即以元神沉于太极[1]，魂好明，使之就下，抱元守一，使阳气不散，名曰“朝屯”，凝化真铅，冲溢周身，流畅百节。太中极，在脐下五寸，督脉之所。复于酉上起巳，戌上起午，亥上未，子上申，丑上酉，寅上得戌，其元炁上升于泥丸。以元神守于泥丸，魄好沉，使之就上，抱守虚无，使元炁不散，化为真铅，故曰暮蒙。

二月建卯，卯上起戌，至申得卯，至辰得酉。木旺在卯，不行火候，只宜守静以候沐浴。沐浴者，初炁已柔，不可扰乱，惟宜涤虑忘机，蛰藏其炁。故心不动而神自清，性不乱而情自逸。神清炁满，性静精凝，炁聚神交，不出不入，非沐浴而何？

三月辰上起戌，至申得寅，至艮得申。寅时守下极，申时守泥丸，依此而神机自现，谨戒杂念，不可忽略也。

四月巳上起戌，至申得丑。丑时守下极，未时守泥丸。

五月午上起戌，至申时得子，守下极；至寅时得午，守泥丸。

六月未上起戌，至申得亥，至艮得巳，亥时守下极，巳时守泥丸。

七月申上起戌，即戌时守下极；至艮得辰，辰时守泥丸。

八月酉上起戌，至寅得卯，又至申得酉，金旺于酉，炁极生水，水源清洁，不可扰乱，故于卯、酉二时，宜当沐浴也。

九月戌上起戌，至寅得寅，寅时守下极；至申得申，申时守泥丸。

十月亥上起戌，至寅得丑，丑时守下极；至申得未，未时守泥丸。

十一月子上起戌，至寅得子，子时守下极；至申得午，午时守泥丸。

十二月丑上起戌，至寅得亥，亥时守下极；至申得巳，巳时守泥丸。

---

① 太极，此处恐宜作“太中极”，因下文有“太中极，在脐下五寸”云云。

以上乃身上元阳真炁所生，依此守之，则真精自朝，元炁自聚，谷神自接，三尸自去，九虫自灭。或行一年、二年，方可入室求药，易如反掌矣。又有一传授云：坤申守绛宫，艮寅守下极也。

内天罡十二经歌

每日寅罡在肺庭，卯时流入大肠停。
辰胃巳脾午心上，未时却入小肠宁。
申属膀胱酉属肾，戌与胞络亥三灵。
子胆丑肝循环转，昼夜周流十二经。

任督二脉图说

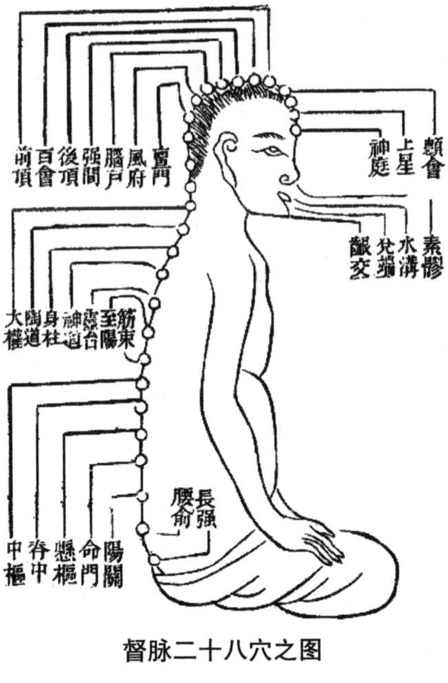

督脉二十八穴之图

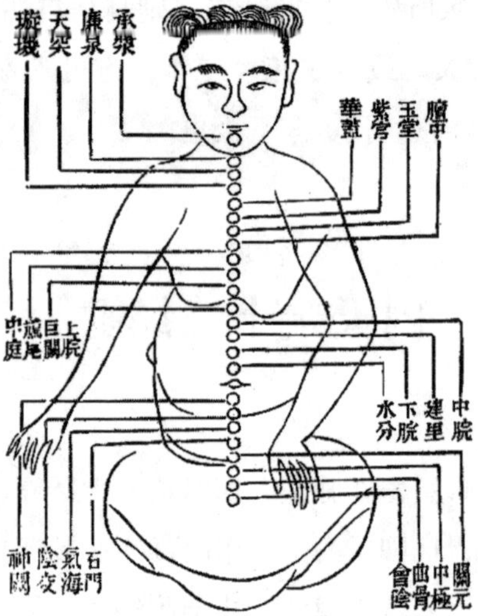

任脉二十四穴之图

任脉起中极之下，以上毛际，循腹里，上关元，至咽喉，贯中升上，从空入脑而住，脉至下牙龈而止（即下齿缝中），属阴脉之海也。

督脉起下极之腧，从脊里，上升[①]风府，入脑上颠，循额至鼻柱，炁至此贯中，从空入喉而降，脉至龈交而止（即上齿缝中），属阳脉之海也。

故齿牙相合，舌柱上腭，交其督、任二脉也。任脉者，女子得以妊养者也；督脉者，督理经脉之海也。

古仙云："鹿运尾闾，通其督脉，故得千年不死；龟纳鼻息，通其任脉，故得延年久寿。"人能通此二脉，则百脉皆通。

《黄庭经》曰："皆由心内运天经，昼夜存之自长生。"天经，乃吾身之黄道，呼吸往来于此，即所谓任、督二脉也。

五品仙说

人禀二仪之气，成四大之形，其间感赋不同，贤愚各异。不揣根器浅深，

① 升，《道藏辑要》《道藏精华》本均作"生"，校者改。

悟性利钝，甫闻片言一语，无纤毫功德，概欲希仙作佛，岂非自诬自欺！

盖仙有五品，天、地、神、人、鬼，第顾遇之迟速从事何如耳。天仙者，屡劫修来，夙具灵根慧性，托生善门，童真入道，至人传示无上一乘，以天地为炉鼎，日月为水火，清净自然，内外丹纯，超出三界，打破樊笼，是乃倚天出天者也。

地仙者，信行必果，志坚离俗，壮年学道，明造化之机，知生物之理，修炼丹药，服饵长生，留形住世，陆地行仙，是乃藉地为地者也。

神仙者，生有仙风道骨，大忠大孝，积功累行，少年慕道，厌居尘俗，入名山福地，炼精化气，炼炁化神，炼神还虚。先修玉液，后炼金丹，阴尽阳纯，超凡入圣，分形化炁，自在逍遥，是乃炼神还神者也。

人仙者，谦恭持己，善与人同，中年晚景，名利无机，对境忘情，运气接命，抽铅添汞，取坎填离，吐纳随时，导引按节，身心安乐，却病延年，是乃借人济人者也。

鬼仙者，性本庸常，不明大道，但执一话头，使心不乱，而得识神触悟为奇，或执斋守戒，身同枯木，心若死灰，定中可出阴神，死后精灵不散，能投胎夺舍，是乃纯阴无阳，终不离鬼趣者也。

学道之士，不执着，不偏倚，升堂入室，由渐而深，至道不远，勤行可到。丹经云："屋破修容易，药枯生不难。但知归复法，金宝积如山。"诚哉是言也。

行住坐卧说

行住坐卧，不离这个。离了这个，便是错过。这个是大道，以持敬为主。敬者，玄学成始成终之妙。以神驭炁，归于炁穴之中，不可须臾离也。隄防睡魔来弄，常要惺惺地以守之。若一念有差，神离腔内，则结丹不成也。

行则指[1]步于坦途

凡行动之间，不可疾奔而走，必须逐步缓慢而行，神顾于中。若走太急，久行伤筋，作丹不能成也。

立则凝神于太虚

凡立停之时，不可放下心意，东思西想，必须以目内视，凝神于天谷、泥丸、大渊之中。若生邪念，则神适气离。久立伤骨，结丹不成也。

坐则调息于绵绵

凡打坐之时，正身端坐，以默为守，以柔为用，知止如愚，知谨如讷，知微如拙，物我两忘。一心守中，返光内照，身不可动，动则虎走、精失、铅飞，神不入炁；一意规中，心不可动，动则龙奔、气散、汞逃，炁不入神。凝神忘形，至于忘忘，然后身心泰定，圣智圆明，慧光虚白，与道为一矣。

夫调息者，始则用意，久则自然，从容和缓，不可息粗，息粗则药飞。盖人之元炁，与天地相似，一吸而天炁下降，一呼而地炁上升。呼至于根，吸至于蒂，呼则龙吟云起，吸则虎啸风生。一呼一吸为一息，炁行一周天，但得一息住，自有一年之节候，使一灵真性与炁相随，呼吸调匀，至于无息，凝成金液，以结黍米之丹也。若顽坐念驰，神离炁散。久坐伤肉，难以

① 指，《道藏精华》本作"止"。

结丹。书云“辛勤二三年，快活千万劫”，是也。

卧则沉神于幽谷

幽谷者，坤腹也。元神昼居于首，夜居于腹，机在二目。凡睡之时，东首而寝，不可仰卧伸足，务如龙之伏蛰，以一手枕头，以一手攀足跟。侧卧曲足，弯腰闭目，内视于炁穴，沉神幽谷之中，一心内守，如鸡抱卵，使惺惺以睡之。若仰卧伸足，张口喘气，神游炁散。久卧伤炁，难以结丹。

务要行住坐卧，念兹在兹，始终如一，方得成就。毫发有差，前功尽弃。书云“耳目口三宝，闭塞勿发通。真人潜深渊，浮游守规中”，是也。

金液还丹直泄天机口诀

凡修炼贵乎忘言守一，忘言炁不散，守一神不出。一者，太极也，西南乡也。其要妙在乎坤、复之交，循环无穷，神潜于坤，即知白守黑，神明自来。坤者，六爻也，即六日也。守静之笃，阴极阳生，六爻之下，复生一阳，即天地七日而来复。何则？铅汞从一所生，一乃五行之始。大衍之数，五十五数，内除五数，以象五行，又除一数，以象太极。太极，即一也。其余数四十有九，分两仪四象以生卦者也。圣仙知一为铅汞，故抱一而修行四十九日，而阳炁复乎五阴之下，一阳萌动，即“地逢雷处见天根”也。盖地支亥数已尽，至子初生复卦。“复，见天地之心乎！”雷在地中复，雷乃刚阳，地乃柔顺，以刚阳在柔阴之下，复号曰先天一炁。得太极静而生阳，专心致志，绝其杂泛之念，以求先天一炁，必须委志归于虚无。盖虚无炁之所生处，故曰“先天一炁自虚无中而来”。虚无者，非虚无寂灭之谓，身居恍惚杳冥之中，六脉俱停，真息自住，混沌大定，则神明自来矣。诀云：“若问先天却也无，后天便要下工夫。”奈何世人染习七情，业累牵缠，成后天之神，非先天之妙也。后天一蒙，则先天之心蔽矣。凡修仙之士，垂帘闭兑，兑者口也，调鼻息，缄舌气，凝耳韵，闭谷道，四象和合，归于虚无，使身、心、意不动，收后天之神，归于造化窟中，与炁交合，时时觉照，刻刻规中，久久纯熟。神归金鼎，玄牝立基，能生真炁，真炁化生真铅，精、炁、神全，其功方应。

小静一百日，中静二百日，大静三百日。先试小静，神光透于帘纬，一钩新月挂于西南之乡，如初三夜月出庚，而金炁初现也。坎中一点热气，上冲心主，以意顺下，穿尾闾，由黄道，过玉枕，上泥丸，游九宫，自上腭而下。初则温炁而降，沥沥然淋水之状，香似醍醐，味如甘露，以目送之，以意迎之，入于鼎内，畅于四肢，美在其中矣，乃小坎离交姤之妙。

至此方知静默有功，愈加决烈，愈倍前功，静之又静。中静一至，入于无何有之乡，日月停景，璇玑不行，杳冥混沌，天根机动，坤宫如震雷之声，腹中如裂帛之响，膀胱火热，两肾汤煎。以神息沉归海底，轻轻然运，冲透三关；真炁如迅雷烈火，默默然举，周流六虚。忽然飞上泥丸，月窟风生，眉中涌出圆光，化生玉液，如冰片之美，如薄荷之凉，降下重楼，送归土釜，即二候得药。默运周天，子行阳火二百一十六，得铅八两；午退阴符一百四十四，炼汞半斤。周天数足，即四候别有妙用。当此之时，精神如夫妇欢合，魂魄若子母留恋，以一意守之，名曰“情来归性初，乃得称还丹”，大坎离交姤、玉液还丹之妙。循环无端，周而复始，运行不息。今时玉液入鼎，来日玉液依时复生，运用同初，前功无间，美哉景也，不可殚述，自然而然，吾莫知所以然也。

工夫至此，九窍如法固济，愈加精进，六根大定，夺尽天地劫运大数，方得天地七日来复。大静一至，恍惚杳冥之中，但见月出庚象，渐渐生圆，悬于中天，须臾涌出太阳红光，升入月中，与月交会，成一圆明红光，即真铅真汞，日月合璧之妙。即以鼻吸红光，便是神潜虚危之穴。鼓动巽风，方得二炁交感于黄道，三华混一于元宫，金木自然交并，龙虎自然降伏，不时天地清朗，四无云翳，惟见规中现一黍米之珠，悬于北海之中，光明烜赫。默运周天，火符数足，金液流酥，形如黍米，升上泥丸，状若冰珠，忽然一点落于土釜之中，乃乾坤交姤之妙也。众机由此而定，幻化由此而定，千百万亿之洪劫，咸由乎一黍之萌生。斯黍也，厥大渐星，厥色渐赭，惟定以机，机由我立，化由机生，一机万化，信乎罔象之黍珠而变有象之真也。《契》云："金砂入五内，雾散若风云。熏蒸达四肢，颜色悦泽好。"

得此金液附体，十月火功不缺，息息归根，绵绵不绝，如鸡抱卵，如龙养珠，念兹在兹。念不可起，念起则火炎；意不可散，意散则火冷。但使无过不及，操舍得中，日行二卦，朝屯暮蒙。故曰："火候六百遍，遍遍相似遇。"有丹火发热，存眉中有一黑毬真水，收入鼎中，其热自退。十月满足，婴儿显象，移神换鼎，调神出壳，次第行之，圣胎显化，其妙无穷矣。

身中证验

静中忽然鼻闻异香，舌涌甘泉，上见天堂，下见地狱，顶上红霞旋绕，眼中精明电掣，耳听仙音，鼻流玉柱，或见龙虎交泰，日月交合；或见脏腑洞彻，金光罩体；或寒泉下降口中，即便咽下丹穴，不可吐，即丹也；或肾堂真炁发生，上透泥丸，下至涌泉，耳听千千战鼓，万万雷声，如狂风揭地，上下通红，周天火发，遍身疼痛，透骨穿筋，四肢八脉，遍体流行，脑如斧劈，骨如破碎；或迷三五日，不醒人事；或听天人语，心地大开，地理山河，如同指掌，知天文地理，明过去未来，毫光满室，异香四达。忽然一性跳出形体之外，便嫌四大臭秽，乃出神之兆，急急收回。演习千日，神通自在。一日百飧不饱，百日不食不饥，饮酒不醉，寒暑不侵。如见以上证验，愈要精进加工，直超无上之域矣。

阳神出演口诀

自古仙圣出神，别无妙诀，即我之元神，得金液点化，温养十月，炁足神灵，脱胎自出，身外有身，光烛九天，聚则成形，散则成炁。阴神不能分身化形，阳神可以万亿化身，隐显莫测，变化无穷，步日月无影，入金石无碍。千里万里，顷刻即至；过去未来，一一皆知，所谓“圣而不可知之谓神”也。

顶门初开，如大斧劈脑，切勿惊骇。选黄道吉辰，天无云翳，四气清朗，向开、休、生三方而出。初出须左右盘旋，回顾神室。九九数足，方布身中五脏五芽之炁，列于空中，化为五色祥云，将神升腾，射入祥云之中。时见天魔外道，百般景色，引诱吾神。若是着他一去不回，入于天魔之内，止于坐化而已。专以一意守定阳神，金光为主，其前景象，隐隐自退。即将元神提回中宫，混合复出，立现于前，与自己形相无异，便不可轻放，而回顾自己尸壳，犹如粪土，秽污可憎。即复提回神室，待往来纯熟，始出一步，复回中宫，演习九九之数。又至二步，复回复出，九九数。至二步、四步、五步、十步，至百步复回，九九数。至一里、三里、五里、十里、百里、千里、万里，亦如前演习纯熟。一年五载，方入洞府，炼神还虚。

炼神还虚

三年演神纯熟后，将阳神收入泥丸神室。不饥不渴，无寒无暑，超出三界，脱离五行，忘神合虚，阳神入于无象，止见一光明境界，神与太虚同体，日月同明，宇宙在手，万化从心。吾之神炁，充塞乾坤，无往不周，上下一天，瞬息万里，大地山河，举目遍照，飘然太空之云，荡然四海之舟，独超物表。万神一神，万炁一炁，在在处处，皆我之神，聚成形、散成炁，乃万劫不坏之金身也。所谓“千江有水千江月，万里无云万里天。”噫！千圣觅踪寻不得，全身隐在太虚中。若不忘神合虚，止可出百千神耳，焉能周遍宇宙哉?

入室魔境

入室静极之时，本身魂魄、三部八真、脏腑诸神，变化作妖，或见红蛇来，或见西王母，或见仙人玉女作乐万端，或见长幡宝盖、天书来迎，或见龙车凤辇、千乘万骑，或天魔化作父母、妻子来试，或邪神变为奇形异状来引己上魔境，不可具陈。

切勿理他，一心守定，其魔自消。忽然踊跃，自歌自舞，口发狂言，题诗作赋；或谈玄说妙，或喜笑悲哀，是乃三尸之所使也。若不禁止，前工尽废。或见老翁乘鹿来呼，或见两女相携来语，或一日身体倦怠，胸膈刺胀，吐血数碗，不得为虑，乃是自幼用力，劳伤心血也，吐出此血，宿疾普消。或两胁如锥刺、六腑如裂帛，或二便出恶臭异物，九窍出秽脓血，乃胎毒恶结，待他去完，换尽阴滓，然后变为异香，以作仙体。或眼出毒难开，以人乳点洗，用十四岁童女每日以舌舐之，且元神易出，女亦得仙。或身体蒸热，迷闷不省，百节疾痛如碎，周身大汗如雨，不得为怪，乃真超脱也。或三田补满，外肾时举不散，即便以左手中指点住阴跻穴，右手拿捉玉茎外肾，提上关元，紧撮谷道，竖起脊骨，送上泥丸，二目上视顶门，以眼旋转三十六次，得阳散方止。

此最上一乘至道心传，乃万世不易之仙学也。学者勉之哉！

仙翁培根丸方①

何首乌，五斤，用米泔水浸三日，取起。竹刀切成片，方用黑豆九升，分九次，每次用一升，煮汁。去豆不用，止用豆汁。加胶枣一斤，入柳木甑蒸熟，取出，去枣不用。又用人乳拌匀，晒干。仍用黑豆一升，煮汁。去豆，只用汁，与枣同和何首乌拌匀。又蒸熟，去枣。仍用黑豆一升，煮。仍用人乳，又拌匀，又晒干。如此，九蒸九晒完，取起为末，听用。

鹿角霜三斤	莲肉	山药	人参去皮	五味子
天门冬去心	麦门冬去心	陈皮去白	白术炒	芡实
黄柏盐水炒	破故纸炒	柏子仁	胡桃仁	胡麻仁

① 以下内容，俱据黄氏观蝶楼藏本《至道心传》增补。

九节菖蒲	仙芽远志去心	生地黄	熟地黄	枸杞
肉苁蓉	当归	菟丝子	巴戟天去心	沙蒺藜
川牛膝以上九味，酒浸		桑椹子	川椒去目	以上各四两
黄精一斤，九蒸九晒		锁阳一两	升麻一两	

外白茯苓、白茯神，共二斤，去粗皮、丝，为末。磁盘盛之。每日取人乳拌溼，露之三七日足。以上共为细末，炼蜜为丸，梧桐子大，瓷罐盛之。每日空心，睡时，服一百二十丸。人乳对无灰酒，乘热送下。凡人过四十，不可一日无补药。若年及六十，服此药，固精千日，方可入室求丹。但犯五辛三厌者，修仙不可服之。服之污秽，身中三部八景之神，令人身重矣。

仙翁升天诏书

仙童玉女，飞天神王。捧持玉诏，下降坛所。仙翁执简长跪面天门，听宣诏曰：

敕无上学仙弟子、灵宝经箓大法宗师葛玄，久专至道，善养胎精，演真经，祭炼于沉魂；集仙典，开明于后学，可谓阴功济世，名隶玉都，身归天界，可特赐子位为太上玉京太极左宫仙公，总统三界六天大魔王之职，主行三洞四辅经箓事，可于甲子岁八月十五日午时飞升，径赴阙廷，仍赐玉函、金丹、仙衣等。太上诏命，承天帝敕书，依法启迎，一如三天旧典，敕。

仙翁望天门再拜。受诏讫，遂与弟子、乡朋，分别于东峰之侧。登着衣台，披离罗之服，头顶芙蓉之冠，项负圆光，手执玉简，经诏玉佩鸣珂，坐八景琅舆，霓旌绛节，前后导从，仙童玉女，左右卫迎，祥云白鹤，盘绕空碧，冉冉而升，弟子乡朋，攀恋哀告不已，望求开示。于是，暂停仙驾，赋五言三篇，付与乡朋，开悟方来。

第一歌

真人昔遗教，悯念孤痴子。躄邪不自修，祸乱由斯起。

身随朝露晞，悔恨何时已。罪大不可称，流毒将谁理。
冥冥未出期，劫尽方当止。转轮贫贱家，仍复为役使。
四体或不完，蹩躠行乞市。不知积罪愆，怨天神不恃。
大道常无为，弘之由善始。吾今获轻举，修行立功尔。
三界尽稽首，从容紫宫里。停驾虚无中，人生若流水。
临别属素翰，粗标灵妙记。

第二歌

我今便升天，愍念诸英雄。大道体虚无，寂寂中有精。
视之若冥昧，窈窈中昭明。莫言道虚诞，所患不至诚。
奚不登名山，诵之洞真经。一讽而一咏，玄音彻太清。
太上辉金容，众仙齐举声。十方散香花，燔烟梅檀馨。
皇娥奏九韶，鸾凤谐和鸣。龙驾翳空迎，华盖耀杳冥。
翛向劫仞台，帝释倏降庭。八王捧丹液，挹软身腾轻。
逍遥有无间，流浪绝形名。神童侠侍侧，自然朝万灵。
飘飘八景舆，游宴向玉景。七祖升福堂，先亡悉超生。
王侯能笃信，必为天下贞。大人体至德，一切蒙其成。

第三歌

散诞游山水，吐纳和灵津。竦风同希夷，静咏道德篇。
至心宗玄一，冥感今乃宣。飞驾御九龙，飘飘乘紫烟。
华景耀空衢，红云拥帝前。暂迁蓬莱宫，倏忽已宾天。
伟伟众真会，渺渺凌重玄。体固无终劫，金颜随日鲜。
欢乐忘上境，悲念一切人。谁能无死坏，结是冥中缘。
悠悠成至道，无有入无间。微妙良难测，智者谓我贤。
若能弘众妙，轻举升神仙。

第十一编　仙学真诠

邗上元同子

〔提要〕《真诠》，又名《仙学真诠》。萧天石先生对本书评价极高，云："《仙学真诠》一书，为丹经之最简要精微，而又条理粲然，使人易入、易悟、易修者。其所言无一莫非最上一乘之修真大道。一般言丹道者之通病，非失之于乖谬空疏，即失之于玄幽渺冥；非落入于诡谲怪异，即落入于旁门小术。斯编则绝无此病，本末兼赅，体用咸宜。贤者可识其深，不贤者可识其浅。无论上智下愚，循之以修，既可以之守约入道，亦可以之养生尽年，并可以之立超圣域，故元同子称为丹经之最。非具人天眼目者，曷能语此！""神仙之学，以文始派最高，以少阳派最大。本书则兼二派之长，取精撷华，删繁去芜，全从上乘大道与上乘功夫切要指点。且尽扫铅汞、龙虎之假借，直指心源，徹明性地，字字金言，无半句浮词泛语。简而能博，要而能详，万卷丹经，其修为精妙处，尽备于斯矣。""本书著者，于最后并举出修炼精化气、炼气化神、炼神还虚三关功夫，自有为入无为者为渐法，迳修无为而自有为者为顿法。亦即是说，先修下二关以达上一关者为渐法，只修上一关以兼下二关者为顿法，故迳修炼神还虚功夫，即可直透三关，顿超仙域，欛柄在手，命由我造。此为最简易直捷之道诀，言前人之所未及言者。修真之士，如能善体斯言，并贯通全书要旨，而为会心之涵泳，切身做下去，自能体得此中三昧，无须再寻名师讨口诀也。"

然而明伍冲虚对《真诠》颇有微词，在《仙佛合宗·或问十三条》中云："若不明宗旨，唯蹈袭古人几句糟粒旧说，惑世坑人者，元太虚、阳葆真之作《直议真诠》，尹蓬头之作《万神圭丹》等书是也。……唯是似是而非者，最害人之深。不知道者，信其为道，余则见其非道，每欲为众辟其邪说而未及。兹因周友携至，命之评阅。余因得以所欲言，数彼之妄，令后贤不堕其坑阱，是所愿也！”徐海印在《天乐集》卷十六《道室随笔》中也批评云：“阳葆真《真诠》一书，真伪不分，瑕瑜莫辨，初学未具择法眼，往往弃黄金而取瓦砾，宝鱼目而掷摩尼，贻害非浅，故可不必购阅。”故请读者独具只眼阅读之。

《真诠》收入《道藏辑要》鬼集，题名“葆真子阳道生传本、守纲道人彭定求校正”。萧天石《道藏精华》第四集之二亦收录了本书，作《仙学真诠》，题名“邗上元同子”，书末记“板藏葑溪彭第”，该本当系彭定求原刻本，故依之以为点校底本。该本书名所题“仙学”二字，疑系萧天石先生所增补。

《仙学真诠》小引

先君早岁，得《真诠》一书，奉为养生正宗，精神渐旺。定当总丱，即蒙指示。洎先君晚年，复题简端曰：“平生阅历四方，丹术甚夥，迷谬错出，不如此书，洁净精微，可以守约。”自得丁宁切挚，留藏箧衍。岁月荏苒，楮墨模糊，恐日久失传，因重梓之，以承先君遗志，愿与识者共证焉！

康熙庚寅（1710年）孟冬朔咏真山人彭定求识

《仙学真诠》引

神仙之说，养生者所必用也，然其道有二。《文始经》曰：“能见精神而久生，能忘精神而超生。”盖忘精神者，虚极静笃，而精自然化炁，炁自然化神，神自然还虚，此虚无大道之学也。见精神者，虚静以为本，火符以为用，炼精成炁，炼炁成神，炼神还虚，此以神驭炁之术也。学虚无大道者，虽不著于精炁，然与道合真，神形俱妙，有无隐显，变化莫测，其寿无量，是了性而自了命者也。举上而兼下也，以神驭炁，则著于精炁矣。然保毓元和，运行不息，冲和之至，熏蒸融液，亦能使形合于神，长生不死，乃了命而性因以存也，自下而做向上去者也。此二端，虽大小不同，而皆有益于人，养生者所宜用，非旁门小术，劳而无成者比。予所闻于葆真子者如此，其所留《真诠》，予旧尝删节之矣，然犹病其多。今重为订正，撮其要旨，置之凡案，时自考览，为精进之助，亦以比于三年之艾云。

邗上元同子桑乔子木甫

嘉靖三十五年丙辰（1556 年）秋九月望旦

遇真记

予卧病九江西林寺，有黄冠来憩宇下，漫就之，察其气象，似有道者，问其年八十九矣。其生天顺之六年①，其祠薄则成化七年②所给也。然丰神磊落，四十许人，种发被耳，未尽皤。

问其名，曰："葆真子阳道生也。"

予曰："先生之齿长矣，而其神观不衰意者，有长生久视之道乎？长生久视可学乎？"

葆真子曰："君之貌类儒者，亦知孟子之言乎？曰夭寿不二，修身以俟之，所以立命也。夫修身，讵有外于存心养性耶？存心养性，则能立命。立命者，造化在我，长生乌足以尽之。故凡求长生者，皆以夭寿二其心者也。"

予愕然曰："孟子之言则然矣，然玄宗之所谓学天仙者非欤？"

葆真子曰："皆人也，皆冠、皆履、皆行、皆止、皆默、皆语、皆生、皆死，而独曰仙，是有以异乎人也。皆仙也，而独曰天仙，是有以同乎天也。天者，尊而无上，神而莫测者也。心天之心，必复其性之初。不复其性之初，则汨于情之末。复性所以之天，汨情所以之人。之人也者，犹夫人也。凡吾之所存，无以甚异于人，而乃欲超乎人，其于天未有万分之一相应也。而曰我烹我铅，我炼我汞，天仙矣，不亦谬乎？《阴符经》曰：'观天之道，执天之行。'天道者，天心也。夫能心天之心，然后能行天之行，《中庸》之能尽其性，则可与天地参。子儒者，曷不蹈之！"

予曰："即如子所云，玄宗奈何以养性为孤阴，而谓其无成？"

葆真子曰："此非知道之言也。性，即道也。阴阳，气也。二俱不离，亦

---

① 天顺六年，1462 年。

② 成化七年，1471 年。

不杂。谓性为孤阴，是以气语道也。且性也者，无极之真，太虚之灵，二五之精。天之灵为上帝，其次为日月星辰；地之灵为后土，其次为社；山之灵为山神，水之灵为水神，草木昆虫之灵为草木昆虫之神，人之灵独异乎哉？而曰孤阴，是不见性者也。故曰：非知道之语也。”

予曰：“然则奚为而可？”

葆真子曰：“子独察夫子之用心，其同乎人者，几其同乎天者，几去其人就其天心，无不天乃所以为真人。人之至于真也，斯可语于天仙矣。”

予不觉爽然自失，匍匐起，再拜之曰：“先生殆非黄冠者流也，予今乃知玄宗之的云。”

葆真子曰：“此即道生之说也。道生受诸太虚，太虚受诸寥阳，寥阳受诸洞真，洞真受诸云峰，云峰受诸长春，长春受诸重阳。”

又曰：“吾有《真诠》二卷，《卮谈》一卷，子试观之。翌日吾且之庐山，观天池，返乃就女取书以行。”遂行，挽之不可。

予慎藏其书以俟，然竟不返。嗟夫！予不识葆真子之果为何如人也。今其书具存，予措其抱斯懿而下显于世，故为之删润而传之。

元同子桑乔子木甫记

嘉靖辛亥岁（1527年）八月一日

《仙学真诠》上

按：《修仙辨惑论》上品丹法，《中和集》最上一乘，与《指玄篇》白云虚无、黄芽圆觉之说，似皆知虚无大道之妙，但见地不彻，想像凑合，上攀性学，无能纯至，下恋命宗，诸喻不能割舍，二俱失之矣。虚无大道，岂容有一毫夹杂哉？

忘精神而超生之道

道诠

极玄宗旨

赵古蟾《心书》曰："三教之道，同一心地法门。修仙者，修此而已，舍此而他求，皆旁蹊曲径，苦己劳形，终无所成。夫心，先天地而独存，历事变而不朽，先际无始，后际无终，廓彻圆通，灵明虚湛，所谓体也。感而遂通，遍周沙界，所谓用也。造用无方，灵变莫测，所谓神也。"又曰："神者，性也。"

按：张紫阳《悟真篇·后序》曰："欲免患者，莫若体夫至道；欲体至道，莫若明夫本心。人能察[①]心观性，则圆明之体自现，无为之用自成，不假施功，顿超彼岸。"又曰："奈何此道至妙至微，世人根性迷钝，执其有身，恶死悦生，卒难了悟。黄老悲其贪著，乃以修生之术，顺其所欲，渐次导之。"紫阳此言，未尝不以虚无大道为极致也。今人不此之务，而汲汲于烹铅炼汞，何哉？

淘炼功夫

李清庵《道德经会元》曰："夫道，始于无始，名于无名，拟议即乖，开口即错。设[②]若可道，道是甚么？既不可道，何以见道？毕竟如何即是，须索向二六时中，兴居服食处，回头转脑处，校勘这个巍巍地、活泼泼地、不与诸缘作对底，是个甚么？校勘来，校勘去，校勘到校勘不得处，忽然摸著鼻孔，通身汗下，方知道这个原是自家有的，自历劫以来不曾变。"

此是了心之功，最简易，最直捷。

① 察，底本作"豖"，据《悟真篇》改。

② 设，底本作"说"，据李道纯《道德会元》改。

“德之一字，亦是强名，不可得而形容，不可得而执持。凡有施设，积功累行，便是不德也。只恁么不修习，不用功，死灰槁木，待德之自来，终身无德矣。信得及的，便把从前学解见知，声闻缘觉，一切掀倒，向平常践履处，把个‘损’字来受用，损之又损，损来损去，损到损不得处，自然玄德昭著，方信无为之有益。”

此是治行之功。凡修行，须行解相应。若专务校勘，而业习不除，终难入道。马丹阳曰：“至道虽无修无证，尘心要日损日消。”

司马子微《坐忘论》曰：“第一，断缘简事。断缘者，断世事之攀缘也。弃事则形不劳，无为则心自安。恬简日就，尘累日薄，迹弥远俗，心弥近道。或显德露能，求人保己；或遗问庆弔，以事往还；或假修隐逸，惟希升进；或酒食邀致，以望后恩。斯并巧运机心，以干时利，深妨正业，皆应绝之。我但不唱，彼自不和，彼虽有唱，我不和之，旧缘渐断，新缘莫结。”

“修道之人，莫若简事。知其闲要，识其轻重，明其去取，非要非重，皆应绝之。犹人食有酒肉，衣有罗绮，身有名位，财有金玉，此并情欲之余好，非益生之良药，众皆徇之，自致亡败，何迷之甚也。”

“第二，治心。夫心者，一身之主，百神之帅，静则生慧，动则成昏。所以学道之初，须要安坐，收心离境，心无所有，因住不所有，不著一物，自入虚无，心乃合道。”

“原其心体，以道为本。但为心神受染，蒙蔽渐深，流浪日久，遂与道隔。若净除心垢，开识神本，名曰修道；无复流浪，与道冥合，安在道中，名曰归根；守根不离，名曰静定。日久病消命复，复而又续，自得知常。知则无所昧，常则无所变，出离生死，实由于此。”

“夫欲修真，先去邪僻之行。外事都绝，无以干心，然后内观正觉。觉一念起，即须除灭，随起随灭，务令安静。其次虽非的有贪著，浮游乱想，亦尽灭除，昼夜勤行，须臾不替。惟灭动心，不灭照心；但冥有心，不冥虚心。不依一法，而心常住。法道安心，贵无所著。若执心住空，还是有所，非谓无所。凡住有所，则令心劳，既不合理，又反成病。但心不住物，又得不动，此是真定正基。用此为定，心气调和，久益轻爽，以此为验，则邪正知矣。”

“定心之上，豁然无覆；定心之下，旷然无基。除乱而不灭照，守静而不著空，行之有常，自得真见。”

“凡心躁静，其来固久；依戒息心，其事甚难。或息之而不得，或暂得而还失，去留交战，百体汗流，久久柔软，方乃调熟。勿以暂收不得，遂废平生之业。”

“少得静已，则行住坐卧之时，涉事喧阓之处，皆须作意安之。有事无事，常若无心；处静处喧，其志唯一。”

“此心由来依境，未惯独立，乍无所托，难以自安，纵得暂安，还复散乱。随起随制，务令不动，久久调和驯熟，自得安闲。无问昼夜，行住坐卧，及应事之时，常须作意安之。若心得定，即须安养，莫有恼触。少得安闲，即堪自乐。渐渐驯狎，惟益清远。”

“如有时事，或然生疑者，且任思量，令事得济，所疑复悟，此亦生慧。正根悟已则止，必莫有思，思则以智害性，为子伤本。虽聘一时之俊，终亏万代之业。”

“若烦邪乱想，随觉则除；若闻毁誉善恶等事，皆即拨去，莫将心受。受之则心满，心满则道无所居。所有闻见，如不闻见，即是非善恶，不入于心，心不受外，名曰虚心。心不逐外，名曰安心。心安而虚，道自来居。”

“内心既无所著，外行亦无所为，非净非秽，故毁誉无从生；非智非愚，故利害无由挠。实则顺中为常，权则与时消息。苟免诸累，是其智也。”

“若束心太急，则又成疾，气发狂痴。心若不动，又须放任，宽急得中，常自调适。若非时非事，役思强为者，自为不著，终非真学。何耶？心如眼也，纤毫入眼，眼则不安。小事关心，心必动乱。既有动病，难入定门。是故修道之要，急在除病，病若不除，终难得定。有如良田，荆棘未除，虽下种子，嘉苗不茂。爱欲思虑，是心荆棘，若不除剪，定慧不生。”

“若心起皆灭，不闻[①]是非，永断觉知，入于忘定。若任心所起，一无收制，则与凡夫元来不别。若惟断善恶，心无指归，肆意浮游，待自定者，徒自误尔。若遍行诸事，言心无所染者，于言甚善，于行极非，真学之流，特宜戒此。”

“有心至道者，深生信慕，依戒修行，在终如始，乃得真道。”

---

① 闻，底本作“简”，校改。

"第三，真观。夫真观者，智士之先觉，能人之善察也。一餐一寐，俱为损益之源；一行一言，堪作祸福之本。虽则巧持其末，不如拙守其本，观本知末，又非躁竞之情，是故收心简事，日损有为，体静心闲，方可观妙。"

"修道之身，必资衣食。事有不可废，物有不可弃者，须当虚襟以受之，明目而当之，勿以为妨，心生烦躁。若因事烦躁者，心病已动，何名安心？"

又曰："虽有营求之事，莫生得失之心，有事无事，心常安泰。与物同求，而不同贪；与物同得，而不同积。不贪故无忧，不积故无失。迹每同人，心常异俗。此实行之宗要，可力为之。"

"前虽断缘简事，若病有难除者，但依法观之。如色病重者，当知染色都由想尔，想若不生，终无色事。当知色想，外空色心，内忘妄想，心空谁为色主？经云'色者想尔'，想悉是空，何关色也？"

"若见他人为恶，心生嫌恶者，犹如见人自刎，而乃引他刀以自割其颈也。他自为恶，不遣我当，何故引取他恶，以为己病？故见为恶者不须嫌，为善者不须慕。何以然耶？同障道故。"（此言本体与他人之善恶无与非以好恶真心，为可泯灭也。）

"业由我造，命由天赋。业之与命，犹影响之逐形声，既不可逃，又不可怨，惟有智者善而达之，乐天知命故不忧，何贫病之苦也？《庄》云：'业入而不可舍。'经云：'天地不能改其操，阴阳不能回其业。'由此言之，真命也，有何怨焉？又如勇士逢贼，无所畏惧，挥剑当前，群寇皆溃，功勋一立，荣禄终身。今有贫病，恼乱我身，则寇贼也；我有正心，则勇士也；用智观察，则挥剑也；恼累消除，则战胜也；湛然常乐，则荣禄也。凡有苦事，来迫我心，不以此观而生忧累，如人逢贼，不立功勋，弃甲背军，逃亡获罪，去乐就苦，何足悯哉？"

"贫病交苦者，当观此苦，由有我身。若无我身，患无所托。"

"第四，泰定。无心于定，而无所不定，名曰泰定。"

"制而无著，放而不逸，处喧无恶，涉事无恼者，真定也。不以涉事无恼，故求多事，不以处喧无恶，故来就喧，以无著为真常，以有事为应迹。"

"第五，发慧。《庄》云：'宇泰定者，发乎天光。'心为道宇，虚静至极，则道居而慧生。慧出本性，非是今有。但以贪爱浊乱，遂至昏迷，澡雪柔埏，复归纯静，本真神识，稍稍自明，非谓今时，别生他慧。"

“慧既已生，宝而怀之，勿以多智，而伤于定。非生慧难，慧而不用难。自古忘形者众，忘名者寡，慧而不用，是忘名也。”

“慧而不用，为无道过，故得深证真常。又曰：慧而不用，益资定慧。”

“善巧方便，惟能入定。发慧迟速，则不由人，勿于定中，急急求慧。求慧则伤定，伤定则无慧。不求慧而慧自生，此真慧也。”

“慧能知道，非得道也。《庄》云：‘古之知道者，以恬养智。’智生而无以智为也，谓之以智养恬。智与恬交相养，而和理出。恬与智，定慧也。和理，道德也。有智不用，而安其恬，积久自成道德。”

“第六，得道。山有玉，草木以之不凋。人怀道，形体以之永固。资熏日久，变质同神，炼神入微，与道冥一。智照无边，形超靡极，总色空而为用，合[①]造化以成功。真应无方，其惟道德。道有深力，徐易形神，形随道通，与神合一，谓之神人。神性虚融，体无变灭，形与道同，故无生死。隐则形同于神，显则神同于气。所以蹈水火而无害，对日月而无影，疾雷破山而不惊，白刃交前而不惧，视名利如过隙，知生死如溃痈，存亡在已，出入无间，身为滓质，犹至虚妙，况其灵智益深益远乎？《生神经》云：‘身神并一，则为真身。’《西升经》云：‘形神合同，故能长久。’”

“虚无之道，力有浅深。深则兼被于形，浅则惟及于心。被形者，神人也；及心者，但得慧觉。而身不免谢，何者？慧是心用，用多则心劳。初得少慧，悦而多辩，神气漏泄，无灵光润身，遂致早终。经云‘尸解’，此之谓也。是故大人含光藏辉，以期全备。凝神宝气，学道无心，神与道合，谓之得道。”

“得道之人，身心有五时七候。心有五时者：一、动多静少；二、动静相半；三、静多动少；四、无事则静，事触还动；五、心与道合，触而不动。心至此地，始得安乐，罪垢灭尽，无复烦恼。身有七候者：一、举动顺时，容色和悦；二、宿疾并消，身心轻爽；三、填补夭伤，还原复命；四、延数千岁，名曰仙人；五、炼形为气，名曰真人；六、炼气成形，名曰神人；七、炼神合道，名曰至人。虽久学定，心身无五时七候者，促龄秽质，色谢归空，自云慧觉，复称成道，实所未然，可谓谬矣。”

---

①合，底本作“含”，据《坐忘论》改。

司马所言事心之功，始终完备，条理精密，虽不如前二段之直捷，然循而行之，即入胜定，且无一言及于铅汞龙虎，见趣尤为卓越，岂惟羽流所当宗，亦吾人事心所不可阙也。

王栖云《盘山语录》曰："修行之人，当立决定志，时时刻刻，精进炼心，不预未来，不可内存胜心，便望超脱。"

"修行之人，当观此身，如死囚之入市，步步近死所，以死为念，事事拼割，虽有境物纷华，周匝围绕，目无所见，耳无所闻，念念尽忘，此身亦舍，何况其他，以此炼心，故见功疾。"

"修行之人，每在动处静处，一切境界里，行住坐卧，念念在道，逢魔不变，遇害不迁。安稳处亦如此，险巇处亦如此，弃此一身，更无回顾，精进直前，生死不惧，便是个有志底人也。"（以上言立志。）

"初学修炼心地，把从来私情眷恋，图谋计较，前思后算，坑人陷人底心，一刀两段著，又把所著底酒色财气、是非人我、攀缘爱念、私心、邪心、利心、欲心，一一罢尽。外无所累，则身轻快；内无染著，则心轻快。内外轻快，久久纯熟，自无妄念。更时时刻刻，护持照顾，慎言语，节饮食，省睡眠，表里相助，尘垢净尽，一物不留，他时自然显露，自己本命元辰，受用自在，便是个无上道人也。"

"修行人，把自己从来心上，染习得偏重底念虑著工夫，用气力锻炼割舍去，乃至此身限到也要舍，况在心里底俱是虚妄，一一除尽，便无烦恼碍也。"

"身外一切事物，不足留心。眼前来往，与蚊虫相似，拂去则快，便自心上难遣底遣去者，那里便是轮回种子。"

"二六时中，理会自己心地，看念虑生时，是邪是正，邪念则便泯灭著，正念则当用著。"

"不论昼夜，时时刻刻，动里静里，把这一片顽心，裂教粉碎去。"

"随过即追，追之又追，以至丝毫不存，本源清净。丝毫之过必除，细微之功必积。一斩齐断，一念真常，永劫绵绵，乃无变坏。"（以上言治心。）

"若在万事万尘境界里面，来去缠缚，虽相应和，要自作得主，不一向逐他去，如护眼睛，但有纤尘，合眼不受，如此保护，久久见功。但心有受，便被他引将去，便作主不得。"

"物来要识破，境来要应过。应过一番，便同应过一举。"

“修行之人，炼心应事，内先有主，自在安和，外应于事，百发百中，粉骨碎身，惟心莫动，至如何者为先，何者为后，俱是假物，有甚定体？心要死，机要活，只据目前紧处应将去，平平稳稳，不动不昧，所谓‘常应常静’也。”

“修行之人，外缘虽假，不可不应，应而无我，心体虚空，事来无碍，则虚空不碍万事，万事不碍虚空，如天地间万象万物，皆自动作，俱无障碍。若心存我相，事来必对，便有触拨，急过不得，筑著磕著，便动自心，自心既动，平稳不得。虽作苦终日，劳而无功也。”

“居大众中，及有作务，专防自心，不可易动，常搜己过，莫管他非。”（以上言应事。）

栖云所言，刚果决烈，直下一刀两断，大修行人，事心当如是。若不奋决定志，厉刚果气，只恁悠悠度日，是人虽曰修道，而抖擞不下，摆脱不得，终为妄缘缠绕，流入情见，生死轮转不停，道不可得而成矣。

《清静经》曰：“内观其心，心无其心。外观其形，形无其形。远观其物，物无其物。三者既悟，惟见于空。”

洞真子曰：“此遣‘有’归‘空’之事。凡人内而心上有许多攀缘妄想，外而形上有许多荣辱利害，远而一切物上有许多贪求染著，分之则为三件，总之只是著了一个‘有’，所以古仙教人修行，须先去‘有’。若不著在‘有’上，自然是空。心无其心者，一切妄想攀缘，经营算计，皆是虚幻，并无实性，从幻缘起，亦从幻缘消，觅个真实处，了不可得，故曰‘心无其心’也。形无其形，物无其物者，形与物不久败坏，终归于无也，此观察之慧也，悟也。既能悟，则自然离幻境，不颠倒，妄想不待除而自无，心念皆空，故曰‘惟见于空’，乃智度之事，非寻常沉空滞寂之学也。”

“观空亦空，空无所空。”

洞真子曰：“此遣‘空’字也。当其著‘有’时，得这个‘空’字，力及至能空，则其胸中只有这个‘空’字矣。即这个‘空’字，反为吾心之障碍，所谓‘执药成病’。修行人若执著，则其害与著有的人一般，所以古仙又教人遣了这个‘空’字。”

“所空既无，无无亦无。”

洞真子曰：“此遣‘无’字也。‘空’字既遣，只成一个‘无’了，然尚知有个'无'，即这个知'无'的，亦是病痛，所以亦须忘之。盖大修行人，不可一毫有所著，才有所著，不问所著的是'有'、是'空'、是'无'，俱成系缚，故必尽遣之，然后为妙也。"

"无无既无，湛然常寂。"

洞真子曰："到此则无可遣。纯一味性真之发，澄澄湛湛，不出不入，故云'湛然常寂'也。此是'空'字功夫，先从慧入，不假修证。所言极高妙，且提出一'悟'字，尤为得其纲领，全是禅宗、玄门如此举唱者，殆绝无而仅有也。"

助机要语

关尹子《文始经》曰："善去识者，变识为智。"

张紫阳《金丹直指》曰："以事炼心，情无他用。心不留事，一静可期。"

虚静天师《心论》曰："不怕念起，只怕觉迟。念起是病，不续是药。"

白玉蟾《玄关显秘论》曰："无心于事，无事于心。"

邱长春《鸣道集》曰："一念不离方寸是真空。"

《郝太古语录》曰："静处炼炁，闹处炼神。"

《刘赤脚开迷语录》曰："须向一针一草上，降伏其心。"

"须要情识两忘，渐归于道。识是生死种子，若心上含著识，则因境生情；若内无境，则外境依何而生？外境不生，则内境不出，内外安静。"

"心杀境则仙，境杀心则凡。"

谭长真《水云集》曰："凡人轮回，生死不停，只为有心。"

德山云："心生则种种法生，心灭则种种法灭。若一念不生，则脱离生死，所以悟人修行，割情弃爱，摧强挫锐，勤于降伏，灭除众生不善心，要见父母未生时本来面目。"

《刘长生语录》曰："心上通得一物，出得一物壳。通得万物，出得万物壳，方证虚无之道。若不能通，便处无为，名曰顽空。"

《无垢子清静经注》曰："聪明上士，猛然省悟，全身放下，如父母未生前相似，一无所著，心源自然清净，真性自然显焕。"

王重阳《全真集》曰："凡降心之道，若湛然不动，昏昏默默，不见万物，杳杳冥冥，不内不外，无丝毫念想，此是定心，不可降也。若随境生心，颠倒寻头觅尾，此名乱心，败坏道德，损失性命，不可纵也。行住坐卧，常勤降伏，闻见觉知，此为病矣。理性如调琴，弦紧则有断，慢则不应，紧慢得中，则琴可矣。又如铸剑，钢多则折，锡多则卷，钢锡得中，则剑可矣。调炼真性者，体此二法。”

王栖云《盘山语录》曰：“大忌说人长短是非，及人间兴废。有一分工夫，便有一分胜心；有十分工夫，便有十分胜心。既有胜心，则有我相，作大障碍。如何得到心空境界？须要重添决烈，把自己身心挫在万物之下，常居人后，自念千万不如人，然后可以遣却矜胜之心。”

“静中境界，甚有多般，皆自己识神所化，因静而现。古人云：‘凡有所相，皆是虚妄。’心欲遣识，识神尚在，便化形像，神项鬼面，惑乱心主。若心主不动，见如不见，体同虚空，无处捉摸，自然消散，无境可魔，无物可坏也。”

又曰：“寂然不动，岂有魔魅？妄心未尽，故显此相。体性湛然，则自泯矣。”

初机出家，磨炼尘心，乍得静境，便生别个景象，神头鬼面。若有心承认，便是著邪。若不除去，养成心病，无法可疗。

或问：“出家人学公案，及看经书者云，古教中照心是否？”

师云：“修行人，本炼自己从凡入圣，却不肯以为事，只向他人言句上、文字里做活计，寻行数墨，费尽工夫，济甚么事？及至阎老来唤，一句也使不得，一字也使不得。”

又曰：“只这主张形骸底一点灵明，自古及今，清净常然，更嫌少甚，自征理得明白，便是超凡入圣的凭据。若信得及，便截日下功，理会自家公案，更数他人珍室作甚么？修行之人，饮食有节，动静有常，心神安泰，别无妄作，偶然得病，便是天命，岂敢不受？亦有自己运数，或因宿缘，有此病魔。先要识破这个四大，一一是假病，则随他病，死则随他死，心意宁耐，从他变化。心不在病，则重病得轻，轻病得愈，自性安和，恶浊炁散，亦是还了病债，亦是冲过一重关节。若不解此，心必不安，但有病患，即心狂乱，声唤不止，叫痛叫疼，怨天恨地，又怨人不扶持，恨人不求医，嗔人不合药，责人不问候，一向专起无明黑暗业心，见底无有是处。不知自己生死，也有定数，假饶张张皇皇，还免得么分外心乱，不自安稳。又不知心是身之主人，心一不宁，遍身皆乱。岂不闻古人云：‘心慌意乱，地狱之门，分外招愆。’如此处心，轻病即重，重病即死，浊乱其心故也。若事事不节，过分成病，是病因自作，自作自受，更怨他谁？”

《集要篇》曰：“试尝自审日，妄念息乎？缘简乎？触诸境不动乎？黑白无差别乎？梦想不颠倒乎？方寸怡愉乎？于是可以测入道之深浅矣。”

以上并虚静之门户，大道之筌蹄，下手要机，尽言无隐，循而行之，可决日计功，但患志不立耳。人或病其无所著者，殊不知道本无著，而以有著求之，是欲适燕而南行也，愈劳而愈远矣。学人之心，当如虚空，方可入道。但有所著，即成病患，及其厌之，而欲去之，挽于已成，倍难为力，故莫若慎于起始。始无著，则终无病，正不可苦其难能，而求一枝一节之易为以自弊也。

或问：“虚无大道，可长生否？”

葆真子曰：“老子曰：‘生我者道，活我者神。’若能存神，虽在死气之关，能令七祖枯骨皆有生炁。《文子》曰：‘太上养神，其次养形，神清气平，百节皆宁。’养生之本也。又曰：‘神不注于外之谓全，神全之谓得。’由是言之，虚无者，信长生第一义也。然全神而长生，自致可也。若求长生，则著于长生矣。老子曰：‘我尚自头白，谁能得久全？’刘长生曰：‘奈何凭假身以求长生？’旨哉斯言！修元者，可以无惑。”

《仙学真诠》下之上

邗上元同子

葆真子曰：“古之老仙，设为种种譬喻，一一神名，固以真道难言，要亦包含影略，不欲明言之耳。奈何今之学道者，泥文执象，譬喻上重添譬喻，缠裹执著，益增垢秽，使老仙见之，当亦厌而悔之。然其初心，岂料流弊之至此哉？具正眼者，须屏去一切譬喻，洗涤胸中浮荡，直于精炁神上著力，然后道可明，仙可成矣。”

见精神而久生之道

丹原

太极阴阳体用之说

张紫阳曰："还丹之道，至简至易，如此○而已矣。"

俞玉吾曰："○者何?《易》之太极是也。太极动而生阳，动极复静，静而生阴，静极复动，一动一静，互为其根，此造化之妙，道之自然者也。"

张三峰曰："太极者，虚无自然之道也。两仪者，一阴一阳也。太极者，元神也。两仪者，精气也。太极者，丹母也。两仪者，真铅、真汞也。夫太极，即无极，又谓之太易，即是父母未生身以前面目也。太乙含真气，则二气未判之称，太初之境界矣。"

颐真子云："形不能生形，生形者非形也，气也。气不能生气，生气者非气也，道也。"

又云："形之万殊，化而不留，惟气之一者不变。夫气之不变者，殆有所以不变者存。"

仙道虽不外于阴阳五行，然阴阳五行，非太极则不能自运。太极者，阴阳五行之纲维也。苟欲运吾身之阴阳五行，切忌在阴阳五行上著，只须去太极上用心，做父母未生以前功夫，则阴阳五行不求运而自运，此提纲挈领之元旨也。若逐逐焉以运阴阳五行为事，则阴阳五行非人之智术所可运，作用一差，变怪百出，阴阳五行卒不可运，而死不旋踵矣。

大丹取法造化之说

《阴符经》曰："观天之道，执天之行。"

大丹固是取法造化，然非一一比拟而为之也。古之人，心与天契，动与道俱，则其一身之气运，自然与天相合。若以市井尘俗之心，拘拘焉欲比拟造化之迹，而求成大丹，则末矣。

丹基

炉鼎之说

或问："何谓鼎炉？"李清庵曰："身心为鼎炉。丹书云：'先把乾坤为鼎器，次搏乌兔药来烹。'乾，心也；坤，身也。今人外面安炉立鼎者，谬矣。"

炉鼎者，此身是也。修炼必有此身，然后神气有所依附而不散，工夫有所凭藉而可施，所谓"借假修真"是也。天下之器，能盛贮品物而烹炼之，使其变化于中者，惟炉鼎为然，故关尹子谓之釜，后乃变为炉鼎，以此喻身可谓巧矣。《参同》所载，如内炉、外炉之类，异名尚多，要其义意，亦不越此。俞玉吾曰："丹法以太虚为炉鼎，太虚之中，自有天然妙用。"夫太虚，则无我无人、无内无外，何炉鼎之足言？玉吾盖借其近似以立论，非本意也。

一点落黄庭之说

《中和集》曰："乾坤交媾罢，一点落黄庭。"

或问："一点落黄庭，毕竟落在何处？"

葆真子曰："吾闻之寥阳老师云：'修行人，只去交媾神炁，不要问他下落，为他自有下落处也。'此言极妙！医书云：水谷入胃，胃乃受之，游泆精气上输五脏，通调水道，下输膀胱。当其输时，自然上下，五脏膀胱，亦自然受其委输，不须人为之安顿也。身中真炁，一升一降，升至于天，降至于泉，从本源生，还归本源，亦自有个栖泊处，何须人想见其所预为之地，以安顿之哉？"

丹材

元气为生身之说

《参同契》曰："人所禀躯，体本一炁。元精流布，因气托初。"

人之生也，固以父精母血，凝媾成形，然其所以生者，实天地元和之炁也。使无此炁，虽有精血，不能成物。可见元和真炁，是有形之根柢，生身之处也。人未生时，受此元气，便能从无中生有，长育此身。然则今日，即此元炁而烹炼之，岂不能长生久视，脱胎神化？

元精之说

抱一子曰："太乙火符，修炼金丹，只炼二物。二物者，精与魄也。"

寥阳老师在冲虚观普说曰："总来大众，且道修炼，为何要以黄芽为根？大众，人身中元气，日日发生，只为不知保养，故被二邪侵削，何为二邪？风寒暑湿，是气之邪；喜怒哀乐，是情之邪。此二邪，为元气之贼，日夜攻伐，所以元气薄竭，遂至死亡。古仙知道保命，在留得元气住。只没奈他容易走作何？惟是元精，方能留得他住，所以立修炼之法，教人升元精，保元气，合做一处，至坚至固，不耗不散，禁得二邪攻伐，然后能长生久视而不死矣。

此修丹所以用元精之旨也。

张紫阳曰："精实于肾，而炁融之。随炁上升为真铅者，此也。"

此元精之用也。

元精即淫泆精之说

张紫阳曰："用精用元精，非交感淫泆之精。"

元精与淫泆之精，本非二物。凡人未交感时，身中无处有精。医书云：“肾为精府。”又云：“五脏各有藏精。”其实并无有精停泊于其所。盖此时精，皆涵于元气中，未成形质。惟道家能萃会元气而酝酿之，不因交感，此精自生，故谓之元精。常人不知酝酿，不能取此元精为用，而元精亦不能生。惟男女交感，此元气化而为精，自泥丸顺脊而下，至膀胱外肾而施泄，则此精即是渣滓之物，而为交感之精矣。自其生于真一之中，则为元精。自其漏于交媾之际，则为淫泆之精。其为元气所化，则一也，歧而二之，则谬矣。

元炁生元精之说

紫阳真人曰：“元炁生，则元精产。”

按：胡混成曰：“聚先天祖炁，以为药物。”夫先天真一之炁，混于杳冥恍惚之中，仙家惟取此气炼成丹，谓之真种子。盖太乙含真之炁，乃天地未判混融之炁，身中元炁之交会也。元炁交，而后元精产，乃身中一阳升之时也。精炁只是一物，言炁则精在其中，此施肩吾所以说“炁是添年药”也。

去情识以养元和之说

俞玉吾曰：“大丹之道，惟一味元和之炁，以成其变化。”

紫阳真人曰：“保元和者，莫先于去情识。”

夫物不生于夏秋冬，而生于春者，和也。人唯无情识，则其气和。气和，则融畅滋息，而天地之和且应之，岂有不长生者？今人日用之间，六欲七情之感，激乎其中，则其气之所发，飘忽震荡，勃郁沉结，譬如天地忽冷忽热，隆冬炎暑，盛夏飞霜，岂元和哉？夫既不元和，则且恐其怪异百出，疾苦交侵，以伤吾生，尚安望其长生久视，而成道哉？故曰：“保元和者，莫先于去情识。”

修丹须断欲之说

《太上元镜》曰：“纯阳上升者，谓之气；纯阴下降者，谓之液；气液相交于骨脉之间者，谓之髓；气髓相交于膀胱之外者，谓之精。心气在肝，肝精不固，目眩无光。心气在肺，肺精不实，肌肉瘦弱。心气在肾，肾精不固，神气减少。心气在脾，脾精不坚，齿发浮落。五脏之中，肾为精枢，心为气管。真精在肾，余精自还下田。真气在心，余气自归元府。"

《抱朴子》曰："水之有源，其流必远；木之有根，其叶必茂；屋之有基，其柱必正；人之有精，其命必长。"

《黄庭经》曰："长生至慎房中急，奈何死作令神泣。"又曰："弃捐淫欲专守精，寸田尺宅可治生。"

紫阳真人曰："精失而元气不生，元阳不见。"

修仙家只要留得精住，则根本壮盛，生气日茂。若欲心不息，灵根不固，则此精之积日薄，而元气之生日少，渐渐竭尽，以至于亡。

若不断淫而学玄观，犹蒸砂为饭，虽有千劫，只名熟砂，不得为饭，故欲培元气者，当先断淫欲。

此事须在清心绝念上下功夫，世人乃于交感之时，手按尾闾[①]，闭[②]其淫泆之精，不使流布，谓之不泄。不知留精者，当留于未成形质之时。若俟其成质而后止之，则此精虽不泄，而神气去已久矣，徒留其败滞之物，积于腰肾之间，以成奇僻之疾，何其昧哉？世之旨师，又从而诳之曰："宜引此精自尾闾夹脊双关而上，此还精补脑也。"吁！愈谬矣。

丹枢

元神用药材之说

或问："精炁神三者，孰为重？"紫阳真人曰："神为重。"

元神，即是真心，即是真性，所以用药材，非药材也。仙家功夫妙用，

① 尾闾，底本作"晓雪"，据抄本改。

② 闭，底本作"悯"，据抄本改。

全在于此，旧例置于药材中。后之道流，不知大道根源，往往概而视之，元神遂止为药材，而元神之外，复有意以用之，支离舛谬，莫甚于此。仙之不成，无怪也。今移其说，别为丹枢。

元神即思虑神之说

紫阳真人曰："用神用元神，不用思虑之神。"

又曰："元神者，何也？自太极既分，禀得这点灵光，乃元性也。元性，非他物也，亦炁凝而灵耳。"

又曰："元神见，则元气生。"

又曰："元性复，则元炁生。"

或问："元神与思虑之神，是一是二？"

曰："心、性、神，一也。以其禀受于天，一点灵明，故谓之元神。后来为情识所移，此个元神，汩没在情识中，遂成思虑之神。其实虽思虑，有情识。此个元神，固常浑浑沦沦，不亏不欠。人能回光返照，去其情识，则凡此思虑者，莫非元神之妙用矣。"

元关一窍之说

李清庵曰："夫元关一窍者，四大五行，才著一处便不是，亦不可离此身向外寻之。"

又曰："但于二六时中，行住坐卧，著功夫向内求之，语默视听，是个甚么！"

又曰："圣人只书一'中'字示人，此'中'字即元关之窍也。中非中外之中，亦非四方之中，亦非在中之中。释云：'不思善，不思恶，正恁么时是上座本来面目。'道云：'念头不起处是也。'"

陈虚白云："不过回光返照，收拾念头之一法。"

玉溪子曰："以正心诚意，为中心骨子。"

此指元神，为元关一窍。

陈泥丸曰："但能凝然静定，念中无念，工夫纯粹，打成一片，终日默默，如鸡抱卵，则神归气复，自然见元关一窍，其大无外，其小无内。由是采取先天一气，以为金丹之母。勤而行之，指日可与钟吕并驾矣。”

紫阳真人曰：“此一窍无边傍，无内外，乃神炁之根，虚无之谷。”

此指虚无，为元关一窍。盖虚极静笃，无复此身，但觉杳杳冥冥，与天地合一，而神炁酝酿于中，乃修炼之最妙处，故谓之元关一窍。

大丹本柄之说

《阴符髓》曰：“天以斗为机，人以心为机。”

《金液还丹论》曰：“药材所产之川源，火候抽添之妙旨，以至温养成丹，皆不离乎此心之用。”

紫阳真人《金丹直指》曰：“心之所以为妙者，以气服其窍，而精从其召也。气服其窍者，心和则气和，气和则形和，形和则天地之和应，故盛喜怒而气逆者，喜怒生于心也；精从其召者，如男女形媾而精荡者，亦心使之然也。心清则念清，念清则精止。”

谭紫霄曰：“神犹母也，气犹子也。以神召气，如以母召子，孰敢不至？”

仙宗以心，为本柄固也。然人皆有心，而不能仙者，非心之罪也。心役于欲，而不静虚之罪也。刘赤脚云：“神气自然，如子母相爱。”只为尘情相隔，不得相见。若去了一分尘情，即有一分升降。俞玉吾云：“心定则神凝炁和，三宫自然升降，百脉自然流通。”李清庵云：“心归虚寂，身入无为，动静俱忘，到这里精自然化气，气自然化神，神自然还虚。”又曰：“身心俱静，天地混合，自然真机妙应，有非常之动。只这动之机，便是天心见，药物、炉鼎在此矣，火候在此矣，三元八卦、四象五行，种种运用，悉具其中矣。”由是言之，心不静虚则失其职，虽精炁有不可得而役者。今人乃专讲烹炼铅汞，而不言治心何耶？

丹用

元牝之说

李清庵曰："元牝者，天地阖辟之机也。《易》云：'阖户谓之坤，辟户谓之乾。一阖一辟谓之变。'一阖一辟，即一动一静，老子所谓'用之不勤'之义也。"

又曰："紫阳真人云'念头起处为元牝'，斯言是也。予谓念头起处，乃生死之根，岂非元牝乎？"

《老子》云："谷神不死，是谓元牝。"谷者，养也；谷神者，养神也；元者，妙也；牝者，虚处物之所由生也。谷神，便是元牝。谷神内生出无限妙用，便是元牝之门，此正论也。其次则清庵二说，为得之。后世乃于身中指著一处为元牝，而谓谷神以元牝为根基。夫谷神，若以元牝作根基，即是有著，非谷神也。又其下，言元牝者，殆有十数般，愈淆讹矣。

橐籥之说

《道德经》曰："天地之间，其犹橐籥乎？虚而不屈，动而愈出。"

《阴阳升降论》曰："人能效天地橐籥之用，开则气出，阖则气入，出则如地气之上升，入则如天气之下降。一升一降，自可与天地齐其长久矣。"

《道德经》说橐籥，不过以喻虚中之妙用耳。后世因借以言二气升降之机，其意亦好。又曰：今仙家言鼓橐籥，非鼓橐籥也。调真息，即是鼓橐籥。知炉鼎，而不知鼓橐籥，则阴阳否隔，炉鼎虽立而无用；知鼓橐籥，而不知调真息，则失其所以鼓之之要，将何以盗天地之正气而结丹哉？

六十卦喻火候之说

《参同契》曰："朔旦屯值事，至暮蒙当受。昼夜各一卦，用之依次序。

既未至昧爽，终则复更始。”

卦爻本只以反对，寓火候之上下。且如屯蒙二卦，是反对，以屯卦之本体观之，自初爻至上爻，亦如阳火之自下升，进至于顶也。以屯卦倒看，即为蒙卦，却似从屯之上爻，至初爻一般，亦如阴符之自上而降下，入黄庭也。盖反对只是一卦，而一正一倒看，亦如火候，本只是一火，而有上下也。他卦皆然，就是八正对，亦作反对看。通乎此，则火候之机在我，可以不用卦爻矣。

年月日仁义喜怒赏罚喻火候之说

《参同契》曰：“春夏据内体，从子至辰巳。秋冬当外用，自午讫戌亥。赏罚应春秋，昏明顺寒暑。爻辞有仁义，随时发喜怒。”

古仙以六十卦反对，喻一炁之上下，可谓明矣。然犹未及其消息也，故远则以一年之节候言之，近则以一日之亏盈言之。夫月之著明于天地间，其体之盈亏，孰不睹之，即是以观吾身阴阳消息之用，可谓明而易晓矣。然其动静之机，则尚未之尽也，故又以日之早晚言之。盖至于日之早晚，自寅至戌之为动，亥子丑之为静，其机已尽泄而无余矣。然其过与不及之节度，则尤不可不知，故又有仁义、喜怒、赏罚之说。古仙旁喻曲证，层见迭出，究而言之，曾无一语之赘，皆修炼者所宜通晓，岂可以譬喻而忽之哉！

意为媒之说

紫阳真人曰：“意岂特为媒而已，金丹之道，自始至终，不可离也。”

圜一子曰：“修仙所以用意者，大要酌量运用得其中耳。夫意属脾，仙家所以谓之真土。真土者，和也。作丹是动功，不可毫发差殊，才有毫发差殊，鲜不为患。全要审其轻重、浮沉、强弱、老嫩而消息之，使其阴阳相当，水火均平，不致太过，以生他虞。若非此意为之运量斟酌，安能保其不错谬哉？”

张三峰曰：“意者何？即元神之用也，非元神外又有一意也。紫阳真人云：‘心者，天君也。’以无为而用之，则其所以动者，乃元神也。此金丹之用心也，然不驰于意则可，一驰于意则勉强助长，而非自然搬运，劳扰为患不小。就使善用，亦不免执著，徒添意病，命宗人所以不及虚无大道者在此。学者不可以为微言妙道，而谨守之也。”

寥阳子曰：“元神所照处即是意，照而无照，是善用意。但起一念安排，即驰于意矣。”

《仙学真诠》下之上

邗上元同子

见精神而久生之道

丹事

安炉立鼎

九真玉书纯阳子曰：“修炼丹者，先正其炉。炉者，鼎之外垣，其身是也。炉分八门者，目也，耳也，口也，鼻也，是为橐籥阖闢之户，宜常固守之，勿使形色滋味八邪六贼伤于内。”

混元真君曰：“修身者，若元气尝破，则精神不全矣。必俟其精神具而气全，然后可以养命而为仙。”

初学且须理会安炉立鼎，慎起居，节饮食，调寒暑，少眠睡，收拾身心。惩忿、窒欲、惜精、惜炁、惜神，使四大安和，神完气壮，则此身心方成炉鼎，可谓入药之基。使无此一项工夫，则炉鼎敝漏，不堪使用，以之入药难矣。此时未敢遽议行火，盖初修养人，斲丧既多，此身是个虚器，大药未生，遽然行火，恐生他患。俞玉吾有言：有药而行火候，则金被火逼，奔腾于离宫，化而为水，反以克火，故火无炎上之患。若无药而行火候，则虚阳上攻，适以自焚其躯是也。

入药发端

第一营静室

凡静室不必拘以山林，或在尘市，或居道乡，但得所托，无往不可。室不欲太明，太明则伤魂；不欲太暗，太暗则伤魄。室中不著他物，但设一香一灯，一几一榻而已。

第二办肯心

此事若非真为生死，自办肯心，鲜不中道而辍。故必立坚确不移之志，存割舍不系之想，奋直进不回之气。先弃身，后弃家，病则随他病，死则随他死，永不退堕，如此方可望其成就。

作丹不可或作或辍。若一念生，便做一饷功夫，此念稍息，或为事物所挠，随又罢辍，当其不为之时，神移气夺，只与无工夫人一般。纵使再起念头去做，只如袜线，头绪空多，不成片段，都不济事。须是埋头向前去，把已过的日月，都截断不问，只从现在这个时辰起，猛勇奋发，不问有事无事，顺境逆境，一味尽力做去。一日如一刻，一年如一日，十年如一年也。无日也无夜，也无子午卯酉，也无弦朔晦望，也无分至启闭。不望飞升，不立期限，尽此一生，死而后已，如此然后有少分相应也。

修真之人，遇患难不可生退心，一则是自己缘业，一则圣贤暗中校勘。若于此不退心，必有圣贤暗中提拔。学道不可以缘分浅，根器钝自沮。此道人人有分，只怕不肯做。肯做即有成就，非关夙有仙骨也。

第三屏众缘

学道不可一毫外累其心。若内接家事，外综王事，朋友交际，符咒医卜，诗赋驰骋，音乐武艺，博弈工技，皆妨心乱性，切宜戒之。

第四学打坐

凡欲打坐者，须厚铺坐褥，使身不痛苦；宽解衣带，使气不留滞。

结跏趺坐，先以左足安右髀上，或半跏趺坐，以左足压右足皆可。次以左掌安右掌上，以两大拇指面略相拄为度。徐徐举身，左右摇振，使缓急得所。然后正身端坐，令腰脊头项骨节相拄，耳与肩对，鼻与脐对，舌拄上腭，唇齿相著，目须微开，不可全闭。若全闭即黑，山下鬼窟也，最易昏睡，又能招魔。身须平直，状如浮图。不得左倾右侧，前躬后仰，亦不得倚靠几榻，使生懈怠。坐要安舒，任其自然。肩不得太耸，太耸则难久；操持不得太急，太急则易断。大要在于得中。气从鼻通，息不可粗，不可促，不可闭，不可抑，出入往来务绵软，亦不可著意为之。身相既定，气息既调，宽放脐腹，一切善恶都莫思量。念起即觉，觉之即无，久久忘缘，自成一片。若得此意，自然四大轻爽，所谓安乐法门也。若已发明者，如龙得水。未发明者，若肯办心，必不相赚。出定之时，徐徐动身，安详而起。一切时中，护持定力，如护婴儿，即定力易成矣。所谓探珠宜浪静，动水取应难，定水澄清，心珠自现是也。

产药川源

《参同契》曰："金为水母，母隐子胎。汞为金子，子藏母胞。"

俞玉吾曰："水者，大丹之根源也。天一生水，其位在北，其卦为坎，乃吾身药物所产之处也。丹法以水为基，而金精生于水中。"

此言元精之产于肾也。元太虚曰："仙家借肾府为发生之地，不是用肾。"虽不用肾，却在肾中作用，此肾所以为产药川源也。或人不知此意，只闻仙宗不用心肾，便于肾外求之，谓两肾中间，别有一穴，真阳伏藏于内，修丹但用火逼出这点真阳，以为用耳。夫真阳若藏于一穴中，与藏于肾中何异？用此一穴，与用肾何异？仙家大法，但凡身中所有，皆以为后天渣滓之物而不用。若果有元气伏藏于一穴之内，即亦是后天渣滓矣。此皆偏见，可以不谈。

坤为道庐

《参同契》曰："坤静而翕，为道舍庐。"

此言元精之所以产也。盖元精，虽产于肾，然非静翕则不能生。今夫一年之阳气生于复，而基于坤；一月之月光苏于朔，而基于晦；一日之阳气动于子，而基于亥，与吾身元精产于静翕之中一般，未有不翕聚而可以发生者，故大丹以坤为舍庐也。

阳施阴受

《参同契》曰："雄阳播元施，雌阳统黄化。"

又曰："阳禀阴受，雌雄相须。"此统言天地万物，阴阳施受之理也。

又曰："恒顺地理，承空布宣。"此言乾施气于坤，而坤承顺之也。

又曰："日以施德，月以舒光。"此言日施光于月也。

又曰："母含滋液，父主禀与。"此言父施气于母也。

此正元精之所产也。元精固以静翕而生，然非心气下交于肾，则肾无所受，将何以翕聚而化生哉？满太虚中，只是一个元气，此气即是天。此气中渣滓，结成大块，即是地；此气有消息，即是阴阳。每年秋冬时，此气收敛在地中，到冬至，则又自下升上，生生化化，积渐升到极至处，又渐消去。亘古亘今，常常如此。地中生物的，即是此气。无此气，则地不能生物。是生物者，地也；所以生物者，天之气也。地但翕聚而布宣之耳。作丹，亦必心气下交于肾，肾含受而翕聚之，然后成变化，与此何异？

凝神入气穴

《复命篇》曰："太阳移在月明中。"

白玉蟾曰："只要凝神入气穴。"

此正心气下交也，谓之驱龙就虎，运汞投铅。凝，非凝聚也。神者，至灵至妙，潜天潜地，如何凝聚得他？所谓凝神者，盖息念而返神于心耳。神返于心，而不外驰，则气返于身，渐渐沉入气穴去矣。

问："气穴，果有穴乎？此穴正在何处？"胡混成曰："在两肾之间。"

葆真子曰："夫人之既生，则元阳真炁，散于四肢百骸之间，为视听言动之用，岂有区区藏于一穴之理？若真有此一穴，则此一穴，比于五脏尤为要紧，《黄帝医经》《烟萝子内景图》《华佗内照图》何故不录？今人元气不足者，何不用药，补此一穴耶？此皆旁门小道，妄指身中一处，令人注想于此，以为凝神入气穴。人或不悟而从之，其终必至于疾。此凝神入气穴，所以误人之由也。夫气穴，何也？即华池也。华池，何也？即肾也。正阳祖师云'华池在气海内'，是也。金丹大道，借肾为发生之地，以其为气之会，故喻曰'气海'；以其深而在下，故喻曰'气穴'；以其为金华所生，故喻曰'华池'耳。作丹，只要气沉到此处，非用意注想之谓也。邱长春曰：'有所在则有所不在，无所在则无所不在。'金丹乃无中生有，今不求其机于无，而反在有上生枝节，不亦谬耶！"

回光返照

元太虚曰："凝神入气穴之法无他，只是收视返观、回光内照而已。"

崔真人《入药镜》曰："身之神，如薪之火。火不出，则薪常存；神不出，则身常存。火发外明者，薪之尽也；神智外驰，朴之散也。"

俞玉吾曰："神仙修炼之法，使人回光内照，呼吸太和。盖将反本还元，而复归于生身受气之初也。"

夫回光内照者，非是执著鄞鄂所在而用意观照之也，不过虚静以返神于内耳。盖凡人之心，每日只在外面驰骛，凡外面许多机变巧捷，俱是神之光影。可见此神一向只照了外边，自己一个身子却反不曾管顾。如今不用旁求远觅，只将照外边这个神，收拾回来，放下外边许多机巧，一意敛藏归内去，屏除许多杂思虑，这个便是返观内照。其实观无所观，照无所照，则亦未尝不观照。

通人身中，只是一个元气，无心、肝、脾、肺、肾之别。但常人为根尘所役，此气都浮游耗散在外边了。作丹无他巧，只要回光返照，将此气收敛，沉到极深处，久之其中自有造化。

回光返照下手之功

《道德经》曰："专气致柔，能婴儿。"

邱真人曰："只是一灵无杂念，如婴儿之无外想耳。"

葆真子曰："专气致柔，在乎忘情识。忘情识捷径之功，在乎心息相依。若心息常相依，则情识不待忘而自忘矣。"

何仙姑曰："命之蒂，在乎真息者也。"

《上清玉书胎息篇》曰："人之未生也，居母之腹，随母呼吸，无视无听，惟有一息存焉。及其生也，剪去脐带，则一点真元之气，聚于脐下，日复一日，神出气移，遂不复再守，胎中之一息矣。"

《传道集》曰："所呼者，自己之元气，从中而出。所吸者，天地之正气，从外而入。若其根源牢固，元气不损，则呼吸之间，尚可夺天地之正气。苟或根源不固，精竭气弱，上则元气已泄，下则本宫无补，所吸天地之正气，随呼而出，身中之元气，不为己之所有，而反为天地之所夺。"

《胎息论》曰："呼而不得神宰，则一息不全；吸而不得神宰，亦一息不全。"

俞玉吾曰："于一日十二时中，但使心常驭气，气与神合，形乃常存。"

又曰："要在心与息常相依，神与炁常相守。"

又曰："作丹之法，以乾阳下交于坤阴，使呼吸相含，刚柔相当，配为夫妇，打成一片，则神炁归根，性命合一，而至药孕于其中。"

又曰："究而言之，不过心息相依，而阴阳内感，神炁交结耳。"

《金丹四百字》曰："迨夫神炁之入乎其根也，闭极则失于急，纵放则失于荡，惟使其绵绵续续，勿令间断，然后神久自凝，息久自定。"

《指元篇》曰："但能息息常相顾，换尽形骸玉液流。"

陈虚白曰："息息归根，金丹之母。"

葆真子阳道生《卮谈》曰："夫息出入有声，谓之纵；出入不尽，谓之滞；往来频促，谓之喘；不纵、不滞、不喘，绵绵若存，用之不勤，谓之息。纵则散，滞则结，喘则劳，守息则定。所谓调者，皆欲其不纵、不滞、不喘而已。"

"调息，乃初机之功。凡人心念，依著事物已久，一旦离境，则不能自立。虽暂能离，未久复散乱。所以用心息相依法，拴系此心，由粗入细，才得此心离境，便可恁虚无去，更不用调息矣。得至无天无地、无我无人境界，更有何息可调？此法最捷径、最容易、最无病，与其他守丹田、守中黄等不同，可依而行也。”

性空禅师曰：“上机之士，念苟不起，连息亦不必照，但觉念起，只用调息略照一照，无念即止，不可太著意也。”

刘秋潭真诀曰：“渐渐专气，以致其柔，才觉炁息柔和，便是归根，谓归元海也。觉其归元矣，又将忘之，忘而不忘，以意照之。”

圜一子曰：“但用意，即是不忘；但忘，即不能以意照。然而二者不可兼乎？”

日中峰本禅师曰：“心无不存之谓照，欲无不泯之谓忘。忘与照，一而二，二而一。当忘之时，其心湛然，未尝不照；当照之时，纤毫不立，未尝不忘，是真忘、真照也。但说以意照之，则其累照者多矣。或随照而昏散，是虚极也、笃也、危也。须防静，则万物并作。”

圜一子曰：“虚极者，言人平昔，千思万虑，纷乱之甚，宅舍无主，若空虚然。一旦骤然收拾，把持不定，未能贴然，故随照随乱也。夫如是，岂特昏散而已？此念头一放，且无所不至，故曰‘万物并作’。治之之法，才觉妄动，即融妄归真，归之不过忘照。这工夫正是动静之机，神一出，便收回之。咦！说到这里，只恐自不惺惺著。”

“照之或不胜，又以应事造之。应事既已，又将忘之。”

圜一子曰：“言万物并作之时，治以觉照固是矣。若纷散太盛，觉照之力不能胜之，于此而强制之，则愈不宁贴。自可便作方便，且去应事一回，俟其渐自安定可也。只如禅家坐禅之余，礼佛念经，经行皆是。盖降伏不宜太急，须少宽之，缓急得中，使徐得所，然后可耳。然应事时，不随动而流，即是降伏处。稍得乎和，又将忘之、照之矣。”

“但于四威仪中，若存若亡，绵绵续续，神炁相依，于太极之先，不相间断。”

圜一子曰：“四威仪者，行往坐卧也。若存若亡者，意得中也。神炁相依于太极之先者，即父母未生以前，胞胎中模样，无情无识，纯纯全全，到此处，方才认得也。”

“处中以致和，欲不能迁，则炁抱神矣。”

圜一子曰：“只这‘中’字，最难形容，不是有个‘中’处，其实只要此处不摇不断，湛然寂然，自然致和，而不迁矣。这个工夫，谓之‘抱元守一’。”

胎息之诀

《参同契》曰：“呼吸相含育，伫息为夫妇。”

《胎息论》曰：“神气相合，而守乎内息。”

俞玉吾曰：“天地呼吸于内，故能长久。人能效天地呼吸于其内，亦可与天地同其长久。”

《金丹大成集》曰：“呼出心与肺，吸入肾与肝；呼则接天根，吸则接地根；呼则龙吟云起，吸则虎啸风生。”

《南华真经》曰：“至人之息以踵。”

《黄庭经》曰：“后有密户前生门，出日入月呼吸存。”

或问：何谓真人呼吸处？廖蝉晖曰：“前对脐轮后对肾，中央有个真金鼎，此真人呼吸处也。”

舍光子曰：“内气不出，外气不入，非闭气也。”

问：“今人多言调真息，或教人抑息，是乎？

曰：“非也。《圣胎诀》曰：‘一气聚于气海，肾气不上升，则其息住。盖调息久久，神愈凝，息愈微。又久，则鼻中全无呼吸，止有微息在脐上往来，与婴儿在胎中一般，所以谓之胎息，乃神炁大定，自然而然，即非曲留强住，有所作为而然也。人惟无念凝神，则无不相应。若情识未忘，念念不住，神不凝静，则千难万难，未有能造其妙者。’故元太虚曰：‘要在忘机绝念上下工夫。’萧了真曰：‘守真一，则息不往来。’《圣胎诀》曰：‘一念不生，一意不动，无毫发走失，岂调与抑之谓哉？修炼必至于胎息，而后气归元海，方是纯坤十月之功。若虽含光守默，而口鼻之呼吸犹如常日，则其人之神气犹有泄漏。犹夫纯坤十月之时，天地不闭塞，蛰虫不坯户，草木不保合，来岁发育之功，必不畅茂矣。’邱长春曰：‘息有一毫之不定，命非已有。’”

先天之诀

《参同契》曰："四者浑沌，径入虚无。"

又曰："浑沌鸿蒙，牝牡相从。"

俞玉吾曰："修炼别无他术，只是采取先天一气，以为金丹之母。"

又曰："神凝气聚混合为一，内不觉其一身，外不知其宇宙，与道冥一，万虑俱遗，溟溟涬涬，不可得而名，强名曰太乙。"

修炼至于胎息，则八脉皆住，溟溟涬涬，入于浑沌，此正交媾之时。一身五行之气，会于丹田，谓之攒簇五行、和合四象，谓之太乙含真炁，谓之先天一炁。修炼必至于此，方能通天地，夺造化，然非虚极静笃，则不能造先天之妙。故古仙云："莫向肾中求造化，须从心里觅先天。"

阳生之诀

《参同契》曰："含元虚危，播精于子。"

俞玉吾曰："金丹之妙，孕于先天，产于后天，感而遂通，恍恍惚惚，太极已判之时是也。先天惟一气耳，后天然后化为真精也。"

寥阳子曰："先天，乃纯乾境界。后天元精产，则谓之坎。先天元气，即圣父、灵母之真炁。其所产者，乃元精，非元气也。钟离祖师云：'肾中伏藏父母之真炁，所谓铅也。炁中有真一之水，名之曰虎，所谓铅中之银也。肾炁传肝炁，肝炁传心炁，心炁自涵而为液，所谓砂也。液中有正阳之炁，名之曰龙，所谓砂里汞也。'以此言之，肾中先天元气为真铅，阳也；元精为银虎，阴也。心中之液为砂，阴也；液中正阳之气为汞龙，阳也。元精既升，则能留得心中正阳之炁住。钟离祖师所谓：其始以阴留阳者也。前辈老仙，但概谓之曰"真铅制真汞"耳，可细思之。"

采取之诀

钟离云房曰："传行之时，以法制之，使肾气不走失，气中采取真一之水；心液不耗散，液中采取正阳之气。”

紫阳真人曰：“采者，采真铅于肾府。取者，取真汞于心田。”

《复命篇》曰：“采取须交密，诚心辨丑妍。至难寻意脉，容易失寒泉。”

紫阳真人《金丹直指》曰：“采取之法，生于心，必须忘之，而始觅之。”

又曰：“忘中觅，觅中忘；忘中采，采中忘。”

陈虚白曰：“身心不动为采药。”

原来仙家本无采取，但以其肾中用真铅，心中用真汞，有似于采取者，故谓之采取耳。盖不采而采，采而无采；不取而取，取而无取也。但此二字，下得著象后，人又益以支离之说，展转误人。大抵古仙立个“采取”名色，非教人运用也，乃教人慎于运用也。盖一阳方生，最易有失。若此身一动，便散了；此意一弛，也散了；杂念一兴，也散了；或被惊恐动摇，也散了。所以采取之时，必须身心意，俱寂然不动，为气之规矩，然后先天之气，有所管摄，不致散逸，纵横自然，循道上升，降入丹田，而成至宝。陈虚白以“身心不动为采药”，盖谓此也。岂区区意迎目送，运用之为哉？

守乾之诀

俞玉吾曰：“在先天，则凝神入坤脐而生药；在后天，则移神入乾顶而成丹。”

又曰：“自朝至暮，元神常栖于泥丸。”

圜一子曰：“此所谓顶门关捩子也，所以运气而使之升也。”

元太虚曰：“自古及今，谁不知心为神室，何曾有人说神栖泥丸？此仙宗误认图象之过也。盖泥丸，为清虚之府。神栖泥丸者，言元神清莹，超出精炁之上，非居脑也。仙宗以乾为心，坤为身。凝神入坤脐者，作丹之初，只是凝神，则气自返归身中，久之则自然沉入肾府，犹夫水，澄之既久，而其浊者自沉，初非执著坤脐而守之也。当此之时，只是一灵炯然，觉此气归于元海，即是照也[1]，亦未尝一毫用意以照之。但常如此照之，则其气常守于下，不能上升，故当此时，又须忘却，再不照他，则真火自发，真阳自升。盖神返绛宫，无为自然，故谓之移神入乾顶，亦非神栖泥丸。

① 也，底本作“他”，校改。

迨夫温养之时，只是神常无为。气自升降，亦未尝朝朝暮暮栖泥丸也。此皆由于仙宗设譬画图，种种著相，后人执泥，遂至淆误，流于用意搬运，而不自觉。噫！”

葆真子曰：“心之驭气，在得职与不得职，不在所居。炼神之道，贵无所著。栖神泥丸，即著泥丸，以为运气之术则可，以为炼神则是扰神，吾不得而知矣。”

古人所谓三宫升降，乃其自升降，非人升降之也。所谓周天运用，乃其自运用，非人运用之也。

黄道之诀

《参同契》曰：“易行周流，屈伸反复。”

又曰：“修之不辍休，庶气云雨行。淫淫若春泽，液液若解冰。从头流达足，究竟复上升。往来洞无极，怫怫被谷中。”

俞玉吾曰：“丹法之要，在乎通任督二脉。盖任督二脉，为一身阴阳之海。人能通之，则百脉皆通，自然周身流转，无有停壅。此身中黄道，周身上下阴阳升降之正路也。通之者，非行气，非存意，非肘后飞金精[①]，非运心思脊骨，乃呼吸太和，保守自然，真要之道也。”

通任督，乃命宗最妙处。天之气，运而不停，故地不堕；人之气，运而不息，故形不朽。其运也，乃自然之运也，非熊经鸟伸、吹嘘呼吸之运也，

①《钟吕传道集·论抽添第十一》：“既以采药为添汞，添汞须抽铅，所以抽添非在外也。自下田入上田，名曰肘后飞金晶，又曰起河车而走龙虎，又曰还精补脑，而长生不死。”《灵宝毕法·肘后飞金晶第五》：“静室中披衣握固，正坐盘膝，蹲下腹肚，须臾升身前出胸，而微偃头于后，后闭夹脊双关，肘后微扇一二，伸腰，自尾闾穴如火相似，自腰而起，拥在夹脊，慎勿开关，即时甚热气壮，渐次开夹脊关而放气过关，仍仰面，脑后紧偃，以闭上关，慎勿开之。即觉热极气壮，渐次开关入顶，以补泥丸髓海，须身耐寒暑，方为长生之基。次用还丹之法，如前件出胸伸腰，闭夹脊，蹲而伸之，腰间火不起，当静坐内观，如法再作，以至火起为度。自丑行之，至寅终而可止，乃曰肘后飞金晶，又曰抽铅，使肾中气生肝气也。且人身脊骨二十四节，自下而上三节，与内肾相对；自上而下三节，名曰天柱。天柱之上，名曰玉京。天柱之下、内肾相对尾闾穴之上，共十八节，其中曰双关，上九下九当定，一百日遍通十八节而入泥丸，必于正一阳时坎卦行持，乃曰肘后飞金晶。离卦采药，乾卦进火，烧药勒阳关，一百日飞金晶入脑，三关一撞，直入上宫泥丸，自坎卦为始，至艮卦方止。……泥丸充实，返老还童，不类常人。采药就，胎仙完，而真气生，形若弹圆，色同朱橘，永镇丹田，而作陆地神仙。”

此乃所谓“户枢不蠹，流水不腐”者。

蒋青霞曰：“人身左足太阳，右足太阴，足底为涌泉穴，水火二炁，自足入尾闾，上合二肾。左肾堂，右精府，一水一火，一龟一蛇，互相橐籥。由此上夹脊双关，贯二十四椎，会于风府，上潮泥丸。由泥丸而下明堂，散灌五宫，下入重楼玉关，直往绛宫，复流入于本府。日夜循环，周流不息，皆是自然而然，即不是动手脚做成的。今人皆流入旁门，不知虚无自然，默默运用之理，妄行引导，存思注视，遂成妄想作用，反致奇病。如白莲道人黄肿，运气道人气蛊，皆其验也。”

火候之诀

胡混成曰：“是火发生于真精恍惚之中，熏蒸于一身四体之内，本无形象，安得有候。”

陈虚白曰：“真火本无候，大药不计斤。”

白玉蟾曰：“心者，神也；神，即火也；炁，即药也。以火炼药而成丹，即是以神驭气而成道也。”

愚按：三老仙之言，可谓切矣。虽然以神驭气者，必审其所以驭行，有过、不及之差，则调而正之，所谓驭也，亦即所谓候也。无候者，无时刻限度之候也；有候者，有审察防闲之候也。知此可与言火。

《参同契》曰：“候视加谨慎，审察辨寒温。”

陈虚白曰：“火候之要，尤当于真息求之。”

又曰：“元海阳生，水中起火，天地循环，造化反复，皆不离乎一息。”

紫阳真人曰：“谩守药炉看火候，但安神息任天然。”

火候全在念头上著力。陈虚白云：“念不可起，念起则火燥；意不可散，意散则火冷。”洞真老师云：“念起则息粗，息粗则吹火。大抵只要调真息，使其和平，不伤震兑而已。”

火候本只寓一炁进退之节，非有他也。盖用意太紧，是谓火燥而干；若太缓，是谓水滥而寒。只要缓急得中也，勿忘勿助之说，是真火候，非有定。则此火起时，人力不可干与，只要虚静，牢把舵，不使杂念扰之，听其自然，待他薰蒸一回，自然生阴，化而为液，下降灌溉五脏，喉中觉有甘津，乃其验也。到此时，还只守虚静，一些[1]不要挠他，他自去凝结，久之寂定，然后乃可徐徐而起。蒋青霞云："来则以意迎之，去则以目送之。"意迎，谓之黄婆媒合；目送，谓之青女传言。此皆涉于扭捏造作，大谬大谬。

进火之际，妙在八门牢锁闭。若兴一毫杂念，即是封闭不固，药物走失。

温养之诀

《参同契》曰："三光陆沉，温养子珠。"

又曰："耳目口三宝，闭塞勿发扬。真人潜深渊，浮游守规中。"

又曰："离气内营卫，坎乃不用聪。兑合不以谈，希言顺鸿濛。三者既关键，缓体处空房。委志归虚无，无念以为常。证难以推移，心专不纵横。寝寐神相抱，觉寤候存亡。"

圜一子曰："温养，只要常常守真息，使神炁常常交媾耳。无时不真息，则无时气不运，无时不行火。"

俞玉吾曰："于静定之中，抱冲和之气，出息微微，入息绵绵，上至泥丸，下至命门，周流不已，神炁无一刻之不相聚。"

刑德之诀

《参同契》曰："龙东虎西，建纬卯酉。刑德并会，相见欢喜。刑主杀伏，德主生起。二月榆落，魁临于卯。八月麦生，天罡据酉。"

刻中火候，必于卯酉。言刑德相负者，何也？盖德主兴起，属二月；刑主杀伏，属八月。二月有刑者，升中有降也。八月有德者，降中有升也。以喻危险之机也。卯酉是升降，致一半处，易于意散，此意一散，则升者不升，留滞而成大祸，故云"德中有刑，刑中有德"。欲人防意如城而不散也。

冲和之诀

王栖云曰："夫冲和者，全借火以炼其气，功验凡有五等。若三年五载，

---

①些，疑为"切"字。

不摇不动，忽觉一气上腾于心，耳听风雨雷声，四肢八脉流行，乃是臣气冲和，未是真正之道。”

“或三年五载，忽听狂风烈响，战鼓之声，上至昆仑，下至于丹田，口尝五味，舌涌甘津，眼有光明，鼻流玉柱，乃是膀胱民气冲和。达人前进，别有功验。”

“或三年五载，又听风雨雷声，丹田热气盘旋，渐渐如升，其气从肾后归于曹溪，上至昆仑，甘津复生，上升醍醐灌顶，下降甘露洒心，眼中光明电掣，乃是肘后飞金精也。达人行到此，更若前进，别有功验。”

“或居静室，守三五年，其间耳听震雷之声，腹中裂帛之响，气居肾后，撞升尾闾穴，行玉柱关，透泥丸宫、昆仑顶，响似狂风揭地，涌如寒泉下降，乃是元珠落于丹宫，或现青天、或月光、或白雪，罗列在空，或见龙虎交泰，或现日月交宫。虽是恁般变态，达人向前进步，二三年别有功验。”

“生发在于太乙元君。太乙者，北方壬癸水，在两肾堂间，上透泥丸，下至涌泉，又耳听千千面战鼓，万万顷雷声，如狂风揭地，乃是大海发泄，海底飞腾，上下通红，周天火发，浑身上下疼痛，透骨穿筋，四肢八脉，无处不流行，骨如破碎，或迷三朝五日，重开混沌，再立乾坤，乃周天火候，天地交泰，日月交宫，改变桑田沧海，工夫到此，决定飞升，乃是终而复始，换骨抽筋，大冲和也。”

张紫阳曰：“大凡火候，只此大周天一场，大有危险，丹士宜一战而胜，则天下定矣。切不可以平日火候例视之也。”

炼神之诀

《中和集》二药图曰：“炼炁化神，崇释则离宫修定。”

又曰：“上关炼神还虚工夫，到此一个字也用不著。”

清庵曰：“向上一著，当于言句外求之。或筑著磕著，悟得透得，复归于太极，圆明觉照，虚彻灵通，性命双全，形神俱妙，虚空同体，仙佛齐肩，亦不为难。”

此节乃修行之大条贯，前所言皆炼精成炁之事。若无此项工夫，则永不能超脱，只可保命延生，扶羸救病而已。《金丹四百字》曰：“铅汞归土釜，身心寂不动。”夫身心不动，必有所以不动者存。惜乎命宗人，说之不详。若只守前所见，贪求执著，无缚而缚，吾恐其难见本命元辰下落也。

圜一子曰：“温养之至，婴儿显象，然尚幼小，出入未纯熟，更当温养，不得轻易远出也。”

元太虚曰：“此盖元神初复，尚未纯熟，易于动摇，犹防磕著筑著，而有渗漏，未能垂手入廛也。”

结丹之诀

或问：“如何是丹成？”李清庵曰：“身心合一，神炁混融，性情成片，谓之丹成，喻为圣胎。仙师云‘本来真性是金丹，四假为炉炼作团’，是也。”

定庵曰：“金丹成时，还可见否？”曰：“可见。”曰：“有形否？”曰：“无形。”曰：“既无形，如何可见？”曰：“金丹只是强名，岂有形乎？所谓可见者，不可以眼见。道经曰‘视之不见，听之不闻’，斯谓之道。虽然视之不见，未尝不见；虽然听之不闻，未尝不闻。所谓见闻，非耳目所及也。譬如大风入山撼，木入水扬波，岂得谓之无？观之不见，搏之不得，岂得谓之有？金丹之体，亦复如是。”

王栖云曰：“金丹体若虚空，表里融彻，一毫不挂，一尘不染，辉辉晃晃，照应无方。”

命宗人皆说炼精炼炁，无中生有，结成婴儿，以其圣父、灵母之气所成，故虚而能灵，与生人不同，此说非也。

长春真人曰：“所谓婴儿者，即我一灵真性，纯阳不杂耳，非是腹中果有一婴儿耳。”

白玉蟾曰：“人但心中无心，念中无念，纯清绝点，谓之纯阳。盖仙家本是教人养神，因人迷溺于欲，不能一刀两段，故设为长生之说，诱人修炼。世人贪著长生，方肯放下嗜欲，一心炼精炁，此是内有所缘，而轻外也。及修炼到三宫升降时，其身中快乐不可言，便大生贪著，一切都轻。此心有所缘系，渐得宁静，元神渐显，此是婴儿见象。由是进入虚空，心无染著，万虑俱融，元神显见，去来自在，形骸不能碍他，此是超脱。其实只是借炼精、炼炁，以系此心，养得元神灵妙耳。”所谓用铅不用铅，还向铅中作，及或用铅、不用铅还是错，非是元神之外，精炁别结成一婴儿也。白玉蟾《金丹》等六图，李清庵《金丹》等四图，皆以心言，直指真宗，泄尽底蕴。

脱胎之诀

李清庵曰："身外有身，谓之脱胎。"

又曰："阳神出壳，谓之脱胎。"

或问脱胎。白玉蟾曰："超者，出也，是出神也。脱者，脱换凡躯也。皆自天门出，前圣有脱胎之验。"

愚按：以上所言，皆弃却凡躯，只炼元神还太虚去，更不留形住世，可见上仙不以长生为事。今人切切于长生之慕，何也？又尝闻，古之得道者，虽此凡体，亦皆虚融，故能入水火，贯金石，履虚不坠，触实不碍，所谓"纯气之守"，所谓"散则成气，聚则成形"，所谓"形神俱妙，与道合真"。今必欲弃此凡躯，方成仙质，岂犹未至于形神俱妙耶？

于清风曰："未至真空，阳神难出。"

邱长春曰："未至真空，虽阴神亦难出。"

古仙之脱胎神化者，皆因于虚静之极，无我之至也。今人梦中，其神无所不至者，不格于形骸也。醒则滞于此，而不能远去者，形骸格之也。故惟真空无我，然后能脱胎神化。

还元之诀

问："脱胎后，还有造化么？"清庵曰："有造化在。圣人云：'身外有身，未为奇特。虚空粉碎，方露全真。'所以脱胎之后，正要脚踏实地，直待与虚空同体，方为了当。"

此一节，仙宗人皆不曾言及，不意清庵说到这里，其见趣可谓度越诸子矣。大抵到此地位，便要将所证所得的，一时贬向无生国里，方有门分相应。若存一毫自见超脱之心，则依旧著相，依旧流入情识中去，道千里万里，乌得与虚空同体。

性命双修之诀

紫阳真人曰："先性则难用功，先命则难超圣地。虽说成功则一，然先性者，又有胜焉。"

李清庵曰："高上之士，夙植德本，生而知之，一直了性，自然了命。"

性命只是一件，人之所以死者，形神离也。既死则六根具，而不能用者，无神以宰之也。是知神乃形之主，神离则气散，命岂在性外哉？若作两件双修，而分先后，殊未稳当。何也？修性，则命在其中。虚静天师"神返身中气自回"之诗是也。未有外虚静而能交媾成丹者，况先炼精成炁，后修定超脱，途径纡曲，反难究竟。若能证得法身，何患色身不妙？盖三关自有为入无为者，渐法也；修上一关，兼下二关者，顿法也。今只须径做炼神还虚工夫，直到虚极静笃处，精自化炁，炁自化神，把柄在手，命由我造，炼神还虚一关，最简易、最直捷。入道者，宜细思之。

板藏葑溪彭第

第十二编　丹经指南

张松谷

〔提要〕《丹经指南》，清末民初张松谷所撰著。萧天石先生评："本书全用问答体，辞简而义精，文浅而理著，语语皆全真旨意，条条是至道金言。阐喻言之幽微，辟旁门之邪说；剖仙学之玄奥，示丹家之捷径。使学道之士得有所依从，宛如面对祖师亲授口诀、指点迷津，确为丹经中不易得之佳籍。"考察本书内容，实为改造粘本盛[①]《道养初乘忠书》而成。

《丹经指南》书后附有《补亏正法秘传》一篇。"补亏正法"又名"补天髓""添油术"，是丹家秘传的添油接命功夫。萧天石指出："《补亏正法秘传》一文，以往仙家只口口相传，不著文字。……本篇较希一子之《补天髓》为详明，较陈真人之'秘传活法天机'虽稍有逊色，然确为仙家捷径法之千古不传秘本。"中老年可以据之入门，作为起手功夫，当有利无害也。

本次以萧天石先生《道藏精华》第四集之二影印本为底本点校。

《丹经指南》重印范序

予弱冠后，于文学之暇，喜读黄老诸书。嗣游青城、蟠龙、峨眉诸山，

① 粘本盛，明末清初福建晋江人。清乾隆《晋江县志》卷十《人物志》："粘本盛，字道恒，崇祯己卯举人，顺治初授河南推官，务平反，出冤狱，入为给事中，历吏户礼兵刑五垣，前后疏五十余上，皆关国计民生。又疏清盐拆归县，严禁私派，泉郡受其惠焉。由礼科都给事升京堂，卒年六十七。"

筑台于上，经岁不去。黄冠羽客，日久谈丹经道诀，私心向往，欣羡不置。壮岁服官江南，不谈此道也久矣。迩年以时局多故，隐居海上。老友三阳道人，持所著《丹经指南》重印，索序于予。夫道人，固学道有年，而于《参同》《悟真》诸书，颇有心得。综观《指南》问答各编，条分缕析，既显且明，迥非它书旁征曲引，晦莫如深，使阅者倘恍迷离，莫知所往可比。较《参同》《悟真》，有过之无不及，其诱掖后进也，正非浅鲜，谓之指南，不亦宜乎？故乐为之序。

民国丙寅年（1926年）仲春西蜀黄龙子范昶梅君识

《丹经指南》方序

儒、释、道三教，本属同源。所不同者，教人之法耳。人自受中以生，人人各具一道体而来，但为后天气物所蔽，道体遂以不纯。三教圣人，皆教人学道者也，而皆本于“中”。释曰“虚中”，教主明心见性，从事于离中者也。离之中，为人身真阴，其道由上而下，专凝神以融气，故得其道者，可以转识成智。道曰“守中”，教主摄情归性，从事于坎中者也。坎之中，为人身真阳，其道由下而上，专养气以归神，故得其道者，可以返老还童。惟儒曰“时中”，教主穷理尽性，合坎离之中以为中，浑乾坤太极而一之者也。其道即浅形深，第尽人而天自合，故得其道者，可以超凡入圣。总儒、释、道三教，而以孔门之书参之，似儒教之穷理尽性，较释、道两教之法，尤为切近无弊。夫理者，无形之神气也。浑然其中，与性俱足。人能神乎无形之神，气乃无形之气，而与有形之神气，自随所应，而无乎不当，以之治天下国家无难矣！更何论乎一人一身耶？孔子曰“克己”，己即释之所谓“尘根”，非礼勿视、听、言、动，可赅佛老之眼、耳、鼻、舌、身、意诸法。孟子曰“养气”，即道之所谓“命源”。必有事焉，勿忘勿助，可赅老子之“致虚守静”诸法。愿学道者，先取孔孟书，熟读有得，然后合释、道语参证，庶可一以贯之，而不至以虚寂误佛老，则道益精矣。

三阳道人，吾乡深通儒、道者也。早年以家贫入仕，而性不善事上，被议后，托业命相，聊以赡家，以知命者言命，有神仙之称，盖亦今之许负[①]、君平[②]者也。命相余闲，兼好道家言。一日以手集《丹经指南》相示，谓欲梓行以公诸世也。余读之，皆反观内照、体验有得之真谛，良足为学道者增长内功，与孔子窃比之意正合。用识数语，以与海内明道之君子共证之。

民国四年（1915 年）阴历二月钧州疆恕子方硕辅拜识

《丹经指南》汤序

金丹之道，七真所秘。自伍冲虚真人著《仙佛合宗》《天仙正理》，而道乃明显，无有歧趋。至我清朝道光间，柳华阳禅师著《金仙证论》《慧命经》，道益发露无余。同时有湖州金盖山闵小艮真人，以开府之孙，为司马之职，因真仙口授，得至大成。所著《古书隐楼藏书》，贯穿三教，阐发三乘，将自古不传之诀，一一笔之于编。学者伏而读之，凡本末、始终、先后，以至大化、圣神之功用，无不一以贯之，令人心目了然，毫无疑惑，诚登天之宝筏、渡世之慈航也。其所刻之《古书隐楼藏书》，凡廿余种，而未刻之秘本，尚有六种。自经红羊之劫，此书流传绝少。余幸于友人处借得熟读，再欲觅之，殊不易易，惟得其《天仙心传》一全本，直指太上心宗，是我至圣"精一执中"之心法，与文佛"圆明觉性"之真传，为一超直入无上上乘之妙道。不必言卦爻、斤两、火候、度数、年月日时，如能心息相依，清净自然，久久纯化，自可与钟、吕齐驱，王、马并驾。合观白祖《修仙辨惑论》，乃知执文泥象、刻舟求剑者，非三教至圣之奥旨也。

---

①许负，秦汉时女相士。《史记·绛侯周勃世家第二十七》：条侯亚夫自未侯为河内守时，许负相之。(〔索隐〕应劭云：负，河内温人，老妪也。) 曰："君后三岁而侯。侯八岁为将相，持国秉，贵重矣，于人臣无两。其后九岁而君饿死。" 亚夫笑曰："臣之兄已代父侯矣，有如卒，子当代，亚夫何说侯乎？然既已贵如负言，又何说饿死？指示我。" 许负指其口曰："有从理入口，此饿死法也。"

②严君平，名遵，西汉时蜀郡郫县（今四川成都）人。精《老子》《庄子》《易经》，《蜀中广记》和《高士传》称："知天文，认星象，善占卜，通玄学。" 曾在成都卖卜，"日得百钱，即闭户下帘"。

闵真人之高足，薛阳桂师，著有《梅花问答编》一本，将列真妙诀，与师门所传，和盘托出，而归本于太上心宗，是真能承先圣以开后学者，厥功伟矣。不才束发受书以来，即向往无上天仙大道，研求访问，将三十年，晤道友甚多，或非正轨，或非真传。今遇吾师张松谷于海上，时时印证之，始信其与伍、柳二真，道同旨合，迥非他人之毫无实功，与专事外鼎者所能学步，益令不才心目了然，曷胜佩服。昨手此一编示余，其中大旨，均属正道不易之法，而且火候、出神先后法则、景象、证验，一概俱备矣。敬读数过，谨述鄙见于简端，将来于十洲三岛、玉霄金阙间，博真仙之一笑也。

时光绪二十七年（1901 年）岁在辛丑九月既望

北平门下士明阳道人汤东晖拜识

《丹经指南》抱仁子序

孙真人云："人身为神气之窟宅，神气若存，身康力健；神气若散，身乃死焉。若欲存身，先安神气。即气为神母，神为气子，神气若俱，长生不死。若欲安神，须炼元气。气在身内，神安气海，气海充盈，心神安定；定若不散，身心凝静，静至定俱，身存年永。欲思安定之法，必得神气之术。"予夙慕玄风，勤搜道术，不获修畅之旨，每多隐廋之言，往而仍返，深而愈艰。近求丹书，均难通晓。往往以名师指点，故作难题，实为方士所蔽掩，致有望洋之兴叹！

三阳道人张松谷先生者，精于风鉴，善于易理玄功，甚有心得，丹书别有师传。今由陆君略先生介绍，晤谈之下，出示《丹经指南》一书。展读之下，诚谓言言剀切，字字详明；立为问答，解论确切，实为存神炼气之捷径，修真保命之大道。爰商付印，以广流传。庶后之修真者，不为艰词僻语所难，亦不致为鄙夫术士所惑。而先生指南之旨，亦可度世矣。某不揣谫陋，敬志数语，以告后之读是书者云尔。

时在民国七年（1918 年）岁次戊午端午日莫釐抱仁子席锡蕃谨识

《丹经指南》自序

《易》曰："一阴一阳之为道。"又曰："穷理尽性，以至于命。"夫理即道也，道即理也。阴阳之道，即性命之道。此理此道，位天地而育万物，其大无外，其小无内，先天而天勿违，后天而奉天时，最幽最深，至精至微。知之者成圣、成仙、成佛，迷之者为人、为物、为鬼。然不得师诀，千譬百喻，以有形无，以实形虚，或露枝条，或泄根荄，甚难穷究。加之后世旁门曲径，穿凿圣道，紊乱仙径，各说其说，各是其是，误认经书之喻言，埋没古人之本意。或流而为闺丹，或隐而为炉火，或执其色身，或著于空寂。邪说淫辞，流行宇内。即有一二志士，满眼针刺，两耳梆铃，聪明无施，主意难定，一入网中，终身莫出，此予问答辩难所由来也。

予自束发以来，慕道之诚，无时或释，以及诸子百家，遍阅靡遗，竟不得其门而入。及需次武林，闻有修真之士，不辞远近，无不驰往，叩求至道，此亦秉性所赋，毫无假借者也。所接修真之士，屈指亦难记忆。惟天台道人老储者，光绪甲申、乙酉间，名噪两浙。尝隆冬蜷卧桥下，雪降没身，迨雪消，人见其已僵矣，乃具棺木，将殓而葬之。以其体之蜷而不可盛也，使两人伸其尸而直之。道人忽直立而詈，遍身热气，如蒸釜上腾，顷刻冰消衣干而去。予闻而往访焉，其旨与钟、吕、邱、马无不吻合，后化解于杭南之玉皇山。隔年在天台山，人复有见之者。庚寅年，予差次长安，遂游西岳，谒吴兴沈太虚真人于郝祖洞，承蒙处处指点明晰，口授心领，益复豁然。嗣至金陵，于诸友朝夕研究，火候层次，确能洞然。门下余子锦章，见而心慕，愿将六十问答缮录成册。兹由陆子君略、席子锡蕃，怂恿再三，付诸梨枣，以惠同志。诚恐浅学未必有补于高深，倘蒙匡其不逮，有所教正，则所深愿焉！

民国五年（1916年）岁次丙辰仲夏月三阳道人张松谷午樵氏识

《丹经指南》卷上

中州三阳道人张松谷午樵氏　著
西蜀黄龙子范梅父　校勘
江苏门下士朱明庚　校兑
岭南居士张芗　重订

处境问答

问曰:“人之不肯学道者，境为之也。一曰富贵之境，终日奔忙，视纷华丽美为性命；一曰忧患之境，伤神劳形，不知何日出脱，以此俱属有待。光阴迅速，年光虚度，甚可惜也。不知至人当此，何以为计？敢问其说。”

答曰:“心随境转，境逐心生。若要心定，世人爱的我不爱，世人做的我不做，红尘万缘，勾引不动，自然心清意静，阴阳不能陶铸。广成子谓:‘毋劳尔形，毋摇尔精，毋俾尔思虑营营，乃可长生。慎内闭外，多智多败，我守其一而处其和，故千二百年，未尝衰老。’予谓形毋劳，精毋摇，事可勉而易为，独无俾尔思虑营营，此句最难持循。惟是昏昏嘿嘿，认住一个‘静’字，一刀斩断，庶可以免多智之败也。此‘毋俾’二字，要细勘。郝太古曰:‘境杀心则凡，心杀境则仙。’”

却病问答

问曰:“道养功夫，可以却病，病时亦可学否？”

答曰:“可。正谓平时不知保养，病时急须调摄。古仙云:‘一点阴气不仙，一点阳气不死。’人禀天地之气以有生，气活则疾自除，气服而神自灵也。故善治病者，必先服气。鱼腹中不得水出入则死，人腹中不得气出入亦死，其理一也。《寿域神书》云:‘百病乘虚而入。’虚者，气虚也。服气，则充矣。发汗只可宣泄热毒，郁蒸邪气耳。若补元气，还要炼阳气，须得真师口诀。虽气息奄奄，缓缓使火，渐行阴阳生降之法。仙圣云：‘始信形神堪入妙，半夜残灯可着油。’如服气稍倦，即熟睡一觉，醒而阳生，急服气以采回。采回之后，又服气以煅炼之。此则补益甚大，庸医不知，而谬以五苓、柴胡、参芪、苍苏为长物，是溺其旨也。《八段锦》云‘水潮除后患，起火得长安’，即此。人可不猛加精进哉？后有旋机运法，为疗病医疮诸秘诀。”

处劳问答

问曰：“人当劳倦，一到家，即放身偃卧，或令人按摩，稍为歇息，以俟气复。今只行坐功，其理何如？”

答曰：“人当气力怠倦时，正好用坐功法，以收摄天地之正气，滋补吾身。若任其歇息，放身偃卧，则神气散涣，血脉不能流动。即令人敲背，虽一时稍愈，而不能无壅滞之患渐积于身也。故公务之暇，或应酬方止，鞍马方归，即坐一炷香，则片晌功夫，永保无穷佚乐矣。盖功夫一次，即当服药一次。谓此一刻，能采先天之一气，以点化凡躯。所谓‘灵丹一入口，变化寿无穷’也！”

遏欲问答

问曰：“人每当房事行后，复萌此念，虽忍过数日，有必欲行而后已者，其故何也？”

答曰：“此乃五谷饮食之精，未经煅炼，在里边作祟。究溯其根，即所谓情也。从父母交媾之时而来，父母因情动而起此交媾之念，此一段情缘，落于吾身，所以吾身中未能断此，相续不绝。惟至人纯养，化情归性，煅炼阴精，而入于先天元始之初，则自无此欲念。孟子曰：‘养心莫善于寡欲。’至于应行者，不过因乎时候，完生人之大事耳。”

生育问答

问曰："人有室家，有生育之道。为胤嗣计，此坐功亦可使元阳坚固，不碍生育否？"

答："道书云：'顺则生人，逆则成仙。'《脉望》云：'徒精不能育也。'必有一段元气，亭毒于精之先，而后成胎。人不得是气不生，物不得是气不育。道家所谓'先天祖气'是也。又有后天之气，乃呼吸往来，运行充满于身者。此气不厚，则精不浓；此气不充，则精不射；此气不聚，则精不暖，皆不能成胎。故从得道后生子，其胎名曰仙胎。"

忙闲问答

问曰："人有忙、有闲，俱可学道乎？"

答曰："可。崔公《入药镜》曰：'一日内，十二时，意所到，皆可为。'《丹经》曰：'一年之中，尚有一月；一月之中，尚有一日；一日之中，尚有一时。故圣人于年中用月，月中用日，日中用时，时中用刻。'此欲坐功，不过一刻炷香耳。人一日之内虽忙，自昼至夜，岂无一刻之暇哉？若坐得一刻，即是周天矣。夫天地一年一周天，我此刻周天，即有天地一年之造化。若坐得二次，又有天地二年之造化矣。人定胜天。如此，若行之无间断，岂有不长生久视也哉！诗曰：'一刻之功夫，自有一年之节候。'又曰：'不刻时中分子午，无卦爻内定乾坤。'皆古圣人深叹用功之妙也，岂有闲与忙之分哉？"

交感问答

问曰："人每怕言开关。恐开关后，遇交感则精气一泄无余，所以疑惑耳。"

答曰："此乃房术禁制之法耳。彼未尝筑基炼己，于本原上用功，真阳未生，未能对景无心，不过行此躲闪之法，所以一战败而溃决不可收拾。葛稚川以为水盆盛汤、羽苞蓄火，陶隐居以为抱玉赴火，李玉溪称为地狱生子。古今丹书，皆极口痛骂。若本原功夫，先从清静始。清静之人，正气充实，自然真阳发动。盖人生立命，惟此一点真阳，藏在肾宫。其奄奄不振者，肾水涸也。肾水何以涸？元气虚也。服气则元气实矣。元气实，则肾水溢矣。此与房术之禁制而不能流通者，甚相悬绝。且开关者，不过开此阴阳升降之径路耳。诗曰：'常使气冲关节透，自然精满谷神存。'精既过矣，岂犹虑其溃泄无余者哉？"

坐功问答

问曰："坐功之法，人亦有学者，常致虚火动，其故何也？

答曰："此未得真师口授耳。人在气中，如鱼在水中。鱼必瀺灂以泳水，水然后沃其肤；人必攒簇以服气，气然后充其体。《家语》云：'食气者，神明而寿。'旨哉！旨哉！此中自有功夫，详口诀内。若枯坐蒲团，则虚火横生矣。"

地仙问答

问曰："仙有五等。所谓地仙者，长生在世而不死人间。如何下手？"

答曰："正阳真人云：始也法天地升降之理，取日用生成之数。身中用年月，日中用时刻。先识龙虎，次配离坎。辨水源清浊，分气候早晚。收真一，察二致，列三才，分四象，别五运，定六气，聚七宝，序八卦，行九州，五行颠倒，气传子母，液行夫妇，三田反复，烧成丹药，永镇下田，炼形住世，而得长生不死，以作陆地神仙，故曰地仙。"

赞化问答

问曰："道养之事，久不传于世。有谈道者出，世必以异端目之，何也？"

答曰："三教圣人，皆同一源。孔子言尽性至命，孟子言存心养性，而直指养气，与道教无异。夫出彝伦之外者为异端，而道养又在彝伦之内。自君臣、父子、夫妇、兄弟、朋友皆可行之，岂有在彝伦之内而反为异端也哉？虽旁门亦有不同。而大道之要，总在调和气血，流通经络，养未发之中，为位育之本。黄帝得之以修身治天下，世臻上寿，人物蕃衍。传至尧舜以来，皆有修真之人，以弘助化育。汉文帝行之而亦以大治，使天下五伦之人，俱悟性命大旨，家家相传，世世相习，延寿绵绵，无夭折疵厉之患。赞化之功，莫大于此。”

火候妙用问答

问曰：“人有用功时，或腹内胀满，饮食不消，或骨节间滞痛，敢是坐未及周天，一时起来应酬，以致滞痛否？”

答曰：“此须全借火候。长春曰：‘元神妙用，真火候也。’如烹茶然，一炉之间，文火、武火，要均匀得宜，须得师授，不可任意杜撰，致生他病。太上立法，教人修炼而长生者，以两孔之呼吸，而夺天地之正气。施肩吾曰：‘气是添年药，心为使气神。能知行气主，便是得仙人。’此‘行气主’三字，即所谓‘元神妙用’也。凡坐之时，须与得手之人同坐，看其如何坐法，心里有不明处，或关未能开，一一问明，使胸中有定见，然后静坐不爽，自无胀满之病。至于骨节滞痛，亦自有说。或是气未充满，强以意开，或是开关后，证候屡变，心生疑惑，开而旋止，遂至壅滞耳。须访得手之人，询其口诀，信心而坐，变一境即为质问。初而坎离交媾，为小周天；继而乾坤交媾，为大周天。又继而进阳火、退阴符，金木交并，为卯酉周天。又继而通治命桥，开中宫，其中宫动处，即朱文公所云：‘静极而嘘，如春沼鱼；动极而翕，如百虫蛰。’至于此，则由中达外，即《易》中所谓：‘黄中通理，正位居体，美在其中，而畅于四肢，发于事业，美之至也。’世人多趋旁门，不信大道，不得到于祖窍。此窍初凝，就生两肾，次生其心。其肾如藕，其心如莲，其梗中通外直，拄地撑天。心肾相去八寸四分，中余一寸二分，谓之腔子里，乃心肾往来之路，水火既济之乡。欲通此窍，要在存想山[1]根，则呼吸之气，渐次通夹脊，透混元，而直达于命府，方才子母会合。渐渐扩充，则根本完固，救住命宝，始可言其修炼也。”

---

① 山，底本作“仙”，据《性命圭旨》改。

服气无弊问答

问曰："吾之不敢学坐功，而尚有疑者，恐当夜深起坐时，冷气吸入，或有风、寒、燥、湿诸气，一时犯之而不觉，以致生病。是以疑惑而不敢耳。"

答曰："此乃不明服气之真功夫，不解天地之正气，与人之真气昼夜循环之机。《经》云：'人之所以能夺天地之真气者，由其有两孔之呼吸也。'《五行图诀》曰：'人之真气，大运随天地，一年一循环。春在肝，夏在心，秋在肺，冬在肾。知之修炼，令真气不出本宫，自是陆地神仙。人之元阳，小运随一昼夜一循环，卯在肝，午在心，酉在肺，子在肾。知之修炼，令元气不差传送，自为人中之仙。'太上曰：'出日入月是吾道。'又曰：'出日入月呼吸存。'夫呼者，日也；吸者，月也。又曰：'皆由心内运天经，昼夜存之可长生。'先注云：'天经，乃吾身呼吸往来之黄道。'夫呼吸，既比日月，又象黄道，安有冷气及风寒诸气生病之虞？须知气属阳，凡天地之气，与人身之气，皆阳也。故孟子曰：'气，体之充也。'又曰：'至大至刚。'道家谓气属阳，液属阴，故指气为婴儿，液为姹女。且人禀天地之气以有生，气聚则生，气散则死。《太铉宝典》曰：'气为道本，道从气生，气从空有，真气不摇，故可长生。'《悟真篇》云：'道自虚无生一气，还从一气产阴阳。阴阳再合成三体，三体重生万物昌。'彭又朔云：'善食味者，精壮而肥；善食气者，神明而寿。'《丹书》又云：'长生须服气。'须知服气之法，不离呼吸。宋紫霜云：'天地呼吸，故能长久。人能法天地呼吸，亦可与天地同其长久。'又曰：'人之元气，与天地相通。服气者，服天气也。此气自外而来，从虚而入。养生家切切言：暮无饱者，何也？盖向晦晏息之时，正天气来复之会，天气一入，则正气益充。道家谓以后天呼吸之气，引先天之气，入黄房，成至宝，此之谓也。'河滨丈人《调气篇》云：'天地虚空中皆气，人身虚空处皆气。故呼出浊气，身中之气也；吸入清气，天地之气也。善摄生者，必明于气之理矣。须得密室闭户，安床暖席，使冷气不能侵，风寒诸气不得乘，此养气之正诀也。'儒家士大夫，在朝则有公务，在家则有应酬，安得长久密室静坐？只初学时，稍择密室，与同学共坐。得诀后，每日有暇，即坐行一周天。久之纯熟，三田三关，俱已通透，遇善气即可服入，遇恶气即急避之。或在公所，未有人接时，或在车中，亦可行服气法。混沌一会，方可为盗天地、夺造化之妙手也，可决然无疑矣。”

性命问答

（问答二。此篇论道养诸名，而细剖其义，以泄天机。）

问曰：“性命之理，何如？”

答曰：“灵光一点，浩气常存，本来面目，性也。玄关一窍，先天至精真一之气，命也。性，即神也；命，即气也。神凝则气固，气聚则神灵。性无命不立，命无性不存。真人云：‘神是性兮气是命，神不外驰气渐定。本来二物互相亲，失却将何为把柄？’”

性问答

问曰：“儒者之言性，与道家之言性，果有异乎？”

答曰：“元始真如谓之性。孟子曰：‘知其性，则知天矣。’前所云‘灵光一点，浩气常存，本来面目’是也。性原无二，惟孟夫子‘知天’之说，人多未解。盖性之附体，原属天地。非人所测，惟精心学道者知之。人之元神，日居二目，藏于泥丸；夜居二肾，蓄于丹鼎。乳养其五脏，气冲乎六腑。所以学道者，教人存想眉攒，即用目以养神之一法也。盖人之一身皆属阴，惟二目属阳。目之所到，气即周焉。静坐之间，用目处处照管，则遍体纯阳矣。此则日居二目效验之一端也。”

命问答

问曰：“儒者之言命，与道家之言命，果有异乎？”

答曰：“人禀天地之气以有生，即天所命，就其气之灵光，即是性。所以《中庸》言天命之谓性。合而言之，道家亦谓‘神是性兮气是命，神不外驰气渐定’，未尝分也。惟所谓‘性根命蒂’者，不可不知，即三百日形圆之际，灵光入体，与母分离，剪断脐带，天命真元，著于祖窍。《道德经》

所云‘玄牝之门，为天地根’，是也。《性命圭旨》云：‘此一窍，在身中求之，非口非鼻、非心非肾、非肺肝、非脾胃，非脐轮、非尾闾、非膀胱、非谷道、非两肾中间一穴、非脐下一寸三分、非明堂泥丸、非关元气海，然则果何处耶？纯阳真人云：‘玄牝玄牝真玄牝，不在心兮不在肾。穷取生身受气初，无怪天机都泄尽。’噫！说至此，至矣，尽矣！”

神气精问答

问曰：“金丹之大纲，曰神与气精，请问其理！”

答曰：“天一生水，在人曰精；地二生火，在人曰神；元始包罗天地，曰气。不观白玉蟾云：‘其精不是交感精，乃是玉皇口中涎；其气非即呼吸气，乃知却是太素烟；其神非是思虑神，可与元始相比肩。’华山晤语不曰：天地生人本于气，神即气之灵觉者。气是命，神是性；性属阳，命属阴；气为母，神为子。虽有二名，实则一体。《金丹大要》曰：‘精气神，原是相须者。精非气不盈，神非气不充；精因气融，气凭精用；气因神见，神凭气周。’象川翁曰：‘精能生气，气能生神，营卫一身，莫大于此。’《丹经》云：‘仙人道士非有神，积精累气以成真。’吸气以养精，如金生水；吸风以养神，如木生火。漱水以养精，精之所以不穷。老者养精，故就精穴用精。上丹田，炼元神之所；中丹田，炼元气之所；下丹田，炼元精之所。”

汞铅问答

问曰：“《西山集》云：‘大道简易无多字，只要教人炼汞铅。’又曰：‘铅汞鼎中居，炼成无价宝。’又云：‘铅生汞，汞生铅。’前贤都说现成语，未尝详著‘铅汞’二字之义。”

答曰：“铅汞，乃借喻语也。昔广成子教黄帝炼外丹，始有铅汞之名。但外丹为后来之事，内丹为本原之枢。请先言内丹。人之先生肾也，为北方壬癸水，即五金中之铅。心为南方丙丁火，即八石中之砂。于肾气之中，取真一之水，即铅中取银。于心液之上，取正阳之气，即砂中之汞。心肾二物，合和而成丹，即铅砂二物，合和而成宝也。《金丹五行论》云：‘天一生水，水中真阳之气为黑铅。铅乃金之祖，金正位居西。不曰金而曰银者，象兑之色白也。金本生水。修丹之士，却向坎中取金者，以母隐子胎故也。地二生火，火中真阴之精为朱汞。汞乃硃砂之父，汞正位居东。不曰木而曰汞者，即震东之木液也。木能生火。修丹之士，却于离中求木液者，以弦气所在故也。'《金丹》又云：'铅本生兑，而母隐子胎，却以坎中求之，盖坎中有戊土也。汞本生震，而子藏母形，却以离中求之，盖离中有己土也。'云房云：'汞者，心气也，飞轻之物也；铅者，肾气也，沉重之物也。'以沉重而镇飞轻，则丹结矣。"

龙虎问答

问曰："龙，乃肾中真一之气；虎，乃心中正阳之气也。龙从水里出，虎从木中生，此正理也。有云'龙从火里出，虎向水中生'，此又是何说？"

答曰："真铅产在坎宫，真汞生居离位。坎乃北方正气，属水；水为金子，水返产金，母隐子胎，故'虎向水中生'也。虎舍在西曰兑，兑金生水，水中产金，故为真铅。阴中之阳，外雌而内雄，中含戊土，故曰黄男。虽然铅是兑宫金水所产，而坎中阳爻，原属于乾，气运未交之先，乾因颠蹶、驰骤，误陷于坤。乾之中爻，损而成离，离本汞居，故曰'坎内黄男名汞祖'也。离乃南方正气，属火，火为木子，火还孕木，子藏母胎，故'龙从火里出'也。龙在东曰震，震木生火，火中产砂，是为真汞，阳中之阴，内雌而外雄，中含己土，故曰玄女。虽然汞是震宫木火所生，而离中用爻，原属于坤，混沌撅落之后，坤因含受孳育得配于乾，坤之中爻，实而为坎，坎本铅舍，故曰'离中玄女是铅家'也。此前贤穷究四象相生、相合之理有如此。"

四象五行问答

问曰："四象五行，其义何居？"

答曰："四象者，青龙、白虎、朱雀、玄武也。五行者，金、木、水、火、土也。龙木生火，同属乎心。心者，象帝之先，灵妙本有中之真无也。

心若不动，则龙吟云起，朱雀敛翼，而元气聚矣。虎金生水，多同系乎身。身者，历劫以来，清净自无中之妙有也。身若不动，则虎啸风生，玄龟潜伏，而元精凝矣。精凝气聚，则金木水火，混融于真土之中，而精神魂魄，攒簇于真意之中。真意者，乾元也，即真土也。乃天地之母，阴阳之根，水火之本，日月之宗，三才之源，五行之祖。万物赖之以生成，千灵承之以舒惨。意若不动，则二物交，三宝结，四气合和，五行攒簇，会入中宫而大丹成矣。故紫阳云：‘五行全要入中央。’盖谓此也。”

河车运转问答

问曰：“河车一名，其义何居？”

答曰：“北方正气，名为河车。自坎离交媾之后，中生真一之液。液满即行，河车运转，前路通达，自然逆升。仙翁谓：‘上鹊桥，下鹊桥。’又曰‘河车不暂停，运入昆仑顶’，是也。此皆自然，非有所为而然，亦不知其所以然也。河车运时，从尾闾上升，若虫蚁在背上行之状，亦即三车搬运之景也。”

三车搬运问答

问曰：“三车搬运，其义何居？”

答曰：“羊车载火，鹿车载水。羊鹿二车，三宫往来，上下不停。上田返中田，中田返下田，下田复上上田，上田复入气海，接着真气。三车共聚，再返起火，是周天火候，谓之大牛车，精累炼其金身也。”

玄牝问答

问曰：“玄牝之旨，云‘生身受气初’，又云‘念头起处’。果何说也？”

答曰：“玄牝阖辟，即真息绵绵也，乃乾坤阖辟生生之机，无瞬息间断。若有间断，此身即窒滞矣。学者行持，先天后天，混为一家，其机自不容御。太上所谓‘谷神不死，是谓玄牝。玄牝之门，是谓天地根。绵绵若存，用之不勤’者，是也。”

橐籥问答

问曰："橐籥者，道家至贵之物，果何象也？"

答曰："橐籥，乃炉匣鞴管之物，往来不穷。老子云'天地之间，其犹橐籥乎？虚而不屈，动而愈出'，即其义也。学人调息绵绵之后，用之不勤，方为真橐籥。仙翁所谓'天地以阴阳为橐籥，人身以玄牝为橐籥'，是也。橐籥风，即是内呼吸。《丹书》云：'神风橐籥，故天地相镇。橐者，阴之门；籥者，阳之门。真气运动其中，故身体安宁。'古人云：'能明橐籥之道者，谓之圣人。'"

巽风坤火问答

问曰："巽风坤火，开关要诀，果何义也？"

答曰："前云橐籥风，即此巽风也。巽，顺也。顺其自然也。（巽下断，阴气发于下，谓之巽风。）巽风既生，坤火又炽，俱一气穴之事。俞玉吾云：'坤居下为炉，非猛烹极炼，则不能出炉；乾居上为鼎，非倒行逆施，则不能升鼎。所以火非风生，则不能运动。仙翁所谓'起巽风，运坤火，入黄房，成至宝'，是也。又曰：'巽者，炉中东南之片缕耳。阖则为乾，辟则为巽；阖则为嘘，辟则为吸。'何以能开阖？亦无非一意使之然也。"

心问答

（问答三。此篇总论一身之蕴，而详列其旨。）

问曰："《圭旨》云：'涵养本原，救护命宝。'何也？"

答曰："张三丰真人云：'未炼还丹先炼性，未修大药且修心。心修而后丹性至，性静而后药材生。'尹真人亦云：'欲修长生，须识所生之本。'此本来真心，虚灵不昧，不生不灭，无去无来。故老子曰："若夫修道，先观其心。'观心之法，妙在灵关一窍。人自受生感气之初，禀天地一点元阳，化生此窍，以藏元神。其中空空洞洞，至虚至明，乃吾人生生主宰。昔黄帝三月内观者，观此也。太上曰：‘吾从无量劫来，观心得道，乃至虚无。’观心非易，止念尤难。是念头起处，系人生死之根。古仙云：‘大道教人先止念，念头不住亦徒然。’此涵养本原，所以为第一义也。”

耳目口鼻问答

问曰：“耳目口鼻，道家所谓有用之物，果何用也？”

答曰：“此真泄天机，动见毫发，化顽石而为金，点瓦砾而成玉，不啻过也。夫二目，为役神之舍，顾瞻视瞩，神常不得离之。两耳，为送神之地，盖百里之音，闻于耳，而神随之而去。两鼻，为劳神之位，随感而辨薰莸。辨之者谁？神也。使耳目口鼻，皆如眉，则神岂不安而全之？夫如是，则不为后天也，亦不劳修炼也。大抵忘于目，则神归于鼎而烛于内，盖绵绵若存之时，目垂而下顾也。忘于耳，则神归于鼎而闻于内，盖绵绵若存之时，耳内听于下也。忘于鼻，则神归于鼎而吸于内，盖真息既定之时，气归元海之里。合而言之，俱忘而俱归于鼎，而合于内矣。还有口诀么？”

肝胆脾胃肺肾问答

问曰：“金丹之道，耳目口鼻，固亦得闻之矣。心固不言可知也。肝胆脾胃肺肾，无用之物，无用之中而有功者何？”

答曰：“此须已到而后知其理。五行之用，不可缺一。绵绵若存之顷，脾气与肾气相接，而归于心缕。肝气与胆气相接，从大小肠接于肾缕；肺气伏于心气，而通于鼻。是气也，肾脾定后，元气周流，自东而西，自南而北之气也。西南乃气之会，气合而归于此。却自夹脊，直透上中丹田，而降于肾腑。两肾中间，有治命桥。故寒山子曰：‘上有栖神窟，横安治命桥。’气降至于此，阳气盛而上冲，与此气相接于一，则周围于鼎器之外，日用之则日增。经营之力，鄞鄂之成，实肇于此。忽然有一物，超然而出，不内不外。金丹之事到此，则一半矣。”

肝肺问答

问曰："《丹书》云：'肝肺为传道之宫。'请问其详！"

答曰："肝本心之母、肾之子，肝传道肾气，以至于心。肺本心之妻、肾之母，肺传道心液，以至于肾。气液升降，如天地之阴阳；肝肺传道，若日月往来。古人云：'气传子母，液行夫妇。'"

三膈问答

问曰："《丹书》云：'三膈开时滞碍通。'试指其处！"

答曰："前三膈：一、丹田隔，对心；二、胃中膈，对脐；三、脏下隔，对气穴。三隔开时，俱有景象。"

三焦问答

问曰："肺之为气三焦起，三焦有名而无形。请问三焦之所在？"

答曰："下焦有脂膜如掌大，正与膀胱相应，后对大中极，有二白脉，自中而出，由夹脊而上贯于脑。中焦在中脘内，应脾。上焦在膻中内，应心气，分布人身。方其湛寂，欲念不兴，精气散于三焦，荣华百脉。及欲想一起，欲火炽然，翕提三焦，精气流溢，并从命门输泻而去，其可畏哉！"

二十八脉问答

问曰："人之一身，有二十八脉，上应宿度。果其然乎？"

答曰："《灵枢经》云：'日行二十八宿。人经脉，上下左右前后，二十八宿。周身十六丈二尺，以应二十八宿。漏水下百刻，以分昼夜。故人一呼脉再动，气行三寸；一吸亦再动，气行三寸。呼吸定息，气行六寸。十息气行六尺。日行二分，二百七十息，气行十六丈二尺。气行交通于中，一周于身，下水四刻。日行二十五分，五百四十息。气再周于身，下水四刻。

日行四十分，二千七百息，气行十周身，下水二十刻。日行五宿二十分，一万三千五百息，气行五十营于身，水下百刻。日行二十八宿，漏水皆尽。脉络矣，凡行八百一十丈也。'又云：'气之行，如水之流，如日月之行不息，故阴脉营于脏，阳脉营于腑，如环之无端。'"

奇经八脉问答

问曰："吾闻人身之有任督二脉，犹天地之河汉，日月之赤黄二道。又为一身阴阳之海，五气真元，皆为会机。此二脉，亦在二十八脉中乎？"

答曰："非也。此是奇经八脉。督脉、任脉、阳跻、阴跻、冲脉、阳维、阴维、带脉，此八阴脉，不动者也。惟修仙之士，变阴为阳，而化为至动之脉也。初开督任，出阳神冲脉。"

骨节毛窍问答

问曰："人之脏腑，皆生精液之物。若骨节毛窍，亦生精液乎？"

答曰："人有一百八十灵关，三百六十骨节，一千二百形骸，一万二千精光，三万六千根原本始，八万四千毛窍，关键中咸生精液之润。人无津液，则枯槁云亡。天地得水而覆载，万物得水而生成。天地人物，其理一也。"

顶骨八门问答

问曰："吾闻人之顶骨八片，谓之八天，亦曰八门。中有金楼宝殿，玉阙紫房，自己无相真人，总领万神居之。道成则神光内烛，天门豁开，婴儿蜕质，于是真人飞从顶门而出。请问八门之名？"

答曰："神庭、上星、囟会、前顶、百会、后顶、强间[①]、脑户。初基之士，功纯百日，神庭穴开，以次六门渐开。惟囟会一穴，名天门，到守一方开。《圭旨》云：'泥丸九真皆有房，方圆一寸处此中。'此中玄中之玄，天中

① 间，底本作"问"，据针灸穴名改。

之天，郁罗萧台，玉山上京，脑血之琼房，魂精之玉室，百灵之命宅，津液之山源。此正两耳交通之穴，前明堂，后玉枕，上华盖，下绛宫，乃北极太渊真一元神所居之处。盖一面之神宗，一身之修海，守一之玄室，还丹之天衢。神出于囟，故囟者，神之门也。《法宝遗珠》云：‘识得本来真面日，始知生死在泥丸。’”

魂魄问答

问曰：“《丹书》云：‘人之气魂，得之于天，体魄得之于地。’又云：‘阳神曰魂，阴神曰魄。’余未了然。”

答曰：“生谓之精气，死谓之魂魄。魂者，气之神，有清有浊。口鼻之所以呼吸者，呼为阳伸，吸为阴屈也。魄者，精之神，有虚有实。耳目之所以视听者，视为阳明，听为阴灵也。魂昼寓目，魄夜舍肝；寓目能见，舍肝能梦。梦多者，魄制魂；觉多者，魂胜魄。盖因魂有精，因精有魂，因魂有神，因神有意，因意有魄，五者运行不已，故圣人以魂运魄，众人以魄摄魂。”

呼吸问答

问曰：“《黄庭》云：‘出日入月呼吸存。’敢问何也？”

答曰：“心肾之气，呼吸出入，升降上下，往来无穷。故《丹经》云：‘人心若与天心合，颠倒阴阳只片时。’此即一呼一吸，能夺造化。人一日有一万三千五百呼，一万三千五百吸。一呼一吸为一息，则一息之间，潜夺天运一万三千五百年之数。一年三百六十日，四百六十八万息，潜夺天运四百六十八万年之数。盖于换尽阴阳之躯，变成纯阳之体，神化自在，聚则成形，散则成气，出有入无，隐显莫测，岂不奇哉！”

开关问答

（问答四。此篇总论开关之景象，而及于坐功火候、水火饮食诸妙义。）

问曰：“学道须开关，其义何居？”

答曰："《丹经》有言："但得气充关节透，自然精满谷神存。'故服气必要开关。关不开，是气不充也；气不充，则内虚矣，内虚则百病得以乘之。彭又朔曰：'水满渠成，气充关透。'关不开，是气不充；气不充，腹里许多陈积热毒，何由推荡也？"

任督问答

问曰："开关之妙，既闻之矣。如何方谓开关？"

答曰："开关者，通任督二脉也。古仙往往教人通任督二脉。尝闻督者，总管之义。此脉通，则百脉皆通。在人脊骨二十四节中，自尾闾贯泥丸之大白脉也。《庄子》曰：'缘督为经，自可长生。'任脉在何处？如何通法？宋子霜曰：'子独不观夫字义乎？仁者，人也；壬者，水也。合之曰'任'，是人身中水所蓄处也。男子于此藏精，女子于此怀孕，脐下丹田，是其处也。然而通，则难言之矣。任气在前，从前下降而后升上。督气在后，后上升而前下降。阴就阳入，则龙虎并，而一点落黄庭矣。何弗通乎？虽谈任督者，道法不同，大率不离交媾者近是。全阳子曰：'丹法之要，在乎通任督二脉。盖任督二脉，为一身阴阳之海。任在前，为阴脉之总；督在后，为阳脉之总。人能通之，则百脉皆通。自然周身流转，无有停壅。此乃身中黄庭，上下阴阳升降之正路也。鹿运尾闾，通其督脉也；龟纳鼻息，通其任脉也。人能通此二脉，岂有不长生者哉？不然，则二气何以运？阴阳何以会？徒费功矣。'"

开关日期问答

问曰："开关以通任督二脉，得几日方开？"

答曰："此看人至诚与否。若诚心学道之人，急思生死大事，锐志精进，数日可能，亦有十余日者，亦有二十余日者，然至二十余日极矣。若过此未通，必其心不专，不然亦其无夙根也。《道德经》曰：'专气致柔。'又曰：'致虚极，守静笃，吾以观其复。'复者，一阳生也。惟极与笃，而后复可观也。《入药镜》云：'但至诚，法自然。'"

卯酉周天问答

问曰："开关之法，即子午周天，所谓'乾坤交媾罢，一点落黄庭'是也。又有所谓'卯酉周天'者，其理何也？"

答曰："乾坤交媾，即玉液炼形，南北相通也。卯酉周天，即金液炼形，进阳火，退阴符，东西交并也。人之一身，东西南北，真气周流，岂有以壅滞而生病哉？若不知此法，如有车无轮，有舟无舵，其欲致远，不亦难乎？须乾坤周天热[①]后，方行此法。（法详后口诀内）"

后三关问答

问曰："《丹书》云：'三关通透不须劳。'请问其三关！"

答曰："脊骨有二十四节，从下起第一节是尾闾关，其骨形如金鼎，上有九窍，名下关。至十八节为中关，直至顶门为上关。尾闾一穴，诚阴阳之都会也，儒名九曲明珠，释名九重铁鼓，道名九曲黄河，此乃化气上鼎之正路。凡修仙道，先须开尾闾关。此关若不开通，则阴阳何由而升降？神气何由而周流？欲证仙真，终不能达其造化，而去道远矣。"

前三关问答

问曰："后三关人所同知，若前三关则人所不知也。愿闻其说！"

答曰："前三关：纳粟关，玉池也；金锁关，气嗓也；玉锁关，胃管也。前三关，乃降气之径路也。（一谓上、中、下丹田）"

趺坐问答

问曰："法必跏趺端坐、闭口忘言者，何也？"

---

① 热，似疑当作"熟"。

答曰："牙齿相合，舌拄上腭，以交其任督二脉也。耳不听，则坎水内澄；目不视，则离火内莹；口不言，则兑金不鸣。三者既闭，则真人游戏于其中。马丹阳云：'身无为，身中之气不散；心无事，心中之神不昧。'拙秀才云：'心静则神全，神全则性现。心清则念清，念清即精止。'又惟返照者，检情摄念，摄念安心，安心养神，养神归性。"

五气朝元、攒簇五行问答

问曰："初基之士，须要五气朝元、攒簇五行，何也？"

答曰："莹蟾子云：'初下手之际，凝耳韵，含眼光，缄舌气，调鼻息，四大不动，使精、神、魂、魄、意，各安其位，谓之五气朝元。运入中宫，谓之攒簇五行。'心不动龙吟，身不动虎啸。身心不动，谓之降龙伏虎。龙吟则气固，虎啸则精固，盖握固灵根也。"

四大问答

问曰："莹蟾子云：'四大不动。'何谓四大？"

答曰："上阳子云：'子独不闻之地、水、火、风四大者乎？发齿骨甲，假之于地；涕精血液，假之于水；温暖燥热，假之于火；灵明活动，假之于风。四大假合而生也。地之盛也，骨如金；水之盛也，精如玉；火之盛也，气如云；风之盛也，疾如神。全盛而仙也，亏损而夭也。"

止念问答

问曰："余之心，念灭念起，把持不定。如何下手？"

答曰："上阳子云：'吾之进修无他术，惟能定心。'故夫鬼神之得以测度者，吾心之有念耳。心无念，则神之灵不可得而知。岂真不知吾心？吾亦不知其为心，乃定之根也。口诀内，教人存想山根，昏昏而坐，万虑俱空，正为此也。初坐之人，未免妄念奔驰。存想山根，则心有定向，久而忘之，安有念起、念灭之病？"

金光问答

问曰："《悟真篇》云：'铅鼎温温照幌帏。'又曰："近来遍体金光现。'何时可有此景象？人人俱有否？"

答曰："此即炼精化气之候。道光曰：'真铅得火煅炼，光透帘帏。自甘露降后，逐日用功，精光溢于周身，一月后即有此象。若功夫不间断，则灵光竟体。'《悟真篇》曰：'真精既返黄金室，一颗灵光永不离。'《了道歌》曰：'电光灼处寻真种，风信来时觅本踪。霞光百道笼金鼎，紫云千丈罩天门。'又曰：'万般景象皆非类，一个红光是至真。'《悟真》云：'此般至宝家家有。'功夫不间断，红光自骤现也。"

火候问答

问曰："何谓火候？"

答曰："火者，太阳真气，乃坎中之阳也。紫清真人曰'坎中起火'，是也。候者，五日为一候，是甲子一终也。日有十二时，五日六十时，终一甲子也。紫阳曰：'一刻之功夫，自有一年之节候。'以起火之际，顷刻间一周天也。"

又问曰："此火候，如何用？"

答曰："年中用月，月中用日，日中用时，时中用刻。"

问鼎炉

问曰："何谓鼎炉？"

答曰："身心为鼎炉。《丹书》云：'先把乾坤为鼎器，次搏乌兔药来烹。'乾，心也；坤，身也。今人外面安炉立鼎者，谬矣。"

精气神炼法问答

问曰："精气神之炼法，定各有真诀。请细为教之？"

答曰："止念炼神，鼻吸炼气，逆升尾闾炼精。"

问黄婆

问曰："何谓黄婆？"

答曰："黄者，中之色；婆者，母之称。万物生于土，土乃万物之母，故曰黄婆。人之胎息是也。或谓脾为黄婆者，非也。"

问金公

问曰："何谓金公？"

答曰："以理言之，乾中之阳，入坤成坎，坎为水。金乃水之父，故曰金公。以法象言之，'金'边著个'公'字，铅[①]也。"

问婴儿

问曰："坎为太阴，如何喻婴儿？"

答曰："坎本坤之体，故曰太阴。因受乾阳而成坎，为少阳，故喻之为婴儿，谓'负阴抱阳'也。"

问姹女

问曰："离为太阳，却如何喻为姹女？"

答曰："离本乾之体，故曰太阳。因受坤阴而成离，为少女，故喻之为姹女，谓'雄里怀雌'也。"

问火中有水

问曰："如何是火中有水？"

---

① 铅，异体字作"鈆"。"'金'边著个'公'字，铅也"，即此。

答曰："从来神水出高原。以理言之，水不能自润，须仗火蒸而成润。以法象言之，火旺在午。以此求之，火中有水明矣。若以一身言之，则是气中之液也。"

水中有火问答

问曰："如何水中有火？"

答曰："以理言之，日从海出；以法象言之，水旺在子，火受胎在子；以一身言之，则是精中之气也。"

既济问答

问曰："如何是既济？"

答曰："水升火降，曰既济。《易》曰：'山下有泽，损。''君子以惩忿'，则火降。'窒欲'，则水升。"

未济问答

问曰："如何是未济？"

答曰："不能惩忿，则火上炎；不能窒欲，则水下湿。无明火炽，苦海波翻，水火不交，谓之未济。"

饮食问答

问曰："道家持斋修行。儒家学此，亦持斋乎？"

答曰："清斋湛虑，道家之法戒。儒教所理者，国家政务，即家居亦有家庭酬应诸事，岂能淡然持斋？各随所便，不必拘也。即坐功道人，亦有不专持斋者。余见田道云：'金丹有，金丹有，不在戒荤与断酒。'马真人寿几百岁，每日吃肉三斤，面一斤，黄酒漱口，夜间萝卜一个。云：'昼夜功夫甚大，非藉此肉饭，何以滋助？惟夜间萝卜一个，以消宿食耳。'古人云：'食肉者，为其能壮血肉。’孟子云：‘七十非肉不饱。’养老之善经也。肉食自不必拘，惟有节耳。善生家千经万典，皆薄滋味，恐神昏也，但有节则适宜矣。大约此心常欲收之返舍，五脏常欲调之使和。如辛酸、薰炙、生冷诸物，切不可食。至于酒，饮之以行气血。若吾身之元气已足，精气已调，则自不借资于酒矣。随人酒量所至，酌饮之可也。即荤素随人，功夫所至，自有强欲之而不能者，总以形神俱妙为准。道养之旨如此。”

天地人三籁问答

问曰：“古书中有言，天地人三籁，未知是何景象？”

答曰：“籁者，声也，是真气真机发动，非虚极静笃、无声无臭之时不能闻也。天籁发于冬至，地籁发在夏至，人籁发于人身之真元出现时。辛丑（1901年）冬，予曾在上海城内之半泾园五老峰畔，习静筑基，忽闻天籁之声，犹如万顷松涛，又似钱塘八月之潮水，其时万众俱寂，始有此声，震动耳鼓，约半时之久。询之人，皆所未闻。盖修真之士，偶闻此声，即是人籁，切不可惊动焉。”

上海半泾园记

沪上为万国通商之地，纷华靡丽，甲于环球。近城十里间，虽有古刹名园，而车马喧阗，裙屐杂遝、鱼龙曼衍，莺燕猖狂，往往以清净地，作欢乐场，甚嚣且尘。在山林中人，无从居之，要亦不欲居也。东西五洲之游于沪者，名公、巨卿、文人、武士、富商、大侠、神父、牧师，纵有聪明奇伟、轶群绝伦之才，大抵殉名殉利，未必能悟金丹之妙。至于缁流黄冠，混俗和光，虽被褐怀玉、不自矜玄，然欲求一谋道不谋食者，殊不易觏，更安有蕴犹龙之德，块然独处，而与天为徒者哉？

余则见其人矣。西郊有白云观，己亥（1899年）秋，余往瞻礼，见全真济济，不知有道为谁。忽遇一道者，似曾相识，雅意周旋，叩姓字，乃中州张松谷师也。师弱冠好道，皈依龙门十九代法派，后分省武林，当差有年，权篆要缺。嗣因勘破世情，弃官访道，至西华山，侍沈太虚真人于郝祖洞，得受真诀。修持数稔，出而云游天下，访侣来沪。先寓白云观，嗣若烦扰，欲觅福地洞天，以求进于无上妙道。访得城内有半泾园，地处幽静，山石奇古，水木清洁，中有五老峰，巍然耸峙，可为修真良所，因假作静室。余不才等，少悟元功，未能遗世独立，遂请列入门墙。暇则叩师问道，蒙师授以真诠，亦半泾园之因缘也。

园在城内西僻地，兵焚后，重经修葺。一丘一壑，回绝俗尘，而人之游沪者，但知行乐于十丈红尘中，饮食相征逐已耳，焉知有半泾园者？即知有半泾园矣，又焉知中有抱道之真师耶？师契悟渊微，致虚守静，明月相对，默印前身，如居深山穷谷中，不知有申江胜景者，志在脱樊笼，超宇宙，所谓金关玉京，琼台瑶圃，皆将遨游于其间。则此园也，等于蹄涔蚁垤，而又若蕉梦槐安，固不必恋恋于斯耳。且往岁庚子之变，京津烽火连宵，池馆园林，或楚人一炬，桑海沧田，不禁黄粱之感。师视此世界，如一浮沤，爰于无何有乡，寻真常灵境。

偶居是园，游踪莫定。余幸侍座，得聆玄论。异日师逍遥于寥廓之表，倘亦相从汗漫游，再图良晤，则五老峰前之幸聚，可作三生石上因缘矣。比闻师将隐于岣曲山，冥心至道，令威重至，千岁为期，流水高山，知音难睹。诵“送师南浦”之句，黯然于怀。爰书以志，并赠行色，希示有志于道者。

光绪二十八年（1902 年）三月十一日北平门下士汤明阳东晖氏书

《丹经指南》卷下

中州三阳道人张松谷午樵氏　著

西蜀黄龙子范梅父　校勘

江苏门下士朱明庚　校兑

岭南居士张芗　重订

前问答六十篇，将道养之理与事，及一身之天机，赞化之妙用，已剖泄无余矣。兹著《坐诀》《口诀》二篇，使学者一开卷而旨趣了然，一入室而修持不爽。虽不敢谓大道之在是，或庶几可为渡世慈航云。同志览之，定有见识。

三阳道人谨识

学坐要诀

凡营坐室，不必拘以山林，或在市廛，或在家，或居山乡，但得静爽，无往不可。室不欲太明，太明则伤魂；不欲太暗，太暗则伤魄；亦不必太宽。室中不著他物，但安祖师像，一香一灯、一几一榻而已。

凡学打坐者，须厚铺坐褥，使身不痛苦；宽解衣带，使气不留滞。半跏趺坐，以左足压右足，坐久则左右转换亦可。次两手掐子纹握固。炎丰夏掐午纹。或以纯阳诀，右掌压左掌上，名地天泰。徐徐举身，左右摇振，使缓急得所。然后正身端坐，令腰脊头顶骨节若柱。目与肩对，鼻与脐对，舌拄上腭，唇齿相著，目须微开，不可令全闭。身须平直，状如浮图，不得左倾右侧，前躬后仰，亦不得倚靠几榻，使生懈怠。人之五脏，皆附于背，谓之脊梁。人每端坐，则五脏各得其宜，各施其功。如官府坐堂，六房办事，官府退入后宅，而六房俱散逸矣。人之坐，一偏一倚，则脏腑必有偏滞。所以养生家，多端坐一刻，身子多凝健一刻也。坐要安舒，任其自然。肩不得大耸，太耸则难久。操不得太急，太急则易断，大要在于得中。气从鼻通，息不可粗，不可促，不可闭，不可仰，出入往来，务要绵软，亦不可著意为之。身相既定，气息既调，宽放脐腹。一切善恶，都莫思量。念起即觉，觉之既无，久之忘缘，自成一片。若得此意，自然四大轻爽，所谓“安乐法门”也。若已发明者，如龙得水；未发明者，但辨肯心，必不相赚。出定之时，徐徐动身，安详而起。一切时中，护持定力，如护婴儿，即定力易成矣。所谓“探珠宜浪静，动水取应难；定水澄清，心珠自现”是也。

坐功口诀一

觉如子曰：“每日垂帘塞兑，存想山根，昏昏而坐，万虑俱空，并若不知身在何处一般，自然阴中有一点阳，阳中有一点阴，交媾在丹田之内。一番畅快光景，自家也说不出，为气归元海，即坎离交媾也，亦谓之小周天。此时即一呼一吸，吹动丹田真火，猛烹急炼，产出先天药物。火候充满，正好流动，非倒行逆流，则药不能升鼎。”

《悟真篇》云：“移他坤位生成体，种在乾家交感宫。”《性命圭旨》云：“火逼金形颠倒转，自然鼎内大丹凝。”此之谓也。从太玄关逆流，隐隐若有三股暖气，上肾堂，过夹脊，历二十四骨节，升玉枕，到天谷穴，与神交合，任其旋绕顶门，方才下明堂，度鹊桥，历十二重楼，过绛宫，直抵丹田，所谓“乾坤交媾罢，一点落黄庭”是也。如真火稍微，再加微火吹动，渐渐抽添，又复如前上升。《书》云：“丹田直透泥丸顶，自在河车几百遭。”则铅枯汞自干矣。此乃周天火候也。行之既到纯熟地位，便即行卯酉周天之法。

世人只知乾坤交媾，而不知卯酉周天，如有车无轮，有舟无舵，其欲致远，不亦难乎？先用一物，顶住太玄关，用目守住泥丸，下照坤脐。良久，从气穴中火球一粒，自左边升起，至脐左边，次到绛宫，从绛宫之左，忽折左胁下，而后透入左肩，上左耳根，入左目，到山根。略存一顷，即转右目，从右耳根后，下右肩，绕而前转心之右，下至脐，仍还丹田。如是者三十六次，为进阳火。又从右边升起，左边降下，二十四次，为退阴符。此初时入手，未免略略着意。到纯熟地位，自然左右俱升，且或从治命桥前后俱升，有不知其然而然者。

人一身皆属阴，惟目者，阳窍也。故目之所到，即气之所到，此收内药之妙也。治命桥，丹经未有及之者，独《金笥宝箓》言之甚明。工夫行到纯熟，气穴中自然元气升起，如喷泡然，入脐，直过治命。此处前后相通，中空如管。忽然肾如汤煎，如尚有阴火，小觉痛楚，盖“龙战于野”之义。若阴火已化[①]尽者，不痛也，徐徐上昆仑之顶。此时下而尾闾，中而二十四节，都不经历，且更有一种妙处。并不由玉枕关，忽从两腮透上元始宫中，自漫漫降入山根，到鼻准，入人中，浓液凝如鹊卵状，从鹊桥入舌下，历十二重楼，徐徐咽入中宫，则先天一立，后天退藏矣。所过之穴，有阴气者，未免相战，微微作痛。战尽群阴，始完全先天也。一正至而百邪难容，一窍开而

① 化，底本作“划”，校者改。

万孔生春。铅气上升，汞气下降，铅汞之气，混围于丹鼎之外，却病延年，可成陆地神仙，金丹之道，思过半矣。《圭旨》云：“大道分明见此团，璇玑卯酉法天然。由中达外中全外，自后推前后即前。阳火进来从左转，阴符退后往西旋。霎时火候周天界，炼颗明珠似月圆。”此明珠，即婴儿种子也。长养圣胎，又当另作，非可容易。

既做了卯酉周天，火逼金行，一点金精，遂上乾宫。渐采渐积，日烹日熔，损之又损，到得炼无可炼，此时药也不生，轮也不转，液也不降，火也不炎，五气俱朝于上阳，三华皆积于乾顶。《经》云：“鼎中有宝非真宝，重结灵胎是圣胎。”但珠在昆仑，何由得下？必假神炉，窃灵阳真气以催之，太阳真火以逼之。催逼既久，灵丹应手脱落，化为金液，吞入口中，直射丹扃之内。于一切时中，时时照顾，念兹在兹，混混沌沌，不即不离，所谓“时时在扃中，刻刻守黄中”是也。又云：“漫守药炉看火候，但安神息任天然。”陈虚白曰：“念不可起，念起则火燥；意不可散，意散则水冷。只要一念不起，一意不散，含光默默，真息绵绵，此长养圣胎之真火候也。”故白玉蟾曰：“采药物于不动之中，行火候于无为之内。”如此十月，圣胎成矣。胎完成就，脱出其胞，移神上宫，出神外游，复返本体，无证无修。

坐功口诀二

黄阳子曰：“凡修此道，必有上中下三乘功夫。”三乘，应三停。

下乘，即初乘也。行此初乘心法，是行其黄道以炼己。天有黄赤二道，日月行焉，故天能长存。地有黄河逆流，故地能长在。人能通此黄道，使真气逆升而旋以流通，自然能长生，可信矣！道家谓之“周天”，释家谓之“法轮”，常转寿无穷。欲起此黄道，重在于能通任督之二脉也。《经》云：“能通任督二脉者，寿如龟鹤。”龙、鹿与蟾蜍，俱能通此二脉，故寿无算。人为万物之灵，能通而修之，岂不能长生哉？故老子曰：“欲生者，任从其生也。”岂不美哉？

朗然子曰：“夹脊双关透顶门，修行径路此为尊。华池神水频吞咽，紫府元君直上奔。常使气充关节透，自然精满谷神存。几时学得长生路，须感当初指教人。”即此法也。此法系是天机生成，人人皆有此黄道，故人人皆可修此长生。因众人禁秘，则人人不能自知，所以无传也。此黄道既起，一身之气，日夜自能旋转，自然气动生液，液能化血，血能生髓，髓能生精，精复生气，五行相生，如水有源，故能长生。正所谓“户枢不蠹，流水不腐”者是也。此法即《中庸》注所谓“法其自然之运”是也。道家《参同契》曰：“易行周流，屈伸反复。”又曰：“修之不辍休，庶气云雨行。淫淫若春液，溶溶似解冰。从头流达足，究竟复上升。往来动无极，拂拂披谷中。”即此天机之真法也。但此法，虽能旋转，若不知火候，虽长生亦不能与天地同其长久。故郑思远《长生集》云：“天机发动引真气，真气不运而自运。能知火候长生客，可度千春与万春。”欲行此法，人身左足太阳，右足太阴，中有涌泉穴，是发其真气之源。尾闾穴一车，曰羊车；肾堂穴一车，曰鹿车；大椎穴一车，曰牛车。内有任督二脉。用口诀拨动三车，推起二脉，顷刻之间，自见两足筋肉震动奋发之形。候三五时间，真气稍稍上升，后升前降，上上下下，流行甚速，日夜旋转，毫无休歇。不用心思智虑，亦不用工力引意以助长，诚可谓达实，可谓巧矣。

坐功口诀三

此中乘之功夫，正是筑养其圣胎之事，是法贵在断绝喘息。凡人喘息，一出一入，真气被天地所夺，以致精枯髓竭，必自死宜矣。修真之人，能断绝喘息，自然长生。故丘长春曰：“息有一毫之未断，命非己有。”云门亦曰：“初禅念住，二禅息住，三禅脉住，四禅灭尽，七百年老古锥也。”妙哉！正谓此喘息也。既已断绝，非只细微，有能入水旬日之验，如婴儿在母腹一般，故名胎息。所谓火候者，是用其心法之火候，兼有口鼻之呼吸，乃能盗夺天地灵阳之气，故与天地同其长久。此法见在《系辞》揲蓍之数法。

《庄子》谓“真人之息以踵”。凡以喉是也。欲行此呼吸之法，必先调息。其调息之法，又见在苏东坡小品文《养生偈》，曰：“与息俱出，与息俱入，随之不已，一息自住，不出不入。”或觉此息，从八万四千毛孔中云蒸雾散，无始以来，诸病尽除，诸障尽灭，自然明悟矣。譬如盲人失杖，忽然有眼，此时何用求人指路？是故老人之言尽于此。朱子亦有《调息箴》，曰：“静极而嘘，如春沼鱼。动极而翕，如百虫蛰。开阖氤氲，其妙无穷。”既已其妙无穷，圣人何得有死？故敬斋《言行》《视听》等箴，亦皆是此修道之要也。观此理，修身之法，岂专在于丹书，长生岂专在于仙佛乎？

证验说

学者当用功时，身中证验，节节变幻。盖因大道罕传，见闻者希，须得真师印证，方不疑惑。

忆予初学坐，每思任督二脉，何以得通？竭诚依口诀趺坐，存思山根，调息兼鼓巽风，第四日而气即能过尾闾，通夹脊，达玉枕，上泥丸，下明堂，入绛宫，到下丹田矣。但所出津液，尚有腥气，如人家水沟，积阏方开也。时觉身子弱甚，约有数日而背肩手足皮肉及头项，各隐隐如蚁行。次数日，腹中有响音，外肾微动，或水升，或火炎，或手足皮肉如一线冷风。问之先生，皆云："开关真景也。"

次十余日，甘露下降，一刻方止。满口清香甘美，沁入皮骨，如冰片然，一时美景，不可明言。直所谓"白云朝顶上，甘露洒须弥。自饮长生酒，逍遥谁得知"也。次各经络，每日各现一景，或肠胃之间，有似一转者；或足底手背，隐隐抽筋，一动即止。

次一月后，两眼神光焕发，再则顶上有光坠下，如牡丹花大，须眉皆见。次身中金光迸灿，衣服床帐，皆照如隙内容光。其金光，有戛击烈烈之响，如雌雄相赶状。行卯酉周天时，其足底略有拘挛意，但一见即止。此卯酉周天，即进阳火、退阴符也。须大静方可为之。若有人事应酬，还以阴阳升降之法为妙。每夜间醒来，开眼见时，初如皎月，再则纯是红日照耀，亦略略一瞬耳。又或开眼，见庄严圣像，俱以无心付之，不必着意也。存想山根时，虽闭目，而自己元神，对面相照。若或事忙，久不存想，则元神不容易见也。

次一年后，浓液凝如雀卵，即丹也。又一年后，其丹则红矣。此二三年内，皆一年一见，大约火功不断所致耳。《经》曰："常常如此纱绝，则五脏清虚。闭目内观脏腑，历历如照烛。渐次有光万道，灿烂透出身外，体如火轮，云雾盘旋罩身，渐渐圣念相续。"非夸词也，亦非比喻也，乃真景象也。

夫仙翁实膺此异境也，载之于书，冀欲人共行之耳。余各证验，详列于后，同志者共珍之勉之！

三阳道人谨识

经验实证说

初乘功夫：此气初转之时，在于腹中充盛，就可用口诀过关。口中有甘津之验，四肢八脉无处不流通之验，腹中有雷声之验。若以火候烹炼，身中有狂风揭地之验，有真气如捆缚之验，有异香满口之验，脐下有九气还元之验，喉中有醍醐灌顶之验，腹中有裂布交响之验。或用武火熏蒸，有上下疼痛之验，有穿筋透骨之验，有耳听千千面战鼓、万万颗雷声之验。凡骨中有打伤，及血气凝结汗毒之疾，及皮肤疮疥之疾，此气亦能吹散，不疗自愈之验。修尽个月之时，自然抽筋换骨之验，有闭息至于八万四千毛孔各齐出气之验。必有此大验尽见，方是正中和之黄道也，便是下乘之功夫完备。

中乘功夫：调静喘息，至于十余日之间，其验甚多，不能尽述。有眼见青天于室内之验，或见白雪罗列在空之验，或见天花乱坠之验，或暗处能见小字之验。若见此四大验，斯时元气自然充足，便能化为甘液，一时下降，连吞有一百八十口之大验也。再后连吞数次，腹中真气甘液满腹，自能辟谷，自然不睡、不食、不欲，腹中自然荡涤其邪秽，消融其渣滓，而断水火。此时就出有阴神，在于脐窍而出入自然。面有红光，白如冠玉，口似含丹，耳如红硃，眼睛黑白分明，视听幽远，声似洪钟，睡无眠梦，自然返老还童。行此一乘终，则阴阳之气大冲和而敦厚，必有眼光溢。至于三五时，能见天上之星辰。此是炼己之功夫完备，其寿可与天地同其长久矣。但其形虽长久，必再行上乘损益之功夫，至于出阳神而能聚散，方是形神俱妙之道，斯至于圣人矣。

抱真子曰："如此修炼，有何证验？"

觅玄子曰："采药之始，外肾时举不倒，丹田气满也。须防走失而失丹。真气既动，百邪难容，或胞高烦满而口吐顽痰，或腹胁疼痛而下恶物，或遍身出汗，或四肢酸痛，宿疾渐除也；或阴阳击搏，腹中如裂帛；或关节将通，顶门如雷鸣；或药物上升，耳内如潮；或真气通流，百脉如虫行。次口生甘液，次顶生寒泉，次鼻闻异香；次静中忽觉元神，自下丹田跳跃而起，直至顶门；次静中常听天乐，次暗室而生慧光，隔壁或见物，或见五脏；次形体光泽，次双睛如漆，次绀发再生，次行及奔马，次涕泪涎汗皆绝，次三尸九虫尽失，次魂魄不游，梦寐自无；次阳精成体，灵府坚固，寒暑不侵；次志合太虚，次目视成里，次心知未来，次内神出现，次外神来朝。功圆行满，膺箓受图，或见火龙飞，或见玄鹤舞，彩云缭绕，瑞气缤纷；出圣超凡，逍遥自在。

谨按:《易真论》曰:“凡遇火之际，或觉尾闾有物，直冲夹脊双关，历历有声，逆上泥丸，复自泥丸触上腭，颗颗降入口中，状如雀卵，味如冰酥，香甜软美。觉有此状，乃是金液还丹也。徐徐咽归丹田。常常如此不绝，则五脏清虚。闭目内观脏腑，历历如照烛。渐次有金光万道，灿烂透出，身体如火轮，云雾盘旋罩身，渐渐圣验相续，以证超凡入圣。”非比喻也，乃真景象也。仙翁默膺此异，不敢语人。盖非人间所见闻之事也。修炼之士，若能注意下丹田内，安神定虑，一念不生，湛然无欲，固守经月，从半夜子时分，神气清明，自然觉得下丹田元阳金精，和气充溢，形如烈火，势如炎风，穿过尾闾，撞透三关，上至泥丸，复降至丹田，自下丹田，复还过尾闾，冲和气透。所谓“醍醐灌顶，黄河倒卷”，皆无为而自成。神、气、精、血四物，混成一象，颠倒循环，运转周流无息，与周天火候三百八十四爻，自然符合。修炼工夫，只是固养神气。其抽铅添汞，亦是名目。神气不离，铅汞自然相配。欲寡心静者，功夫纯而验证易，今不尽述。

前问答，逐段分析，已无剩义。今又体贴祖师《四百字》之句，仍以四百字分段，注疏为歌，言简义赅，比象俱破，使好学者一目了然，不烦思索，更能会通正解，则修真秘诀可得其大半矣！

家祖紫阳真人《四百字》真义歌

第一段：真意发真知，灵知亦自应。三家合一家，倏尔身心定。

第二段：虚室却生光，静中又复阳。采来勤煅炼，化就紫金霜。

第三段：灵窍慧光生，性现尘情灭。朗朗夜明珠，无处不皎洁。

第四段：躁性化真性，人心变道心。若非神火煅，矿里怎分金？

第五段：真知与灵知，两者本同气。经火烹炼成，浑沦没点弊。

第六段：元窍真灵露，趁时下手栽。性情相眷恋，长出大丹材。

第七段：有个虚灵窍，号为玄牝门。中藏神与气，原是魄魂枢。

第八段：灵知火里精，真知水中宝。水火阴气消，光鲜着实好。

第九段：灵药自家有，何须在外寻？护持常照应，左右尽珠林。

第十段：真知总是真，却要灵知配。炼去后天阴，两家成一块。

十一段：灵知好外游，须借真知制。以妇去从夫，坎离即既济。

十二段：震兑和坎离，精神情性象。若知攒簇力，独步昆仑上。

十三段：火候不拘时，何劳寻子午？沐浴洗尘心，卯酉岂能主？

十四段：金情与木性，不得有偏差。两者如同气，灵根自发花。

十五段：大则包虚空，小还如黍米。若问这根源，一真而已矣。

十六段：天地日月精，吾身本自有。真灵若不迷，造化常在手。

十七段：性起情来制，情生性去牵。相争相闹罢，仍旧是先天。

十八段：木性金情交，真知灵知合。武炼与文烹，现出玲珑塔。

十九段：持心名沐浴，温养有抽添。刻刻防危险，功深自入玄。

二十段：会的阴阳理，圣胎不难结。生子又生孙，长生永不灭。

赞曰：宝箓灵文，四百大义，包括三铅，统《悟真》之妙旨，泄海蟾之心传。言简约而深奥，理详纸而备全。马处厚得之了事，石杏林借此成仙。可为修道云路，正是渡人法船。学者能尝滋味，霎时火里生莲。

《金丹四百字》，段段着实，句句示真。修持之炉鼎、药物、火候、次序，有为、无为，自始至终，无一不备。虽字四百，而《悟真》全部大意，悉包藏无遗。其中寓言譬象，余已解释，破核见仁，碎骨露体，为初学者，助一炬之明，引入正道。但恐学者不知脚踏实地，苦力用功，未尽学人之事，即便妄想大道，躐等而求，自误前程。爰于正注之后，外著《学人二十四要》《丹法二十四诀》。其言最简，其事易知，以发祖师不言之秘。若有志士，以此要诀，参会正经，循序而进，学道者久必明道，行道者终必成道，庶不至虚度岁月，走入歧路矣！

三阳道人谨识

学人二十四要

第一要看破世事。世事若还看不破，身沉苦海怎能出？
第二要斩断牵缠。牵缠设若不能断，六道轮回在眼前，
第三要穷究理义。不知辨别身心理，邪上难分误路程。
第四要寻师访友。虚心即便能实腹，自满到老无一长。
第五要立志长久。要成经久不易事，必须经久不已功。
第六要除去嗔恨。嗔恨若还不扫净，满腔浊气掩真宗。
第七要舍得色身。看得色身如假物，自然有路觅真身。
第八要不怕劳苦。心强必上高山顶，怕苦终久不入真。
第九要忍辱受垢。忍辱卑而不可逾，受垢柔而即能强。
第十要饶人让人。屈己尊人为要着，平心下气是良方。
十一要轻财重命。试问堆金等岱岳，无常买的不来无？
十二要物我同观。物我同源无贵贱，若分彼此起尘氛。
十三要酒色不迷。戒酒自然性不乱，绝色必定命坚牢。
十四要饥寒顺受。衣食随缘休妄想，若怕饥寒志不坚。
十五要生死任命。生死二事尽由天，访道一心常在我。
十六要广行方便。到处积功兼累行，见危尽力以扶人。
十七要不爱热闹。纷华境里易迷真，声色场中能乱性。
十八要不傲不盈。高傲即便起人恶，盈满必非载道材。
十九要不贪美味。君子谋道不谋食，小人养口不养心。
二十要不言是非。各人自扫门前雪，莫管他人屋上霜。
廿一要聪明不用。有才不使常如拙，有智深藏却似愚。
廿二要睡少功多。朝乾夕惕功无歇，废寝忘餐志要坚。
廿三要不爱好物。珠玉金银身外物，精神性命本来珍。
廿四要始终如一。用功不力难深造，抱道而亡方见真。

以上二十四要，乃学人紧要之关口。必须真履实践，条条打通，行得过去，方能遇得真师，闻得大道。若有一条不能行过，即遇真师，闻道犹在两

可。盖以明师教人，千磨百错，明察暗试，以验真假。果是真诚之士，如真金不怕火炼，愈炼愈明，自为高人鉴赏，决定提接。若非志士，始勤终怠，或阳奉阴违，自己身边事，未能行得过去，而欲妄想他人宝物，所谓："嗔不除，态不改，堕入生死轮回海。堆金积玉满山川，神仙冷笑应不睬。"道且不得闻，而况成道乎？夫闻道者小圣人，成道者大圣人。圣人之事，岂是悬虚不实之辈所能得者哉？

丹法二十四诀

第一诀　修补丹房，培养后天，坚强色身

培养后天第一端，精神气旺耐饥寒。
色身修得坚强了，避雨遮风好炼丹。

第二诀　炼己筑基，惩忿窒欲，克己复礼

炼己持心是筑基，尘情妄念尽抛离。
果然炼到己无处，不动不摇物怎迷？

第三诀　立鼎安炉，刚以固其志，柔以用其功

志念坚牢为立鼎，工夫渐进是安炉。
刚柔两用无偏弊，准备随时运火符。

第四诀　采取药物，假中寻真，沙里淘金

大药三般精气神，须先辨别假和真。
是非只隔一些子，莫把魁罡认北辰。

第五诀　以铅制汞，真知不昧，灵知不飞

金精别号是真铅，木性轻浮以汞传。
晓得情来钤性法，人心不起道心圆。

第六诀　黄婆调和，真意不散，阴阳自和

可知真意是黄婆，一信能调四象和。
攒簇五行皆借力，全形造命不离它。

第七诀　铅汞相投，性去求情，情来归性

以铅投汞情归性，以汞投铅性恋情。
情性相交无隔碍，何愁大道不能成。

第八诀　运火煅炼，振发正气，扫除邪气

文烹武炼是仙方，火发神炉阴与阳。
煅尽千般渣滓物，自然大药起霞光。

第九诀　还丹凝结，刚柔相当，性情如一

性情如一号还丹，朗朗真灵结就团。
已得当初无价宝，小心护守运神观。

第十诀　沐浴温养，念莫教起，意不使散

涤垢洗尘沐浴方，勿忘勿助合阴阳。
诸缘不起丹元固，养得灵根花蕊芳。

十一诀　丹元成熟，黑中有白，静极而动

黑中有白长生药，暗里藏明续命汤。
炼就玲珑明净物，通天彻地放毫光。

十二诀　吞服金丹，收神入室，点化群阴

服丹不是外来丹，炼就真灵在内安。
五府生光阴气化，不迷不昧破关阑。

十三诀　移炉换鼎，本原到手，随时种栽

金丹到手有真传，换鼎移炉玄又玄。
从此虔心烹大药，先天窍里炼先天。

十四诀　凝结圣胎，百神俱集，五行混成

五气朝元聚灵台，先天种子已牢栽。
如痴如醉如昏睡，恍惚杳冥结圣胎。

十五诀　朝屯暮蒙，知雄守雌，天然火炼

知雄更要守其雌，水火熏蒸不问时。
自有枢机翻卦象，何须着意强施为？

十六诀　温养胎胚，如鸡抱卵，似蚌含珠

专一犹如鸡抱卵，至诚恰似蚌含珠。
时时静守虚灵窍，免得炉中水火孤。

十七诀　防危虑险，外无其身，内无其心

阳气未纯犹有险，余阴不尽要防危。
后天滓质如消化，可保胎元莫损亏。

十八诀　十月胎圆，先天气纯，后天气化

十月功夫胎始圆，后天化尽先天全。
清清净净别无物，非色非空一自然。

十九诀　待时脱化，无思无为，不即不离

脱化原来有日期，错前错后俱非宜。
诚中达外无容强，瓜熟自然蒂落离。

二十诀　婴儿出现，打破混沌，跳入虚无

守定黄庭养谷神，形全气足火停轮。
乍雷一响天门破，跳出金刚不死人。

廿一诀　乳哺三年，光而不耀，明而不用

真灵炼就一金身，万古千秋不落尘。
乳哺三年光不耀，知前晓后圣而神。

廿二诀　出入自便，形神俱妙，与道合真

形神俱妙等虚空，与道合真万法通。
显晦逆从人莫测，聚而有象散而风。

廿三诀　面壁九年，有无俱不立，天地悉归空

九年面壁有谁知？入室工夫不待思。
天地归空凡圣去，寂寥境内结仙居。

廿四诀　子又生孙，变化无穷，神妙不测

子又生孙凡圣同，只分顺去逆来中。
古仙留下大丹诀，变化无穷到处通。

二十四诀，步步火候，须要审明。若有一毫之差，便有千里之失。古来仙真，多不明指次序，皆秘母言子，只以比象示人，恐其为匪人所窃也。余既得师口诀，不避愆尤，愿公诸有志之士，纵无力行持，得闻大道，亦是无量之福。但此等大事，须要有大力者行之，更要有大德者方能行。若有大力无大德，动有魔障，鬼神不喜，大道不成。是以欲行其道，须先积德，德重能服鬼神。盖以中下之人，德重于道，若德不大，虽能闻道，而成道犹未可必也。学道者，须要先将这个题目认清，本末急缓，方有定见，而不至于枉费工夫矣！学者勉之。

三阳道人谨识

九层炼心秘诀[①]

初层炼心者，是炼未纯之心也。未纯之心，多妄想，多游思。妄想生于贪欲，游思起于不觉。学人打坐之际，非不欲屏去尘情，无如妄想才除，游思忽起。法在止观，乃可渐次销熔。止则止于脐堂之后，命门之前，其中稍下，有个虚无圈子，吾心止于是而内观之。心照于空中，与气相守，维系乎规矩之间，来往于方圆之内，息息归根，合自然之造化，巍巍不动，立清静

① 此篇，与李涵虚《太上十三经注解》之《九层炼心》，存在个别字句不同，阅读可以留意。

之元基[①]。从此一线心光，与一缕真气相接，浑浑灏灏，安安闲闲。此炼心养气之初功也。

二层炼心者，是炼入定之心也。前此一线心光，既与一缕真气相合，若能真造窈冥，自当透出玄窍。奈何定心不固，每为识神所迁，心与气离，仍不能见本来面目。法在心息相依之时，即把知觉泯去，心在气中而不知，气包心外而不晓，氤氤氲氲，打成一片。是炼心合气之功也。

三层炼心者，是炼来复之心也。前此氤氲，打成一片，重阴之下，一阳来复，是名天地之心，即是玄关一窍。此刻精、气、神都在先天，鸿濛初判，并真精、真气、真神。若能一心不动，便可当下采取运行。无奈见所未见，闻所未闻，美景现前，茫无措手，心稍一动，而落在后天，分为精、气、神矣。法在玄关初现之时，即刻踏住火云，走到尾闾，坚其心，柔其息，敲铁鼓而过三关，休息于昆仑顶焉。此炼心进气之功也。

四层炼心者，是炼退藏之心也。前此踏火云，过三关，心与气随，固已入于泥丸矣。然在泥丸宫内，或是有识神引动，则气寒而凝，必不能化为真水，洒灌三宫，前功尽弃矣。法在昆仑顶上，息心主静，与气交融，气乃化为美液，从上腭落下，卷舌承露，吞而下之，送注于心，注心于绛宫，注心于黄庭，注心于元海，一路响声，直送到底，待玄关之现焉。此炼心得气之功也。

五层炼心者，是炼筑基之心也。前此入泥丸，而归气穴矣，已有河车路径，从此一心做去，日夜毋停，基成何拘百日乎？然则或有懈心，或有欲念相辍，仍是丹基难固。夫筑基，所以聚精会神也。功夫不精勤，精神仍然散乱，何得延年之益？法在行凭子午，逐日抽添，取坎填离，积金入腹。此炼心累气之功也。

六层炼心者，是炼了性之心也。前此河车转动，聚精会神，则灵根充实矣。从此心液下降，肾水上升，是谓坎离互交。杳冥之中，有信浩浩，如潮一般，水气濛濛，如雾一般，腾蒸涌涌，是名金水初动，方修玉液还丹。倘用心不专，则尽得之事难了。法在于金水初生之日，由丹田分下涌泉，霎时而合到尾闾，调停真息，鼓之舞之，乃能滔滔逆上，至于天谷；涓涓咽下，

① 元基，底本作“源头”，据李涵虚《太上十三经注解》改。

落于黄庭。如此则朝朝灌溉，心地清凉，血自化为白膏，意自凝作赤土矣。得土中生汞，汞性圆明，遇物不迁，灵剑在手，孟子所谓“尽其心者，知其性”也，仙家名为阴丹、内丹。此炼心明性之功也。

七层炼心者，是炼已明之性也。前此金水河车，仙师名为内丹。炼到此，还有分炼功夫，以外合内，乃可真心聚而不散。盖内体虽明，缘好飞者汞性；内修虽具，易坏者阴丹。设或保养欠纯，则心性复灭矣。法在以虚明之心、妙有之性，和砂拌土，种在彼家。彼虚而由我实之，彼无而自我有之。以有投无，以实灌虚，死心不动，霎时间，先天一气，从虚无中来。一候为一阳如震，二候为二阳如兑。时值二候，正宜合丹。那边吐出一弦真气，其喻为虎，故曰“虎向水中生”；这边落一点玄光，其喻为龙，故名“龙从火里出”。两边龙虎会合，性情交感，一场大战，宛如天地晦冥，身心两静矣。俄而三阳发动，有如乾卦。如潮如火，如雾如烟，如雷如电，如雪如花，身中阳铅晃耀，我即持剑掌印、踏罡步斗，鼓动元和，猛烹极炼，透过三关，而上泥丸，一身毛窍皆开，比前玉液河车，更不同也。吞而服之，以先天制后天，性命合而为一，即系大还丹也。性属火，其数七；命属金，其数九。返本还元，故名七返九还、金液大丹。从此铅来制汞，其心常明，永不动摇矣。此炼心存神之功也。

八层炼心者，是炼已伏之心，而使之通神也。前此七返九还，以铅制汞，心已定矣。但要温之、养之，要使身中之气，尽化为神；身中之神，能游于外。于是取一年二十四气候，除卯酉二月为沐浴，其余十个月为进退，故名十月温养，非言要限十月功夫也，否则心虽定而不灵。炼之、煅之，灵心日见。灵则动，动则变，变则化，故有出神入定之事，而不为物境所迷。此炼心成神之功也。

九层炼心者，是炼已灵之心，而使其还虚也。前此温养功深，神已出而不惑，随心所欲，无往不宜，高踏云霞，遍游海岛，致足乐也。但灵心不虚，则不能包涵万物，所以有此炼虚之一着也。炼虚者，要使心胸浩荡，众有皆空，清虚一气，盘旋天地之间。是我非我，是空不空；世界有毁，惟空不毁；乾坤有碍，惟空无碍，此所以神满虚空，法周沙界。此炼心之始末也，无以加矣。

跋

间尝论曰：儒本乎道，道本于儒，儒外无道，道外非儒，儒道同源，其致惟一。能尽其性，则能得道。孔子云："天命之谓性，率性之谓道。"孟子云："尽其心者，知其性也；知其性，则知天矣。存其心，养其性，所以事天也。"又曰："养心，莫善于寡欲。"再曰："学问之道无他，求其放心而已矣。"儒教性命之源，即道家性命之学也。

后世学者，强分性命为二家，其不知修命不修性，形虽全而神不灵。其形虽不坏，其神终不能超脱，故曰"守尸鬼"，所谓寿同天地一愚夫。修性不修命，神虽灵而形不坚。神依形，其形坏，则其神无所依，故曰"落空汉"，所谓投胎夺舍及移居。性命二者，乃相须而不可相离者也。苟修性而不修命，修命而不修性，即为偏枯之学，非其正之道也。是以儒、道两家，皆须穷理尽性，以至于命。性命双修，方为全备之学。后人学术纷歧，有好炉火者，有视顶门者，有守脐带者，有运双睛者，有守印堂者，有摩脐轮者，有摇夹脊者，有先视天目而反转玉枕而至夹脊者，泯泯棼棼，难以悉举。执此一术一诀，便谓金丹大道，止于是矣！其不知外道九十六种，傍门三千六百，尽是斜溪曲径。故云房真人曰："道法[①]三千六百门，人人各执一苗根。谁知些子玄关窍，不在三千六百门。"

要知神仙之道，始于老子，以柱下史而著[②]《道德经》。魏伯阳以《金碧经》而作《参同契》，道同而德合。后世能穷尽其学，而不偏不倚者，其惟唐之纯阳吕公乎？上承黄老之渊源，下启真仙之正脉，道传南北，法授天人。及传宋之紫阳张公，乃著《悟真篇》。张传杏林石君，著《还原篇》；石传紫贤薛君，著《复命篇》；薛传泥丸陈君，纂为《翠虚篇》；陈授紫清白君，纂为《指玄集》。此仙家所谓南五祖也。是白君再五传，乃有萧君了真之《大成集》。炼气养性之道，得六真人之书，则无法不备，无机不阐者矣！第修道之事，虽为玄妙，若论其简易，即愚夫愚妇，苟得其传，能勤行

① 法，底本作"德"，校者改。
② 著，底本作"注"，校者改。

久视，亦可超凡入圣，况明达之人乎？

惜六真人之书，多为庾词隐语，孔窍其门，使学者无罅隙可入，往往目眩心摇，辄生望洋之叹。真能致虚守静，归根复命，知雌守雄，知白守黑，炼精化气，炼气化神，炼神还虚，能继六真人之书而字字剖析，语语解释，问答详明，先之以口诀，复证以效验，实为道书之抉微、丹经之启蒙者，其惟吾友三阳道人张君松谷所著《丹经指南》乎？

先生中州世胄，早勤儒业。壮岁游宦浙中，雅慕神仙之道，得遇名师传授，且精风鉴，前清醇贤亲王呼为相仙。其涵养本原，安神祖窍，蛰藏气穴，乾坤交媾，九转还丹之旨，皆能阐发师传，不留余蕴，尽情泄露。故何者是铅汞，何者是龙虎，何者是炉鼎，何者是药物，无不一一发明。先生悯道教之式微，恐玄功之沦替，慨然将所著示我。而席子锡蕃，素以乐善好道闻于世，嘱韬往询先生："肯将所著，刊布流传乎？"先生欣然允之，并愿将火候功夫次第刊出。今者《丹经指南》排印将成，敬述其缘起于后。

民国七年（1917年）戊午午月钱塘陆韬君略甫谨跋

附：补亏正法秘传[①]

补亏者，因人娶妻生育，及酬应一切，无如年至四十后，其精气已耗大半，若不补足，则坐不到正午时[②]，九还正功，无从入手也。[③]

---

① 上海林锋先生发现一部《丹经指南》，书内《补亏正法》有墨笔批注，字体秀美，不知出自何人手笔。但根据批注所提及的事件、人物等，以及对比字体，疑为陈撄宁先生（1880—1969）所批注。现将"批注"作为注脚，补入本书。批注：《丹经指南》一巨册，是三阳道人张午樵所作，集抄几种丹经，肤辞剩语，毫无新发明。其中有几篇全抄他人之书，每篇后皆加"三阳道人识"字样，读者不免误认为三阳道人自己的手笔，因其未标明出处之故。仅此《补亏正法》，已前为无刊印，附此流通，亦于世有益。余当清末辛亥年（1911年），寄寓芜湖禹王宫，当家师某老和尚每日下半夜必起床打坐。问他做什么功夫，他说小周天功夫。再细细研究其做法，与伍柳一派不尽相符。实际上就是此书补亏之法。他那时已经九十几岁，尚极为健康。

② 批注："坐不到正午时"，此六字宜删去。因"正午时"这个名词，并非日间十二点钟太阳当顶的时候，须防阅者误会。

③ 批注：独身主义者不婚不育，其精气仍不免亏耗。

其法：可预构一净室，上下均置木板，以免湿气蒸入。室中务要明暗得宜（过明伤魂，过暗伤魄），风日不侵（忍风耐日，最能伤太阳、少阳二经，令人头痛，外感皆由此二经而入），窗阏开闭，须看天时（暴雨严寒、烈风迅雷则闭；天气晴和、月明风清则开）。置一坚木榻于室中（木用坚者，使身体转动不响也。响，恐分神），榻上先铺棕毯，上加软厚褥，务令两腿足骨下面（着榻处）坐久不痛为度。乃于每日，不论何时（如于饱食后，必于室中缓行一百步再坐[①]），一切世事漠不关心。腰带裤带，均须解放。内外衣服，要整楚抖松，宽畅适体，勿使里扯牵缠。坐定后，呼出粗浊之气一二口，即收散外之神明清气，摄入绛宫，令定（绛宫在心窝下，医书名膻中，乃在两乳肋人字骨下中心软处）。万缘澄寂，勿令念起。复出片时，心气溶融和平。然后以意移入天目（在两目中心上二分，此间为聚火之所），俟凝定片刻不散（杂念不起，即不散），复以意由泥丸，倒转玉枕，直注入夹脊（玉枕，乃脑后骨也）。

泥丸，在头正顶前七分。玉枕，乃脑后骨也。夹脊，在背脊骨上十二节之下，下十二节之上，其中间即夹脊。左右有两穴，左名膏，有名肓[②]。范业师云："婴儿于胎中，此处本通。后因胎足出产时，七窍顿开，气脉神明，不复由此升降，遂至血液垢腻，积渐淤塞。孰知此间，正是我初来时旧路[③]，乃自有此身以后，住世数十年，利名碌碌，劳瘁不辞。独于此间，永远屏绝，更不回首一顾。哀哉！须知此窍能通，百病不留。孝子慈孙，孰不愿其亲体强健，而独于此道，辟曰老氏，兹有指为异端邪说，何自愚也！夫道在寰宇中，天下古今，莫不共为之，而有益无损，不碍儒宗正教，不伤伦理纲常，又奚必论其老氏与不老氏乎？"

既至夹脊，即自息心静气，养我浩然，不事他顾，专一于此，勿令念起他散。如此每日行持一二时，或能多坐更佳，愈多愈善。气壮者，五六日；气衰者，至迟十五日，即觉夹脊中，热如火炽，且加肫痛。直待有此景象，便以意将此夹脊炽热之火，送串入于两腰，即觉两腰辘辘跳动。察其跳动不已时，随即以意送入阴跻。

---

① 批注：缓行一百步，不过二三分钟，时间太短，饮食后休息一小时。

② 批注：膏肓二穴，以上下分，不是以左右分。

③ 批注："初来时旧路"，这句话很费解。

阴跻，在谷道前，肾囊后，空地正中央处，入肉一寸二分，即是肉茎尽根处，医书名海底穴，《道藏》名三叉路水口。此谓建筑玄关基础之地。但查医书《内经》，张紫阳之言可据。[①]

既至阴跻，又觉其中掣掣跳动。虽跳动，我只不理他。又觉浑身通泰，心如迷醉，遍体脉络皆觉活动，暖溶溶如坐春风之中，我亦只不理他。即张紫阳所谓“阴跻一动，百脉皆动”，故有此景象也。只自专心致志，安居其中，若久客初归家之主人翁，深深休息于阴跻穴海底之内。如此片刻，自然而然，凝定跳止，便自细细内观默察，觉我之气根，实从阴跻底起，上升至脐轮，即自止而不上。复由脐轮，下降至阴跻底。自是升升降降，不出此三寸一分半之间。任其行流上下之，静守天然化合之机，万不可稍有意想，自误匪浅。[②]

邵康节《皇极经世》云：“天之至高处，至地之极低处，共有八万四千里。其中空二万一千里，日月星辰运于上，山川人物载于下，为万化显着之所。”人身亦然。自心至肾，共八寸四分，中空二寸一分，在脐轮之后，命门之前。《老子》所谓“黄庭”者，在是。其余六寸三分，乃心肾各有三寸一分半，故此内呼吸，即在肾宫三寸一分半之中也。

而口鼻中，外呼吸若非己有，觉与此内呼吸毫不相关也，非真不相关也。因此内呼吸，与鼻之外呼吸，正相反耳。何则？若以常理推之，口鼻之气吸入，则内呼吸正当降入海底，今反迎而上升至脐轮，与口鼻吸入之气两相辏接；口鼻之气呼出，则此内呼吸正当升上同出，今反背而下，降入海底，与口鼻外呼吸出入之气，毫不相通相连，岂非正相反乎？且自有入而无

---

① 批注：医书《黄帝内经》、皇甫谧的《甲乙经》等所谓阴跻脉另有道路，虽由海底经过，但不专指此一部分。

② 李涵虚《后天串述文终经》云：太上有言：“贵以贱为本，高以下为基。”后天资补，贱下之道也。贱也者，师所谓“说着丑”也。下也者，《经》所谓“下面取”也。培养丹基，纯以精气为宝。其行法功也，要先收心入内，以中为极，以和为则，以神为体（定），以意为用（慧）。寻气在阴跻为先，中是活活泼泼，不见不闻之处。和是专气致柔，抱神以静之功。定中生慧，坐照如如。媾元精而生元气，展窍开关不难也。元精者，阴跻一脉，逐日生人之气也。学人采取元精，必寻气之活动处，而以静合之。此之谓神气交。神气交，则男女媾精，真种化生。真种者，后天鼎之真气也。后天鼎者，即元神、元炁交合之所也，心名灵父、灵母。此气从鼎中炼出，即宜凝其神，柔其意，以柔制刚，自然入我内鼎。和之、调之、锻之、炼之，潜伏于丹田之中，呼吸乎虚无之内，是名命蒂，又号胎息。

出也。坐之久久，认得真切熟溜，我却勿去做他主张，只自由他上，我亦随之而上；他下，我亦随之而下[①]，只任他自然升降，则无弊病。[②]我苟或容心于其间，稍有意见，欲送他上下，则此内呼吸，与我灵明便相错乱违背，不能溶化为一，只三四息，便觉小腹气胣。苟患此弊，必重新整顿，再坐绛宫，再凝天目，再注夹脊，重入阴跻。如调劣马，如责顽猴，久久驯熟，自无此弊（劣马顽猴，乃指我灵明言，非指内呼吸）。大抵最难收摄是心火，今欲以之入水，诚非一日所能致也。其至要紧处，惟忌念起。念起即外散，虽坐无益。总之，务要此虚灵不昧之体，归入阴跻穴中而不出。安居既久，则神自化炁。[③]

神，心神也，属火。阴跻居肾底，水脏之极深处也。火入水，火须为水灭。而火中炽燃之性，存于水中，非化炁而何？惟此炁中，有神在内，故非常人之气可比。此各仙经中，每言必得先天炁者，以此。非坚定心性，不能得也。

炁自化精（炁中有真液，故能化精），精炁神三者，浑而为一，更不知何者为精、何者为气、何者为神，斯得之矣。设或于初行时，念易动，神易越，不肯安居阴跻中，则亦不妨。以息若若之[④]，使其有所依傍，而不外散，是亦勉强一法。若是既久，自得坐忘（以息若若之者，乃若此三寸一分半中之内呼吸，非口鼻中呼吸也）。如是初行，每坐若得二三百息，继渐日加至五六百息，约抵旬日，两腰之中，及小腹渐渐觉热，体素畏寒，及手足素冷者，亦即觉热。阳茎必时翘举，慎勿近妇女，是为大要。此为初得先天炁，不可即采。待其举过自软后，制至欲心不动，此阳乃化为精。如是每日行持，每日阳举，只自不采。让过月余，乃以日积我精也。所以积精者，即以为藏阳之地也。故此补亏一法，又名添油功夫也。[⑤]

---

① 批注："随"字，用得不妥，最好把这二句删除。

② 李涵虚《道窍谈·后天集解》云：然欲静其神，必须调息有度。一呼一吸，名曰一息。须顺其自然，勿听其自然。《庄子》曰："真人之息以踵。"踵也者，相接不断，绵绵若存也。气彻涌泉，往来不绝。吾师云："以内息踵外息，以外息踵内息，以息息踵息息。"此即以踵之妙也。内呼则外吸，内吸则外呼。内外两息，反正相生。开合有度，却有自然妙趣，不待强为。

③ 批注：先天炁，是从身外虚空而来，不是由自己身内产出。

④ 批注："若若"，此二字不知是方言否。在文言上"若若"乃下垂貌，是形容词，非动词。

⑤ 批注：凡得先天炁时，阳并不举，此说有误。补亏工夫，都是后天作用。年壮者，可以让过月余。年老者，尚须放宽些时。

添油者，如灯油将尽，而火亦将熄，添油乃使之不熄也。养精，为人身中至宝。真水属阴，火必待水藏，阳必待阴藏，而后能长久，此造化生就自然之理。如不积精，而阳至即采，聚入泥丸，则阳日增强，而阴仍如旧，必致阴少阳多，阴不包阳，阳必外越。且阴被阳劫，上升泥丸，古有鼻垂玉柱而坐化者，即此之弊。所以让过月余，正为日后藏火地步耳。①

是采活子时，必待精足而后采。然何以自知其精足也？盖阳初至时，甚思淫欲。精足则阳至，比前倍旺，而反无淫念。此君火被水所制，相火不能猖越使然。以为据准而作采期，万无一失。②

神仙家每于阴跻一穴，秘密若宝。且云轻泄者，必受天殃。推其本心，非吝不肯传之意。以阴跻一穴，若得此种阳之诀，则不论老少，其肾阳变弱为强，易如反掌。而阳旺思淫，常人必有此情。此道本以寿世，今反以助淫，是贻害于世也。故必择人而后授。③

活子时

子时而谓之活者，有三说：其一，以肾内心阳种满，不论是何时候，坐至静极之际，坎宫火发，此吾身中之子时，非天地间夜半之板子时，故谓之活。然此浅近之说也，是必更上一层言。则此活子时，毕竟还从活午时而来。若心肾者，人身中之乾坤也。坤本纯阴，绝无阳气，必与乾交而后有阳，犹常人肾中，本无此先天炁，必以心火下注阴跻，日渐积集，而后肾中始有此阳炁也。惟天地之交，每年始于五月建午，夏至一阴生之际，是为火入水之初，则我以心火下注阴跻，犹天之五月建午也。但我身中之午，不论何时，随坐随有，非天地之板午，故亦谓之活，是午亦活而子亦活，此二说

① 批注：怀宁葛曼生君，即犯此病。闭关六年，拼命死做，虽已得通，能预言未来事，但无法延长其寿命，殁于民国二十六年（1937年）。

② 批注：病人亦多有阴亏之极而孤阳上升者，倘遇良医认得此症，重用滋阴潜阳之药，尤可挽救，若普通医生必定误事。

③ 胡孚琛教授《丹道法诀十二讲・补亏正法第四讲》云："补亏正法"又名"添油术"，乃丹家秘传的正宗功夫，修之有利无害，丹道入门可以从此起手。三阳道人张松谷曾于民国初年将此术笔之于书，原文较长，今撮其要点而述之。师传补亏正法行功法诀云："盘膝坐，聚心窝；凝天目，透泥丸，转玉枕，注夹脊。觉热跳，串两腰，时日足，入阴。阴动，通脐轮；法自然，成内息。拙火起，阳必举，待自软，慎勿泄。累累行，积精气，勤添油，可补亏。"

也。然而尚有更上一层言者，九还正功火候，遍历十二支辰，日[1]行生成，皆有细若毫发，不容紊乱，故其言时，皆谓之正，不名曰活。而活者，乃补亏法中，每遇心火下注，则谓之午，其余未申酉戌亥，均弗论矣。每遇肾阳上升，则谓之子，其余丑寅卯辰巳，亦弗论矣。是十二辰中，但有子午，随坐随到，故谓之活，言非若九还正功之有一定板数也。如此论“活”字，殆尽之矣。[2]

总之，心者，天也；肾者，地也。天与地交，一阴始生于午，故心阳下注于肾为午；地之一阳来复于子，故肾中阳炁发生为子。子午之名，由此而取。世之好此道而未得诀者，只以睡足阳举为活子时，妄行采取。殊不知，每犯四五更睡醒后之阳举，是则万不可采取。因其晚间所进饮食，至此已化，其大小便，已入大小肠之底。如行采取，则粪溺中秽浊之气[3]，随之而行，带入督脉，升上泥丸，至清阳至高之分，日采日积，将来从何处出脱？智者以此思之，不辩可悟矣。[4]

活午时

余蒙沈太虚真人，授至道于华山郝祖洞。[5]功法之余，尝曰：“世人则知活子，而活午少能知之。夫天是一大天，人为一小天。天有南北，人有心肾。一年之子午，冬至、夏至；一月之子午，在朔、望；一日之子午，属子、午二时。此是一定不易之子午也。人身之活子时，恒有知之者，而活午

---

①批注：“日”字不通，是“五”字之误。

②批注：此段理论不圆满。普通年轻的人，每夜皆有阳生之象，他们并不做此等工夫，肾中阳气从何而来？以前丹经，只有“活子时”这个名词，“活午时”的名词是后人所增加。

③批注：日间未尝没有秽浊之气，此说不可拘泥。

④批注：心肾，只可用离坎二卦作比喻，不可以乾坤言。张紫阳《金丹四百字序》中，虽有“乾心也，坤身也”之说，那是隐语，不是指思想意识之心。

⑤批注：沈太虚是湖州金盖山闵小艮之师兄，二人皆杭州金鼓洞高东篱之弟子。沈乃清乾嘉时人，殁于金盖山，寿七十九岁。三阳道人所遇者，不知是否此人。若说有第二个沈太虚，则不应加以真人之称号。若说即是金盖山之沈太虚，年代又相距甚远，同光时的人，如何能与乾嘉时的人对面谈话？若说所遇者是沈太虚之阳神，既然得此神仙为师，应该有所成就，何以结局仍无异于凡俗？

在何时？是何景象？自古圣高真，皆未宣言。”①

余敛神屏息至前，叩求真人明白指示，以惠后世。真人云：“凡百事皆有配偶，有活子，即有活午。活子，乃阳生；活午，即阴生。譬如初一阳生、十六阴生，此乃运年月日时，天地之定子午也。即人而论，人身有活子午也，所谓一阳初动，活子是也。究其真正之活子午，犹有辨焉。其真正者，须于无形无象中求之。其说惟何？乃行功法，寂无所寂，忽觉内机有微动，乃是活子之初。继知勃然机现，此是活子正象；油然内兴，此是活子内炁充盈，外势举直，时机可采小周天，宜进阳火卅六。进火将完，周身舒畅，万象齐放，心荡肾热，此即活午之机动，此时亟须行退阴符二十四。如若不退符，其害大也。何故？子时阳生，午时阴生，即退符以养此真阴，可助此真阳不泄。”

真人又曰：“中岁行功重在活午，童年行功重于活子。盖活午乃上上真境，功须采取真阴，以资生真阳。究其采诀，彼时急用《清静经》三观功法②。其最上者，从事无无，而又不住于定寂。大凡功从活午入手者，乾宫为至要之地。淘此炁机，下注华池，灌夫绛阙，待活子到来，但凭神宰，子午会交，醍醐灌顶也。”

真人曰：“我辈修持，固贵一合天时。所言活午者，高真古仙，秘而不传。余得于陈泥丸真人，今余又得传于汝，故宣之。所以活午不明，则真阴坐失。纵得活子，苟无真阴以涵之，功足化神，真阳使其不飞不可得也。夫古书所言，清凉金玉诸名，寄在活子功法之后，即是活午产真阴之的时。”③

又云：“炼阳得阴，而与炼阴得阳，功法前后相符。古哲恒秘之，余今直泄之。诚以真道久晦，学者每仅循迹而行，昧此程途，定止景象，毫无把握，如盲无杖，无不中惑而退。今知汝缘广厚，能舍己而从人，此时不授，虚此机缘。而真道由此宣布，倘有大根大德之人遇汝，得闻千古不传之秘

---

① 批注：古人未尝不言，但不用“活午时”这个名词而已。

②《清净经》：“内观其心，心无其心。外观其形，形无其形。远观其物，物无其物。三者既悟，惟见于空。观空亦空，空无所空。所空既无，无无亦无。无无既无，湛然常寂。寂无所寂，欲岂能生？欲既不生，即是真静。真常应物，真常得住。常应常静，常清静矣。”

③ 批注：陈泥丸，乃南五祖之第四代，是南宋人。沈太虚当清乾隆年间，曾遇李泥丸，非陈泥丸。据金盖山一派对人传言，李泥丸是蜀汉时代人，乃住世神仙。乾隆间曾三至金盖，未免类乎神话。

诀，余亦固所愿也。”

三阳今晤席君锡蕃，藏有活子之真诀，商余加活午真诀，合刊简篇，庶助学者之指迷也。三阳道人识。①

活子午采法②

由初下手时，收神归绛宫，凝天目，注夹脊，算起至五六日，夹脊发热，即由两肾中心，送入阴跻。寻见内呼吸后，苟能一念不动，五百息内，神与内呼吸不有丝毫离间者（有一丝他念，即有一丝之离间）。准于第十六次，坎宫即有一线阳火，上升至脐轮，傍及两腰，热如汤沃，玉茎翘举。此时切勿动念，只以不识不知应之。据云：“平素好淫者，此时淫火倍甚。苟近妇女，精必如注，竟有盈盆垒碗之多。”③又云：“虽平居不好淫者，此时亦必有淫念。念不能除，精亦离窝，甚则外泄，非特前功尽废，且多因而成泄精病者。”独此为最险关头，庸夫俗子，百不保一。惟学力渊深、操持有素之士，尚必要内范严密，只以不识不知应之，则此阳火，自然运漏坎宫，即化为精。

此“以壬化癸”之法，不遇师传，万不能知。何则各仙经皆言“去癸留壬”，未尝有“以壬化癸”之说？盖壬是炁，而癸是水，壬阳而癸阴。壬阳，即阴跻中阳火，有气无质者也。癸阴，即所化之精，则落质矣。大丹取气不取质，今反以气化质者，何也？正所谓补亏也。凡年至四十后，其精亏去过半。精者，水也，阴也。水所以藏火，阴所以藏阳，则精所以藏气也。如不以之化精，精亏如旧，气无归宿之所，安能养阳者？且必阳强阴弱，致有偏枯之病。《性理大全》云：“无形者，必藉有形以为体。”是吾儒大学，亦必如此。④

如此约三四十日，或五六十日不等（以精亏有多少，人体有强弱不同

① 批注：此篇在原钞本上未见，乃张午樵、席锡蕃二人所加入此。此篇所用字句，甚多欠通，改不胜改，只观其大意可矣。三阳道人，即张午樵，清末民初在上海南京路大庆里，以相术应世。原籍河南省，现已逝世，享寿八十六岁。

② 批注：此篇是原有者。

③ 批注：“盈盆垒碗”，这四字形容太过，实际上没有如此之多，但危险则难免。

④ 批注：凡仙经上的确未见“以壬化癸”之说，盖彼等对于年老者，专用栽接法以补救之，故不需要此种工夫。其有不能从事于栽接者，一方面用药饵服食，一方面专做心性工夫。亦未尝没有办法。最高明的修养法，即从混元一炁下手，更无须走弯路。但此法延年益寿颇有实效。不至于到如此地步，毋须过分张皇。

也）。总以阳至时，绝无淫念为度。然后用右手将玉茎、肾囊一把握住，握勿大紧（用握者，恐提撮时，并玉茎肾子吸入小腹之故）。候至阴跻热火，上沃脐肾，玉茎半举时（不可举足，举足则化精，非化气矣），所谓“铅遇癸生须急采”也[①]。癸生，癸方生也。言将化精而未化精之际，须候得准，此为老嫩得宜（此老嫩，为补亏法中之老嫩。九还正功，亦有老嫩，不与此同）。用意于谷道、玉茎间，轻轻[②]提撮，如忍大小便状（“轻轻”二字，不可忽略，言虽提撮，不可太用力也），将肾中阳火，送过尾闾，贯入督脉，不疾不徐，一意送上，不可复想肾宫（如分念想肾，则玉茎大举，而又化癸矣）。升至夹脊，用力催送玉枕，更用力催送（玉枕为铁鼓关，最难穿透。用力者，专意催逼，略不敢松之谓），两目往上一迎，引入泥丸（两目闭而向后，迎之不可开目）。即以意在泥丸中，自左起向右三十六转，两目光随意转运。转毕，无思无虑，静坐片时，起应世务不妨。此为采取一次。

起应世务虽不妨，然当应之时，必须事事合理。凡喜怒哀乐，非但发之中节，且必过而不留。范师有云：“此心应事，当时如快刀劈水，明镜照物，斯其灵明之得，渐入溶和澄洁境界。”平日如此使惯熟，则静坐时，格外清明，功夫易致，所谓炼己必于闹处也。

而后采，必仍还入于玄关（即阴跻。黑中有青，谓之玄；有出有入，故名关[③]），如日间采取，夜间必还；夜间采取，次早必还，不可久留泥丸内。

采之而必入泥丸者，以泥丸为至清阳之分。采入暂留之，以祛余阴也。不可久留者，以阳极至高，久久必散，自当降下，入水为安。此阳既入水中，则得水中之阳，以润泽之。辅此之阳，与阳并，阳力倍增。采而复还，还而复采，有震兑相交之义焉。盖同一坤中之气也。出神即为震，不出即为兑。[④]故《老子》五千言云：“此两者，同出而异名。”[⑤]

还之之法，于坐定后，嘘出粗浊之炁一二口，将散外神明，收入绛宫片刻，移入天目凝定，即上注泥丸，从右旋向左三十六转，两目光随意转运。

---

① 批注：“铅遇癸生须急采”，是《悟真篇》语，其作用与此不同，但理亦可通。

② 批注：“轻轻”二字要注意，不可蛮干。

③ 批注：玄关之说，各家不同。以阴跻为玄关，乃此书一家之说，不足为定论。

④ 批注：此段理论，亦不圆满，但方法是对的。

⑤ 批注：《老子》本义，不是如此，勿附会。

转毕，仍由夹脊，过肾中心，归入阴跻。复自左旋向右转三十六转，右旋向左转二十四转。转毕，万虑俱寂，静坐片时，方起。此为还原一次。如是得暇仍坐，仍如前《补亏》篇中，坐绛宫，移入天目，注夹脊，入阳跻，寻见内呼吸，相依相并，候至阴跻，阴[①]气发动，仍如前采取之，仍如前还入阴跻。不计遍数，但得玉茎龟头，缩进茎皮不出为度。此正补亏。补足之时，虽西施、王嫱，百般拯[②]撼，亦不足以动其情矣（大抵此心，已被坎中真金点死）。然后入九还正功，能节节见效。

以上《补亏正法》。惟此功夫，自有仙经以来，皆不著笔墨，但只口口相授，宜秘。慎之！慎之！[③]

《奇经八脉考》[④]一节备考

张紫阳真人《八脉经》[⑤]云："八脉者，冲脉在风府穴下，督脉在脐后，任脉在脐前，带脉在腰，阴跻脉在尾闾前、阴囊下，阳跻脉在尾闾后二节，阴维脉在顶前一寸三分，阳维脉在顶后一寸二分。凡人有此八脉，俱属阴神，闭而不开。惟神仙，以阳气冲开，故能得道。八脉者，先天大道之根，一气之祖，采之惟在阴跻为先。此脉才动，诸脉皆通。次督、任、冲三脉，总为经脉造化之源。而阴跻一脉，散在丹经，其名颇多：曰天根、曰死户、曰复命关、曰酆都鬼户、曰生死根。有神主之，名曰桃康。上通泥丸，下透涌泉。倘能如此，使真气聚散，皆从此关窍，则天门常开，地户永闭，尻脉周流于一身，贯通上下，和气自然上朝，阳长阴消，水中火发，雪里花开，所谓'天根月窟闲来往，三十六宫都是春'[⑥]。得之者，身体轻健，容衰返壮，昏昏默默，如醉如痴，此其验也。要知西南之乡，乃坤地，尾闾之前，膀胱

① 阴，宜作"阳"字。

② 批注：有举拔之义。

③ 批注：此法虽不能算是上乘，若做得好，亦可延长寿命。希一子所以活到九十九岁，就是得力于这种功夫。假使不受儿子之累，再加二十年寿命，当无困难。

④ 批注：《奇经八脉考》，附在《本草纲目》中。

⑤ 批注：《八脉经》，世无传本。此段为李时珍的《奇经八脉考》所引，是否张平叔自己手笔，尚不可知。余疑《八脉经》是后人伪托。

⑥ 批注：张紫阳如何引证邵康节的诗，更加令人怀疑。

之后，小肠之下，灵龟之上，此乃天地逐日所生气根，产铅之地也，医家不知有此。”

濒湖曰：“丹书论及阳精河车，皆往往以任、冲、督脉、命门、三焦为说，未有专指阴跻者。而紫阳《八脉经》所载经脉，稍与医家之说不同，然内景隧道，惟反观者能照察之，其言必不谬也。”

阅《补亏正法》之感言

此《补亏正法》一书，由陆君略先生[①]示予，云是假自道友吴菊云君处。细读书中所载，知与吾师希一子所传《补天髓》似同而更详，洵特别之捷径法，真千古不传之秘本。惜钞是书者漏，未将著书人之姓名录入，深为缺憾。谅系历代宗师有意度人，故肯大泄天府之秘，以裨益中年以后有心之子，使能补其壮年所亏损之精神，是以名之曰《补亏》。[②]愿后学者，务先体会此二字意义，并愿初入手者，幸勿以倒转玉枕为唯一法门。尚希访求明[③]师，得有真传，始可有补亏之实效而无他弊也。是书向未行世，今特商允付印，附于《丹经指南》之后，并承张君午樵师所受“活午时口诀”加以润节，顿成篇牍，加印于是《补亏》篇尾“活子时”之后，以成全璧。诚一时之遭逢，千载之奇遇，用跋数语，以志庆幸。

附言：此《感言》中之“访求明师，得有真传”二语，乃实指得授口诀，关关有援引之秘，窍窍有止治之奥。若关热、关跳，则有讳箓[④]以导引而度通之。若泄精阳翘，则用符秘以运结而止治之。但此种符箓、讳秘、梵字等等，约而计之，诚有半百内外之类数。[⑤]访有此秘之师，庶可行此种之

① 批注：陆君略，我查见过，不知为何许人。希一子，即张百忝，原籍湖南，往年在上海时，常寄居孟德兰路（今江阴路）关帝庙内，后离沪北去，九十九岁殁于天津。《补天髓》一书，伊曾经送我数册，我又转送他人。

② 批注：希一子也是做这种功夫，所以寿命较长。

③ 明，底本作“名”，校者改。

④ 箓，底本作“篆”，校者改。

⑤ 批注：始终全部功夫，原书中已说得很明白，何必再要寻师。补亏工夫做完之后，若立志上进，当然要得高明人指点，但不是那些符篆、讳秘、梵字之类所能为力。可以不必节外生枝，多出花样，使人生畏阻之心。

道。[1]否则，孤行我是，即无内火自焚之虞，定鲜三宝相合之效。访得明师，必当尽心坐功百日，可以见效。期年自然结胎，两年胎成，三年神出泥丸之宫，如是温养我神之神，自有上召之旨、飞升之望焉。[2]

民国七年（1918年）岁次戊午端阳节莫鳌抱仁子席氏锡蕃识[3]

① 批注：一切应付之法，原文中皆有，用不著画蛇添足。若是按照原文中的方法做出毛病，只好自己承认不够资格。补亏法是身中神气精的自造自化，不是张天师降妖捉怪，无须要“符箓”。此法是中国道家所发明，不是印度的佛法，无须要“梵字”。此法不是设坛祭炼、召神潜将，无须要“秘讳”。

② 批注：若以见效而论，实无须百日。若想把补亏功夫全部做完，就要看他身体亏损到什么程度，时间长短难以预定。至于结胎出神，更不能计年限。此外，所谓两年三年简直在说梦话。

③ 批注：席锡蕃，是苏州洞庭山人，任职上海银行界多年，其知识程度未必超过西门子洋行管子卿，比较招商局总办郑陶斋相差甚远。管、郑二人，皆受江湖方士之欺骗，席当然不能例外。一九五五年六月三日抄。

第十三编　补天髓

长沙希一子张百焘著

〔提要〕《补天髓》，题名“长沙希一子张百焘著”。萧天石先生对该书有详细的评价，摘录如下。

一、本书为湖湘派希一子张百涛先生证道后之授受天机。张于道咸间与曾、左、胡、彭诸公时相过从，身经百战而无事于封侯，卒效子房从赤松子游，历泛云水三千，遍游洞天八百，夙学蝉蜕，逍遥世外。全书共五卷，至精至简，自初学以至功成，无不明白指点门径，揭示阶梯，循序而上，层累而进，言言口诀，步步实地。括尽全藏丹经要妙，复能弥纶黄老儒释，而不局限于门户之见，罔论程、朱、陆、王异同之争。以儒证道，以佛证道，而又能以道家工夫贯串儒佛理论。合三教于一道，冶百派于一炉。脱尽恒溪，自立门庭；法古而不滞古，守古而能化古，洵渡人之宝筏，寿世之津梁也。

二、本书虽为道书，然亦可作儒门圣学读，亦可作为佛门经典读。囊括二氏，而又能补其不及。道家之所谓工夫，实即儒释之所谓践履，所谓修持，所谓参悟。手此一编，作佛、作圣、作仙，全无余子矣。对于功夫方法指点，自入门下手，以至超凡入圣，超圣入神，超神入化，超化归真，所有各历程，无不详明至极，钜细匪遗。贤者能用其大，不贤者能用其小。用其大者，可以入圣登真，而及身成就；用其小者，亦可养生尽年，而明哲保身。对于每一历程之功候境界，亦复显明指出。对于中老年人修道之补亏功法，与应防危杜险之处，尤为详尽，菩萨心肠，慈悲至极矣。

三、本书《通玄》《切近》《功候》《演绎》《提要》等五篇，首尾贯串，天衣无缝。五篇可作为一篇读，亦可作为一字读。一字括万言，万言归一字。会者一字已多，不会者万言亦少。功夫到家，自能心领神会。不会时，不可一读即放手。会了时，仍不可一会即放手。即读即参，即参即验，即验即证，即证即得。久后自知予言之不谬也。

四、本书顾名为《补天髓》，自其浅者言，即知重点在补功。精损补精，气损补气，神损补神，髓损补髓，命损补命。此实为天经地义而不可或易者。以精补精，以气补气，以血补血，以神补神，以髓补髓，其理亦然，正如《契》云"同类易为功"也。惟在补精、补气、补神、补髓之先，尚有三步功法。初步为保精、保气、保神、保髓，第二步为固精、固气、固神、固髓，第三步为养精、养气、养神、养髓。第四步功法，方为补精、补气、补神、补髓。保之之道，首重不漏（亦曰堵窍）；固之之道，首重塞机（亦曰锁关）；养之之道，首重氤氲（亦曰乳哺）；补之之道，首重采取（亦曰添油）。总在求精全、气全、神全、髓全，方可得谓之为全命、全寿、全生之全人。此中功法，步步有层次，层层有口诀，丝毫错乱不得，亦丝毫勉强不得。续命、接命、延命，全在于斯。惟其所补，尤重在先天之元精、元气、元神、元髓，而非后天之凡精、凡气、凡神、凡髓。此尤为不可不知者，道门中又有顿、渐二法。顿修法，迳从元精、元气、元神、元髓下手；渐修法，则先从凡精、凡气、凡神、凡髓起修。由"凡"以入"元"，"凡"全而百岁复能保全其如十七八岁时之童真体，斯返老还童矣。返老还童而后，方可言长生久视之道。

本篇以萧天石先生《道藏精华》第五集之五影印本为底本点校。

校者曾见一册《补天髓》，书首有藏书者（据说为郑孝胥[①]）手题跋语，抄录如下："己巳（1929年）正月，程白葭[②]与余书，称其师希一子百有六岁，遗此册及《五教大同说》。余览之，以为陋说，置之。次日（即十八日），白葭约余过其居，乃晤希一子。其状笃老而耳目未废，寡语。闻当意之言，则笑颔之。自云道光四年甲申（1824年）生，在军中久，晚乃学道，非不死

① 郑孝胥（1860—1938年），字苏戡，一字太夷，号海藏。福建省闽侯（今福州）人，生于江苏苏州胥门。近现代诗人、书法家。

② 程白葭，即程淯（1870—1940），字白葭，号葭深居士，江苏武进（常州）人。

也，可却病延年耳。程云：曹锟[①]以师礼事之，而张作霖[②]尝迎至奉天，其弟子甚多。室悬康有为[③]书联，又有画像，弢庵[④]尝题之。十八日记。”

① 曹锟（1862—1938），字仲珊，晚年自号乐寿老人。直隶天津大沽口（今天津塘沽）人。近代军事、政治人物，直系军阀的首领。

② 张作霖（1875—1928），字雨亭，奉天省海城（今辽宁海城）人，北洋军阀奉系首领。

③ 康有为（1858—1927），原名祖诒，字广厦，号长素，又号更生、西樵山人，广东南海丹灶（今属佛山市南海区）人。晚清时期政治家、思想家、教育家。

④ 弢庵，即陈宝琛（1848—1935），字伯潜，号弢庵、陶庵、听水老人，福州闽县螺洲（今福建省福州市仓山区螺洲镇）人。晚清大臣、学者。工书法，擅画松。

帝一子

偈曰
道非常道性天常保極不可極与之顛
倒無有生滅無有浸擾止觀止觀識盡
塵埽四大皆空何有蓬島是名無相女
回三寶笑悟本來乾坤一老

溫溫雅度渺渺奇蹤超
林威風滄海潛龍玄
門大闢塵氛盡埽仙
乎仙乎今人拜倒
張采坡謹贊

序

天下有异人乎？吾纳履从之也。天下有奇书乎？吾焚香读之也。今天下之疾，尚可医乎？得奇书、异人而用之，庶几回元气、张国维于万一。否则，医以财赋，医以甲兵，医以文法，吾终见其沦以败也。天不生吾于潇湘之侧、淮泗之间，与古之豪杰相见于平沙万里。又不生吾于乾嘉之代、道咸之朝，当时大老以文章、功烈相驰骋。并不生吾于东海之东、西海之西，与大彼得、拿破仑、华盛顿、毕士麦、维廉诸毫俊游，过欧美佳水名山，而发舒其意气。鸣呼悲哉[①]！然而有奇书、奇人寓吾目，仰而慕之，俯而思之，拣炼揣摩，未尝不可立人极于天下。彼潇湘、淮泗、欧美诸豪杰，安见独擅美于先，而乾嘉、道咸诸先达，又未必不瞠乎后也。

吾师希一子，今世界之异人也。生长潇湘，功侔淮泗，目及欧美沧桑。家有乾嘉诸大老之书，亲与道咸曾、左、胡、彭诸乡先达为师友。韬钤[②]夙擅，身经百战，难封，同辈半通侯而漠然，不动其心。独涉事于天人合一之道，发愤著书，以告万世，即今寿世之《补天髓》也。是书，囊括二氏，一扫程朱、陆王异同之见，登尼山之堂而入其室，群圣人经世立极之精在是，告成于与德宣战之月。同学天门刘骞书颂数过，云冕往复襄校，凡七易稿而书成。

噫！半生奔走南北，从不与异人过，游于秘阁，未读奇书，当国家内忧外患迭陈，抱膝闲吟讫，无灵药以活父老兄弟。生潇湘、淮泗诸豪杰后，四邻交侵，风云惨烈，又不获与乾嘉、道咸诸大老相汲引、相讨论。侧身人海，悄然无侣，天其或者假手此异人、此奇书，以称名没世，勉副圣人之门欤？抑或与此奇书异人，应运而升，出而经世，宰物为民轨模欤？濯足洞庭，瞪目八荒，有遐想焉！

民国六年（1917年）丁巳八月中秋节

清实录馆史官门下士南昌黄云冕谨识于武昌桐馆

① 哉，底本无，据文义补。

② 韬钤，是古代兵书《六韬》《玉钤》的并称，后以泛指兵书，借指用兵谋略。

序

余畴昔偕希一子为川东之行，由汉皋登舟，经荆江，过夷陵，出夔门，入乎巴子之国。抱黄鹤之仙踪，眺岳阳之灵迹，会巫山之神契，望峨眉之奇峰，飘飘乎若上青天，而忘其为高且难者，与希一子朝夕谈玄之力也。余语希一子："斯行也，壹溯而上，水源愈清。再溯而上之，常见一缕金沙，飞行八千里，而会于岷山之流者，皆出自昆仑之巅。固知天一生水，本于乾金，而羲皇一画之情，可见矣。"

前尘左月，岁序屡更，余以戎马倥偬，才愧道不加进，有负希一子之期望。希一子乃以所著《补天髓》属序，余益愧。希一子弘道之功，非余所可及。且将以昔所期望于余者，期望于人人，此所谓如来出世为一大事也。是为序。

丁巳（1917年）嘉平月下浣离都李长泰[①]识于京师补读斋

自序

庠序之教，明人伦。人性中之理，悉寓纲常伦理，惟笃实践，履造其极，斯谓之儒。而佛仙谓："欲修仙道，先修人道。"可知守身摄生，性命之学，群圣人谆谆示人践履，意有在也。儒之道，《易》《学》《庸》《吕》之详，陈希夷、周濂溪、邵康节、程明道、伊川、苏东坡、富郑公、欧阳永叔作道，其所道往往智过而愚不及。西梵历瞿昙、然灯、弥勒、接引诸佛，后至释迦文佛，阐大乘西天二十八祖，东土六祖密行了义，布在《华严》《法华》《楞严》《宝积》《坛经》，及《慧命经》《金仙证论》诸书，钝根人不能

① 李长泰（1862—1922），字阶平，直隶武清县（今属天津市）人。清末民初将领，天津武备学堂毕业。

读。道教肇于元始、灵宝，而太上为至尊，西度五印，出函谷，授尹喜，传东华，一脉五传，下逮七真，迹其凝伏返还、寂照止观诸旨，皆出自“含真”之义，与儒之“定静安虑得”同也。

老子谓勿起分别执着，释氏穷究“未生前本来面目”，与子思子言“喜怒哀乐未发之谓中”，三教绝学，几合符节，天无二道，人无二心，圣凡无二理。存心、养性、合天者，儒之学，非诚正则流于妄；明心、见性、为觉者，释之学，非诚正则近于魔；清心、炼性、延年者，道之学，非诚正则入于歧。儒言道一，言无为，言正甆；道言得一，言脱胎，言太虚同体；佛言真空，言涅槃，言无人我、众生、寿者相，分明以一理贯三才。且儒言忠恕义取，允执厥中，如如不动；释言慈悲义取，念兹在此，万念皆非；道言感应义取，咸宁贞吉，留戊就己。三教惟心，万法惟识，放之弥六合，卷之藏于密，故学问之道，惟求放心。心为君主，神明所系，涤欲存理，使自流行。理行于君臣为明良，于父子为慈孝，于兄弟为友恭，纯粹而无矜持，至诚无息。存心为无形，发外为有形，善不善，必先知大而化之，能放能卷也。孔子集群圣大成，然犹曰西方圣人、老子犹龙，是孔子尊佛也。《西升经》云：“吾师天竺古皇先生在焉。”是老尊佛也。释迦述往昔劫，师事长寿仙人，闻《法华》于灵鹫大会，是佛亦尊道也。三教无异，故无分。必矢以真，然后并行不悖，以至诚之功，体至诚之理，修至诚之道，真一不二，然后能悟彻一源。

衰世狂驰，去道远矣。余以戎马半生，中岁好道，老而弥笃，搜括丹经，访求绝学，跋涉山川，闻善则拜，既而叹曰：“百年过客，与草木同腐耳。”遂发念，按日五鼓，薰沐虔修，求至于道。岁余，遇先师卧云子，授金丹秘旨，中边奥义，豁悟性命，本吾身灵物。师谓：“浩劫惨剧，无可悲悯。圣学不绝如缕，天不爱道，因功定果，群生在宥，子当续其坠绪，普度有缘，强我民族。”余乃往复天人，将慧命、寿命，佛性、真性，诸教外别传，罄心道出。凡异教同原之理，存真救时之意，皆笔于书，颜之曰《补天髓》，补其缺漏，信乎寿世强种之秘籍。顾其书，道自炼己筑基，至还虚证空功夫，条目咸备。书不尽所言，惟斯补化之法，于心肾为切。火虚而物感实之，空心境为性功之始；水实而作强伎巧虚之，绝肾欲为命功之始。是道也，愚夫妇可与知，能证以天缘、人缘、仙缘而大成。其次，以已炼之基，待可进之道，安静平气，优游长年。或虑心欲，难骤空绝，省之、寡之可矣。

以道自任之士，究义穷理，尽性至命，遏欲存心，是证无上妙谛。或仅以黄老家言目之，谬矣！是编分《通玄》《切近》《功候》《演绎》《提要》五篇，累明道之本原，义与《灵》《素》相表里。其奥则金真七映之文，其常则天人一气之理。勉而行之，圣域贤关在是已。

夫道以载德，德以植道；德为道体，道为德用。明德体道，冲和自运。圣人表虚，衷以养德，阐易象以明化，故能尽性致命，穷神致知化。余发愤著书，实欲辟造化真机，促国民道德、伦理、政治之进步。果能此道，必明必强，正道昌明，国粹长存，会三为一，含真之源，并五合十，生成之义。世有闻慕传习者，余将清夜焚香，助其成就也。衰朽不敏，谨述所诣，告后来焉。

丁巳（1917 年）仲夏长沙张百焘晴枝氏序于武昌黄鹄矶之奥略楼畔

补天髓序

有天地，即有道。无道，天地无与立也。自人自斲其道，自削其道，于是各寻途径，而三教之界划然以分。不知三教，教也，非道也。道一而已，无始终、内外、纯驳，无人我、贵贱、中西，支守一道者，自贬之、自细之也。

吾生斯世六十年矣，尝欲考求大道汇一之旨，以自使所得之吾乡双流刘芷唐先生。刘去百年，其弟子故旧，尚能传其书而衍其绪。最后又遇长沙张君百焘晴枝。晴枝，为文达公介弟[①]，博览群书，迭更世处，撷拾万物万化之理，统以一道盛之，戎马数十年，持其说希于寰海，人苦无以悟。今老矣，欲入无人之境，研炼不老之方，又虑世运迁流，大道终晦，迺撰《补天髓》五篇，词旨清简，由新学，以至功成，闢其门窦，拾其阶梯，层累而上，至

① 文达公，即张之万（1811—1897），字子青，号銮坡，直隶南皮（今河北省沧州市南皮县）人，张之洞堂兄。晚清大臣，是清道光、咸丰、同治、光绪四朝元老。光绪二十三年（1897 年），寿终，赠太保，谥文达。介弟，对他人之弟的敬称。《左传 · 襄公二十六年》：“夫子为王子围，寡君之贵介弟也。”

于微茫，俾知人生天地，何非一道所弥纶？黄老、孔孟、释迦、耶稣，皆能抱道以自高，而学于黄老、孔孟、释迦、耶稣者流，各守师说，分其途以与天下相见。晴枝揭而出之，阐发奥义，世之人庶晓然于大道之归，而不涉旁门左道之藩篱以相淹。晴枝精心保任，且泯自私自利之见，存其说以公诸世，亦救世苦心也。

蜀东张朝墉北墙氏[①]撰

补天髓

长沙希一子张百焘　著

门下士南昌黄云冕　襄校

门下士莫釐席锡蕃　校行

卷一　通玄篇

性命双修者，将以燮理阴阳，参赞天地，匪仅强种延年而已也。天地未判，先有此性，是为无极而太极。积性生气，性为天地之心，气为天地之体。高下乘之，以气运行，旋之以性，天地不自以性名气，名之曰道。道赅气性。人本天地之气以生，早具有天地之性。性为太极灵光，气实灵光所凝集，先天合性炁为一。形动包裂，性命入后天擘分，在天成性，在地立命。性不见命，命不见性。性一灵廓澈，圆同太虚，资始之乾元；命一炁絪缊，主持万化，资生之坤元。性即神，命即炁。性中神，在天为电光。日为阳光，月为金光，人为神光，是为先天乾金光。

无极之始，浑成太极。及动静，生阴阳，乃有乾坤。乾坤交媾，虚乾为离，实坤为坎。先天乾入坎，坎中一自乾来。金花种子是性，亦是命。炁

① 张朝墉（1860—1942），字北墙，一字伯翔，号半园，以蓄长须，又被称为张髯。四川奉节人。善诗文，精书法，考取拔贡后，先后在蓬溪、宜宾、成都等地任教。

为坎中真一之命，神为离中本来之性。乾金，即水中金。金即铅，铅即水。性命，即水中铅。沧溟谓后天气，即真汞。本先天一窍生，汞铅聚而产真精。先天性命浑成，不假修证；后天性成命立，道在兼修。性无去来，命有修短，接命不住，性随命丧。故修道资于养性，养性期于续命。续命要于却期。命有定期，来去俱不能却立之。斯主张由我，陶冶不受，命立性存。彼昏不知本来真性，身心了无归宿，故了性是最后大事。

要终原始，生前生后，真性毕露。性，先天金，造化根本，属坎水中一阳金。水，为五行先，天一生水，木、火、土、金序顺生，金后全五行之气，故造化以金为要终。土，为五行殿，天五生土，遡木、火、水、金位，位上行金，光辟五行之源，故造化以金为原始，是为终则有始。金在吾身，属先天祖性，圆同太虚。男女媾精，地、水、火、风四大假合而成幻躯，太虚真阳，伏其中而立命，是吾身以金为原始。四大假合，终归变灭，炼此金性长存，是吾身又以金为要终，是谓无始无终。

命恶乎了？在精、炁、神。元精淫泆，元炁呼吸，只此浑一。心本虚无，性无二体。欲化其精，先守其性；欲调其气，先虚其心。动以养炁，静以炼虚，虚而无为，觉而勿随，虚极静笃，气转神回。礼义功德，华尘之施，何求何为？抱元养朴，忘物含虚，真精自归。精无定位，因情以堕。精不循欲，为筑灵基。洎元精化元炁，而累壳躯。肾腑寄精，心涵元炁，情化淫泆，精注五脏之溺，炁通六腑之窍。养炁精培，保精炁回。炁归元海，精克内保；炁散六门，精则外飞。先天神为主，而生炁精，精与元炁合，无所用其炼。后天神气，听命于精。精固神旺，而气自畅。情感精漏，道在补漏而塞机。浊精不泄，元精凝元炁，先后天俱固，自能产出精、炁、神，而为大药。

其在童真，精炁神全。既长，染于色、声、香、味、触、法，元精为情感之精，元炁为呼吸之气，元神为思虑之神。耗其元神，而丧其天真，故孔言修身为本，齐明盛服，非礼不动；道称少言少虑、不怒、闭塞，不足者补。佛谓“身心俱断，断性亦无。于佛菩提，斯可希冀”。可知精损精补，气损气补，神损神补，返本还原而命自复。斯精全为深根，炁全为固蒂，神全为妙合，皆修身药物。

今男未三十而娶，女未及笄而嫁，命宝未足，丹田炁微动，机渐外拱，先天乾性，变后天离己。离中土，性根所植，不知修己，元神变识神。心中阴气，当制以坎中先天阳炁。阳炁来自虚无，致虚守静，斯能返本。缘受炁初，灵明俱足。入后天，根寄于尘，尘转为识，识变为情，及时暖融之炁至阳关，元炁化淫精。背觉合尘，迷妄为真，起贪嗔痴，为杀盗淫。认奴作主，认贼为子，遂令天地易位，水火未济，耗其元阳，失其真炁，炁尽则死，性命何有？故学道，须炼先天之炁。

父母未生，性即元炁，浑然无象，命在其中。太极叫破，性光发露，而与命分，无可捉摸，统名为心。性为心体，心为性用。心者，性光所聚，统贯性命。炼气须炼心，又须炼于情发处。炼情，务降服其心，以归于性。性命者，神炁根源也。

炁，为天一之水；神，为太一之真。性者，无中之有象；命者，有中之虚无。命无性不灵，性无命不立。无者，先天之性，即神，为真一之炁也；有者，后天之命，即炁，为真一之精也。诚意而神灵，正心而炁固，炁固而精凝，故修道皆从意始。意诚，即心与情皆真。惟圣觉世，正其心，以安天下之志；虚其心，以容天下之物。常灭动心，不灭照心。照心，为不动之道心，道心惟微；动心，为不止之人心，人心惟危。人心、道心，允执厥中。照常存而妄常灭，危者安而微者著，妄自复为无妄，复其见天地之心乎！

收摄心意，立定天心，以为主宰，知止常止，止于至善，是筑生基，即名乐道。道不忘道，自登坦道。坦道随时地而有，龙牙有言："人情离道，道用人情，人情无道，能得几何？"[①]六祖揭出"有情下种"四语，可知身不动，精自固，在逆而化之。为大道者，心清累释，足以尽理；虑绝情忘，足以尽性；私欲泯灭，足以希圣；素朴纯一，足以知天。立定脚跟，艮背行庭[②]，斯为究竟。

自然曰道，道无名相，惟神与性。元神寄于天光，天光寄于两目。回光之功，持之以逆。祖窍为宅舍，光为主人，光回而炁上。寻著主人，安问宅舍？纯阳谓："回光为无上妙谛。"光本浮动，定之使回，久自凝集。回光为炼魂，存神为制魄，而断识神。自外回内，为神光，用在离；自下回上，为

① 龙牙和尚："人情浓厚道情微，道用人情世岂知。空有人情无道用，人情能得几多时？"（见《景德传灯录》卷二九）。

②《周易》：卦辞曰："艮，艮其背，不获其身；行其庭，不见其人。无咎。"

真阳，用在坎。两窍一炁，合为一光，光即乾，回即返，非二事。性光引命光，命光归性光，仍以乾阳应乾阳。坎中一阳，原得之乾，离本乾体，藏阴于中，随物生心，顺出流转。回光内照，不随物生，神火注照，阴灭变阳，坎阳必升。

紫阳谓："三五一，明者稀。①"东三，木性也；南二，火神也。木为火母，性为心主，心为神舍，性神同系乎心，故为五。西四，金情也；北一，水精也。金为水母，精为身主，精情同系乎身，故为五。五中，土意也，戊己从其生数。四象五行，主于意。敛身心意，莫善乎虚心静身。神与性合，精与神寂。性合情，金木并；精合神，水火交；意大定，五行全，三元一。身、心、意为三家，精、气、神为三元，精、神、魂、魄、意为五气，铅、汞、银、砂、土为五行，三家相见为胎圆，三元合一为浑成。

潜修内行，视听言动以礼，富贵贫贱，威武不改度。外三宝不漏，内三宝自合。成性存存，道义之门。万变不越乎性，道理皆出于门。释曰：圆觉、了了常知。道谓：身心不动，无极真机，太极妙本。儒谓："寂然不动，感而遂通。"

太极本无极，不可极而极。周子"主静"，陆、王因之，与程、朱"主敬"同，固知"定静"，与二氏等列。湛然天理，太极之妙，感物偏倚，太极之变。静定谨其所存，天理常明，天地万物之理，悉备于我。静极生动，从穷阴中得真阳，刚柔相摩，气质变化，性命和合。老子谓："人常清净，天地皆归。"子思子谓："致中和，天地位，万物育。"此皆言"感通应变"之妙，《易》象"对待流行"之全体在是也。故《宝积经》谓："和合凝集，决定成就。"和也者，心中阴气，去和肾中阳炁，阴凝于阳，身安命立，故曰"和"。合也者，肾中阳炁，承受心中阴气，阳交于阴，收敛坚固，故曰"合"。"一阴一阳之谓道，偏阴偏阳之谓疾。"命为集义所生，凝神集义，中天地而立命，禀虚灵而成性，性命立而神存，在欲无欲，居尘出尘，人极以立。

凡物放大收小，惟心放小而收大。盖收敛，必循天理；敬畏，必获安

① 张紫阳《悟真篇》："三五一都三个字，古今明者实然稀。东三南二同成五，北一西方四共之。戊己自居生数五，三家相见结婴儿。婴儿是一含真气，十月胎圆入圣基。"

宁。心涉放荡，无地自容，安所见天地之大？庄敬日强，安肆日偷。作德，心逸日休；作伪，心劳日拙。其收放心之实验欤？儒言收放心，持其志，无暴其炁，身在此则心在此，与道言“以炁慑心，以心御炁”同意。儒言：君子无终食间违仁、道不可须臾离，与道言“心息相依”同意。天地万物，一息而已。吾心即天地万物，天地万物在吾心，息息相通，先天真阳之机，后天真阴之变，在是矣。

卷二　切近篇

佛言“不生灭”，今人妄想妄尘、妄境妄业，生灭环生而有轮回。俄顷生灭，积成生死，何论一日？拔去生生死死之根，造物乃无能生灭之。一身四大，地、水、风、火，属后天。饮食诸质不化气，而化阴精、痰湿，或化阴魔，乱心耳目。阴灵孤渺，重以斲丧，病生神疲，容枯精耗，良由罔知补化密因。盖人身摄精炁神，精炁为水火，即铅汞。火炎上，制之使降；水走下，防之使守。道贵逆，不贵顺，颠倒阴阳，斯成既济。《维摩经》谓：“法不可见闻觉知，若行见闻觉知，为非求法。”内景不漏六根，外境不逐六尘，歇忧惧烦恼，乃能守真。

《黄庭经》谓：“内守真灵，虚中致神，精室勿泄，闭葆长生。”六祖谓：“往北接度。”正阳谓“南辰移入北辰”，指火移丹田之位，即孔氏之知止、在止。性根于心，心动火生，灵光真空为体。命根于肾，肾动水生，先天祖炁为用。故丹田欲实而温，离火上炎为损，下驻为益。火入水中，水上火下。丹田呼吸吹动真火，水得火化为气。无象阳炁，得有形阴质，而生人物。气化得所，慧命斯守。

火分阴阳、文武。心之为君火，发命门之相火，承膀胱之民火。从漏尽之窍，视此凡起火、引火、火逼、行火、止火，为呼吸丹田之火，健脾化食而助元精；凝火、入火、降火、以火、移火，离火、心火，为属神之火，能化元精而助元炁；运火、取火、提火、坎火、坤火、水中火、炉中火，为先天炁之火，能化呼吸而助元坤①，元神火能化形还虚。

---

①坤，疑为“神”字。

丙为赤火，为阳火，于人为心火；丁为白火，为阴火，于人下藏水中，为肾火。火禀自先天，以其[①]厚薄，判强弱。年二十四，丁火减，至十减六七，病几死。丁火为坤中兑，纳甲法作“兑纳丁”，为地底阳炁，为水中火。火命相依，故为命门肾火。万化有情、无情，缘丁火炁生。丁亏，斯饮食化痰湿，而阻营卫。感以情欲，心为形役，真阳渐歇，八邪五疫来侵，阳尽髓竭莫救。

《易》言:“精炁为物，游魂为变。”孟子喻火源泉达，归功于养心寡欲。吕祖推求，肾水中生炁，名真火；心火中生液，名真水。水火中，何者为物？盖真火寓水中，恍恍惚惚，其中有物，视之不可见，取之不可得也；真水寓火中，杳杳冥冥，其中有精，见之不能留，留之不能住也。

丙火为心火，移肾化生真阳，返炼五行。天心，为元神主宰；元神，为天心妙用。妙圆天心为主，灵妙元神为用。妙圆灵妙，无染无著，为太极根，阴阳祖，天地心。活泼灵明，先[②]耀自动。五行，金分轻，木分细，土分少，水分涸，火分独多。以一豆火，燃万顷薪，分不加少，不分不加多。夫火有形无质，且无内外、无多寡，无尽数也。朱注“明德”，为人得乎天。注“性”，言阴阳五行所赋。无形，恒藉有质为体。清轻阳火，得地水重浊化气。天地氤氲，万物化生。

乾之于坤也，伏羲乾南为火位，为纯阳、夏至，阳极一阴生，递交于午、未、申之月，三阳火入坤水体。至酉之秋分，阳中阴半，于太阳中起少阴。历戌、亥之月而阳尽，阴中有阴，于纯少阴中起太阴。盖坤之六阴居亥，坤为阴体、为水，而坤合于乾。初六姤，六二遁，至六三否，生三阴，历观、剥、坤而阴纯。阳由是交于阴，故坤六四曰“括囊无咎”，谓坤涵乾阳，娠妊其气，养于八月之酉。丁火长生在酉，酉位正西。羲坎文兑象阴胎阳，为地中泽，为积发之和气。

坤之于乾也，伏羲坤北为水位，为纯阴、冬至，阴极一阳生，递交于子、丑、寅之月，三阴水合乾金体。至卯之春分，阴中阳半，于太阴中起少阳，历辰、巳之月而阴尽，阳中有阳，于纯少阳中起太阳。盖乾之六阳居

---

① 其，底本作“共”，当系“其”至讹。

② 先，疑为“光”字。

巳，乾为阳体、为火，而乾交于坤。初九复，九二临，至九三泰，生三阳，历大壮、夬[1]、乾而阳全，阴由是凝于阳，故乾九四曰“或跃在渊，无咎”，谓乾凝坤阴，进修是气，盛于二月之卯。丁火得气于卯，卯位正东。羲离文震象阳凝阴，为天上雷，为奋发之阳气。是盖言身中之时，方之日中之辰、年中之月，无二道也。

先天离转为震，火中有木，魂寄于心；先天坎转为兑，水中有金，魄藏于身。东南木火，同处阳方；西北水金，并居阴位。南离丙火，炁赤，象丹砂，藏真汞木精，犹北坎黑铅中藏金精。木中有火，木中有金，木旺在卯，金炁藏于卯，阳魂得阴魄而有归。水中有金，金中有木，金旺在酉，木炁胎于酉，阴魄得阳魂而有附。木不离金，金木无分。魂魄实并，金水合处，木火为侣，四象归黄道为一体。

离中生出木液，龙从火出；坎中产出金精，虎向水生。然四象，仍不离二体。心，丙火，神；肾，金水，精。坎中之戊，离中之已，合为中土，为真意，为乾元祖炁。肾心难自合，须真意勾引，然后火入水中，入水化炁，为丁，为阴火。不入者，为丙，为阳火。丙散莫追，丁亏待补，形化体地，气化象天，形化有成，气化自然。

天道乾体，阳用，积气在上；地道坤体，阴用，积水在下。天地以乾坤合而生六气，分五行，成万物。乾道下行，六阳极而化阴。阴乘阳气还地，阳中阴，为真阴。真阴到天，因阳而生。阴抱阳降自天，阴中有阳，为真阳。真阳到地，因阴而发。阴阳往复升降，长久坚固，周而复始。

天体乾阳为一，地体坤阴为二，交合作用以成道。天地赖阴阳以为运行，心肾借坎离以成药物。文王退南乾，坤中虚入，成离，外阳内阴，外刚内柔，外乾内坤，离火之中有坤土，心中之气，阳中之阴，砂中之汞也。北坤，乾中实入，成坎，外阴内阳，外柔内刚，外坤内乾，坎水之中有乾金，身中之精，阴中之阳，水中之铅也。精炁交合，强名立象，喻铅汞，辨体用，究弗外乎身心。身心合，铅汞化，乾坤阴阳，坎离水火，虚实刚柔，有无互入，交生妙用。

坎，肾水，于天象月，为太阴，坤象，藏乾阳真火，魄中有魂，故谓之

---

① 夬，底本作“央”，误。

玉兔；离，心火，于天象日，为太阳，乾象，藏坤阴真水，魂中有魄，故谓之金乌。离体本乾，返照太阴，阳光敛阴魄中，是以出为入，故曰“日以施德”；坎体本坤，感召太阳，阴魄借阳魂光，是以入为出，故曰“月以舒光”。

坎离比性命。性本天然，灵光独耀；命属有作，不落顽空。天道一日不运，即荒；丹道一息不行，即死。坤入乾成离，坤中一阴，升于乾阳，气自外闭之，至阴肃肃出乎天。乾中得阴，性转为命，感而遂通，离体中虚，为真空妙有，为“无中有”。乾中一阳降于坤阴，气从外闭之，至阳赫赫发乎地。坤中得阳，命转为性，寂然不动，坎体中实，为妙有真空，为“有中无”。

坎中真金，煅以离之真火，其精光乃永久团结，日月全体不亏。以真金入炉煅炼，彼日月在乾坤大冶变化之，其分量自无增减，日月升沉出没，几经薄蚀，圆明之体，万古常存，惟金性不毁。故坎中金精，从乾金分，故乾为父；从坤土产，故坤为母。月何以晦？与日媾精，两相扶持。日上月下，日精入月，为太阴所收；月光映日，为太阳所摄，光尽体伏，纯黑无光。坎金返归坤土，是为子归其母。月既为日所包，阳光遂潜伏北方虚危之地，金精亦沉在北极太渊、空洞虚无之中。于造化，为日月合璧，璇玑停轮；于吾身，为神归炁穴，大药入炉。为隐藏其匡廓，沉轮于洞虚。至于阴极阳生，金性来复，在造化为哉生明，在吾身又为大药降产。出坤炉，升乾鼎，坎中真金，因之返本还原，复其乾父之性，赫然成丹，而光明洞彻太虚矣。

天地运行，乾坤为体，坎离为用，火含水精，水借阳光，犹人心火移入肾中，水得火化炁。天得气成，地得气荣，人得炁长生。气所由来，生所由始，炁即丁火，贯通脉络。按卦爻配之，人身初足，二肾三腹，四隔五心，上首二五为枢纽，实上下卦之中实。五者，天也，君也，火也。于人为心火，贵降恶炎，类天阳及地而生万物，又如君顾下民而民安。二者，地也，田也，水也。于人为肾水，宜济忌渗，犹水气上润无亢旱，又如民力田而奉之君。心肾交，犹天地交也。天阳火入地，化为兑泽滋润之气；心神明注肾，化为纯阳健运之精。道为神主，神为炁主，炁为形主，形为生主。无生则形住，形住则炁住，炁住则神住，神住则道住，是名无住住。

传曰“危者安其位，亡者保其存”，“大哉易乎！乾以易知，坤以简能；

易则易知，简则易从”。阴顺阳健，惟简斯成。易配丹功，朝屯暮蒙，复升姤降，金钦丹钦。离火配心，非血肉心，乃为元神；坎水配精，非交感精，乃先天金。以神运精，精不飞腾，名为元精，为命灵根。还丹还心，外境不迷，而内自澄。心丹合一，丹道心明。

息因胎住，胎因息[①]存。息从心起，心静息融。调息之道，息息归根。根非有根，由炁而生；存无所存，存一于中。贯于玄牝，达运天庭。行之有道，空谷传声。非谷得声，由空则宏，空尽魔潜。不知性命，枉谈生死；弗究生杀，枉穷性命。未死先学死，元神死复生。

缘虑不空，铅汞斯顷，顷于吾心。以龙居水，变化生杀。云行雨施，风疾雷轰。佛有毒龙，玄有烛龙，穴有火龙，以积塞汞，降心真火，火性不飞，则汞自积。汞积龙潜，龙潜火纯。火纯阴灭，铅与汞合，龙与虎洽。汞不积，铅安取？龙不降，虎安伏？戊土强名曰虎，故戊土为铅。又坎也，燥也，烈也。铄人精髓，戕人性命。风从虎，履虎尾，不咥人，驯以养之，惧以循之，则先天足而虎伏。虎伏则铅栖，铅栖则汞虚，汞虚则虎神，虎神则龙见，龙见则虎腾，虎腾则龙飞，故无心真人谓：“对镜无心，一炁归根。万神朝祖，混混沉沉。捧捧存存，兀兀腾腾，绵绵续续。”

周子谓：“无极之真，二五之精，妙合而凝。”人实性生，性为无极之真，命为二五之精，无无命之性，无无性之命，分二合一。无极而太极，而两仪。太极在天为理，在人为性。两仪在天为气，在人为命。性赋命随，命立性寓，性命统乎阴阳。自先天言，性先命后，性阳命阴；自后天言，性静命动，性阴命阳。离属性，厥象外阳内阴；坎属命，厥象外阴内阳。阴阳合，性命交，仍归太极，而返无极。太极之理，太阳伏于太阴，风火物同用，入肾涂辙有定。盖天命谓性，率性谓道，修道谓教，而不可离。

光明如来谓：“老僧接无根树，续无油海底灯。”重阳谓“只是采取先天真阳炁，为金丹母，点化己身阴气，为纯阳体”，完全性命。一阳初动，忘情忘形，而成静寂，使神抱炁，炁结精凝，呼吸往来归一源，不可著体运用。委志虚无，寂然常照，玄珠见象，如暗室灯光照透极。天根月窟，三十六宫而春常满。曾子被破褐，而颂声满天地。口耳俱忘，别立乾坤，正

① 息，底本作“胎”，据文义改。

于斯时。黄帝《阴符》、老子《道德》，皆述此意。给之片饷，养以三载，身外有身，水火不能厄，阴阳不能贼，自利利他，遂证果位。位有五等，视人信行。或疑为服食求仙，误矣。

卷三　功候篇

天地之道惟性，内外之道惟神。道在万物，一归于诚，故修士方入室，塞聪闭明，绝思虑，守真意，使元神浑沦，虚灵融通，湛寂内照，防其昏沉，存其正念，如潜深渊，如守规中。规中，玄关也。然不可执著，令真阳不生。道在不急不怠，勿助勿忘，直至空无所空，寂无所寂，神气浑一，恍惚若太虚，先天一炁，从太虚来。机之未发，静以俟之；炁之既动，神以聚之。

法于入手，初设净室，上下置木板（防湿气蒸入），室中明暗适宜（过明伤魂，过暗伤魄），风日不侵（风日伤太阳、少阳经，则头痛，外感乘之），窗闼开闭，占验天时（暴雨严寒、烈风迅雷则闭，云开日丽、月白风清则开），置坚木榻室中（身体转动，闻声则伤神），榻上铺毡毯，加软厚垫褥，务令两腿足骨着榻处，坐久不痛。随时（饱食后，缓行二三百步方坐）解带宽衣，作金刚正坐（以右脚压左脚上，或随意坐），手结大三昧印（二手仰掌展舒，以右手掌加左手掌上，二大拇指甲相交，安于脐轮下，能灭一切狂乱妄[①]念），坐定。略呼出粗气，即收散外神明，摄入绛宫，令定（绛宫在心窝下，医经名膻中，乃两乳胁人字骨下中软处），万缘澄寂（老子谓：见素抱朴，少私寡欲。重阳谓：二六时中，逆而修之。不顺熟境，动持道念。目不随色顺境，耳不随声逐境，鼻不随香臭境，舌不随味美境，身不随触欲境，意不随情熟境。寂而常照，照而常寂），俟心性溶和（《中庸》谓：至诚能尽其性，及人物性。赞天地化育，与天地参），然后以意，移入天目（在眉中心上三分，为聚火之所。若合眼时，当瞩鼻梁中间，用意将眼光交合一处。略下即是鼻准，于此时收拾念头，身心安和，眼光随意行，微微向内返照，反求诸身而自得。《中和集》云："道儒僧，休执著，返照回光自忖度。忽然摸着鼻孔尖，始信从前都是错。"丹经所谓："返炼五行，逆施造化"

① 妄，底本作"忘"，据文义改。

也）。待凝定不散（杂念不起，即不散），复以意移至乾元宫（在头正顶七分。萧紫虚云："几回笑指崐山上，夹脊分明有路通。"），倒转玉枕（脑后骨也。即老子谓："反者道之动"），直注入夹脊，即膏肓中（脊有两穴，左膏右肓。纯阳谓："凭君午后子前看，一脉天津在脊端"，盖指此。意专注于此，勿令念起他散）。

到此行持一二时，或过之。壮者不及旬，衰者匝旬，夹脊中间，如火炽，如胀痛，便以意将此夹脊炽火，送入两肾（求真师指出），即觉两肾辘辘，跳动不已，乘时以意送入阴跻（即内茎尽根处，《内经》、张紫阳之言可验。许胜阳云"与君说破我家风，太阳移在月明中"，盖谓此）。到此，觉其中掣掣跳动（邵康节谓"恍惚阴阳初变化，氤氲天地乍回旋"，即指此）。我只不著意，但觉横身通泰，心迷如醉，脉络活动溶和，如沐浴，如坐春风，我亦只不著意（张紫阳谓："阴跻一动，百脉皆动。"故有此象），只自专心致志，安居其中。少焉，凝定跳止，便细细内观，默察气根，从阴跻穴底起，上升至脐轮即自止，不上复下，降至阴跻穴底，升降限定三寸一分半界内（守阳谓："随机默运入元元，呼吸分明了却仙。"康节谓："天极高处，距离地至低处，八万四千里，中空二万一千里，日月星辰运于上，山川人物部于下，为万化显著之所。"人身亦然，心肾距离八寸四分，中空二寸一分，在脐轮后，命门前。老子云"黄庭"，即此。其余六寸三分，心肾各有三寸一分半，故此内呼吸，即在肾宫三寸一分半之中）。尤须悉阖辟内外呼吸之元机（盖外面之气降，里面之气则过我而升；外面之气升，里面之气则过我而降。周天秘机，凡夫未易知之）。觉与内呼吸，似不相关，非真不相关也（仙翁谓："若教愚辈皆成道，天下神仙似水流。"是以口鼻中呼吸，如非己有。按：内呼吸与口鼻呼吸相反。常理言，口鼻之气吸入，则内呼吸应当降入海底，今反迎而上升至脐轮，与口鼻吸入之气相辏接；口鼻之气呼出，则内呼吸正当升上与同出，今反背而下降入海底，与口鼻呼出之气绝不相通，岂非相反）。

久之，有入无出，认得真切，却勿去着意主张，只任他自然升降，斯能无弊。苟或略施意思，送之上下，则此内呼吸，与我灵明，便相错乱违背，不能融化为一。经三四息，小腹气应胀。患此病时，须再坐绛宫，凝天目，注夹脊，入阴跻，如调劣马、责顽猿（指灵明言，非指呼吸也。初学心难收摄，切忌念起外散，虽坐无益。当求真师，口授法诀，庶知途经），自新收摄未纯之心入定。若心已纯，随时地可行。缘妄想生于贪欲，游思生于不觉，故心贵摄。《楞严经》云："心生则种种法生，心灭则种种法灭。"然凡夫打坐，非不欲屏去尘情，无如妄想游思，搅人神智，法在止观（法不可言说），乃可渐渐销镕，止于阴跻穴中（《中庸》谓在"止"。重阳谓：纯阴之下，须用阳火煅炼，方得真炁发生，神明自来，盖谓此），安居既久，精、炁、神自能浑一。

设或初用功时，念动神越，弗安于阴跻穴中，法惟有数息（近于有为，运化则可，至道则未可也），得有所依倚。斯法虽勉强，然数之既久，自能坐定，入无何有之乡（数此三寸一分半中之内呼吸，非数口鼻中之外呼吸也）。初坐数二三百息，或五六百息，约抵[①]旬日（《法华经》云："我今为汝保守此事，汝当勤心精进，行此三昧，于七日中，思惟于是事。"），两腰小腹渐热，寒体、手足素冷者即转热，阳亦时动（按：紫摩金光如来谓"海底泥牛露半形"，即此时）。法在吾心止于是，而内观之（重阳谓：工夫已久，静而生定。神入气中，气与神合，五行四象，自然攒簇，精凝气结，坎离交媾，初静之功），心照空中，与炁相守，维系规矩之间，往来方圆之内，息息归根，而自然巍巍不动，而清静心光与真炁衔接，浑灏安闲，醒醒寂寂（《楞严经》谓："寂灭者，名一心。非息动灭，非生已之灭。识生生处，方知灭处。"），是则养气初功成。

窃谓性命之修，有如灯之添油，炁旋窍开（即下丹田，男女泄精之处，紫阳谓"药物生元窍"）。偶逢时至（谓阳起时），用未可遽行四字诀[②]

---

① 抵，底本作"试"，据《补亏正法》改。

② 四字诀，即吸、舐、撮、闭。《性命圭旨》载：此法即达磨、海蟾二祖师"吸、舐、撮、闭"四字诀是也。吸者，鼻中吸气以接先天也；舐者，舌拄上腭以迎甘露也；撮者，紧撮谷道内中提，明月辉辉顶上飞也；闭者，塞兑垂帘兼逆听，久而神水落黄庭也。故翠湖云："下不闭则火不聚而金不升，上不闭则药不凝而丹不结。"是以聚火之法，乃采取烹炼之先务也。其恍恍惚惚是采取时候，猛烹极炼是采取功夫，吸、舐、撮、闭又是烹炼之的旨也。夫采取之法，贵乎知时。不可太早，太早则药嫩易升；亦不可太迟，太迟则药老成质。必伺乎铅华吐白，玄珠成象，方是采取时节。张紫阳云："铅遇癸生须急采，金逢望远不堪尝。"张三峰云："电光烁处寻真种，风信来时觅本宗。"电光烁处，则窈冥之后，恍惚之间，一阳爻动之时，珠落华池之际。此时即用《参同契》"拘畜禁门诀"，紧塞太玄，闭任开督。即忙鼓之以橐籥，吹之以巽风，煅之以猛火。火炽则水沸，水沸则驾动河车，载金上升泥丸，与真汞配合，汞得铅降，亦不飞走。如此渐渐抽添，渐渐凝结，自然铅日减，汞日添。久之，铅尽汞自干，阴尽阳自纯，至此则金丹大药成矣。

（只是不识不知，待其自然消软），柳华阳谓："物举潮来神伏定，情强性烈意和牵。"盖虑此也（物，即外阳。外因内动故举，始举易伏，举久阳壮性烈，须回光返照，使气与意和合，性情不觉浑合也）。慧命之情，向乎其外（慧命元气，受胎时禀造物主宰之气，佛性亦在，所谓"天命之谓性"。通八脉，与母呼吸相连，口鼻绝无气。及 地时，口鼻通，而八脉不通，元气内藏。年壮，元气拱关出。《楞严经》谓之"漏尽通"）。调之既久，神明清壮（《楞严经》云：必使淫机身心俱断，断性亦无，于佛菩提方可希冀），方可用吸、抵、摄、闭四字诀。摄者，摄乎其内（摄，即呼吸，非意则无主。内，指丹田），绵绵若存，念兹在兹，和合溶化，真种胎元，正道真权，古人谓火化（火，指真意），谓和合（性命合一），谓对斗（对者，反观也。斗者，丹田也），谓踟跌（踟跌者，以真意坐于吾身北方，水面入灭，为初关下手法），皆阐明正道之用（千万般巧喻，只此性命便是）。

功到时至（日积月累，方望成就，然又分老少勤怠），无物之中，而物产焉（《法华经》谓："惟此一事实，余二则非真。"按：此即元关机动物产之事，余非真法。此所谓物，指小药而言。若兀坐顽空，当面错过矣），斯时不令其顺而逆之（老子："常以无欲以观其妙，常以有欲以观其窍。"采其欲窍，以合元妙。按：物产原是下流顺出，故用意摄转之），达摩谓之采取（冲虚谓："则用火以采之。顺去为之漏尽通，逆回谓之采取。"）。物归其源（指丹田），则有法轮妙用（《华严经》谓："诸佛定能应时，转妙法轮。"按：后升前降，为转法轮），阖辟消息（指内外呼吸），徘徊上下（混元子谓："采时须以徘徊之意，引火逼金。"运动坤火，沉潜于下，即活动实际），立乎天心（即中黄，在天为天心，一名天罡，在人为真意、中宫。若失真意，如臣失君。转法轮时，必以真意注中宫，如车轴在心，爪为运动。混元子谓："内伏天罡斡运，外用斗柄推迁。"），依乎任督（转法轮时，意命依任督二脉行，或意行命不行，命行意不行，丹必不成。邱祖谓："二炁升降之际，须以意守中宫，药物才运得转。"），归根复命，还于本位，丹经谓"四候、六候"是也（采、封、升、降、沐、浴，为六候）。

百日炁满药灵（混元子谓："时至炁化，机动籁鸣，火从脐下发。"），一静则天机发动，周身融和酥绵，从十指及全体，吾身自然耸直，如岩石之峙高山；吾心自然虚灵，如秋月之澄碧水。痒生毫窍，身快阳壮（尹真人谓：

“俄顷，痒生毫窍，肢体如绵，心觉恍惚也。”），丹田暖融，忽然一吼（太初古佛谓：“分明动静应无相，不觉龙宫吼一声。”），神气如磁石相翕，意息如蛰虫相合，呼吸偶断，窍脉开而神炁和，如入窈冥，天地、人我，莫知所之。而又非无为（冲虚谓：“觉而不觉，复觉真元。”），神自不肯舍其炁，炁自不肯离其神，纽结一团（如来谓“有余涅槃”。有者，息也。初入道胎，心息相依），其中造化，似施似翕、似走似泄，而实未见施翕走泄，融洽浑妙，不可思义。一阳初动，具有无穷消息。少焉，心已复灵，呼吸复起元窍，炁自下向后，行肾管之根、毛际之间，痒生极乐。盖炁满，任督自开，运行自有径路。

采取烹炼，复动而复炼，期于不息。少年月余，中年百日，自得黍粒萌芽，神畅真固，入乎其窍，合乎自然。再行化精为炁，炼炁化神，金液玉液，七返九还，厥功乃成。金乃肺液，液为胞胎，含藏龙虎，保送黄庭。大药将成，抽之肘后，飞起肺液，入于上宫，下还中丹，中还下田，为金液还丹。玉乃肾液，液随元炁，升集于心，积为金水，注满玉池，散为琼花，炼为白雪，纳自中田，而入下田。有药，则沐浴胎仙，升自中田，入自四肢。炼形，则更迁尘骨，不升不纳，周而复始，为玉液还丹。

阴极阳生，阳藏真一之水，水随阳升，为阴还阳丹；阳极阴生，阴含正阳之炁，炁随阴降，为阳还阴丹。补脑炼顶，以下还上；既济浇灌，以上还中；烧丹进火，以中还下；炼质焚身，以下还中。五行颠倒，三田反复，互相交换，炼形化炁，炼气成神。下田还之中田，中田还之上田，上田迁出天门，弃下凡躯。九转丹成，身同太虚。三界既超，把握阴阳。

大道重本末、终始、先后，兹明为揭出，以飨根器深厚之士，至诚修省，笃信勉行，必能见道。若谨用以延龄广嗣，去道远甚。或视为采取邪术，必且上干天怒矣。慎之！秘之！

卷四　演绎篇

天地，一大蘧庐也；山川岳渎，一大圆囿也；日月云霞，一大图画也；鸟兽草木，一大伦类也。人生富贵贫贱、吉凶悔吝，一大梦幻也；寒暑、离合悲欢、生老病死，一大瞬息也。数穷则变，德修则固，志德据道，守道全节，斯为完人，完人不死。

天地晦明，山川崩竭，百卉萎荣。至德大道，配天罔极。纲常伦理，人所根本。水竭于源，木凋于根，屋圮于基。天地无气举之则坠，日月星辰无天运之则灭，山川草木无地载之则沉。天地生人，孝为德基。天之柱，地之维，人之纲，不孝则德基倾，仁义礼智塞其门。天柱折，日月运行失其序；地维驰，经纬轨道乱其方；人纲坠，视听行动紊其度。古之至人，百行端，行藏裕，德修心正，感天地而质鬼神。养其气，保其精，存其神，明其性，诚意修心，守真以溉植之，如坚贞之木，真精内含，雨露溉滋，枝叶畅茂。人秉良知，树德务滋凝德，体道莫先于孝。孝视于无形，听于无声。尧舜彝伦攸叙，文王朝问日三。良以感气受形，丹道同根。移神脱气，父母于子，二气相资。温养胚胎，怀育乳哺。如理幽玄，符合乾坤。故孝为善首，孝能了道。或诋释道，弃亲绝嗣，讵知丹成九转，升其九祖，孝孰大焉？同气大被，母为豆泣，友通于孝。若其移孝作忠，龙逢、比干、夷齐、屈原、张良、范蠡、汲黯、朱云、诸葛亮、关壮缪、张巡、许远、颜真卿、杲卿、岳武穆、陆秀夫、方正学、杨忠愍之流，纯一不已，真常无二，实符丹道，故能气塞天地，五常咸备。

五常首仁，修身以道，修道以仁。一夫不获予辜，己饥己溺，与菩萨无量度人，方便施舍，为仁边际。长养为礼，先后以时，伦纪不乱。佛仙果位，由功而分。细行八百，威仪三千，为礼边际。义主适中，舍生取义，与忍辱自持，皆裁以义。故麦金不受，香囊无愧，炭妇不犯，归义边际。四气纳于土，四德摄乎信。圮桥之履，尾生之柱，季札之剑，范张之约，程门之雪，皆立以信。是信也，忠君孝亲，敬师交友，皆资。信以学道必笃，信以祀神必福，无信于天为不祥，故守中抱一，贞修深证，归信边际。

万德备极，果证二乘自了，安知大道？老子言分赠，佛氏言法施，梓潼言阴骘。君子顺德，积小高大。《汤铭》日新，《说命》逊志。伊尹之乐尧舜，孟子愿学孔子，颜氏之若无若虚，端木之无谄无骄，达行忧违，悉是道也。

儒以和，释以忍，道以柔。精气神，得于柔；戒定慧，守于忍；智仁勇，成于和。儒期于行仁、义、礼、智、信，行其志也；道期于存金、木、水、火、土，存乎神也；释期于寂生、老、病、死、苦，寂而照也。观生、老、病、死、苦之事以寂之，范仁、义、礼、智、信之轨以行之，遂金、木、水、火、土之生以存之。物生于土，死于土；人生于气，丧于气。归净土，养浩气，其道大成。

人物始生，天然赋性。蠢动含灵，同体明圣。昧凡天地为大父母，敬畏省察，一言弗合于天地，弗言；一行弗合于天地，弗行。吾神明之性天，即于穆之天；吾静镇之心地，即安宁之地。存心养性，所以事天。闻雷夜兴，乘天时行。居富贵不骄，处贫贱不忧，乐天知命，神游太虚。日月合明，天地合德，发育万物，斯为极道之量。

若夫惠吉逆凶，报在轮回，捷如形影。齐襄实死鲁君，委罪彭生，豕人啼泣，襄以遇难。郑国鬼祸，兆于事前，明年杀段，寻冕死后。齐恒内嬖，五子争立。死虫迸出，惩其背誓。晋献灭虞，忍纳骊姬。姬杀申生，几覆晋宗。魏颗结草，感嫁父妾。铭恩退敌，报及身后。不韦以孕妾献秦，虽以吕易嬴，而卒死于政；春申以娠妾进楚，冀其子为王，而卒杀于妾。白起坑长平军，秦桧杀岳武穆，世传其历劫畜生，三世为犬，引为恶鉴。昔许逊施丹救饥，葛洪祭炼拔度，张道陵贮谷救贫，忠孝神仙，天人敬礼。积苦证果，获生极乐。背道而驰，将有显戮、疫疠、刀兵、水旱、饥馑，称其孽果，

取得天网恢恢，日监在兹。天心人心，只此太极；道心佛心，莫非人心。道不远人，远人非道。心外无道，道外无心。修道修心，修心修道。人人有此心，人人各具一天。人人同此心，人人同此一天。不蔽先天，不失本心，斯为声臭俱泯，帝戴之天。一念未动，于穆之天，呼吸相通，心与道合。离心合天，点金误人。天之为道，否泰相循，剥复相乘。剥不终剥，剥极而复；泰不常泰，泰尽则否。魏晋以来，篡弑之祸，是已三途积苦，万劫惨凄，可不俱哉！

卷五　提要篇

太极之分，有先天焉，形而上者，谓之道也；有后天焉，形而下者，谓之器也。无名，天地之始；有名，万物之母。凡夫顺后天，行日用而不知。惟至人抱先天之道，而逆行之。盖日用其有，罔用其无，民可使由，不可使知，顺行者易知，逆用者难知乎？

顺行者，原始之道，太极分阴阳而生五行，从无入有，人所全受于天者

也；逆行者，返终之道，五行返阴阳而还太极，从有入无，人所全归于天者也。知全受则知生，知全归则知死。生根于死，死根于生。知生所从，知死所归。得其所以死者，即其所以生者也；得其所以终者，即其所以始者也。因原得返，即始成终，以返还原，得终复始，有生死而无生死也。

人生于乾坤，死于坎离。至人不死于坎离，死于坎离之返归乾坤，故其神空虚往来，存而不亡，乌测其所终始？圣贤惟顺，仙佛惟逆。圣贤悲悯，仙佛慈悲，一也。道莫大于救世，宏其治、究其理、溯其源，布才德力，斯足以救之。世衰劫浩，紊乱常宪，政失纪纲，民困贪残，于是乎乱，乱以伪。有圣人作，举直措枉，兴养立教，礼让节俭，为天下先，于是乎治，治于真。

内圣外王，三教惟一，率皆致治未乱。儒肇宣圣，阐明于孟，荀、杨择焉不精，韩氏起衰，宋儒代作，记诵词章之伪乱真，世竟无儒矣。释历过去佛，而牟尼代兴，救助于马鸣，推广于达摩，历弘忍、惠能，而心印之传渐失，弃大乘，而言小乘，且有为小乘之罪人者矣。道宗老子，五祖七真后，符箓、炉火、闺丹，邪魔坏之，五千道德，至今日而扫地。

以尽综而论之，三教皆道也。今则变道而为伪。夫苟非伪，殊途同归，要皆足以正人心，绵道统。三教伪，则人心坏，五常五伦之德几于熄，国亦遂不可为。夫人心，即天心也。人心悖乎天心，天心斯惨。造作法相，习为残忍悖逆、攘夺奢靡，于是乎有天罚、天讨、天灾，所以惩劝也。

道不中绝，穷通剥复。天命有德，莫先于挽人心。去伪存真，即事求实，扫空一切法相，三教大同。耻以作骨，勇以立身，仁以宅心。夫仁，则义、礼、智、信无不备，而怵惕、恻隐为其端。以言其体，则未发之性也。炁化未成之先，太虚真元，弥纶无间，毫厘或失，便是人欲。思恶，妄心也；思善，人心也。无思，浑也。生死判几希。有思者，后天；无思者，先天。故虚空无尽，性无生灭。心生，则种种法生；心灭，则种种法灭。善不积，不足以成名；恶不积，不足以杀身。

运值三期，阐化传道，责在人师。贤明救助，各视性分。直措人心，见性成佛。圣道一贯，参应曰唯，谓之顿法，上乘也。中人之资，罔闻性与天道，导以孝弟、忠信、礼义、廉耻，责之实践，一变而至于道，谓之渐法，中乘也。下愚者流，气禀所拘，本体之明既昏，但教之不为恶，已足植善根于来世，已百已千，终能见道，所以救下乘也。

春秋时，善人为邦，百年始可胜残去杀。今去春秋远，将欲警一世之人，去伪存真，进于大道，难矣！天道张弓，机不可失，为之以渐，导之以端，崇实黜华，尚俭戒侈，弃末务本，舍利言义。齐耳目，定心志，存元良，养浩气，明义理，道问学，尊伦纪，一切害人心、诸法相，悉除去之。文化大同，将在旦暮间欤？

若夫富贵功名，福人者也。溺其中者，往往有忧患焉。由是以势欺人，势尽而为人欺；以权杀人，权去而为人杀也。彼赫赫者，何尝无深厚根行？但使于入世中，求出世法，浮云富贵，大隐朝市，神仙号为陆地，莲花种于火坑，何莫非真英雄、真豪杰？若盘根错节而自奋，动心忍性，增益不能，卒能见道。天之磨之，适以成之。故受天磨者，为天人；否则，为恒人。劲草挺身于疾风，松柏成名于岁寒，此可悟入道之前路也。

布衣之士，无赫赫之权势，但使以道自守，庶几挽狂[①]澜于一世。欲去天下之伪，先自去其伪；欲存天下之真，先自存真。则必以笃信，为入德之门也。自来正己化人，自天佑之，吉，无不利。

大惧浩劫沉沦，斯文将丧，善人不自作，吾道终穷。过去之法相驰逐，见在之法相又变幻。道高千尺，魔高万丈。一夫作难，四海尸居余气逐臭从之，则人类终无孑遗，而天心终不厌乱矣。愿与当代大善知识，沉机观变，救弊补偏，本大中至正之规，为久道化成之计，感格天心，潜孚圣意，其在斯乎？希纵皇古，进业乐群，企予望之。

跋

金丹大道，却病延年，尽人皆知，毋须赘述。但斜蹊曲径，巧喻异名，每索解而不得。且因喻而执名，反失其性命之真旨。吾师希一子，心存普度，阐发玄机，辟造化之门，从此升堂入室。阐苞符之秘，不外诚意正心。

---

① 狂，底本作“汪”，据文义改。

惟是丹经充栋，条目繁多，研求匪易，学者苦之。吾师所著《补天髓》一法，则心肾二者尽之矣。果能熟参，即是身历琅环福地；潜心考察，胜遨游蓬岛西天。虽八百地仙，三千活佛，不难再睹于今日也。故特邀集同门，精印广布，庶使正道昌明，颛蒙向化。贯澈圣贤经传，国粹长存；宣扬《道德》《黄庭》，仙缘广结。立体立命，寿世寿身，效果之捷，可操左券。所冀文明教化，普及全球；信女善男，同登彼岸。方不负吾师救世之一片婆心尔。

门下士桐乡沈善谦，吴县杨世伟、朱炯等同熏沐谨识

第十四编　先天气功筑基要诀

崂山一炁道人　匡常修　著

〔提要〕《先天气功筑基要诀》，崂山匡常修道长撰著。匡常修（1904—1993），字和阳，号圆觉子，别号一炁道人，山东省胶县人。生于清代光绪三十年（1904 年）农历二月初四，原名匡桂林，字华泉，号山原，别号卧云居士。生于贫苦农家，读私塾四年，15 岁在胶县的店铺中当学徒，业余读书习武，19 岁改学中医，并习武授徒。1930 年，妻病故，遂离家，到崂山白云洞拜其叔父匡真觉道人为师。在其教诲传授下，日益道深业精。先后在白云洞、明霞洞、凝真观、太清宫修行 30 余年，为全真金山派道士。新中国成立后，积极参加各项爱国活动，1952 年被推选为青岛市各界人民代表大会代表。1956 年农业合作化，参加了崂山的道观和寺院组成的佛道教生产合作社，为医药组负责人，在沧口明真观内行医治病。1966 年“文化大革命”初期，崂山的庙宇遭到破坏，被遣回原籍，在家乡任 14 年医生。1978 年后，被遣回籍的僧、道人员落实政策。1980 年春，回到崂山太清宫任监院，同年 5 月，被选为中国道教协会第三届理事会理事。1982 年被推选为山东省政治协商委员会委员，并为青岛市政协委员。1985 年被选为山东省道教协会筹委会副会长，1989 年被选为青岛市道教协会会长。1993 年羽化，享年 90 岁。匡常修道长除精于道法玄学，还擅长丹道、医学、武术，并称三绝，对道教音乐、绘画，以及诗词歌赋，皆有造诣。

《先天气功筑基要诀》，属全真金山派丹法。金山派，创自明朝孙玄静（字金山），乃龙门派之支派，又称崂山派。本篇根据《东方气功》1986 年创刊号所载《先天气功筑基要诀》选入。

先天气功是道家性命双修之功法，自古以来，代代相传，对于祛病强身、延年益寿有很大的贡献。此功法过去都是口传心授，没有文字记载，即使有书，也多是含糊其辞，深奥莫测，其理难明，真实用法，更不落纸笔。所以后人用的很不广泛，只有少数得传者，借以延年。吾今已八旬有余，一生受益，特结合自身体会，浅注详解，公诸于世，以为后学者修炼，供研究者参考。

一、先后三宝论

天地人为三才，三才皆有三宝。天有三宝，日、月、星；地有三宝，水、火、风；人有三宝，神、气、精。人的三宝若少一宝即死亡。人的三宝又分先天、后天。先天三宝为元神、元气、元精，后天三宝为识神（思虑神）、呼吸气、交感精。先天、后天互相配合，不易分析，不到最深功夫，是分不开的。后天思虑之神和先天不神之神（即不用意念而自然的知觉，也叫真觉）虽能分，也有联带关系。先天元精（即先天而生的和不知不识、静到极处而发生的真一之精）和后天性欲之精，也不易辨明。后天呼吸之气和先天真一之气，易辨而难分清浊，但只要静心修炼和体察，也终能分明。有道是：世上无难事，只怕有心人。

二、炼精化气

1. 静养化气

习静是先天气功的主要功夫。心若不静，则气无所归。在行功时不免心意昏迷或万念丛生，以至神弛散，功无所行。要想达到习静，必须在日常生活中养成习惯，在言、听、视、动等方面都不要着相，要保持安静，在行、住、坐、卧之间，也要养其浩然之气，这才能不滞其虚静之机。古人云："行则借足于坦途，住则凝神于太虚，坐则调丹田之息，卧则守脐下之珠。"生生不已，浩然长存，脾气自然去掉，性情自然温和，心无燥火，如此则方好行功也。

2. 聚性止念

练功时，心一静，往往就杂念丛生，浮游乱想，心息不能相依。对此可以用观光之法，收其散性，聚而为光。做法是一面守静聚性，一面观光止念，互相利用。行功后，初时如白云片片，由外飞来。继则似浪水之波动，由外聚内。久则眼前虚白一片，不见波动，这时方知性不乱矣。光者性之表现，性散光即散，性聚光则聚，性定光则定，性满光即圆。所以，根据光之表现，即知性之聚散矣。观光之具体练法，初先静坐片时，待身心定了，方将微意止于目前（位置在眉前大约二十公分），似照似定，若有若无，不久就有白云现于目前，一走即收回，以意照于白光中，从微白而至浩白，从光小而至光大，从波动而至光定，从不圆而至光圆。但光圆必须入大定后才有，不能用意太急，更不能追求。

子丑寅三个时辰（夜 11 点至早 5 点）练功，最易见光，因为此时是生阳之时。初学练功者，尤要重视这个时机。

3. 凝神炁穴，心息相依

在聚性止念基础上，当眼前呈现一片浩白，如若不动时，即将微意移于丹田（脐下一寸三分），心守太虚，意照炁穴，不即不离，勿忘勿助，寂而照，照而寂，久则寐寐惺惺，永无昏沉，睡魔自遣，真心独立，空空荡荡，但觉微息相随其间，吸气下不过炁穴，呼气意上不过心，绵绵若存。在心息相依之时，即把知觉泯去，心在气中而不知，气包心外而不晓，氤氤氲氲，打成一片，此炼心合气之功也。

4. 炼液化精

（老人练最好）

口内津液，是养生之宝，人能炼之却病延年。津是肾水所生，液乃心血所化，此二物能助消化，补元精。《黄庭经》云：“口为玉池太和宫，漱咽灵芝灾不生。”在行、住、坐、卧之时，舌抵上颚，自然生出津液，待口满，气管正要喷出时，引颈而吞之，自然响声汩汩，直达丹田。少时，心意入定，不知身在何处。待物极必反，静极生动，外阳举而元精生矣。

5. 生精子时

天地子时一阳生。人身气质合乎天地，故子时元阳亦生。但人为情欲所牵，乱其自然，不能合乎天地，故生阳多在寅时，故为“活子时”。内阳生，外物即举，但须知水源清浊，方好施功炼化。无念无欲，由静而生者，谓之水源清。从情欲而生者，谓之水源浊。

6. 采精火候

采精者，是将所生之元精采而归炉（炉即指丹田炁穴）。但采时须知其火候，方能炼精化气，否则采而复生，难免漏精之患。火候者，生精时谓之生精之候。当采精时，谓之采精之候，步步皆有火候。采精者，是采静而后生之元精也。元精内生，外物立举，这时要身心勿动，速凝神太虚，意照丹田（微意照在丹田）。待所生之元精欲返回之时，速一吸气，下达会阴穴，一呼用意一提，引入丹田。如此数遍，或十几遍，内精归炉，外物自然缩尽，此谓之采药归炉。

若由浊源生精阳举时（白天有欲念者，亦谓之浊源），用采诀归炉。少时又生，即用吸、抵、撮、闭口诀，一吸由后三关直升乾顶，一呼由乾顶而降于丹田，如此数遍，再温养之。若遇采而不动者，即为浊源。可以吸、抵、撮、闭，后升前降之法导引之，一次或数次，至外物缩尽为止。

7. 炼精化炁

接上述，精既归炉之后，须以火炼之，复化为元气，则无漏精之患。方法是先武后文。有意于呼吸，行三十六息，息息归根，不离丹田气穴，谓之武火。再以神寂照之（忘息的意思），行二十四息（数息而不着意），即谓之文火。如此夜夜行功，火候无差，不几日，丹田温暖，精生更旺，感觉丹田常有一种太和之气，氤氲不散，如此日久，自有开关之候矣。以上谓之调药。

三、聚火开关

1. 气足开关，八脉俱通

开关者，是通过以上炼精化气，丹田气足，日久，在静定之时，忽觉丹田发热，气生炁穴。这时千万勿动勿惊，心归杳冥，任其自然自生，不即不离，勿忘勿助，决不能昏迷，以防气散。待到热极欲动之时，我以真意领之，入尾闾之穴。原则是气不动、我不动，气将动、我先动。气足者，自然一撞直上乾顶，须臾化为甘露，深入任脉，香甜满口，脑髓清定，响声隆隆，直达丹田，非同前咽津之响声也。从此，八脉俱通矣（八脉者，即任脉、督脉、冲脉、带脉、阴维、阳维、阴跻、阳跻）。气不足及体弱者，气力稍差，不能一撞直上乾顶，须以神守之。待气欲动时，以意引之，过尾闾，至夹脊。如无力上冲，须任其休息，以神守之。待将动时，以意领之，一撞而上过夹脊，直至玉枕。再无力上行时，仍须任其休息，以神守之。待其欲动，以意领之，一撞而过玉枕，再入泥丸，少住片时，化为甘露，降至丹田矣。

2. 周天运法，还精补脑

周天者，是每次气生，引气入任督，行一周而归丹田，故谓之周天。此后静极气又生矣，外物立举。这时须不动不惊，待气足欲回时，以神领之，一吸而神气直上乾顶，一呼而神气下降丹田，为之一周。以神守之，寂而照，照而寂，在杳冥之间，把知觉泯去而入定矣。此后复生如此，谓之还精补脑。

3. 气就神交，任督自转

以上周天运法，行之既久而定静之时，忽觉丹田温暖，元气生矣。所生之元气自不外驰，而上入中宫，与神相交，氤氲配合，如如不动，恍惚之间，已入定矣。少时元气又动，一股热气（不行阳关矣）由丹田入尾闾，过夹脊，经玉枕，直达于泥丸，又下降丹田炁穴。此时神随气行，不由自主，非人力所能为也。此后复生如此，行之既久，继而归入大定。在定静之中，一道白光，亮如水银，由任督二脉旋转不停，三百余周，自然而停。此后复生如此，谓之法轮自转矣。

4. 阳火止闭，保健延年

接上述法轮自转后，真气已不行阳关，外物自不举也。此时身之宿疾，不治而愈，夏不畏热，冬不畏寒，神气充足，精神愉快，如如自悦。但还需要常乐我静，不使神气外驰，保持自然，这样使耳能返聪，目能返明，气足可以防病，身强自能延年。由古至今，此养生第一术也。

四、注意事项

1. 先天气功是性命双修之功法，心须把修德、养性摆在要位。道德品质好，多做与人为善的好事，去掉私心杂念，不生气，不动怒，才能养吾太和之气，把气功真正练好。过去道家磨性，这方面必须下最大决心，天长日久的磨炼才行。

2. 注意饮食有节，起居有常。中老年多吃素，早睡早起，极有好处。

3. 注意房事，节制性生活。道家在这方面有严格戒规，不磨去情欲，是练不成上乘功夫的。至于现在一般人练功，起码要做到节制。

4. 动静适宜。我一生不仅习静修道练气功，还坚持习武不懈。深感欲健身长寿，应当动静结合，这也是古人的经验；但要注意照科学办事，不能过劳，否则适得其反。

5. 持之以恒。为此还要和日常生活结合起来。有人说："行住坐卧，不离这个。"就是叫我们随时随地都要结合练养之法的运用。

6. 对元气不守炉的处理办法：虚恭多而无味者，则系元气下泄，需用吸、抵、撮、闭之法运化之。外肾囊湿而下垂者，为元气下泄，亦用此法。

后记

1. 以上所注，是根据亲身体验，并非虚言，有志于此道者，若能诚心参悟，照诀而行，不用寻师，便可成功。

2. 本文所述是先天气功筑基部分，可作一般人修炼强身延年之用，对于周天长生上乘功夫，以待后续。

3. 练功姿势，取便坐、盘坐、平坐均可。

4. 练功时间，可取四正时（即子、午、卯、酉四个时辰），如做不到，亦可因人因时制定。但欲把功夫练上去，需每到自觉腹内气动时（如汽车开动之状），立即行功静坐。待气交完，不动之后，方可收功下座。如若时练时停，就会前功尽弃。

第十五编　附录

“凝神入气穴”要旨探析[①]

盛克琦

昔日遇师亲口诀，只要凝神入气穴；
以精化气气化神，炼作黄芽并白雪。
——宋・薛道光《还丹复命篇》

自南派内丹学大师薛道光（1078 — 1191）提出内丹功法“只要凝神入气穴”以来，“凝神入气穴”即成为了内丹修炼千古不易的要诀。修炼者大多认为“凝神入气穴”与“意守丹田”相类似或是一样的，其实不然，实则两者之间差别甚大。“意守丹田”主要是将意念集中于脐下丹田部位，一意不外驰，静心守候丹田中的动机，久久生出一股暖气，被称为“真气”。其气具有冲瘀荡滞、却病强身的作用。但是，由于意念是后天思虑识神的作用，属于阴神，故而产生的“气”中夹杂阴气，不能“结丹”，难成“乾体”，亦无法达到遍身纯阳的地步。“凝神入气穴”属于丹法正宗功夫，正确运用则有“纯阴之下，一阳来复”“先天一气，自虚无中来”，采而结丹，返归于乾体，为高层次修炼创造良好的基础。因此，简单地将“凝神入气穴”理解为

① 本篇曾刊载于浙江《气功》杂志 1997 年第 5 期。本次附录，在原稿基础上，略作增写而成。

“意守丹田”是不正确的。今笔者不揣浅陋，试对“凝神入气穴”的理法要旨进行探讨，望丹道大德予以斧正。

首先，将“凝神入气穴”一句逐字进行分析一下：凝者，凝聚、聚集的意思；神者，性也，先天本体之元神。张紫阳（984—1082）在《玉清金笥青华秘文金宝内炼丹诀》中说：“夫神者，有元神焉，有欲神焉。元神者，乃先天以来一点灵光也；欲神者，气禀之性也。元神乃先天之性也。”因此，意念是后天思虑的识神，元神则是先天自然所赋之本体，丹法所用之“神”即是“元神”。功中自“大静真空”中得来的正念灵光，静为元神本体，动则化生真意。识神属后天之残渣，元神是先天清净之宝，二者截然不同。丹法最贵先天而贱后天，用气（无形）不用质（有形），所以丹法中的“精气神”都是先天清灵之精微，非后天重浊的残渣，切不可混为一谈。“气穴”，指腹部脐下丹田中的内窍，又叫做“窍中窍”（按：此为北派所解，南派及三丰一派另有所解，此不赘述。可参考拙作《心息相依，大定真空——西派清净丹法口诀探要》[①] 所述。)。《性命圭旨》云：“劈开窍中窍中窍，踏破天中天外天。”又说：“气穴者，内窍也。”清·柳华阳（1736—?）《金仙证论·图说》云：“八脉凑成，共拱一穴，为造化之枢纽，名曰气穴。”又谓：“盖其穴在脐后肾前稍下，前七后三，中间空悬一穴，此正是调药炼精之所，而学者不可不察矣。”（《金仙证论·风火经》）此气穴，气机发动时则成窍，机息时则渺茫，所以惟气机发动时才能得知气穴的具体部位。柳华阳告诫说：“黄庭、金鼎、气穴、关元四穴，俱是无形，若执形求之，则谬矣。”又说：“其穴无形无影，气发则成窍，机息则渺茫。”（《金仙证论·图说》）我人身内先天元始祖气根于气穴之中，神息在气穴中相依，子母在此相会，俟神息相依则真气发动而一阳来复，是为“阳生药产”，真阳生矣。（按：著名学者、丹道专家胡孚琛教授在《丹道法诀十二讲》中指出“丹田气穴”是“得铅定律”的重要部位。）“入”字的含义，就是进入，从一个方位或部位进入到另一个方位或部位的意思，这正是破译“凝神入气穴”真实含义的关键所在。

从以上的分析可以得知：“凝神入气穴”的修炼包含两个过程。首先是

① 盛克琦 . 西派文献集成第一册 . 北京：华龄出版社，2023：395.

"凝神"，为第一层次，聚集先天元性之灵光，斩却后天思虑之杂念，降伏躁动的心猿和意马，静中得到元神的本体，由静生动化出真意来，为下一个层次的修炼创造良好的前提条件。其次是"入气穴"，为第二层次，着重于"入"字，将培出的正念（真意）伏藏于气穴之中，使得到的真意灵光在气穴中与元始祖气结合起来，是为"神气合一"而成就"圣胎"，呼为"内丹"。现将"凝神入气穴"的具体方法简述于下。

一、凝神

盘膝静坐，头正身直，全身放松，两手互握成练功手势，两目轻闭垂帘，留一线微光注视鼻端，保持良好的心理状态，将渐已安静的意念逐渐集中于祖窍（两目之间鼻梁骨上端的山根穴，是两目神光会聚交并之所，古称为"外日月交光"）。两目内视寂照祖窍（两眼球须平视向内寂照，稍如"对眼"之状，古称"双瞳抱睛之术"，又谓"对合同"，一定要自然，切勿僵执拘紧，否则易生弊端。内视眼球切勿向上，时间稍长就会引发眼痛头昏的偏差。内视寂照，用意也要轻重适度，总的原则是用意越轻越妙，是为自然文火。据报道，意守印堂、山根等穴窍可使血压升高，宜注意，此或与用意轻重有关），两耳内听祖窍内动机，舌尖上抵对准祖窍，鼻息调匀归并于祖窍。含眼光，凝耳韵，缄舌气，听心息，是为"和合四象"。这是锁心猿拴意马的桩子，是斩伏识神杂念的有效手段。视而不见，听而不闻，有念无念之间，息息自然归根，气沉丹田，绵绵不绝，上下之间自然相顾牵持也。张三丰（1247—？）《注吕祖百字碑》中说："以眼视鼻，以鼻视脐，上下相顾，心息相依，着意玄关，便可降伏思虑。"

心、神、意三者集中于一处，则两目神光渐渐合一。神光是两目之光与真意合一的结合体。道家内丹学说认为，人一身属阴，惟两目之中一点真阳独存。两目之阳与真意相结合，则阳性之质已潜于真意之中，谓之"阳神"（按：此处所言"阳神"，非日后能飞升出壳的"阳神"，惟于此时的心神性质属阳，不再沉沦被阴气所侵扰耳，切不可二者混淆不清。下所言"阴神"也同此，不赘述）。两目神光内照眼前的虚空幽深玄远大境（宜内照眼前一寸至一尺范围，另尚有推拉"神光"之法，亦是"权法"），初时眼前一片黑暗，持之以恒，待之以诚（丹经谓"虚寂恒诚"），日久神不外驰（驰于声色，丹经谓“神不外驰气自回”），后天自然返先天，两目中的阳火自然化去目前的阴神，阴气渐除，阳神渐显，眼前会显出无数星光（小亮点）。《阴符经》中谓：“机在目。”继续凝神不动，虚寂恒诚，静坐之际眼前可“见”一片光明，幽深玄远，或有可能“看见”各种彩光，或有一点亮光超然跃出，称为“粟（黍）米”（按：此光被内丹家称为“性光”。性光与静定成正比关系，性光定则心静，性光动则心摇，性光隐则心躁，越静定性光越明亮。得“光”机理，按现代生理学来讲或许与开发脑内“松果体”有关，松果体内遗存有退化的感光细胞）。白玉蟾（1194—1289？）谓：“大道不离方寸地，工夫细密有行持。”（《大道歌》）渐而功深，大定之中现出一轮中秋圆月如○象，叫作“元性”。张紫阳在《青华秘文》中谓：“盖自太极既分，禀得这一点灵光，乃元性也。”（《气为用说》）又说：“性之初，如星大，圆陀陀，光烁烁，未足言见性，但气质之性稍息，而元性略见。……三阳纯者，是所谓元性尽现。三阳生者，则光不在内，不在外，但觉此身如在虚空，亦无身，亦无虚空，亦无日，亦无月，常能如此，则大定也。”（《蟾光论》）又谓：“阳中有阴，阴中有阳，二气交感，凝结不散，遂生玄珠○如黍米。”（《交会论》）因此说，“粟（黍）米玄珠”是坎中真阳气与离中真阴气发动而结合现出的灵光。

识神不静，元神不显。玄珠亦难以产生。故降住心猿，伏住意马，识神渐静则元神渐凝，大静真空之时，真阴、真阳在祖窍中结合得此玄珠，则“凝神”已得大验。元性现出，不以有意求，不以无意守，有意无意之间，罔象中常得玄珠不离。斯时得全身上下氤氲和暖，如沐春风，酥软快乐。脐下丹田中，亦有一知觉，如蚁爬行，痒痒洽洽，又似有一股祥烟冲上心口绛宫，复回旋于下，妙不可言，是为“气生”景象。张紫阳在《青华秘文》中谓：“元神见而元气生，元气生而元精产矣。”（《精从气说》）李涵虚（1806—1856）在《道情》诗曰：“钻杳冥，引生祥烟，冲得我绛宫痒痒，醉得我四体绵绵。”此气机升降起始之处，即是“气穴”真实部位，古云“气发则成窍，机息则渺茫”。柳华阳在《金仙证论·风火经》云：“虽在脐下，犹未得其所以然，要必得其神气相投者。盖其穴在脐后肾前稍下，前七后三，中间空悬一穴，此正是调药炼精之所，而学者不可不察矣。”

二、入气穴

张紫阳在《青华秘文》中谓："金丹之士，才见此物（元性）分明，便是元气产矣，遂因而用之。譬之见贼便捉，毋使再逸。然以之收于鼎器之中，而一点元气之真，始不可得而出矣。"（《蟾光论》）上则祖窍中金木交并化出神光，下则丹田中气机发动形成气穴，则凝神之大功告成。于静中将元神动而化为真意（静为元神，动为真意，是二是一，以静为体，以动为用），摄两目神光，御此元性，灵光沿人体中线的任脉下十二重楼，降于脐下丹田气穴之中（此句为"着相"之言，言如是，事非真有"御"，仅用两目神光自然地向下内照丹田而已）。用两目神光、性光及真意所化成的三昧真火烹炼气穴炉中药物真精，如太阳悬于太空，阳光普照大地，地中阴气因得阳光照射而化为阳气上升。《天仙道程宝则》中说："所谓凝者，非块然不动之谓也，乃以神入于气穴之中与之相守而不离也。"（《古书隐楼藏书》）张三丰在《道言浅近说》中云："凝神者，收已清之心而入其内也，心未清时，眼勿乱闭，先要自劝自勉，劝得回来，清凉恬淡，始收入气穴，乃曰凝神。"丹诗曰："与君说破我家风，太阳移在月明中。"宋·俞琰（1258—1314）《易外别传》中云："太阴受太阳之光以为明，人之心为太阳，气海犹太阴，心定则神凝，神凝则气聚，人能凝神入于气中，则气与神合，与太阴受太阳之光无异。"柳华阳在《金仙证论·风火经》解曰："盖太阳喻神，月明喻气，移在者，神气相会也。"神光下摄于丹田之中，刹那间丹田中金光一片，虚室生白，恍惚之间入于无我无物的混沌境中，大休息一场，此即是"移神入气穴"也。静定之中，朗照日久，其间精气、真息、神光三家融合归一，正所谓"纯阴之下，一阳来复"，自有无限生机，元气萌、真精产、小药成。元气萌动，驾自然之河车，牵上昆仑顶，复降下十二重楼，归于气穴之中，氤氲回转，渐化胎息。炼气补精，精足而"阳生药产"。待小药生成，采摘逆返，风吹火化锻成真金，封固于炉中，炼精化气。火候足验，采完三百六十周天度数，阳光三现，大药传成，过关服食，一点落黄庭，内丹结成，是为"金液大还丹"（以上"炼精化气"阶段仅是概括而言，具体功诀可参考《伍柳仙宗》《性命圭旨》《性命法诀明指》及《乐育堂语录》诸书）。

总之，只有将静定中元神，凝聚于祖窍之内，“宇泰定者，发乎天光”（《庄子》），翕聚眼前所显出的元性，灵光下照伏藏于丹田气穴之中，蛰藏使之生发，才能叫做“凝神入气穴”。正如尹真人《性命圭旨》中所释：“此诀无他，只是将祖窍中凝聚那点阳神，下藏于气穴之内。”赵避尘在《性命法诀明指》也指出：“其口诀无他，将祖窍内炼出先天阳神之气光，已经收入腹中，立觉咕噜之响，即系已到海底之证，再以目光久视丹田，有股热力，漱漱动荡。”

按：王重阳《全真集》有《四得颂》，诗云：“得汞阴消尽，得铅阳自团，得命颠倒至，得性见金丹。”胡孚琛教授在《丹道法诀十二讲》中称《四得颂》是“丹法的总纲，凡丹道之真传无能背离者”，并且提炼出“得汞定律”和“得铅定律”，作为内丹修炼的基本法则。考之“凝神入气穴”一语，实以涵盖“得汞”和“得铅”两个层次。“凝神”为“得汞”，“入气穴”则为“得铅”，因此，薛道光在《还丹复命篇》高度概括所得丹诀为：“昔日遇师亲口诀，只要凝神入气穴；以精化气气化神，炼作黄芽并白雪。”又考“自身阴阳”之“清净丹法”，又有“先性后命”和“先命后性”两途。“先性后命”为先“得汞”而后“得铅”，本篇所论即是此类。“先命后性”为先“得铅”而后“得汞”，大抵由“胎息”功夫入手，是有为有作之自然的命功，并可配合“服气辟谷”等法促生真气，最后再用“性功”而“得汞”。刘一明在《悟真直指》中云：“性命必须双修，工夫还要两段。盖金丹之道，为修性修命之道，修命有作，修性无为。”西派丹法以“心息相依，大定真空”为贯彻始终口诀，身外九还而金木交并是为“乾坤交”，为“得汞”；身内则七返而水火既济是为“坎离交”，为“得铅”。内外同时并进，则可称为“性命兼修”。《伍柳仙宗》一脉丹法，是“先性后命”的丹法，“最初还虚”一着功夫是入门关键，今人以《伍柳仙宗》从事丹道实践者，多忽略此着要害，故难得大效验。以上仅是本人的一点粗浅认识，错谬之处，敬请诸丹道前辈批评赐教为盼！（2003 年再修订稿记）

内丹修炼　机在于目[①]

盛克琪

道家讲究取天地之造化，与天抗衡，明确提出“我命由我不由天”的口号，通俗地讲就是对生命进行自我控制。内丹功法是历代大智大德们所总结的自控生命、改造自身的经验结晶，有着严密的内炼程序。惟有得到每一层次的验证才能升段修习，不可超越，盲走捷径，反误自身。

内丹修炼，从何处下手？这是修道者普遍关心的问题。《阴符经》有“机在目”之语。吕祖《太乙金华宗旨·逍遥诀第八》也谓，炼功“枢机全在二目。二目者，斗柄也”。内丹修炼的宗旨在于“主静立极”，“能静则金丹可坐而致也”（张伯端语）。而伏制两目，即为收心求静的捷法，入手修功的捷径。

两目是役神之宅。目若不制，则易神驰于外，邪魔劫舍。两目微闭，眼不乱动，神光内照祖窍，自可入清静界。张伯端《玉清金笥青华秘文金宝内炼丹诀》云：“心求静，必先制眼。眼者，神游之宅也。神游于眼而役于心。故抑之于眼，而使之归于心，则心静而神亦静矣。”所以求静之本，机在于目，制目则心神自静耳。含眼光，凝耳韵，缄舌气，听心息，是为和合四象，皆是安神求静的有效方法。故诀曰：“目不乱视，神返于心。神返于心，乃静之本。”（引自《青华秘文》）《黄庭遁甲缘身经》云：“目，明也，而主于阳。”道家学说认为，人的一身关窍皆属阴，惟有人的两目一点真阳独存。所以道家内功十分重视两目的修养，用两目所存之阳化却全身之阴。因此《青华秘文》又云：“人一身皆属阴，惟有一点阳耳。我以一点之阳，自远之近，转之又转，战退群阴，则阳道日长，阴道日消。”“至于阴尽阳纯，而丹始能升于泥丸，决然奋历，真人于斯而始见矣。”清·黄元吉也说：“夫人一身之中，虽是神气为之运用，要不若两目之神光炯炯不昧，惺惺长存。故昔

① 本篇原刊载于浙江《气功》杂志 1994 年第 11 期。

人谓一身皆是阴，惟有目光犹属阳。须常常收摄，微微下照，则精气神自会合一家。到得丹田气壮，直上泥丸，遍九宫，注黄庭，自然阴气消尽而阳气常存，犹之太空日照，云露自消归无有。”

运用两目之阳战却群阴，应贯穿于内丹修炼的全过程。若使目光真阳却阴气起到立竿见影的效果，必须依法修两目之神光，使其目中阳气增长。故初修内功当练两目之光，让两目光合二为一，方能有所应用。

一、修两目之光

两目轻合，用意念假想两目向远方遥看，使两目光在远方交合凝结于一点。聚精会神地观察这个点片刻，慢慢将两目光合一的点用意拉回，收归于两目间的祖窍之内。凝神意守于祖窍，目光内视祖窍，祖窍或有一亮点出现。若没有亮点显现，亦可用意存想有一亮点悬浮于目前。待存想构思完毕，用意念使亮点快速推送到身外宇宙深处。目视片刻，待光亮稳定后，再用意拉回收于祖窍。《性命圭旨》云：“神光一出便收来，造次弗离常在此。”光是神的表现，神散即光散，神聚则光聚，神定光即定。如此反复推送、拉回三次后，即一意守定祖窍，聚光汇神。吾身小宇宙属阴，身外天空大宇宙属阳。采身外阳气聚于内，可补助两目之阳。吕祖《太乙金华宗旨》中载有“回光磨镜”之诀，云：“存诚妙用，尚有诀中捷诀。乃于万缘放下之时，惟用梵文∴字。以字中点存诸眉心，以左点存左目，右点存右目，则人两目神光自得会眉心。眉心即天目，乃为三光会归出入之总户。人能用三目如梵文∴字然，微以意运如磨镜，三光立聚眉心，光耀如日现目前。”伍柳传人赵避尘传有“外文武火金木合并法”：用两目凝视香头，以后天之火引出先天之火，提五脏之病化涕泪流出。从而四相和合，五行攒簇，回光返照，日月合璧，保持眼睛明亮不花。更有圆睁两目，采外日月精华，增益两目阳气者。两目为内日月，采取外日月阴阳二气，补就内日月之损耗。

两目神光存想祖窍，自有外光如日耀于目前，但切不可贪看外光。越是贪看欣赏此光，则光越是向外发越而不能内敛，反而会耗损元神元气，功后反感两目昏花。黄元吉《乐育堂语录》云：“学者每每好贪外光显示于双眸之前，以为金光焕发即修真之效验。岂知天道贵收而不贵发，人道又何独不然？”又云：“此件功法浑无难事，只须稍有意思将目光收敛之足矣。”

二、筑基采药

两目之光，渐凝合二为一，方可行“回光返照”“凝神入气穴”之功，以阳光招摄元阳真气。元·俞琰《易外别传》中云：“天之神发乎日，人之神发乎目。愚谓目之所至，心亦至焉。故内炼之法，以目视鼻，以鼻对脐，降心火入于气海，盖不过片晌功夫而已。”神光是两目合二为一所化的光，是目光和意念（真意）的载体。用两目神光内视，沿人身任脉下降而入于丹田气穴之内。凝神入于气穴之内，神光如若太阳辐射大地，荡扫气海内的阴气，刹时觉丹田中金光照耀，进入无我之境。意识只存于丹田光中，一意不散，神不外驰。元精受到神光的辐射，升华化为元气而腾于气穴。如若一缕轻烟，氤氲转动，机妙无限。赵避尘《性命法诀明指》云：“蛰气之法是将祖窍前翕聚那一点阳神祖气，归于气穴之内，名为凝神入气穴。”闵一得《古书隐楼丛书》录有“内照之入手”法诀，引脑中元光下降气海，以两目神光穿三关九窍，待气动阳生，元气愈产，元阳内聚，自有采小药之景，应用采精收气法摄回，修补命基。察其阳动，下手采药。神光下照海底会阴，谷道上提。吸气用目光，摄取海底之金，以意提气上升乾顶，目光转动，上视泥丸；呼气目光下照，沿任脉返归于坤炉，此为有为的采炼外药，用两目神光却任督两脉的阴神，阴尽阳纯归坤炉耳。

三、大药服食

三百六十周天数足，外药采足尽化为气，眉间电光二掣，是止火停小周天采炼之候。小药即成，需采取大药，过关服食。明·伍守阳《仙佛合宗语录》曰：“此时用火，尤当入定，而单用睁光之功。时以日间用双睁之光，专视中田；夜间用双睁之光，守留不怠，如是以采之，大药自生。《阴符经》所谓‘机在目’者，此也。”长春子邱处机偈云：“金丹大药不难求，目视中田夜守留。水火自交无上下，一团生意在双睁。”

大药团成，六根震动，内气团萌动而过三关，驾河车而运九阳之气于九天之上，金液还丹，服食返归丹田。大药飞腾下走三关。皆自然而然之力，非我识神妄意的搬运。惟有一意静守，随气而行，是气在前，神（意念）在后紧随也。三关髓阻不通，大药遇阻不动，只是一意不生，凝神不动，目光内照不动处。以待其气动。气足自动冲关。即随其动机而有两相知之微意，两目一旋，轻轻引上，自然度关（参见《仙佛合宗》）。大药自脊柱底而升上乾顶，历经二十四节脊椎，需用两目内视，节节通过，内视历历分明，可夺一年二十四气之功。

四、温养胎仙

大药服食后，珠落黄庭。自应合中下二田为一圆明之镜，行十月之功温养胎仙，炼气化神。化神温养全赖以两目寂照，辐射中下二田的虚空境界光灼灼，圆陀陀，只存寂照一元神，这是涵养元神的要诀。如失寂照，则两田中二气不畅不旺，不能资养元神。故两目神光不可须臾离开丹田。《大成捷要》说，十月温养“只凭一点虚灵性光，安居于丹还中宫之内，以温以养”。

十月胎仙足验，气足神全自可超内院，进行“阳神出游”的训练。神迁于上田，与中下二田混融化成虚空之大镜，以涵养元婴。得见出神景，自可进行出阳神。《大成捷要》：欲出阳神，需先调光罩顶。凝聚两目神光，大定大静。用三昧真火烧化顶骨，轰开天门，透出一道金光，大如车轮，罩于头顶。待光轮隐定后，调出法身端坐于光轮之中。法身周围若有余阴，或有阴魔来扰，即用剑光斩除。阳神初出，不可久留于外，真意摄取金光，将法身收回本宫，待阳神补足再出。阳神外游自近至远，经三年哺乳即可遍履五湖。收神、送神的机枢，亦全凭两目之光，目光所至，法身即去，无论多远只片刻间耳。九年面壁，炼神合道，不行一切有为有作之法，惟静定虚空。功德圆满，全身关窍透出万道毫光，遍彻于九天九地之内。全身气化，白日飞升（类似于密宗虹化），所谓成仙成佛了。

古云：“盖人初结胎时，天一生水，先生黑睛，而有瞳人属肾；……由此观之，则五脏精华皆发于目也。因师指窍之后，见妇人小产，牛马落胎，并抱鸡之蛋，俱先生双目，而脏腑皆未成形。予始知目乃先天之灵，元神所游之宅也。”（《性命圭旨》）据笔者所知所闻，自下手收心至最终合道，均不离两目的作用及神光的运用。机关打开，大道自在目前。南谷子云：“至道不远兮，恒在目前。”《判惑歌》云：“这骨董，大奥妙，妙在常有观其窍。此窍分明在目前，下士闻之即大笑。”（《性命圭旨》）道家内功是否“机在目”，还请练功者自证自悟。

初探“火”与“候”①

盛克琦

火候系外丹术语，后内丹兴起而引入，历来被认为是不传之秘，故说：“圣人传药不传火，世上火候少人知。”火候虽秘且也散在丹经，但十分隐晦并点到即止，实难明要义。今有论“火候”者，引经论典，以经解经，如此焉能讲明？我不敢言得古人真旨，只以个人领悟叙之，抛砖引玉，敬请斧正。

丹经多为古文，而古汉语多是单音词，所以不能将古文中的两个相连的单音词，释为双音词。从而可知“火候”本是两个单音词，若寻古人真义只有按两个词解才能得之，故《金仙证论》云：“火是火，候是候，岂混而一言之。”今多将“火候”作为一个词，解时单指“火”，又讲“火候”，让人读来似有模糊不清之感。

火是炼丹所必需的，外丹即是古代化学，以火化合铅汞而成“丹”。在现代化学中，也多用火加热将两种物质化合生成新的物质。内丹以精气神为药物，以火化合为一。火就是意念和呼吸，《金仙证论》云：“火者神也……皆我之真意也。”又说：“火者，呼吸之气也。”火有时专指意念（神），有时又指呼吸（含意念）。《金仙证论》举例说：“凡云是起火、引火、火逼、行火、止火，皆为呼吸气之火；凡云凝火、入火、降火、以火、移火、离火、心火，皆属神之火也。”一般所言的“火”皆指前者，然意念和呼吸是分不开的，所以“火”的运用就是使意念和呼吸相配合的综合运用，方法有武火和文火两种。武火就是深长有力的呼吸配合强烈的意念活动，文火是细微平缓的呼吸配合微弱的意念活动。“火”怎样运用及是否恰当，要以“候”来衡量，不知“候”则“火”无法运用于功中。

---

① 本篇原刊载于浙江《气功》杂志 1992 年第 9 期。

候更为内丹中秘中之秘。候是古代量度阴阳消息变化的单位，喻指时间，现代所言的“火候”即单指“候”。只有得知用“火”的时间，才能恰当地用文武二火，崔公《入药镜》云：“差毫厘，不成丹。”故“火”由“候”来掌握，才能不会用火失差。“候”有哪些呢？《天仙正理》中说，候有“采药之候、封固之候、起小周天之候、进退颠倒之候、沐浴之候、火足止火之候、采大药之候、得大药服食之候、大周天之候、神全之候、出神之候皆是”。“候”的掌握需用练功内外景来得知，笔者将“候”之内景简而言之。

采药之候为外阳而举，当用武火，风吹火化，精归炉内而成气；采药后，腹内有物应以文火意守丹田，为化气封固；腹中振动，有一暖流上升于心，返于丹田，下行至会阴，为小周天之候，当行半文半武之火，气动则文，意随气行；气停则武，以意守之，待气足而通。《仙佛合宗》云：“由静而定之中，忽见眉间又掣电光，虚室生白，此阳光二现也，正是止火之景，止火之候。”《道乡集》云“火止于阳光二现，不止伤丹”，即停止运小周天。于静中眉间电光又闪，为阳光三现，当是采大药之候，用聚散呼吸勾引大药生成。大药团成，六根震动，“丹田火炽，两肾汤煎，眼吐金光，耳后生风，脑后鹫鸣，身涌鼻搐之类，皆得药之景也”。得药后，气团上下窜动，势如火珠，为服食之候。服食毕合中下丹田为一圆镜，为炼气化神，十月温养，纯自然文火。出神之景如《天仙正理》云：“忽于定中见空中六出纷纷，即出神景也。”见此景宜意观金光罩顶，吾身端坐于其中，为出神也，旋即收回顶内，收神也。用火法度简而言之，即在采小药时用武火，封固用文火，以后各步皆用自然之文火。细微火候皆明言其间，无需再询求，从此也可看出大道至简至易，并非玄学。

按：以上附录的三篇文章，均悉笔者30年之旧作，系当时学习之笔记整理而成文者，今再阅之，颇多谬误。现收入本书末，仅供同好参考，也博先进诸君一哂。（2023年9月25日记）